머리말

이 책을 시작하며 - 동양철학자의 눈으로 본 명리학의 지평

세월이 흐르는 동안 강산이 세 번 변했지만, 동양철학을 탐구하고 가르치는 여정은 변함없이 이어졌다. 대학 강단에서의 시간은 단순히 강의를 넘어, 철학을 연구하고 학생들과 깊이 있는 토론을 나누는 소중한 순간이었다. 그 과정에서 동양철학이 강조하는 자연과 인간의 조화, 변화 속에서의 조율이 삶의 본질과 맞닿아 있음을 반복적으로 깨닫게 되었다. 동양철학이 전하는 핵심 메시지는 분명하다. 인간은 정해진 운명에 갇혀 사는 존재가 아니라, 변화의 흐름 속에서 조화를 이루고, 그 운명을 능동적으로 변화시킬 수 있는 존재라는 것이다.

그러던 중, 이 책의 공저자인 최 교수와 박사과정 졸업생들의 권유를 계기로, 나는 새로운 학문적 여정에 발을 들여놓게 되었다. 그 결과, 학부 과정에 풍수지리학과와 명리학과를 개설하고, 나아가 대학원에 동양사상학과 석·박사 과정을 설립하는 성과를 이루었다. 학문적으로나 개인적으로 큰 도전이었지만, 그 과정을 통해 얻은 배움과 깨달음은 더할 나위 없는 축복이었다. 처음에는 단순한 번역 작업에서 시작했으나, 시간이 흐르면서 명리학이 단지 운명을 해석하는 도구에 그치지 않는다는 사실을 깨닫게 되었다. 음양과 오행의 상호작용, 그리고 개인의 삶이 환경과 관계 속에서 형성되는 과정은 동양 철학이 추구하는 조화로운 삶과 깊은 연관이 있었다. 특히 명리학의 핵심 개념인 일간(日干)과 오행의 흐름은 인간이 타고난 기질과 삶의 방향성을 분석하는 논리적 틀을 제공하면서도, 궁극적으로는 삶의 균형을 찾고 운명을 능동적으로 변화시킬 수 있는 가능성을 제시하고 있었다.

연구가 거듭될수록 명리학이 점술에 그치지 않고, 삶을 이해하고 운명을 조율하는 철학적 탐구의 한 방법임을 확신하게 되었다. 이러한 통찰을 바탕으로 명리학을 보다 깊이 연구할 필요성을 느끼게 되었고, 그동안의 연구를 체계적으로 정리하며, 보다 심층적인 논의를 펼쳐보고자 하는 마음으로 이 책을 집필하게 되었다. 이 책이 명리학을 처음 접하는 독자들에게는 친절한 입문서가 되고, 깊이 있는 연구를 원하는 이들에게는 체계적인 이론적 틀을 제공하며, 명리학이 점술의 영역을 넘어 학문으로 자리잡는 데 기여할 수 있기를 바란다.

2025년 초여름 대구한의대 교수연구동에서

동겸 이 강 대

이 책의 구성과 목적

이 책 『명리학 이론의 구조 이해 I』은 명리학의 심오한 이론적 기초부터 실전 응용까지 체계적으로 정리하고, 이를 현대적 시각에서 재해석하고자 하는 시리즈의 첫 결과물이다. 명리학은 단순히 인간의 성격과 운명을 분석하는 체계를 넘어, 근본적으로 인간과 자연의 조화로운 상호작용을 탐구하는 학문이다. 따라서 명리학의 진정한 목적은 운명을 고정된 것으로 수용하게 하는 것이 아니라, 변화 속에서 균형을 찾아 삶을 더욱 발전적인 방향으로 이끌 수 있는 원리를 제시하는 데 있다. 이에 본서는 단순한 사주 해석법의 나열을 지양하고, 그 기저에 깔린 철학적 원리와 논리적 구조를 설명하는 데 중점을 두었다.

제1부 명리학의 기초 원리에서는 명리학의 근본적인 개념과 철학적 배경을 심층적으로 다룬다. 특히 제1장 명리학의 본질과 목적에서는 명리학의 정의와 그 철학적 기초를 명확히 하고, 동아시아 우주론과의 연관성을 탐구하여 음양오행과 천간·지지의 체계가 어떻게 명리학의 논리적 구조를 이루는지를 설명하고자 하였다. 또한, 전통적인 해석 방법과 현대적 관점의 차이를 비교하며, 명리학이 고전적 틀을 유지하면서도 시대적 요구에 맞춰 발전해 온 과정을 조명한다.

이어지는 제2장 음양오행의 원리에서는 명리학의 핵심인 음양오행 이론을 구체적으로 분석한다. 음양의 개념과 변화 원리, 오행의 속성과 상호작용을 상세히 설명하며, 이들이 인간의 성향과 운명에 미치는 영향을 다룬다. 특히 생극제화 이론과 균형 분석을 통해 사주 내 기운의 역동적인 흐름을 이해하고, 이를 바탕으로 개인의 건강 및 운세와 오행 균형의 밀접한 관계를 학술적으로 제시한다. 이 장은 독자들이 명리학적 사고의 근간을 깊이 있게 이해하는 데 필수적인 내용을 담으려고 노력하였다.

이처럼 『명리학 이론의 구조 이해 I』은 명리학을 처음 접하는 독자들에게는 견고한 이론적 토대를 제공하고, 이미 명리학을 학습한 이들에게는 더욱 심도 있는 연구를 위한 유용한 가이드가 되기를 바란다. 또한 본서가 명리학이 시대적 변화 속에서도 지속적으로 발전할 수 있는 학문적 토대를 마련하는 데 미약하나마 기여하기를 기대한다.

2025년 초여름 대구한의대 교수연구동에서

다산 **최 봉 근**

목차

【부록 ①】 명리학의 구조적 본질과 논명 체계 정립 23

제1부 명리학의 기초 원리 45

제1장 명리학의 본질과 목적 47

제1절 명리학의 개념과 철학적 기초 48

1. 명리학의 정의 48
2. 철학적 배경 51
3. 주요 개념과 용어 61
4. 인간 존재와 우주 질서 67
5. 철학적 가치와 실천적 함의 69

제2절 동아시아 우주론과 명리학 71

1. 동아시아 우주론의 기본 개념 72
2. 음양오행과 우주 질서 76
3. 천간과 지지의 우주적 의미 81
4. 우주론적 세계관의 철학적 가치 89

제3절 명리학의 주요 해석 방법 91

1. 고전적 해석 방법의 특징 92
2. 현대적 해석 방법의 특징 99
3. 고전과 현대 해석 방법의 통합 103
4. 명리학 해석 방법의 발전 방향 106

제2장 음양오행의 원리 117

제1절 음양의 개념과 변화 원리 117

1. 음양의 정의와 특성 118
2. 음양의 상호 보완적 관계 119
3. 자연 현상에서의 음양의 변화 120

4. 음양의 균형과 조화 123
5. 철학적 배경과 응용 123
6. 생성과 소멸의 원리 126
7. 인간 심리와 행동의 해석 128

제2절 오행의 속성과 상호작용 130
1. 오행의 정의와 특성 131
2. 오행의 상생 관계 136
3. 오행의 상극 관계 138
4. 사주에서의 오행의 역할 139
5. 오행과 음양의 결합 142
6. 오행의 동적 원리 144

제3절 생극제화 이론과 균형 분석 148
1. 생극제화의 개념과 원리 148
2. 생극제화의 상호작용과 균형 150
3. 생극제화 이론의 실제 적용과 분석 방법 152

제4절 음양오행과 인간의 성향 및 운명 161
1. 음양오행의 인간 성향에 대한 영향 162
2. 사주 명리학을 통한 운명 분석 167
3. 오행의 균형과 건강, 운세와의 관계 172
4. 음양오행을 활용한 자기 이해와 삶의 방향 설정 175
5. 명리학적 상담과 실천적 조언 178

【부록 ②】 천간과 지지의 체계 181
【부록 ③】 십간(十干)의 정수(精粹) 189
【부록 ④】 고전 명리학의 체계화 과정과 중세 명리학의 발전 272
【부록 ⑤】 명리학으로 살펴보는 운명의 주요 요소들 282
【참고문헌】 299
【주석】 302

이어 나올 책들

《명리학 이론의 구조 이해 II》

제3장 천간과 지지의 체계

제1절 천간의 개념과 속성

1. 천간의 정의와 구성
2. 천간의 음양 구분
3. 천간의 순환 원리
4. 천간의 상징적 의미
5. 천간의 사주 해석에서의 역할

제2절 지지의 구조와 역학

1. 지지의 정의와 구성
2. 지지의 시간적·공간적 연관성
3. 지지의 순환 원리
4. 지지와 천간의 결합
5. 지지의 상생·상극 관계
6. 지지의 사주 해석에서의 역할

제3절 지장간과 암장론

1. 지장간의 개념
2. 지장간의 활용
3. 암장론의 개념
4. 암장론의 활용
5. 지장간과 암장론의 중요성

제4절 천간과 지지의 상호작용

1. 천간합의 개념과 종류
2. 육합의 개념과 구성
3. 삼합의 개념과 영향
4. 충(沖)의 개념과 영향
5. 형(刑)의 개념과 영향
6. 파(破)의 개념과 영향
7. 해(害)의 개념과 영향
8. 천간과 지지의 상호작용이 사주 해석에 미치는 영향

《명리학 이론의 구조 이해 III》

제2부 사주 명리의 구조적 이해

제4장 사주의 기본 구조

제1절 사주의 구성

1. 사주의 기본 구성
2. 년주의 역할과 구성
3. 월주의 역할과 구성
4. 일주의 역할과 구성
5. 시주의 역할과 구성

제2절 명조의 분석 원칙

1. 명조 분석의 기본 개념
2. 천간과 지지의 역할 분석
3. 오행과 음양의 균형 분석
4. 명조 분석 시 고려해야 할 시간적 요소

제3절 일간 중심의 해석 방식

1. 일간의 중심적 역할
2. 일간 해석의 실전 적용 사례

제4절 사주 원국과 대운·세운의 관계

1. 사주 원국의 개념
2. 대운의 개념과 역할

3. 세운의 개념과 역할
4. 사주 원국과 대운·세운의 상호작용

제5장 십신과 인간관계
제1절 십신의 개념과 원리
1. 십신의 정의와 구성
2. 십신의 분류 원리
3. 십신의 상징적 의미

제2절 십신의 역할과 인간관계 분석
1. 정관과 편관의 역할
2. 정인과 편인의 역할
3. 정재와 편재의 역할
4. 식신과 상관의 역할
5. 비견과 겁재의 역할

제3절 십신의 사회적 속성과 심리적 특성
1. 사회적 속성
2. 심리적 특성

제4절 십신의 조합과 성격 해석
1. 십신 조합의 분석
2. 긍정적 및 부정적 조합
3. 성격 해석을 위한 조합 분석

제6장 용신과 사주의 균형
제1절 용신의 개념과 선택 원칙
1. 용신의 정의와 역할
2. 용신 선택의 기본 원칙
3. 강한 사주와 약한 사주의 용신 선정 방법
4. 특정한 명조에서의 용신 선택 사례

제2절 억부와 중화 이론
1. 억부 이론의 개념
2. 중화 이론과 균형의 원리
3. 억부와 중화의 차이점 및 적용 방법
4. 실전 사례를 통한 억부와 중화 적용

제3절 사주 해석의 핵심 요소
1. 기세 이론의 개념과 역할
2. 조후의 중요성과 적용
3. 병약 개념과 치료적 해석
4. 기세, 조후, 병약을 종합한 해석 방법

제4절 실전 사례를 통한 용신 분석법
1. 용신 분석의 기본 절차
2. 다양한 명조 유형별 용신 분석
3. 복잡한 명조에서 용신 찾기
4. 용신 활용을 통한 운세 개선

《명리학 이론의 구조 이해 Ⅳ》

제3부 명리학의 실제 적용

제7장 대운과 세운의 흐름 분석
제1절 대운의 개념과 흐름
1. 대운의 정의
2. 대운의 주기와 변화 원리
3. 대운 결정 요인
4. 대운이 개인의 운세에 미치는 영향
5. 대운의 분석 및 활용 방법

제2절 세운과 명조의 변화
1. 세운의 정의
2. 세운의 주기와 변화 원리
3. 세운과 명조의 상호작용

4. 세운이 개인 운세에 미치는 단기 영향
5. 세운 해석의 실제적 사례와 적용 방안

제3절 운의 작용 원리
1. 합의 원리와 의미
2. 충의 원리와 영향
3. 형과 파의 구분과 역할
4. 해의 원리와 부정적 영향
5. 각 원리들의 대운·세운과의 상호작용
6. 운의 작용 원리가 개인의 성격 및 운세에 미치는 종합적 효과

제4절 대운과 세운 해석의 실제 사례
1. 대운과 세운 해석의 기본 절차
2. 실전 사례를 통한 대운 해석 방법
3. 세운 변동의 실제 사례와 그 해석
4. 대운과 세운의 상호 보완 및 변화 분석
5. 실생활에서의 대운·세운 활용 전략
6. 대운과 세운의 예측 정확도 향상을 위한 분석 기법

제8장 사주의 주요 해석 방법
제1절 명리학적 성격 분석
1. 성격 분석의 기본 개념
2. 주요 해석 요소 및 변수
3. 고전적 해석법과 현대적 접근법
4. 실전 적용 사례

제2절 궁합과 인간관계 해석
1. 궁합 해석의 기본 개념
2. 궁합 분석의 기본 요소
3. 사례를 통한 인간관계 해석
4. 현대적 접근과 상담 기법

제3절 직업 및 진로 상담에의 활용
1. 직업 및 진로 상담의 이론적 배경
2. 명조 분석을 통한 직업 성향 평가
3. 진로 상담의 주요 해석 요소
4. 실전 적용 사례와 전략

제4절 재물운의 흐름과 해석
1. 재물운 해석의 기본 개념
2. 주요 해석 요소 및 변수
3. 재물운 해석의 방법론
4. 실생활에서의 재물운 활용 전략

제5절 건강과 질병 분석
1. 건강과 질병 분석의 기본 개념
2. 주요 해석 요소 및 변수
3. 건강 분석의 방법론
4. 실전 사례 및 건강 관리 전략

제9장 명리학의 현대적 방향성
제1절 심리학과 명리학의 접목 가능성
1. 심리학과 명리학의 공통점 분석
2. 명리학에 심리학 이론 적용
3. 현대 심리학 기법의 활용 가능성
4. 명리학과 심리학의 통합적 접근법 제시

제2절 상담 및 코칭에서의 명리학 활용
1. 명리학의 상담 도구로서의 역할
2. 개인 맞춤형 상담 전략 수립 지원
3. 명리학을 통한 통합적 상담 접근법 제공
4. 명리학과 현대 상담 기법의 융합

제3절 인공지능(AI)과 명리학의 미래
1. AI를 활용한 명리학 분석 시스템 소개
2. 빅데이터와 머신러닝 알고리즘의 활용 가능성
3. AI 기술을 통한 명리학 변수 분석
4. 인공지능 기반 명리학 시스템의 응용 분야 확대

제4절 명리학의 철학적 가치와 연구 과제
1. 명리학의 철학적 배경 설명
2. 명리학의 통합적 세계관 제시
3. 명리학의 현대적 재해석 필요성
4. 명리학의 학제 간 융합 연구 촉진

부록 ①

명리학의 구조적 본질과 논명 체계 정립

【부록 ①】 명리학의 구조적 본질과 논명 체계 정립

명리학은 수천 년의 역사를 통해 발전해 온 체계적 운명 해석 학문이다. 그러나 오늘날의 명리학계에서는 "현재 역학계에는 명리학의 고수가 없다"는 말이 중국 대륙과 대만에서 여러 차례 거론되었다. 이는 단순한 논평이 아니라, 현재 명리학의 학문적 방향과 연구 방법론에 대한 심층적인 반성이 요구된다는 점을 시사한다.

명리학이 체계적으로 정립된 이후 각 시대마다 뛰어난 연구자들이 등장했지만, 실제로 깊이 있는 해석 능력을 갖춘 이는 극히 드물었다. 그 이유는 명리학의 본질을 구성하는 핵심 요소인 태극(太極), 음양(陰陽), 오행(五行), 십신(十神)에 대한 통합적 이해가 부족하기 때문이다. 단순히 음양과 태극의 일부분만을 적용하거나, 특정 해석 기법에만 의존하는 것은 체계적인 논명을 방해하는 주요 원인으로 작용하였다. 명리학은 다층적이고 복합적인 시스템으로, 이를 올바르게 해석하기 위해서는 각 요소들이 어떻게 상호작용하는지에 대한 깊은 이해가 요구된다. 이를 기반으로 한 통합적 접근법이 명리학 해석의 핵심이다.

현재 명리학에서 사용되는 논명 방법은 대체로 세 가지 방식으로 나뉜다.

① 오행을 중심으로 운명을 해석하는 방식이다

이는 「궁통보감(窮通寶鑑)」에서 제시된 방법으로, 십신(十神)의 역할을 배제하고 오로지 오행만을 활용하여 운명을 해석하는 방식이다. 십신을 단순히 육친(六親)[1] 관계를 판별하는 보조적 요소로만 간주하며, 오행 간의 상생상극 관계를 통해 운세를 분석하는 방식이다. 이 방식은 인간의 본질적인 성격, 체질, 선천적인 기질뿐만 아니라 수명과 길흉에 대한 해석에서 높은 정확도를 보인다. 그러나 부귀빈천(富貴

貧賤)의 구체적인 판별에서는 한계가 존재한다. 즉, 대략적인 운명의 흐름은 예측할 수 있지만, 사회적 계층과 삶의 구체적인 변화를 명확하게 분석하기는 어려운 것이다. 따라서 이 방법은 주로 일반 대중을 대상으로 하는 명리학자들에 의해 활용되며, 고위 관료나 부유한 상인 등 특정 계층을 위한 전략적 조언에 대한 한계가 존재한다.

【오행을 중심으로 운명을 해석하는 방식 예시①】

시	일	월	년	남명	2004년 1월 10일 오후 4시 (양력) 戊土 일간의 겁재가 왕한 명조
庚	戊	乙	癸		
식신	일간	정관	정재		
申	子	丑	未		
식신	정재	겁재	겁재		

상기 명조는 癸未년 乙丑월 庚申시에 태어난 戊子 일주의 22세 남명이다. 년·월·일·시 천간 4개는 癸水, 乙木, 戊土, 庚金으로 되어 陽 천간 2개[戊土, 庚金]와 陰 천간 2개[癸水, 乙木]로 음양이 같은 비율로 조화로운 구성이다. 지지는 未土, 丑土, 子水, 申金으로 역행적인 공간 이동으로 인하여 년과 월의 丑未 沖, 월과 일의 子丑 合, 일과 시의 申子 合으로 역동적인 삶의 흐름이 예상된다. 또한 겁재가 년지와 월지에 있어 체력적으로는 강하고 경쟁심과 투기심, 호승심이 대단하여 운동선수에 자질이 있는 구조이다.

일주 궁위의 戊子 간지를 중심으로 해석해 보면, 일주 궁위는 31세에서 45세 까지의 장년기로서 나와 배우자의 가정궁을 나타낸다. 戊土 일간은 년간 癸水의 도움으로 성장하는 월간 乙木 생명체의 활동 무대로 戊土는 봄과 여름에 사용하기 좋은 에너지이다. 일지 子水는 겨울에 사용하는 에너지로 오음일양(五陰一陽)이지만 양기가 없는 것과 비슷하고 움직이고자 하는 욕망은 있으나 움직이는 것이 쉽지 않다. 그래서 일주궁 戊子 간지를 부부 관계로 보면 戊土 일간 남성과 일지 子水 배우자는 서로 시공간의 성향이 어울리지 않는 간지 조합이 되어 자신의 역량을 서로 발휘하기가 쉽지 않고 부부간 불화가 예상된다. 그렇지만 일간 戊土는 子水의 지장간[壬·癸] 중에서 정재 癸水와 戊癸合으로 명암합을 이루어 결별하기는 쉽지 않은 간지가 된다.

② 십신을 중심으로 운명을 분석하는 방식이다

이는 오행과 십신을 함께 고려하되, 해석의 중심을 십신에 두고 논명하는 방식이다. 대표적인 유형으로 민간 격국법, 재관법, 전통 격국법, 왕쇠법 등이 있다.

■ 민간 격국법

민간 격국법(民間格局法)은 부귀빈천을 판별하는 데 강점을 가지며, 특히 고위 관료, 재벌, 대기업 CEO 등 사회적으로 성공한 인물의 명조를 분석하는 데 유리하다. 그러나 일반적인 명조의 세부적인 삶의 흐름이나 변화를 분석하는 데는 한계를 가질 수 있다. 이 경우 대운과 세운을 함께 고려하면 보다 정밀한 해석이 가능하다.

■ 재관법

재관법(財官法)은 격국법의 보완책으로 등장한 방식이며, 재성(財星)과 관성(官星)을 중심으로 운명을 분석하는 방법이다. 격국을 형성하지 않은 명조에서도 부귀빈천을 판별할 수 있게 보완하는 역할을 한다.

■ 전통 격국법

전통 격국법(傳統格局法)은 명리학에서 개인의 사주를 해석할 때 월령(月令)

을 중심으로 격국을 판단하는 방법으로, 사주 내 천간과 지지의 조합을 통해 개인의 운명적 특성과 성향을 분석한다. 그러나 격국의 정의와 적용 방법에 대해서는 학자들 간에 의견이 분분하여 일관된 해석이 부족하며, 이로 인해 인생 전반에 대한 해석에서 혼선이 발생하거나 부귀빈천을 정확히 판단하는 데 어려움이 따를 수 있다. 또한, 격국 해석 방식에 따라 운명의 구체적인 흐름을 예측할 때 오류가 발생할 가능성이 존재하며, 이러한 불확실성은 운세 분석의 정확도를 저하시킬 수 있다. 따라서 전통 격국법을 활용할 때에는 다양한 해석을 고려하고, 현대적 관점과의 융합을 통해 보다 정확한 분석을 추구하는 것이 중요하다.

■ 왕쇠법

왕쇠법(旺衰法)은 일간(日干)의 왕쇠를 바탕으로 부귀빈천, 수명, 길흉 등의 운세 강약을 해석하는 방식이다. 그러나 이 방법은 개인의 삶의 세부적인 흐름이나 미세한 운명의 변화를 분석하는 데 한계를 가질 수 있다. 다만, 왕쇠 개념이 음양의 작용을 포함하고 있기 때문에 신체적·내면적 변화나 심리적 변화를 해석하는 데 유용할 수 있다.

③ 여러 기법을 무작위로 조합하여 종합 분석하는 방식이다

이 방식은 신살(神煞), 단어(斷語)[2], 태원(胎元)[3] 등 다양한 요소를 결합하여 해석하는 기법이다. 그러나 이 방식은 체계적인 논리보다는 경험과 직관에 의존하는 경향이 강하다. 경험적으로 높은 적중률을 보일 수도 있지만, 학문적인 체계를 정립하기 어려운 한계를 가진다. 이러한 종합 논명법은 개별적인 요소들이 어떻게 상호작용하는지에 대한 체계적인 분석을 결여할 수 있으며, 이로 인해 보다 정교하고 심도 깊은 해석을 제공하기 어렵다.

이와 같이 볼 때, 명리학이 보다 학문적으로 발전하기 위해서는 각 기법들의 장단점을 종합적으로 이해하고, 이를 통합적으로 활용하는 능력이 필요하다. 이를 위해서는 명리학의 핵심 요소인 태극과 음양의 본질을 정확히 이해하고, 이를 오행과 십신과 유기적으로 결합하여 해석하는 종합적 사고가 필수적이다. 단편적인 기법만을 익히는 것이 아니라, 명리학의 구조를 올바르게 이해하고 해석 체계를 논리적으로 정립하는 것이 명리학이 나아가야 할 궁극적인 방향이다.

1. 운명 해석에서 음양의 조화의 중요성

명리학은 본질적으로 음양학(陰陽學)이며, 운명을 해석할 때 음양의 조화는 필수적으로 고려해야 한다. 음양은 우주의 근본적인 법칙으로, 모든 사물과 현상은 이 음양의 상호작용을 통해 존재하고 변화한다. 오행과 십신은 음양의 조화를 설명하는 중요한 도구들로, 각각 자연적 및 사회적 속성을 대표한다.[4] 이들을 개별적으로 적용하거나 특정 해석 기법에 의존하면 운명의 전반적인 흐름을 파악하는 데 한계가 발생할 수 있다. 따라서, 오행과 십신을 종합적으로 활용하는 것은 운명의 다양한 측면을 정교하게 해석할 수 있는 방법이다.

세상의 모든 존재는 자연적 속성과 사회적 속성의 결합체이다. 즉, 모든 사물은 표층적 현상과 본질적 속성을 동시에 지니며, 사주 명리학에서도 이러한 구조적 대응이 분명히 나타난다. 이를 통해, 운명을 해석할 때 오행은 본질적 속성을, 십신은 사회적 속성을 나타낸다고 볼 수 있다.

- 오행은 존재의 본질적 속성을 대표하며, 이는 수명[壽夭], 길흉(吉凶) 등 존재의 근본적인 특성과 관련된 요소들을 분석하는 데 사용된다. 오행의 성격은 자연의 근본적인 법칙을 따르며, 이를 통해 각 개인의 타고난 운명적 성향을 분석할 수 있다.

■ 십신은 존재의 사회적 속성을 나타내며, 인간의 사회적 관계, 지위, 외부적 요인 등과 관련된 해석을 돕는다. 십신은 개체의 외적 성공이나 사회적 역할을 나타내는 데 유용한 지표가 된다.

운명을 해석할 때, 오직 하나의 방법론만을 고수하는 것은 특정 범위 내에서는 높은 정확도를 나타낼 수 있으나, 전반적인 운명의 흐름을 체계적으로 설명하는 데는 한계를 가진다. 예를 들어, 오행 중심의 논명 방식은 개인의 본질적 속성과 타고난 운명적 요소를 분석하는 데 유리하지만, 사회적 성공이나 지위, 부귀빈천의 판별에는 한계를 가진다. 반면, 십신 중심의 해석 방식은 사회적 관계와 지위에 대한 강점을 보이지만, 개인의 수명, 건강, 인격적 성향 등을 분석하는 데는 상대적으로 미흡할 수 있다.

따라서 단일한 해석 방식만을 적용하는 것은 운명의 일부분만을 해석하는 데 유효하고, 전체적인 운명 흐름을 종합적으로 분석하는 데에는 한계가 있다. 따라서 음양의 조화를 기반으로 하여 오행과 십신을 유기적으로 결합하여 해석하는 것이 필수적이다. 이를 보다 구체적으로 이해하기 위해 현실 사회에서의 사례를 살펴보자.

■ 사회적으로 존경받는 자선가가 실상은 불법적인 행위를 저지르는 범죄 조직의 수장일 수도 있다.
■ 권위를 지닌 유명한 인사가 사실상 사기 행각을 벌이는 경우도 존재한다.
■ 고급 식재료로 요리된 듯한 음식이 사실은 불량 원료로 제조된 경우도 많다.
■ 치료제로 사용되는 약물이 오히려 건강을 해치는 독성 물질을 포함하는 경우도 있다.

이와 같은 사례들은 우리가 인식하는 사회적 평가와 개체의 본질이 반드시 일치하지 않는다는 사실을 보여준다. 즉, 사회적 속성과 본질적 속성이 일치하는 경우도 있지만, 불일치하는 경우도 빈번하게 발생한다. 이는 명리학에서 사회적 속성과 본질적 속성이 다를 수 있음을 암시한다.

명리학은 인간, 사회, 그리고 자연의 원리를 반영하는 거울과 같다. 현실에서 사회적 속성과 본질적 속성이 다를 수밖에 없는 구조 속에서, 이를 정확히 반영하여 해석하는 것이 명리학의 핵심이다. 이를 위해서는 사주의 음양적 구조를 명확히 이해하고, 오행과 십신을 조화롭게 활용하는 것이 필수적이다.

2. 오행과 십신의 본질적 이해

명리학에서 음양을 대표하는 세 가지 핵심 요소는 오행, 십신, 궁위(宮位)이다. 궁위는 인간, 사물, 사건의 위치를 나타내는 개념으로, 본 논의의 범위에서는 다루지 않으며, 오행과 십신의 본질적 특성을 중심으로 논한다.[5] 오행과 십신을 올바르게 이해하기 위해서는 그 기원과 역할을 명확히 파악하는 것이 중요하다. 오행과 십신은 각각 어떤 속성을 대표하며, 명리학에서 어떤 역할을 수행하는지 정확히 이해해야만 해석의 정확성을 담보할 수 있다.

오행은 인간과 사물의 본질적 속성을 주관하며, 십신은 사회적 속성을 담당한다는 점은 명리학의 중요한 원리이다. 그러나 이러한 역할 구분이 이루어지는 이유와 그 깊은 의미에 대해 좀 더 심층적인 이해가 필요하다. 예를 들어, 오행은 자연의 원리로서 인간 존재의 근본적인 특성을 규명하는 데 유용하고, 십신은 사회적 관계와 외적 요소를 해석하는 데 강점을 가진다. 이러한 구분은 운명 분석의 다양한 측면을 다각도로 접근할 수 있는 중요한 방법론적 기초를 제공한다. 이처럼 오행과 십신의 본질적 이해를 통해 명리학의 이론을 더욱 깊이 있게 적용할 수 있으며, 운명 해석의 정확성과 폭을 넓힐 수 있다.

1) 오행의 본질: 존재의 자연적 속성

오행은 자연철학의 핵심 원리로서, 음양의 운동 변화를 다섯 가지 유형[木·火·土·金·水]으로 분류한 개념이다. 오행은 음양의 세분화된 표현으로, 인간과 사물의 근본적인 본질을 설명하는 데 중요한 역할을 한다. 각 오행은 고유한 특성을 지니며, 이들은 쉽게 변화하지 않는 선천적 특성으로서 인간과 사물의 본질적 속성을 결정한다.

- 木 → 소양(少陽)
- 火 → 노양(老陽)
- 金 → 소음(少陰)
- 水 → 노음(老陰)
- 土 → 음양이 전환되는 과정이면서 음양 전환의 매개체 〈土 자체는 음양의 속성을 직접 가지지 않으며, 다만 변화를 조절하는 역할을 한다.〉
  - 戊土 → 陽에 가깝다.
  - 己土 → 陰에 가깝다.

운명을 해석하는 가장 본질적인 요소는 음양이며, 음양의 상호작용과 변화를 보다 구체적으로 설명하고자 오행이 도입되었다. 오행이 木·火·土·金·水의 다섯 가지 유형으로 구성되어 인간과 사물의 근본적 속성을 결정하며 선천적으로 타고난 불변의 자연적 특성을 대표한다. 동양철학 중에서도 특히 명리학에서 '음양오행(陰陽五行)'이라는 용어가 빈번하게 사용되는 이유도 여기에 있다. 오행은 본질적으로 음양의 세분화된 표현이며, 이를 통해 인간과 사물의 존재적 특성을 보다 구체적으로 설명할 수 있다.

2) 십신의 본질: 사회적 속성의 구조화

십신은 오행의 변화라는 근본 원리를 바탕으로 인간 사회의 구조와 복잡한 관계를 설명하는 개념이다. 오행이 인간과 사물의 본질적, 선천적 속성을 규명하는 도구라면, 십신은 후천적 사회 환경에서 형성되는 관계와 개인이 맡는 역할을 해석하는 데 중점을 두는 이론 체계이다.[6] 십신은 사회 내 다양한 인간관계—예를 들어 가족, 친구, 동료, 상하 관계 등—를 분석하는 핵심적인 도구로 작용하며, 이를 통해 개인의 사회적 정체성과 역할을 보다 체계적으로 규명할 수 있다. 또한, 명리학에서 십신은 각기 다른 사회적 역할과 관계를 상징하는 요소로서, 인성(印星)은 부모와 같은 수용적 관계를, 식상(食傷)은 창조적 능력과 외부로 표출되는 생산성을, 비겁(比劫)은 동료나 경쟁자와 같은 또래 관계를, 관성(官星)은 사회적 규범과 권위에 따른 역할을, 재성(財星)은 경제적 소유와 사회적 성공을 반영하는 역할을 담당한다. 이와 같이 십신은 인간이 사회 속에서 겪는 다양한 관계와 역할을 설명하는 데 필수적인 분석 도구로서[7], 오행의 자연적 원리와 상호 보완적인 관계를 이루며 인간 사회의 복잡한 역동성을 체계적으로 해석할 수 있도록 하는 학문적 체계를 구성하는 중요한 요소이다.

3) 오행과 십신의 본질적 차이

운명 해석에서 오행과 십신은 서로 다른 속성을 반영한다. 이를 비교하면 다음과 같다.

【오행과 십성의 본질적 차이】

요소	의미	속성	변화 가능성	역할
오행	음양의 대표적 요소	자연적 속성 (본질)	낮음 (변하기 어려움)	인간과 사물의 본질적 속성을 설명
십신	오행이 확장된 개념	사회적 속성 (관계)	높음 (변하기 쉬움)	인간과 사물의 사회적 속성을 설명

위와 같이 볼 때, 오행과 십신은 운명 해석의 이론 체계에서 서로 다른 분석 범위를 대표하는 개념으로, 각각 자연적 속성과 사회적 속성을 규명하는 데 중추적인 역할을 수행하는 것이다. 오행은 인간과 사물의 본질적, 선천적 특성을 분석하는 도구로서, 木·火·土·金·水의 다섯 가지 요소를 통해 우주의 자연 법칙과 존재의 근본적 특성을 체계적으로 설명하는 역할을 한다. 이에 반해, 십신은 오행의 원리를 기초로 하여 후천적으로 형성되는 사회적 관계와 개인이 맡는 역할을 해석하는 도구로서, 사회 내 다양한 인간관계와 역할 분담을 분석하는 데 중점을 두는 것이다.

오행은 인간과 사물의 고유한 본질, 즉 쉽게 변화하지 않는 선천적 속성을 결정짓는 핵심 요소로 작용하며, 이는 자연현상의 보편적 원리와 일관성을 반영하는 학문적 기반을 제공한다. 반면, 십신은 인간이 사회 속에서 맺는 관계와 그에 따른 역할 변화를 설명하는 개념으로서, 사회적 환경에 따라 가변적인 특성을 규명하며, 사회적 지위, 역할, 인간관계 등 후천적으로 형성되는 다양한 측면을 분석하는 데 활용된다.

따라서 오행과 십신은 각각 인간과 사물의 본질적 속성과 사회적 속성을 분석하는 도구로서 기능하며, 이 둘을 명확히 구분하여 해석하는 것이 운명 해석의 논리적 체계를 견고하게 구축하는 데 필수적이다. 이러한 분명한 구분을 통해 명리학은 내재된 자연적 특성과 외재된 사회적 관계를 종합적으로 분석할 수 있으며, 그 결과 보다 정밀하고 체계적인 운명 해석이 가능해진다. 오행과 십신의 상호작용을 유기적으로 활용함으로써, 명리학은 전통 철학의 깊이를 유지하면서도 현대 사회의 복잡한 인간관계를 포괄하는 종합적 학문으로서 발전할 수 있는 기반을 마련하는 것이다.

3. 자연적 속성과 사회적 속성의 차이

운명 해석에서 자연적 속성과 사회적 속성은 서로 다른 분석 범위를 가진다는 점에서, 두 속성의 구분은 명리학적 해석의 이론적 기초를 구성하는 중요한 요소이다. 자연적 속성은 인간과 사물의 본질적 요소를 의미하며, 이는 유전적, 신체적, 심리적 특성과 같이 선천적으로 타고난 불변의 특성을 지니고 있다. 이러한 자연적 속성은 오행의 원리를 통해 분석되며, 인간의 근본적 성격과 존재적 특질을 규명하는 데 중추적인 역할을 수행한다.

반면, 사회적 속성은 인간이 사회 속에서 다양한 관계를 형성하며 후천적으로 획득하는 외부적 요소를 의미한다. 이와 같은 사회적 속성은 개인이 사회 내에서 맺는 인간관계, 사회적 신분, 경제적 조건 및 평판 등과 같이 변화 가능성이 크고 가변적인 특성을 내포하고 있다. 이러한 사회적 속성은 십신의 원리를 통해 분석되며, 개인이 사회 내에서 수행하는 역할과 그에 따른 평가 및 상호작용을 규명하는 데 중요한 분석 도구로 활용되고 있다.

1) 자연적 속성: 존재의 본질적 요소

자연적 속성은 인간과 사물의 본질적 요소로서, 선천적으로 타고난 불변의 특질을 의미하는 것이다. 이러한 자연적 속성은 개인의 신체적 특성—체형, 외모, 키, 체질, 건강 상태 등—과 더불어, 개인의 성격과 기질, 즉 감정적 성향, 성품 및 타고난 심리적 경향성을 포함하는 것이다. 또한, 선악과 미추라는 도덕적 기준에 따른 내면적 윤리관 역시 자연적 속성의 중요한 구성 요소이며, 이는 개인이 태어날 때부터 내재한 도덕적 성향으로서, 외부 환경의 영향을 받기 어려운 특질이다. 타고난 재능과 기질, 예를 들어 예술적 감각, 지적 능력, 그리고 직관적 사고 능력은 개인이 선천적으로 지니는 능력으로, 후천적 학습과는 별개로 존재의 근본적 요소로 작용하는 것이다. 이와 함께 잠재의식과 내면세계—무의식적 성향과 개인적 가치관—및 유전적 요인, 즉 조상과 부모로부터 물려받은 특성은 자연적 속성을 구성하는 핵심적인 요소로서, 수명과 길흉화복과 같은 선천적으로 정해진 운명적 요소와 함께 개인의 근본적인 존재 이유를 규명하는 중요한 기준이 된다. 사물의 경우, 자연적 속성이란 그 사물이 본래 지닌 물질적 특성, 즉 재료와 물리적 성질을 의미하며, 이러한 자연적 속성은 오행의 원리를 통해 분석되어 한 존재의 근본적 특질과 본질을 명확히 규명하는 데 기여하는 것이다.

2) 사회적 속성: 관계와 역할의 외적 표현

반면, 사회적 속성은 개인이 사회적 관계를 형성하며 후천적으로 획득하는 외적 특질을 의미하는 것이다. 사회적 속성은 개인의 사회적 신분과 지위, 즉 직업, 명예, 계급 및 법적 신분과 같은 요소들을 포함하며, 이는 사회 구성원 간의 상호작용 속에서 부여되는 역할과 위치를 반영하는 것이다. 또한, 사회적 속성은 친구, 동료, 상사, 부하, 가족 관계 등 다양한 인간관계를 통해 나타나며, 이러한 관계망은 개인의 사회적 정체성과 역할 수행에 결정적인 영향을 미치는 요소이다. 사회적 평가로서 명성, 인기, 공적 이미지 및 사회적 평판은 사회 내에서의 개인의 위상을 가늠하게 하는 중요한 척도로 작용하며, 부귀빈천과 같은 경제적 여건 역시 사회적 성공 여부를 나타내는 중요한 지표이다. 의복과 스타일은 사회적 계층을 반영하는 외형적 요소로서, 개인의 사회적 지위를 시각적으로 표현하는 역할을 하며, 행동 방식과 분위기는 언어적 표현과 사회적 태도를 통해 개인이 사회 속에서 소통하는 방식과 그에 따른 평가를 결정짓는 요소이다. 사물의 경우, 사회적 속성이란 그 사물이 사회에서 불리는 명칭과 기능, 즉 브랜드와 용도를 의미하며, 이러한 사회적 속성은 십신의 원리를 토대로 분석되어 해당 사물이 사회 내에서 수행하는 역할과 기능을 해석하는 데 사용되는 것이다.

따라서 자연적 속성은 오행을 통해 분석되어 존재의 선천적이고 불변하는 본질적 특성을 규명하는 도구로 작용하는 반면, 사회적 속성은 십신을 통해 해석되어 후천적이고 변화 가능한 사회적 관계와 역할을 설명하는 분석 요소로 기능하는 것이다. 이와 같이 두 속성은 서로 다른 분석 범위를 가지고 있음에도 불구하고, 운명 해석의 체계 내에서는 상호 보완적인 관계를 형성하며, 각각의 특성을 종합적으로 고려할 때 더욱 정밀하고 체계적인 해석이 가능해지는 것이다.

3) 자연적 속성과 사회적 속성의 불일치 현상

자연적 속성과 사회적 속성은 운명 해석의 이론적 체계 내에서 반드시 일치하는 것이 아니며, 이 두 속성이 상이한 기준과 원리에 의해 형성된다는 점이 분명하다. 자연적 속성은 인간과 사물의 선천적, 본질적 요소를 의미하며, 이는 오랜 시간에 걸쳐 유전적, 신체적, 심리적 특성이 축적되어 형성된 불변의 특질이다. 반면, 사회적 속성은 개인이 사회적 상호작용을 통해 후천적으로 획득한 외적 특성이며, 직업, 명예, 경제적 여건과 같은 다양한 요소들에 의해 구성되어 변화 가능성이 큰 특성을 내포하고 있다. 이러한 두 속성이 반드시 일치하지 않는다는 사실은 여러 사회적 사례에서 확인할 수 있다.

예를 들어 공직자는 원칙적으로 청렴하고 공정해야 하는 이상이 있으나, 현실적으로는 비리에 연루되는 경우가 빈번하다. 또한, 대중에게 존경받는 유명 인사가 사적으로는 도덕적 결함을 지니고 있는 사례가 존재하며, 사회적으로 성공한 기업가는 불법적 수단을 통해 부를 축적하는 경우가 관찰된다. 더욱이, 강력 범죄자로 수감된 인물이 내면적으로는 선한 성향을 지니고 있는 사례 역시 이와 같은 불일치 현상의 한 예이다. 이러한 사례들은 사회적 평가와 본질적 특성이 항상 일치하지 않음을 시사하며, 외부에서 드러난 사회적 속성만으로 개인을 평가하는 것은 한계가 있음을 명백히 보여준다. 따라서 운명 해석에서는 자연적 속성을 오행을 통해 분석하고, 사회적 속성을 십신을 통해 해석함으로써, 두 속성이 상호 보완적인 관계임을 인식하는 것이 필수적이다. 이러한 통합적 분석 접근법은 개인의 근본적 특성과 사회적 역할 간의 복합적 상호작용을 보다 정밀하게 규명할 수 있게 하며, 궁극적으로 명리학적 해석의 체계와 논리를 더욱 견고하게 구축하는 데 기여하는 것이다.

4) 자연적 속성과 사회적 속성의 조합에 따른 유형 분석

자연적 속성과 사회적 속성의 조합에 따른 유형 분석은 운명 해석의 심도 있는 접근을 위해 필수적인 분석 방법론이다. 자연적 속성과 사회적 속성은 각각 오행과 십신의 원리를 토대로 해석되며, 이들의 조합은 개인의 내면적 본질과 외면적 사회 평가 사이의 일치 또는 불일치를 규명하는 데 중요한 기준이 된다. 자연적 속성과 사회적 속성이 일치하는 경우, 즉 오행과 십신이 조화를 이루어 개인의 내재된 본질과 외부 세계에서의 평가가 상응하는 유형은, 내면의 선량한 특성이 사회적 활동과 긍정적인 평판으로 자연스럽게 표출되는 현상을 설명하는 것이다. 예를 들어, 오행이 木로 나타나며, 십신 중 정인이나 식신의 영향이 두드러지는 경우, 개인은 본질적으로 선량한 성향을 지니고 있으며 사회적으로도 긍정적인 평가를 받게 되는 것이다. 이와 같이 내면과 외면의 특성이 일치하는 유형은 사회적 신뢰와 명성이 안정적으로 유지되는 특징을 보이며, 이는 자발적인 사회 참여와 자선 활동 등으로도 그 긍정적 성향이 구체화되는 사례로 나타난다.

반면, 자연적 속성과 사회적 속성이 불일치하는 경우, 오행과 십신이 조화를 이루지 못하여 개인의 내면적 본질과 외면적 사회 평가 사이에 괴리가 발생하는 현상이 관찰된다. 이러한 유형에서는 내재된 성향과 사회적 역할 또는 평판이 상반되게 나타나, 예를 들어 오행이 水로 나타나고 극제(剋制)되지 않은 칠살(七殺)의 영향이 미치는 경우, 개인은 본질적으로 부정적인 성향을 지니나 사회적으로도 악명 높은 평가를 받는 것으로 해석된다. 이와 같은 경우는 외부 사회에서의 평가가 내면의 본질과 일치하지 않아, 개인의 역할 수행이나 사회적 책임에서 모순된 결과를 초래할 수 있음을 시사하는 것이다.

따라서, 자연적 속성과 사회적 속성의 조합을 분석하는 것은, 개인의 내면적 본질과 외부 사회에서의 역할 및 평가 간의 복합적 상호작용을 명확히 규명하는 데 큰 의의를 가지며, 이를 통해 운명 해석의 전반적인 체계와 논리를 보다 정밀하게 구축할 수 있게 되는 것이다. 이러한 통합적 접근법은 개인의 내재된 특성과 사회적 역할 간의 상호보완적 관계를 종합적으로 고려함으로써, 보다 심층적인 운명 분석 및 예측이 가능하다는 점에서 명리학적 해석의 발전에 중요한 학문적 토대를 제공하는 것이다.

【자연적 속성과 사회적 속성의 분석과 기준】

속성	정의	변화 가능성	분석 기준
자연적 속성	인간과 사물의 본질적 요소	거의 변하지 않음	오행
사회적 속성	사회적으로 부여된 역할과 평가	변화 가능성이 높음	십신

이러한 차이를 명확히 이해하면, 사주 해석에서 오행과 십신을 종합적으로 고려하는 것이 왜 중요한지에 대한 근본적인 이유를 인식할 수 있다. 오행은 인간과 사물의 본질적, 선천적 속성을 분석하는 도구로서, 존재의 불변하는 특질을 규명하는 데 중추적인 역할을 수행하는 반면, 십신은 사회적 관계와 역할이라는 후천적 속성을 해석하는 도구로서, 개인이 사회 속에서 형성되는 다양한 평가와 역할 분담을 설명하는 데 기여하는 것이다. 이와 같이 두 가지 분석 범위를 통합적으로 고려하는 접근법은, 인간의 내면적 특성과 외면적 사회 평가 간의 상호작용을 종합적으로 이해할 수 있게 하여, 보다 정밀하고 세밀한 운명 해석이 가능하게 만드는 학문적 기반이 된다. 또한, 이러한 통합적 분석은 개별 사례의 복잡성을 반영하여, 명리학적

해석의 논리적 체계를 견고히 확립하는 데 결정적인 역할을 수행하는 것이다. 결과적으로, 오행과 십신을 함께 고려하는 것은 단순히 각각의 속성을 독립적으로 분석하는 것에 그치지 않고, 두 요소 간의 상호 보완적 관계를 통해 인간과 사물의 전반적인 운명 및 특성을 심도 있게 해석할 수 있는 통합적 이론 체계를 구축하는 데 필수적인 방법론이다.

4. 운명 해석에서 자연적 속성과 사회적 속성의 구체적 대응

운명 해석에서 자연적 속성과 사회적 속성은 상호 독립적인 요소가 아니라, 각각 다른 차원의 정보를 제공하는 상보적 개념이다. 자연적 속성은 개인의 본질적 특성을 나타내며, 사회적 속성은 개인이 사회 속에서 형성하는 관계와 역할을 설명한다. 따라서 운명을 종합적으로 분석하기 위해서는 자연적 속성과 사회적 속성을 함께 고려해야 한다.

여기서는 자연적 속성과 사회적 속성이 사주 해석에서 어떻게 적용되는지를 구체적으로 논의한다.

1) 자연적 속성: 본질적 요소로서의 오행

자연적 속성은 개인의 선천적 특성 및 본질적인 요소를 의미하며, 이는 출생과 동시에 주어지며 쉽게 변화하지 않는다. 자연적 속성은 신체적 특성, 성격과 기질, 선악과 미추, 타고난 재능과 기질, 잠재의식과 내면세계, 유전적 요인, 수명과 길흉화복 등을 의미하며, 사물의 자연적 속성이란 그 사물이 본래 지닌 물질적 특성[재료, 물리적 성질 등]을 의미한다. 자연적 속성은 오행을 통해 분석되며, 이는 인간과 사물의 본질을 규명하는 중요한 기준이 된다.

2) 사회적 속성: 역할과 관계로서의 십신

사회적 속성은 개인이 사회 속에서 형성하는 인간관계와 역할, 사회적 인식을 포함한다. 사물의 사회적 속성이란 그 사물이 사회에서 불리는 명칭과 기능[브랜드, 용도 등]을 의미한다. 사회적 속성은 십신을 통해 분석되며, 이는 개인이 사회 속에서 맡게 되는 역할과 지위를 해석하는 데 사용된다.

3) 자연적 속성과 사회적 속성의 논리적 대응

사주 해석에서 자연적 속성과 사회적 속성을 보다 체계적으로 대응하면 다음과 같은 구조로 정리할 수 있다.

【자연적 속성과 사회적 속성의 논리적 대응】

속성	정의	변화 가능성	분석 기준
자연적 속성	인간과 사물의 본질적 요소	거의 변하지 않음	오행
사회적 속성	사회적으로 부여된 역할과 평가	변화 가능성이 높음	십신

이러한 논리적 대응을 바탕으로 할 때, 자연적 속성은 존재의 본질을 분석하는 데, 사회적 속성은 존재가 사회적으로 어떻게 인식되고 기능하는지를 해석하는 데 활용된다.

자연적 속성과 사회적 속성이 반드시 일치하는 것은 아니다. 개인의 본질과 사회적 평가가 다르게 나타나는 사례는 현실에서 빈번하게 발생하며, 사회적 속성과 자연적 속성이 반드시 일치하지 않는다는 점을 시사한다.

사주 해석에서 십신만을 통해 사회적 속성만 분석할 경우, 개인의 본질적인 특성을 간과할 위험이 있으며, 반대로 오행만을 통해 자연적 속성만 해석할 경우, 사회적 맥락을 고려하지 못하는 문제가 발생할 수 있다. 따라서 운명을 보다 정밀하게 해석하려면 자연적 속성과 사회적 속성을 유기적으로 결합하는 것이 필수적이다.

제1부

명리학의 기초원리

제1장 명리학의 본질과 목적

제1부 명리학의 기초 원리

제1부는 명리학의 본질과 그 철학적 기반을 탐구하며, 이를 통해 명리학이 단순한 운명 해석을 넘어 인간과 우주의 질서를 조망하는 체계적 학문임을 밝힌다. 동아시아 전통 사상과의 연계 속에서 명리학의 사유 구조를 분석하고, 음양오행과 천간·지지의 원리를 중심으로 자연과 인간의 상호작용을 해석하는 논리를 제시한다. 또한, 명리학이 점술적 도구를 넘어 논리적 분석과 추론의 체계를 지닌 학문으로서 발전해 온 과정을 조망하며, 고전적 해석 방식과 현대적 접근법의 조화를 모색한다. 이를 통해 독자들은 명리학의 이론적 정수를 이해하고, 사주 해석을 위한 근본적 원리를 보다 깊이 있게 탐구할 수 있을 것이다.

제1장 명리학의 본질과 목적

사주명리학(四柱命理學)은 인간 운명의 해석과 개선을 위한 철학적 원리를 탐구하는 학문으로, 단순한 예측을 넘어 삶의 균형과 조화를 모색하는 데 그 목적이 있다. 인간의 출생 년·월·일·시는 천간과 지지의 조합으로 나타나며, 이를 분석함으로써 성격, 운세 변화, 사회적 관계 등 다양한 측면을 체계적으로 이해할 수 있다. 음양오행의 원리에 기초한 명리학은 개인의 삶을 자연의 질서 속에서 해석하고, 주어진 환경 내에서 최적의 방향을 제시하는 데 도움을 준다.

명리학의 이론적 기원은 고대 중국으로 거슬러 올라가며, 이후 동아시아 전역으로 확산되어 각 지역의 철학적 전통과 융합하며 발전해 왔다. 동아시아 우주론과의 연계를 통해 명리학은 인간과 자연의 관계를 탐구하는 체계적 사유 방식을 구축하였으며, 음양오행과 천간·지지가 결합되어 이루는 우주적 질서는 개인의 삶뿐 아니라 자연과 사회의 흐름까지 해석할 수 있는 논리적 틀을 제공한다.

따라서 명리학은 운명을 고정된 것으로 단순히 바라보는 것이 아니라, 변화 속에서 균형을 찾고 주어진 조건 속에서 삶을 보다 발전적인 방향으로 이끌기 위한 실천적 도구로 기능한다. 또한, 현대적 관점에서 명리학은 심리학 및 인간 행동 연구와 접목되어 개인 상담, 진로 탐색, 관계 분석 등 다양한 분야에서 활용될 수 있는 잠재력을 지닌다. 이에 본 장에서는 명리학의 개념적 정의와 철학적 배경을 심도 있게 탐구하고, 그 목적 및 실천적 가치를 조명하고자 한다.

제1절 명리학의 개념과 철학적 기초

본 절은 명리학의 이론적 토대와 철학적 배경을 탐구하는 부분이다. 명리학은 인간의 운명과 성격을 이해하고 분석하는 방법으로, 우주와 인간 존재 사이의 깊은 관계를 규명하려는 철학적 목적을 가진 학문이다. 이 절에서는 명리학이 자연의 원리인 음양오행을 토대로 우주의 질서와 인간 삶의 상호 연관성을 설명하는 방식을 다룬다. 주요 개념으로는 음양, 오행, 천간, 지지 등이 있으며, 이들 기초 원리를 통해 인간 운명을 해석하는 방법이 제시된다. 또한, 명리학은 인간과 자연의 조화를 이루며 삶의 방향성을 설정하는 데 중요한 역할을 한다. 이러한 이론적 기반은 명리학의 철학적 가치를 이해하고, 나아가 실천적 활용을 위한 토대를 마련하는 데 기여한다.

1. 명리학의 정의

1) 명리학의 개념과 목적

명리학[8](命理學, Four Pillars of Destiny)은 인간의 출생 년·월·일·시를 천간(天干)과 지지(地支)의 체계[四柱]로 변환하여 해석함으로써, 개인의 성향과 운세의 흐름을 분석하는 학문이다. 이 학문은 음양오행(陰陽五行)의 원리를 근간으로 하여 자연과 인간의 관계를 설명하는 동아시아 전통 사상의 한 축을 이루며, 단순한 점술적 해석을 넘어 개인의 성격, 적성, 사회적 관계, 그리고 인생의 주요 전환점을 체계적으로 조망하는 데 활용된다.

명리학의 핵심은 인간과 자연이 조화롭게 상호작용하는 관계를 탐구하는 데 있다. 이를 위해 음양과 오행의 상호작용을 분석하여, 각 개인이 태어난 순간 특정한 시공간적 에너지의 영향을 받는 과정을 설명한다. 명리학은 이러한 천간과 지지의 조합을 바탕으로 운명의 흐름을 추론하는 방법론을 제공하며, 계절적 변동, 자연 질서, 사회적 환경 등 다양한 요소와의 관계 속에서 총체적인 분석을 진행한다.

이론적 기원을 살펴보면, 명리학은 중국 한(漢)나라에서 발전한 음양오행론과 『주역(周易)』의 괘상(卦象) 해석을 토대로 형성되었으며, 이후 당(唐)·송(宋) 시대를 거치면서 체계화되었다. 특히, 당대 서자평(徐子平)에 의해 정리된 자평명리학(子平命理學)은 사주팔자(四柱八字)[9] 체계를 확립하며 개인의 운명을 분석하는 주요 도구로 자리 잡았다. 이후 『적천수(滴天髓』[10], 『궁통보감(窮通寶鑑)』, 『명리정종(命理正宗)』 등의 저작을 통해 이론적 발전을 거듭하며 현대에 이르렀다.

명리학의 분석 방식은 크게 사주(四柱)와 대운(大運), 세운(歲運) 등의 운세 변동을 해석하는 구조로 이루어진다. 사주는 개인의 기본적인 기질과 운명의 기반을 나타내며, 대운과 세운은 시간의 흐름에 따른 운세의 변화를 보여준다. 이러한 해석은 개인의 타고난 성향을 이해하는 것뿐만 아니라, 변화하는 환경 속에서 최적의 선택을 모색하는 데 활용된다.

현대에 들어 명리학은 심리학, 경영학, 상담학 등 다양한 분야와 결합되어 인간 이해의 도구로 활용되고 있다. 기업 경영, 조직 관리, 개인 성장 전략 수립 등에서도 응용 가능성이 제기되고 있으며, 인공지능(AI)과 빅데이터 기술의 발전에 힘입어 명리학적 분석이 더욱 체계적이고 정교한 방법론으로 발전할 전망이다.

이처럼 명리학은 전통적인 운명 해석 방식을 넘어, 동아시아 철학을 바탕으로 자연과 사회의 질서를 탐색하는 논리적이고 체계적인 학문으로 자리 잡아가고 있다. 이는 명리학이 단순한 운명론이 아니라, 삶의 변화를 예측하고 보다 나은 방향성을 설정하는 데 기여하는 실천적 지혜로 기능할 때 더욱 가속화될 것이다.

2) 명리학의 역사적 배경과 발전 과정

사주명리학은 음양오행설을 이론적 기반으로 하여 인간의 운명을 해석하는 체계로 발전하였다. 곽박(郭璞, 276-324)은 동진(東晉) 시기의 도가(道家) 및 음양학자로, 『산해경(山海經)』 주석과 『장서(葬書)』를 저술하여 풍수학과 명리학의 발전에 기여하였다. 곽박이 체계화한 사주명리 해석 방식은 출생년을 중점적으로 분석하는 방식이었으며, 이를 고법사주(古法四柱)[11]라 한다. 고법사주는 십이운성(十二運星)과 신살(神煞)의 활용을 강조하며, 사회적 신분과 운명의 정형성을 중시하는 해석 구조를 갖는다. 고전 명리서에서는 이에 대한 기록을 확인할 수 있다. 『이허중명서(李虛中命書)』[12]에서는 "대체로 년(年)은 근본이 되고, 일(日)은 주인이 되며, 월(月)은 사자(使)가 되고, 시(時)는 보조가 된다. 년(年)은 일(日)의 근본이 되고, 일(日)은 명(命)의 주인이 되니, 이는 임금에게 신하가 있고, 아버지에게 자식이 있으며, 남편에게 아내가 있고, 나라에 왕이 있는 것과 같다. 이는 태(胎)는 월(月)에서, 생(生)은 시(時)에서 주된 근본을 돕고 보좌하여, 차례로 이어지고 순응할 수 있도록 하는 것이다."(大抵年爲本, 則日爲主; 月爲使, 則時爲輔. 年爲日之本, 日爲命主, 如君之有臣, 父之有子, 夫之有婦, 國之有王. 是胎·月·生·時爲主本之扶援, 欲得以序相承順也.)라고 기술되어 있다. 이로부터 고법사주에서 출생년이 핵심 요소로 간주되었음을 알 수 있다.

서자평(徐子平, 10세기 초중반)은 오대(五代) 말엽에서 북송(北宋) 초에 활동한 명리학자로, 기존의 고법사주 체계를 개혁하여 자평사주(子平四柱)를 확립하였다. 자평사주는 출생일[日干][13]을 중심으로 분석하는 체계를 수립하여, 개인의 성격과 운명의 변화를 보다 세밀하게 분석할 수 있도록 하였다. 『명통부(命通賦)』[14]에서는 "사주의 오묘한 이치는 일간[15]에 달려 있다. 일간이 정해지면 격국이 나뉘며, 오행의 생극제화를 통해 귀천을 판단할 수 있다."(四柱之妙, 在乎日元, 日元定而格局分, 五行生剋制化, 貴賤可推.)라고 설명하고 있다. 이를 통해 자평사주는 일간을 중심으로 사주해석을 진행하며, 격국 및 용신 개념을 확립하여 보다 체계적인 분석 방식을 발전시켰음을 확인할 수 있다.

고법사주와 자평사주는 운명 해석 방식에서 본질적인 차이를 가진다. 고법사주는 년주(年柱)를 중심으로 한 정적인 운명 결정론을 따르며, 출생 환경과 신분적 요소를 중요하게 고려하는 경향이 있다. 반면, 자평사주는 일간(日干)을 중심으로 하여 개인의 주체성과 환경 변화를 반영하는 동적인 해석 체계를 확립하였다. 이러한 차이로 인해 자평사주는 후대 명리학 발전의 기반이 되었으며, 현대 사주 해석에서 일반적으로 채택되는 방식이 되었다.

고법사주는 년주를 중심으로 명조를 분석하며, 혈통과 가문의 영향을 중시하는 경향이 있다. 반면, 자평사주는 출생일의 천간을 기준으로 개인의 성향과 운명의 흐름을 보다 정밀하게 해석하는 체계를 갖추었다. 이는 명리학적 분석의 정교성을 높이는 계기가 되었으며, 개인의 특성과 환경을 반영한 해석이 가능하도록 발전하였다. 이러한 점에서 자평사주는 현대 사주명리학에서 일반적으로 사용되는 해석 체계로 자리 잡았다.

2. 철학적 배경

1) 운명론과 명리학의 관계

사주팔자를 활용하여 인간의 운명을 해석하는 것을 통칭하여 사주학(四柱學)이라 한다면, 이는 동아시아 삼국[한국, 중국, 일본]에서 공통적으로 사용되는 개념이다. 그러나 각국에서 이를 지칭하는 용어는 상이하며, 한국에서는 명리학(命理學), 중국에서는 명운학(命運學), 일본에서는 추명학(推命學)으로 등으로 주로 불린다. 이러한 명칭의 차이는 각 문화권에서 명리학을 이해하는 방식과 밀접한 관련이 있으며, 각기 다른 개념을 강조하는 데서 비롯된다. 예를 들어, 한국의 명리학은 음양오행의 원리를 바탕으로 인간의 운명을 해석하는 데 초점을 맞추고 있으며, 중국의 명운학은 보다 포괄적인 운명 해석 체계를 포함하는 경향이 있다. 반면, 일본의 추명학은 주로 통계적 분석과 경험적 연구를 중시하는 특징을 지닌다.

한국에서는 '명리학'이라는 용어를 사용하여 운명의 이치[理], 즉 원리와 구조를 연구하는 학문적 접근을 강조한다. 이는 사주를 단순한 운명론적 해석이 아니라, 자연 법칙과 조화 속에서 이해하려는 시각이 반영된 것이다. 따라서 한국 명리학에서는 '理[이치]'를 중요하게 여겨 음양오행(陰陽五行)과 십신(十神)의 관계를 정교하게 분석하는 경향이 있다. 이로 말미암아 '격국(格局)'과 '용신(用神)'을 중심으로 사주의 구조적 특성을 중시하는 해석 방식이 두드러진다. 예를 들어, '격(格)'과 '용(用)'의 개념을 확립하여 명리학을 체계적으로 정리한 이론서들이 많으며, '정통 명리학'으로 자리 잡았다.

중국에서는 '명운학'이라는 용어를 사용하여 '운명(運命)' 즉, 개인의 타고난 명(命)과 그 명이 전개되는 과정인 운(運)을 중시한다. 즉, 한 사람의 인생이 태어날 때 정해진 명(命)뿐만 아니라 이후의 운(運)에 따라 변할 수 있음을 강조한다. 예를 들어, 중국 명운학에서는 '명'과 '운'을 분석하는 방식으로 '대운(大運)', '세운(歲運)[16]', '유운(流運)[17]'을 중요하게 다룬다.

'명운(命運)' 개념은 오랜 역사적·철학적 논의를 거쳐 형성된 것으로, 단순히 개인의 삶을 지칭하는 것이 아니라 천명(天命)과 운수(運數)의 상호작용을 의미한다. 명

(命)은 선천적으로 주어진 본질적 요소를, 운(運)은 후천적으로 변화하는 과정적 요소를 가리킨다. 따라서 명운은 고정된 것이 아니라 인간의 행위와 선택에 따라 변동할 수 있는 유동적 개념으로 이해된다.

중국의 격언에서 "'명'은 하늘이 정하고, '운'은 스스로 만들어간다."(命由天定, 運由己生.)라고 하였듯이, 명(命)은 출생 환경과 같은 선천적 요인에 의해 결정되지만, 운(運)은 학습과 노력 등을 통해 조정될 수 있다. 이는 『주역(周易)』의 "하늘의 운행이 굳세고 끊임없으니, 군자는 스스로 힘써 쉬지 않는다."(天行健, 君子以自強不息.)[18]는 구절과도 맥락을 같이한다.

명운에 대한 인식은 개인의 인생관과 가치관에 영향을 미친다. 비관론적 입장은 명(命)의 길흉이 운(運)의 길흉을 결정한다고 보며, 개인의 노력은 궁극적으로 무의미하다고 주장한다. 반면, 낙관론적 입장은 후천적 노력과 수양이 명의 한계를 극복할 수 있다고 본다. 이러한 논의는 유가(儒家)의 자기 수양론뿐만 아니라, 불가(佛家)의 인과론(因果論) 및 도가(道家)의 '무위이치(無爲而治)' 사상과도 연결된다.

인간은 태어나는 순간 특정한 환경적·사회적 조건 속에 놓이게 된다. 『논어(論語)』의 「헌문(憲問)」편에서는 "남이 나를 알아주지 못함을 걱정하지 말고, 자신의 능하지 못함을 걱정해야 한다.[19]"(不患人之不己知, 患其不能也.)[20]라고 하였고, 「리인(里仁)」편에서는 "자리가 없음을 근심하지 말고, 자립할 방법을 근심하라. 나를 알아줄 만큼 되기를 구하여라."(不患無位, 患所以立. 不患莫己知, 求爲可知也.)[21]고 하였고, 「학이(學而)」편에서도 "남이 나를 알아주지 않음을 근심하지 말고, 남을 알지 못함을 근심하라."(不患人之不己知[22], 患不知人也.)라 하였다. 이는 중요한 것은 외부적 조건이 아니라, 자신이 그것을 어떻게 인식하고 대응하느냐에 있다는 점을 시사한다.

사마천(司馬遷)은 『사기(史記)』에서 "옛날에는 부귀한 사람들의 이름은 기록되지 않았으며, 오직 특별하고 비범한 사람들만이 이름을 남겼다."(古者富貴而名摩滅, 不

可勝記, 唯俶儻非常之人稱焉.)라고 하였다. 이는 도덕적 수양과 정신적 강건함이 단순한 부귀보다 더 중요한 가치임을 강조한다. 명대(明代)의 진계유(陳繼儒)는 『소창유기(小窗幽記)』에서 "하늘이 나의 복을 박하게 하면 덕을 쌓아 이를 보완하고, 하늘이 나의 운명을 어렵게 하면 도를 넓혀 이를 극복한다."(天薄我福, 吾厚吾德以迎之; 天厄我遇, 吾亨吾道以通之.)라고 하였으며, 이는 유가적 수양론과도 일맥상통한다.

역사적으로도 역경 속에서 위대한 문헌과 사상이 탄생한 사례는 많다. 『한서(漢書)』 「사마천전(司馬遷傳)」에서는 "서백(西伯, 곧 문왕)은 감금된 상태에서 『주역』을 체계적으로 해석하였으며[23], 공자(仲尼)는 곤경 속에서 『춘추』를 편찬하였고[24], 굴원(屈原)은 유배 중에 『이소(離騷)』를 남겼으며[25], 좌구명(左丘明)은 실명한 후 『국어(國語)』를 저술하였고[26], 손빈(孫臏)은 두 다리를 절단당한 후 『손자병법(孫子兵法)』을 정리하였다. 여불위(呂不韋)는 촉(蜀)으로 유배된 후 『여씨춘추(呂氏春秋)』를 편찬하였으며, 한비(韓非)는 진(秦)나라에 갇혀 「설난(說難)」과 「고분(孤憤)」을 남겼다.[27] 『시경』의 300여 편의 시 또한 성현들이 울분을 풀고 감정을 표출하기 위해 지은 것이다."라고 기록하였다. 이는 명(命)은 하늘이 정하지만, 운(運)은 개인의 노력과 지혜에 따라 변화할 수 있음을 시사한다.

이와 같이, "명유천정, 운유기생(命由天定, 運由己生)"이라는 격언은 운명론과 자유의지론 사이에서 균형을 이루는 철학적 통찰을 담고 있다. 개인이 타고난 명을 부정할 수는 없지만, 운은 인간의 노력과 도덕적 수양을 통해 개척할 수 있다. 따라서 인생의 굴곡을 피하지 않고 이를 극복하며 스스로를 단련하는 것이 곧 명운을 온전히 받아들이고 발전시키는 길이다.

운명론(命運論, Fatalism)은 동서양의 철학적 전통에서 다양한 방식으로 해석되며, 이를 크게 네 가지 관점으로 정리할 수 있다. 첫째, 운명론적 결정론(Deterministic Fatalism)은 인간의 운명이 이미 정해져 있으며, 개인의 의지나 노력으로 이를 변경할 수 없다는 입장이다. 이는 그리스 스토아 철학의 운명 순응 사상, 인도의 힌두교 카르마론(업보에 따른 숙명론), 그리고 현대의 유전학적 결정론과 환경적 결정론 등의 사유 체계에서 발견된다. 둘째, 신적 섭리론(Theological Fatalism)은 신(神) 혹은 초월적 존재가 인간의 운명을 미리 결정하였다는 관점으로, 기독교의 아우구스티누스가 주장한 예정론, 이슬람의 카다르(Qadar, 신의 결정론) 등에서 확인할 수 있으며, 이는 자유의지와 신의 전지성(omniscience) 간의 관계를 중심으로 논의된다. 셋째, 운명 거부론(Anti-Fatalism)은 운명론을 부정하고 인간의 자유의지와 선택을 강조하는 입장으로, 장자(莊子)는 자연의 흐름을 따르면서도 운명론적 수동성을 거부하였으며, 사르트르는 실존주의적 관점에서 인간이 스스로 운명을 창조한다고 주장하였다. 이는 현대 철학에서 실존주의 및 행위자 중심 이론으로 발전하였다. 넷째, 절충적 실용론(Compatibilism & Pragmatism)은 일정 부분 운명이 결정되어 있을지라도 인간의 선택이 운명에 영향을 미칠 수 있다는 절충적 입장으로, 공자의 사상에서 찾아볼 수 있으며, 칸트의 자유와 인과의 조화, 윌리엄 제임스의 프래그머티즘(Pragmatism)에서도 이러한 견해가 확인된다. 현대적으로는 신경과학에서 자유의지 논쟁, 사회구조와 개인 노력의 상호작용 등의 논의로 이어지고 있다.

이러한 네 가지 운명론적 관점은 운명을 단순한 숙명론적 사고로만 규정하지 않고, 다양한 철학적 접근을 통해 인간 존재의 의미와 책임을 논의하는 데 기여한다. 특히, 유학, 사주명리학, 불교, 기독교 등은 각각 '신적 섭리론'과 '절충적 실용론'의 틀 안에서 해석될 수 있으며, 이는 시대적 변화 속에서 운명 개념이 어떻게 형성되고 변화해왔는지를 보여준다. 고대에는 운명이 이미 정해진 것으로 간주되어 현상에 대한 순응을 강조하였으나, 근대에 이르러서는 운명을 스스로 개척할 수 있다는 인식이 강해지면서 분투와 진취적 태도가 강조되었다.

오늘날 우리 사회에서는 전통적인 운명 천정론(命運天定論), 불교 신자들이 지지하는 운명 자조론(命運自造論), 그리고 기독교 신자들이 신앙적 관점에서 받아들이는 운명 자결론(命運自決論)이라는 세 가지 주요한 운명관이 존재한다(陳德安 2015: 14-35). 이에 더하여, 유학의 운명론은 운명 수양론(命運修養論)으로, 사주명리학의 운명론은 운명 가변론(命運可變論)으로 해석할 수 있으며, 이는 불교의 '운명 자조론'과 개념적으로 유사성을 가진다. 이러한 논의는 운명을 바라보는 태도와 실천적 대응 방식의 차이를 이해하는 데 도움을 주며, 운명론을 개인의 삶과 사회적 맥락에서 보다 포괄적이고 체계적으로 조망할 수 있도록 한다.

① 전통적인 '운명 천정론(命運天定論)'은 인간의 운명이 태어날 때부터 정해져 있으며, 이를 바꿀 수 없다는 숙명론적 관점을 나타낸다. 이는 동아시아의 철학적 전통에서 널리 수용된 사상으로, 인간이 하늘의 뜻에 따라 주어진 운명을 따르는 것이 필수적이라고 본다. 『음부경(陰符經)』[28]은 도가(道家)와 병가(兵家)의 영향을 받으며, 자연의 법칙과 인간 사회의 운영 원리를 철학적으로 탐구한다. 본서에서 언급된 "하늘의 도를 관찰하고, 하늘의 법칙을 실천하면 모든 것이 완성된다"(觀天之道, 執天之行, 盡矣.)는 구절은 인간이 자연의 이치를 따르고 그에 순응함으로써 운명을 극복하고 완성할 수 있다는 철학적 사상을 나타낸다. 이는 유교에서도 천명을 중요시하며, 개인이 순응해야 할 운명을 숙명적으로 수용해야 한다고 강조하는 부분과 일맥상통한다.

② 유학의 '운명 수양론(命運修養論)'은 전통적으로 '천명(天命)'과 '인간의 노력'을 함께 고려하는 입장을 취해 왔다. 표면적으로는 전통적인 운명 천정론과 가까워 보이지만, 실제로는 불교의 운명 자조론과 유사한 측면이 많다. 유학에서는 하늘이 인간에게 특정한 운명을 부여하지만, 인간이 자신의 덕(德)과 실천(行)을 통해 운명을 바꿀 수 있다는 사상을 강조하기 때문이다. 이는 『논어(論語)』, 『맹자(孟子)』 등의 원

전을 통해 더욱 명확해진다. 유학에서는 천명(天命)이라는 개념을 강조한다. 하지만 천명이란 단순한 숙명이 아니라, 인간이 스스로 다듬고 완성해 나가야 하는 요소로 이해된다. 『논어』의 「리인(里仁)」편에는 "명(命)을 알지 못하면 군자가 될 수 없다."(不知命, 無以爲君子.)는 구절이 있는데, 이는 인간이 자신의 운명을 받아들이되, 이를 올바르게 인식하고 실천하는 것이 중요하다는 뜻이다. 즉, 운명을 단순히 숙명으로 여기는 것이 아니라, 그 의미를 깨닫고 적극적으로 개척해야 함을 강조한다. 이러한 맥락에서 『맹자(孟子)』의 「진심상(盡心上)」편에 나오는 "자기의 마음을 다하면 자기의 성을 안다. 자기의 본성을 알면 하늘을 알게 되는 것이다. 자기의 마음을 살피고 자기의 본성을 기르는 것이 하늘을 섬기는 방법이다. 단명하거나 장수하거나 의심을 두지 않고 자기의 덕을 닦아서 천명을 기다리는 것이 천명을 지키는 방법이다."(盡其心者, 知其性也. 知其性則知天矣. 存其心, 養其性, 所以事天也. 殀壽不貳, 修身以俟之, 所以立命也.)는 구절을 보면, 이는 인간이 스스로의 노력과 실천을 통해 운명을 개척할 수 있다는 사상을 나타낸다. 명(命)이란 고정된 것이 아니라, 인간이 스스로 만드는 것이라는 뜻이므로, 이는 불교의 운명 자조론과 유사한 관점이라 할 수 있다. 유교와 불교 모두 운명이 개인의 행위에 의해 변화할 수 있다고 보지만, 가장 큰 차이점은 운명의 작용 범위에 있다. 불교는 과거의 업(業, 카르마)이 현재의 운명을 결정하며, 현재의 업이 미래의 운명을 결정한다. 이때, 운명의 변화는 현세(現世)뿐만 아니라 내세(來世)에도 영향을 미친다. 즉, 생(生)과 사(死)를 넘나드는 윤회(輪廻) 속에서 운명이 계속 변화한다. 그런데 유교의 운명은 철저히 현세(現世)에서 변화한다. 즉, 인간이 살아 있는 동안 선한 행위를 하면 복을 받고, 악한 행위를 하면 벌을 받는다는 개념이 중심이다. 윤회보다는 집안과 사회 전체에 미치는 영향이 강조된다. 따라서 유교적 운명관은 불교의 '운명 자조론'과 매우 유사하지만, 그 결과가 내세가 아니라 현재 삶에서 나타난다는 점에서 차이를 보인다.

③ 사주명리학의 운명론은 운명 가변론(命運可變論)을 기반으로 하고 있다. 이는 '명(命)과 운(運)의 조화'라는 개념을 통해 설명되며, 인간의 운명은 일정 부분 정해져 있지만 후천적인 요인에 따라 변화할 수 있음을 의미한다. 명(命)은 개인이 타고난 선천적 요소로, 출생 시점의 천간(天干)과 지지(地支)를 바탕으로 결정되며, 이는 부모, 출생 환경, 타고난 기질 등과 관련된다. 반면, 운(運)은 개인이 경험하는 대운(大運)과 세운(歲運) 등의 후천적 흐름으로, 환경적 요인과 선택에 따라 조정될 수 있다. 따라서 명리학에서는 "명(命)은 고정되지만, 운(運)은 변할 수 있다."는 원칙을 바탕으로, 인간이 운명을 받아들이면서도 적극적인 노력과 지혜로운 선택을 통해 운을 조정할 수 있다고 본다. 『주역(周易)』의 "하늘의 운행이 굳세고 끊임없으니, 군자는 스스로 힘써 쉬지 않는다."(天行健, 君子以自強不息.)는 구절은 인간이 주어진 운명을 수동적으로 받아들이는 것이 아니라, 지속적인 자기 계발과 노력으로 운을 개척해야 함을 시사한다. 이는 단순한 숙명론을 따르는 것이 아니라, 개인의 후천적 노력과 환경의 변화가 삶의 질을 결정짓는 요소로 작용함을 의미한다. 명리학적 운명관은 절대적인 결정론이나 완전한 자유의지론이 아니라, '제한된 자유의지'를 기반으로 한다. 즉, 인간은 타고난 명(命)의 틀을 벗어날 수는 없지만, 운(運)을 관리하고 조정함으로써 삶의 방향을 바꿀 수 있다. 이에 따라 명리학에서는 개인이 자신의 사주를 이해하고, 이를 바탕으로 올바른 선택과 노력을 기울이는 것이 가장 중요하다고 본다. 이러한 관점은 전통적인 '운명 천정론(命運天定論)'과 유학의 '운명 수양론(命運修養論)'의 절충적인 입장으로, 운명과 인간의 의지가 상호 작용하는 다층적인 구조를 형성한다.

④ 불교 신자들의 운명관은 '운명 자조론(命運自造論)'에 기반하며, 인간의 운명이 외부에 의해 정해지는 것이 아니라 자신의 업(業)에 의해 형성된다고 본다. 즉, 과거의 행위가 현재의 운명을 결정하며, 현재의 행위가 미래의 운명을 창조한다는 관점

으로, 이는 인과응보(因果應報)와 자업자득(自業自得)의 원리에 바탕을 둔다. 『법구경(法句經)』에서도 "만약 어떤 사람이 악을 행하고도 스스로 뉘우치지 않는다면, 그 후에 그 과보를 받게 되니, 마치 물이 흐르는 것을 따르는 것과 같다. 만약 어떤 사람이 선을 행하고 스스로 그 덕을 기뻐한다면, 그 후에 그 과보를 받게 되니, 마치 그림자가 형체를 따르는 것과 같다."(若人作惡, 不自悔悔, 後來受報, 如水隨行. 若人作善, 自慶其德, 後來受報, 如影隨形.)고 설파하듯이, 불교에서는 수행과 선행을 통해 운명을 변화시킬 수 있다고 보며, 개인의 실천적 노력이 강조된다.

⑤ 기독교 신자들의 운명관은 '운명 자결론(命運自決論)'에 해당하며, 신의 섭리 속에서 인간이 자유의지를 통해 운명을 개척할 수 있다고 본다. 즉, 신이 인간에게 주어진 환경과 조건을 제공하지만, 인간은 자신의 신앙과 선택을 통해 삶을 만들어 간다는 관점이다. 『성경』에서도 "사람이 무엇을 심든지 그대로 거두리라"(갈라디아서 6:7)라고 하여 행위의 결과가 자신의 미래를 결정한다는 점을 강조하며, 이에 따라 기독교 신자들은 운명을 스스로 결정할 수 있다는 믿음 속에서 적극적으로 자신의 삶을 개척하려는 태도를 보인다. 이와 같이, 불교와 기독교는 운명에 대한 해석에서 차이를 보이지만, 공통적으로 인간의 선택과 행위가 운명의 형성에 중요한 역할을 한다고 본다. 불교가 과거의 업과 현재의 행위를 통해 운명이 형성된다고 보는 반면, 기독교는 신의 섭리 속에서 자유의지를 통해 삶을 만들어갈 수 있다고 본다는 점에서 차이가 있다. 그러나 두 입장 모두 인간이 운명을 수동적으로 받아들이기보다 능동적으로 개척할 수 있다는 점을 강조한다는 공통된 특징을 지닌다.

2) 본체론적 배경

명리학은 동양 철학의 근간인 음양오행 사상을 기반으로 하며, 천·지·인(天·地·人)의 조화를 중시한다. 명리학은 인과론적 관점에서 인간의 운명이 태어날 때 정해진 기운[命]과 후천적 노력[수행, 계절, 환경 등]이 상호작용하여 결정된다고 본다. 명리학은 도(道)와 자연(天道)의 이치를 깨달아 인간과 자연의 조화를 이루려는 철학적 추구를 내포한다.

중국 본체론 철학은 서양 철학과 구별되는 독특한 사유 체계를 구축해 왔다. 핵심적으로, 우주의 근본 원리[본체론]와 현상 세계의 변화[우주론]를 분리하지 않고 통합적으로 사고하는 경향을 보이며, 존재와 비존재, 본질과 현상을 하나로 보는 '유무합일(有無合一)'과 '체용불이(體用不二)'의 사유 방식을 특징으로 한다. 이러한 특징은 중국 고대 사상사 전반에 걸쳐 나타나며, 시대에 따라 복잡한 사상적 분화와 통합을 거쳐 왔다.

특히, 선진시대부터 송명시대에 이르기까지 본체론 범주의 논리적 전개는 우주론과 본체론의 혼합에서 분리로, 다시 재통합되는 과정을 보였으며, '유무합일'과 '체용불이'의 개념이 '유무분열(有無分裂)'과 '체용분리(體用分離)'로 잠시 분화되었다가, 다시 송명시대에 원융한 형태로 재통합되었다. 송명리학(宋明理學)은 이러한 과정을 통해 선진시대 철학으로의 복귀를 이루어냈다.

또한, 최고 본체인 '자연이 그러함[自然而然]'에 대한 이해는 도가의 '무위(無爲)'와 유가의 '생생(生生)'으로 양분되어, 유가와 도가 간의 관점 차이를 야기하였다. 이러한 중국 본체론 철학의 특징은 명리학과도 깊은 연관성을 가진다.

명리학은 천간과 지지의 상호작용을 통해 인간의 운명을 해석하는 학문으로, 우주의 근본 원리[본체론]와 현상 세계의 변화[우주론]를 분리하지 않고 통합적으로 이해하는 중국 철학의 사유 방식을 계승한다. 우주 만물을 구성하는 근본 요소이자 변화의 동력으로 이해되는 '기(氣)'는 이러한 우주론과 본체론을 연결하는 핵심 개념으로 작용한다.

또한, 명리학에서 음양과 오행은 상호 대립하면서도 조화를 이루는 개념으로, 존재와 비존재, 본질과 현상이 분리될 수 없다는 '유무합일'과 '체용불이'의 사유 방식과 긴밀하게 연결된다. 사주팔자 원국(元局)[29]에 드러나지 않은 오행을 잠재된 것으로 보는 관점 또한 이러한 유무합일의 개념을 뒷받침한다. 더불어, 자연의 순리에 따르는 삶을 강조하는 명리학은 도가의 '무위' 사상과 통하면서도, 인간의 노력을 통해 운명을 개선할 수 있다고 보는 측면에서는 유가의 '생생' 사상과 조화를 이룬다. 즉, 사주팔자의 흐름을 이해하고 강점과 약점을 파악하여 적절한 노력을 기울이는 것은 자연의 순리에 따르면서도 적극적으로 삶을 개척하는 방식이라 할 수 있다.

나아가, 송명리학에서 '리(理)'와 '기(氣)'를 통해 유무합일과 체용불이의 초기 본체론으로 복귀하는 사상 체계를 완성한 것과 같이, 명리학에서도 사주팔자 원국의 '리'와 운세에 스며드는 '기'의 조화를 중시한다. 이로써 명리학은 우주의 기운 변화를 통해 인간의 운명을 해석하고, 자연의 순리에 따르는 삶을 강조함으로써 중국 철학의 핵심 개념인 유무합일, 체용불이, 자연이 그러함과 깊은 관련을 맺고 있다.

3. 주요 개념과 용어

명리학은 인간의 운명과 성격을 이해하는 데 중요한 이론적 틀을 제공하는 학문으로, 그 핵심 개념들은 우주의 원리와 인간의 운명에 대한 깊은 통찰을 반영한다. 陰과 陽은 만물의 근본 이치이며, 이 둘의 상호작용이 운명의 기초가 된다. 오행(五行)은 木, 火, 土, 金, 水로 구성되며, 이들의 상생(相生)과 상극(相剋)을 통해 명조의 균형을 해석한다. 천간(天干)과 지지(地支)는 시간의 흐름과 인간의 운명을 나타내는 주요 체계로, 이를 통해 사주팔자(四柱八字)를 구성한다. 용신(用神)은 사주 내에서 균형을 이루는 핵심 오행으로, 명조의 강약을 조절하는 역할을 담당한다.

명리학의 핵심 개념은 크게 네 가지 단계로 나눠지며, 각 단계는 명리학의 기본 원리부터 실질적인 해석 요소에 이르기까지 중요한 구성 요소들을 포함한다.

① 1차 핵심 개념 [명리학의 근본 원리]

■ 음양(陰陽): 음양은 우주 만물의 근본 원리로서, 자연계의 모든 현상은 음(陰)과 양(陽)이라는 두 상반된 기운의 상호작용을 통해 형성되고 변화한다. 음양은 서로 대립하면서도 동시에 조화를 이루며, 이러한 균형의 원리는 명리학에서도 중요한 해석의 기준이 된다. 사주 분석에서는 각 기둥과 오행이 지닌 음양적 특성을 고려하여 개인의 성향과 운세의 흐름을 파악하며, 음양의 불균형은 특정한 삶의 패턴이나 운명적 과제를 나타낼 수 있다.

■ 오행(五行): 오행은 우주를 구성하는 다섯 가지 근본 요소로, 木, 火, 土, 金, 水로 이루어진다. 각 오행은 고유한 속성과 기능을 지니며, 상호 간의 생(生)과 극(剋)의 관계를 통해 자연과 인간의 변화를 설명하는 원리로 작용한다. 사주 해석에서는 개인의 오행 구성을 분석하여 성격적 특성, 운명의 흐름, 대운(大運) 및 세운(歲運)의 영향을 평가하는데, 특정 오행의 과잉(太過) 또는 부족(不及)이 삶의 중요한 변수로 작용할 수 있다.

■ 천간(天干): 천간은 하늘의 기운을 나타내는 열 가지 요소로, 갑(甲), 을(乙), 병(丙), 정(丁), 무(戊), 기(己), 경(庚), 신(辛), 임(壬), 계(癸)로 구성된다. 각 천간은 오행과 음양의 성질을 지니며, 사주 구조에서 개인의 기질, 대인관계, 직업적 성향, 그리고 특정한 운세적 흐름을 결정짓는 중요한 요소로 작용한다. 천간의 배치는 지지(地支)와의 결합을 통해 보다 구체적인 성격과 운세의 변화를 유추하는 데 활용된다.

■ 지지(地支): 지지는 지상의 기운을 나타내는 열두 가지 요소로, 자(子), 축(丑), 인(寅), 묘(卯), 진(辰), 사(巳), 오(午), 미(未), 신(申), 유(酉), 술(戌), 해(亥)로 구성된다. 각 지지는 시간적 흐름과 계절적 변화를 반영하며, 특정한 오행적 속성과 동물적 상징성을 지닌다. 또한 지지는 충(沖), 합(合), 형(刑), 해

(害), 파(破) 등의 관계를 형성하여 사주의 전반적인 기운을 결정하는 중요한 역할을 한다. 천간과의 상호작용을 통해 보다 구체적인 성격적 특성과 운세적 패턴을 도출할 수 있으며, 개인의 삶에서 발생할 주요한 사건이나 흐름을 분석하는 근거가 된다.[30]

② 2차 핵심 개념 [명리학의 구조와 관계]

■ 사주(四柱): 사주는 개인의 출생 년·월·일·시(年·月·日·時)를 기준으로 설정된 네 개의 기둥을 의미하며, 각각 천간(天干)과 지지(地支)로 구성된다. 사주는 인간의 운명을 해석하는 핵심 자료로 활용되며, 개인의 성격적 특성과 운세의 흐름을 분석하는 근거가 된다.

■ 팔자(八字): 팔자는 사주를 구성하는 총 여덟 개의 글자를 의미하며, 네 개의 천간과 네 개의 지지로 이루어진다. 팔자는 사주의 핵심 구조로서, 개인의 기질, 삶의 방향성, 특정 시기의 운세 변화를 예측하는 데 중요한 역할을 한다.

■ 삼원(三元): 삼원은 사주팔자의 구조를 더욱 심층적으로 분석하기 위한 개념으로, 천간(天干), 지지(地支), 그리고 지지 속에 포함된 장간(藏干)으로 구분된다. 삼원 분석을 통해 오행의 균형과 불균형, 기운의 흐름, 개인의 운세 형성 원리를 보다 정밀하게 해석할 수 있다.

■ 천원(天元): 천간(天干)을 의미하며, 하늘에서 내려오는 기운을 상징한다. 이는 주로 외부적인 작용, 시대적 흐름, 상위 개념의 영향력과 연결되며, 개인의 표면적인 성향[외적으로 드러나는 기질] 및 주어진 환경을 해석하는 데 활용된다.

■ 지원(地元): 지지(地支)를 의미하며, 대지에서 기인하는 기운을 상징한다. 이

는 인간이 속한 현실적 기반, 자연적 요소, 생리적 특징과 연관되며, 개인의 내면적 특성과 기질을 분석하는 데 중요한 요소로 작용한다.

■ 인원(人元): 지지 속에 포함된 장간(藏干)을 의미하며, 이는 개별적인 오행의 내재적 속성 및 개인의 본질적인 성향을 나타낸다. 인원은 인간의 내면적인 기운과 잠재적인 요소를 파악하는 데 활용되며, 사주 해석의 정밀도를 높이는 역할을 한다.

③ 3차 핵심 개념 [사주 해석의 주요 요소]

■ 십신(十神): 십신은 일간(日干)과 다른 천간 및 지지 간의 상호 관계를 분석하는 개념으로, 비견(比肩), 겁재(劫財), 식신(食神), 상관(傷官), 편재(偏財), 정재(正財), 편관(偏官), 정관(正官), 편인(偏印), 정인(正印)으로 구분된다. 이는 사주 해석에서 개인의 성향, 대인관계, 직업적 경향 및 운세 흐름을 판단하는 중요한 지표로 활용된다.

■ 용신(用神): 용신은 사주 구성의 균형을 유지하고 조화를 이루기 위해 필요한 핵심적인 오행 요소를 의미한다. 특정한 오행이 과다하거나 부족한 경우, 이를 조정하기 위한 요소로서 용신을 선정하며, 이는 개인의 운명 개선 및 최적화된 운세 흐름을 조성하는 데 중요한 역할을 한다.

■ 격국(格局): 격국은 사주의 구조적 유형을 분석하는 체계로, 사주의 기본적인 성격과 운세 패턴을 분류하는 기준이 된다. 격국의 분류는 특정 오행과 십신의 배치에 따라 결정되며, 이를 통해 개인의 직업적 방향성, 재물운, 사회적 지위 및 삶의 흐름을 예측할 수 있다.

■ 운(運): 운은 시간의 흐름에 따른 개인의 운세 변화를 의미하며, 대운(大運), 세운(歲運), 유년운(流年運) 등으로 구분된다. 대운은 약 10년 단위로 변화하

며, 개인의 장기적인 운세 흐름과 환경 변화를 분석하는 데 사용된다. 세운과 유년운은 각각 1년 단위로 변하는 운세를 세밀하게 분석할 수 있는 개념으로, 특정 시기의 운세 변화를 보다 구체적으로 이해하는 데 활용된다.

■ 합(合)과 충(沖): 합과 충은 천간과 지지 간의 상호 작용을 분석하는 개념으로, 두 요소 간의 조화 또는 충돌을 의미한다. 삼합(三合)과 육합(六合)은 서로 융화되어 상생하는 관계를 형성하는 반면, 충(沖)과 형(刑), 파(破), 해(害) 등의 관계는 대립적 성격을 지니며 갈등과 변화를 초래할 수 있다. 이러한 상호작용은 개인의 대인관계, 직업적 변동, 건강 및 운세 변화에 직접적인 영향을 미친다.

■ 십이운성(十二運星)[31]: 십이운성은 오행의 생멸(生滅) 과정에서 각 단계별 의미를 설명하는 개념으로, 인간의 성장 과정과 운세 흐름을 상징적으로 나타낸다. 태(胎)는 생명의 시작 단계, 양(養)은 성장 초기, 장생(長生)은 본격적인 생명력의 확장을 의미하며, 이후 목욕(沐浴), 관대(冠帶), 건록(建祿), 제왕(帝旺), 쇠(衰), 병(病), 사(死), 묘(墓), 절(絶) 등의 단계로 진행된다. 각 단계는 개인의 생애 주기와 특정 시기의 운세 변화를 이해하는 데 중요한 역할을 한다.

④ 4차 핵심 개념 [심화 해석 요소]

■ 신살(神殺): 신살은 사주 해석에서 특수한 기운을 지닌 별격적인 요소를 의미하며, 도화살(桃花煞), 괴강살(魁罡煞), 백호살(白虎煞) 등 다양한 유형이 존재한다. 이는 개인의 성격, 사회적 관계, 직업적 성향 및 특정한 운명적 사건과 관련된 분석에 활용된다. 신살의 존재 여부는 사주의 전체적인 구조 및 운세 흐름과 결합하여 종합적으로 해석해야 하며, 단순히 길흉만으로 판단하기보다는 환경적 요소와의 상호 작용을 고려하는 것이 중요하다.[32]

■ 공망(空亡): 공망은 특정한 간지가 작용하지 않는 상태를 의미하며, 사주 해석에서 특정 기운이 결여되거나 약화된 상황을 분석하는 데 활용된다. 이는 개인의 운명에서 결핍된 요소를 나타낼 수 있으며, 공망이 포함된 오행의 성질 및 위치에 따라 그 영향을 해석해야 한다. 공망의 존재는 사주의 다른 요소와의 조화를 통해 보완되거나 강화될 수 있으므로, 이를 단독으로 판단하기보다 사주의 전반적인 흐름 속에서 의미를 파악해야 한다.

■ 태과(太過)와 불급(不及): '태과'는 특정한 오행이 과도하게 강한 상태를, '불급'은 특정한 오행이 지나치게 약한 상태를 의미한다. 이는 사주 내에서 오행의 균형이 무너진 상황을 나타내며, 개별적인 기운의 불균형이 사주 전반에 미치는 영향을 분석하는 데 중요한 개념이다. 태과와 불급은 사주의 전반적인 흐름을 파악하는 과정에서 중요한 판단 기준이 되며, 이를 보완하기 위한 용신(用神) 선택이 필수적으로 고려된다.

■ 삼합(三合)과 방합(方合): '삼합'은 지지 간의 강한 상생(相生) 관계를 형성하는 조합으로, 특정한 오행의 기운이 극대화되는 특성을 가진다. '방합'은 세 개의 지지가 서로 연결되어 특정한 방향성을 형성하는 구조로, 삼합과 마찬가지로 특정 오행의 기운을 강화하는 역할을 한다. 이러한 합의 구조는 개인의 성격, 대인관계 및 운세 흐름에 강한 영향을 미치며, 사주 분석에서 중요한 요소로 작용한다.

■ 형(刑), 파(破), 해(害): '형'은 지지 간의 긴장과 갈등 관계를 의미하며, 일정한 규칙에 따라 발생하는 부정적인 작용을 내포한다. '파'는 기존의 질서를 깨트리는 작용을 가지며, 사주의 흐름에 변화를 초래할 수 있다. '해'는 상대적으로 은밀하게 작용하는 갈등의 요소로, 내면적인 충돌이나 외부 환경의 부정

적 영향을 초래할 가능성이 있다. 이러한 관계는 개인의 운명에서 장애물이 나 위기를 예고하는 요소로 작용할 수 있으며, 사주 내에서의 위치와 조합에 따라 그 강도가 달라진다.

명리학은 이러한 핵심 개념들을 바탕으로 사주를 해석하며, 개인의 운명, 성격, 삶의 방향에 대한 깊은 통찰을 제공한다. 각 개념은 서로 유기적으로 연결되어 있으며, 사주 해석에서 중요한 역할을 한다. 명리학에서 사주(四柱)는 개인의 출생 년·월·일·시를 의미하며, 각각은 천간(天干)과 지지(地支)로 구성된다. 이렇게 형성된 여덟 글자의 팔자(八字)를 분석함으로써 개인의 성향과 운세의 흐름을 해석할 수 있다. 사주 분석의 핵심 원리는 음양오행(陰陽五行)과 간지(干支) 체계에 기반을 둔다. 음양은 자연의 이치와 조화를 설명하는 근본적인 개념이며, 오행[木·火·土·金·水]은 우주의 운행 원리를 상징하는 다섯 가지 기본 요소[33)]이다. 각 개인의 사주는 이러한 요소들의 상생(相生)과 상극(相剋) 관계 속에서 해석되며, 이를 통해 성격적 특성, 적성과 직업, 인간관계 및 운세의 흐름 등을 종합적으로 분석할 수 있다.

4. 인간 존재와 우주 질서

명리학은 인간이 우주의 일부로서 천지의 이치에 따라 태어나고 자라며, 그 운명이 자연의 법칙에 의존한다는 관점을 취한다. 인간의 운명은 선천적 기운[命]이 정해지지만, 후천적 환경과 노력에 의해 변화할 수 있다는 변증법적 사고를 포함한다. 명리학은 우주 만물과 인간의 심리, 사회적 특성이 상호 연관되어 있음을 설명하는 통합적 세계관이다.

이러한 명리학의 성립 배경은 천문학과 역법에 의해 정해진 시간의 흐름과 계절의 변화, 그리고 음양오행설이 인간의 운명에 미치는 영향을 설명하는 데 뿌리를 두고 있다. 이는 인간의 운명과 환경을 이해하고 예측하는 데 있어 우주와 자연의 법칙을 중시하는 이론적 체계가 형성되었음을 의미한다. 구체적으로, 명리학은 천체의 운행 주기, 계절의 변화, 음양오행의 상호작용 등을 기반으로 하여 인간의 운명과 환경을 설명하며, 이를 통해 인간의 삶을 보다 더 명확하게 해석하려는 목표를 지닌다.

① 천문학과 역법: 명리학에서는 인간의 삶과 우주 간의 관계를 규명하기 위해 천문학적 원리와 역법의 개념을 도입한다. 천문학은 우주의 천체들, 특히 태양, 달, 별의 움직임을 관찰하고 이를 시간의 흐름으로 해석하는 학문이다. 명리학에서는 이 천체들의 위치와 움직임을 통해 십간(十干)과 십이지(十二支)를 설정하며, 이들은 각각 60년 주기로 반복된다. 이와 같은 천체의 주기적 변화는 명리학에서 인간의 운명을 예측하는 중요한 요소로 작용한다.[34] 예를 들어, 사주팔자에서 천간과 지지는 특정 시간과 공간에서의 천체 위치에 따라 각기 다른 운명을 의미하며, 이러한 주기는 천문학적 원리에 기반한 것이다.

② 음양오행설: 음양(陰陽)과 오행(五行)은 명리학의 핵심적인 이론으로, 자연과 인간의 관계를 설명하는 중요한 법칙을 제시한다. 음양은 상호 대비되는 두 가지 원리를 설명하며, 오행은 木·火·土·金·水의 다섯 요소가 서로 상호작용하는 과정을 통해 자연과 인간의 변화를 설명한다. 이 이론은 계절의 변화와 밀접하게 관련되어 있으며, 각 계절은 오행에 대응된다. 예를 들어, 봄은 木의 기운을 받으며, 여름은 火, 가을은 金, 겨울은 水의 기운이 강하다. 이와 같은 상호작용은 자연의 순환과 인간의 운명에 영향을 미친다고 보며, 명리학에서는 이러한 자연적 흐름을 인간의 삶에 어떻게 적용할 것인지를 다룬다.

③ 계절과 인간의 운명: 계절의 변화가 인간의 운명에 영향을 미친다고 본다는 점도 중요하다. 이는 자연의 순환이 인간의 삶에도 영향을 미친다고 해석되는 것이

다. 대운(大運)이나 세운(歲運) 등에서 볼 수 있듯이, 사주가 지닌 오행의 상호작용에 따라 특정 대운이나 세운에서 어떤 운세가 펼쳐질지 예측할 수 있다. 즉, 木의 기운이 강한 시기에 태어난 사람은 그 시기 동안 木을 도와주는 火의 기운을 받으면 성장과 발전이 가능하다고 보는 것이다.

5. 철학적 가치와 실천적 함의

명리학은 단순한 점술을 넘어, 인간이 자신의 운명을 자각하고 스스로 개선할 수 있는 지침을 제공한다. 인생의 기로에서 선택의 기준이 되며, 삶의 방향성과 목표 설정에 도움을 준다. 이는 인간 존재의 근원적 의미와 우주와의 조화를 모색하는 철학적 탐구라 할 수 있다.

전통적으로, 명리학은 인간의 사주(四柱)에 내재한 운명적 흐름을 해석하는 체계로 알려져 왔다. 그러나 최근에는 이를 결정론적인 틀에 한정하지 않고, 더욱 유연하게 바라보려는 움직임이 활발하다. 이러한 접근은 인간의 운명이 고정된 것이 아니라, 환경과 선택에 따라 변화할 수 있다는 철학적 시각을 제공한다는 점에서 주목할 만하다. 특히 명리학은 음양오행의 상호작용을 통해 개인이 처한 환경과 그 개인이 내리는 선택이 어떻게 운명을 조정하고 재구성하는지를 세밀하게 보여준다.

첫째, 인간이 몸담고 있는 환경은 자연적 요소에서 사회문화적 맥락에 이르기까지 폭넓게 운명에 영향을 미치는 중요한 변수가 된다. 물리적 환경의 차원에서는 거주 지역이나 기후, 지리적 조건, 풍수지리적 요인 등이 사주가 가진 오행의 편향을 보완하거나 혹은 더욱 강화함으로써 개인의 삶 전반을 좌우한다. 예를 들자면, 火 기운이 과도한 사주는 급하고 예민한 성향으로 인해 대인관계나 건강 문제에서 어려움을 겪을 수 있는데, 이러한 특성을 완화하기 위해서는 습윤하고 서늘한 기후나 물 관련 활동 등을 활용함으로써 과잉된 火의 기운을 적절히 진정시킬 수 있다. 이와 달리 水 기운이 지나치게 많은 사람은 오히려 건조하고 따뜻한 환경에서 균형을 찾을 가능성이 높다. 사회·문화적 환경 또한 마찬가지다. 개인이 어떤 교육 제도 안에서, 어떤 가치관을 지닌 가정이나 지역사회에서 성장했는지는 木·金·土 등의 기운을 얼마나 발휘하거나 억누르는지에 긴밀히 연관된다. 예컨데 木 기운이 왕성한 사주는 창의적이고 진취적인 태도를 보이기 쉽지만, 보수적이고 획일성을 중시하는 교육환경에서는 그 장점을 펼칠 기회를 잃을 수도 있다.

둘째, 개인이 내리는 주체적 선택 역시 운명의 궤적을 크게 바꿀 수 있는 요인으로 작용한다. 명리학에서 핵심 개념으로 꼽히는 용신(用神)과 희신(喜神)은 이를 대표적으로 보여준다. 용신은 사주에서 부족하거나 불균형한 기운을 보충하는 존재이고, 희신은 이 용신을 더욱 활성화하거나 보조해주는 요소다. 예를 들자면, 木이 결핍된 사주는 창의력과 유연성이 떨어질 가능성이 있지만, 자신에게 필요한 목적 환경이나 취미·직업을 의도적으로 선택해 관련 기운을 높이면 운명의 전개가 개선될 수 있다. 반대로 土 기운이 과도한 사람은 지나친 안정성이나 고집으로 인해 발전 속도가 더딜 수 있으나, 水이나 木의 기운을 충분히 받아들이는 방향으로 직업이나 생활양식을 재설계한다면 새로운 계기를 마련할 수 있다. 이러한 운명 조율 과정에는 때로 대운(大運)이나 세운(歲運)과 같은 시간적 주기가 고려되기도 한다. 따라서 특정 시기에 재물운이 뚜렷하게 상승한다면 사업 확장이나 투자에 도전하는 것을 권장할 수 있고, 반대로 인간관계에서 충돌이 많아질 것이 예상되는 시기에는 불필요한 갈등을 줄이기 위한 신중한 행동이 필요하다는 식의 전략적 판단을 명리학이 제시한다.

이처럼 명리학은 타고난 사주의 영향력이 결코 절대적이지 않으며, 개인이 맞닥뜨리는 환경적 조건과 스스로 내리는 선택이 운명적 흐름을 얼마나 크게 재편할 수 있는지 구체적으로 보여준다. 이는 개인에게 자신의 삶을 보다 자율적으로 경영하고 설계할 수 있는 지침을 제공한다는 점에서, "인간의 운명은 고정된 것이 아니라 환경과 선택에 따라 변화할 수 있다"는 철학적 시각을 분명히 드러낸다. 과도한 오행의 기운을 적절히 누르고, 결핍된 부분을 채워 나가는 일련의 과정은 결과적으로 운명이 단지 수동적 예측 대상이 아니라 끊임없이 새롭게 구성되는 관념임을 시사한다. 이런 점에서 명리학은 현대사회에서도 점차 중요해지고 있는 자기계발, 심리적 치유, 인간관계 관리 등의 영역에서 충분히 확장성을 갖는 학문으로 자리매김하고 있다.

요컨대 명리학은 개인의 사주와 더불어 환경 및 선택의 역할을 적극적으로 해석함으로써, 운명을 단순한 결정론으로 환원하지 않고 동적이며 변화 가능한 과정으로 인식하게 만든다. 이는 자연과 인간사를 관통하는 음양오행의 작동 원리에 근거하며, 더 나아가 삶의 구체적인 기회를 찾고 어려움을 극복하는 현실적 처방으로도 연결될 수 있다. 이러한 명리학적 통찰은 전통적 운명관을 넘어, 현대적 맥락에서 개인의 삶을 능동적으로 개척할 수 있는 길을 열어준다는 점에서 특별한 의의를 지닌다.

제2절 동아시아 우주론과 명리학

동아시아의 전통 사상인 유교, 도교[35], 불교는 명리학의 발전에 큰 영향을 미쳤다. 유교는 인간의 도덕적 삶과 사회적 역할을 강조하며, 도교와 불교는 자연과의 조화 및 내면의 수양을 중시한다. 이러한 철학적 토대는 명리학이 단순한 예언 도구를 넘어, 인간 존재와 우주적 질서에 대한 깊은 통찰을 제공하는 학문으로 발전하는 데 기여하였다. 동아시아 우주론은 천지와 인간이 유기적으로 연결되어 있으며, 자연의 질서와 인간의 운명이 깊은 연관을 맺고 있다고 설명한다. 이 관점은 명리학의 이론적 기반을 형성하며, 인간과 우주의 관계를 이해하는 중요한 틀을 제공한다. 이러한 철학적 배경을 바탕으로, 명리학은 음양오행, 천간과 지지의 개념을 통해 우주 질서의 작동 원리를 탐구한다. 음양오행은 우주의 모든 현상을 陰과 陽, 오행의 상호작용으로 설명하며, 천간과 지지는 하늘[天]과 땅[地]의 에너지가 인간 세계에 어떻게 영향을 미치는지를 분석한다. 이를 통해 명리학은 인간 운명의 흐름을 분석하고 예측하는 도구로 활용된다. 따라서, 동아시아의 우주론적 사고와 전통 사상은 명리학의 발전과 깊은 연관이 있으며, 명리학은 이러한 철학적 토대를 바탕으로 인간과 우주의 관계를 탐구하는 학문으로 자리매김하게 되었다.

1. 동아시아 우주론의 기본 개념

동아시아 우주론은 천지(天地)와 인간[人]이 하나의 유기체로 연결되어 있다는 관점을 바탕으로 한다. 천(天)은 자연의 근원적 기운과 질서를 상징하며, 지(地)는 만물의 생성과 보존을 담당하고, 인간[人]은 이 우주적 질서 속에서 태어나고 변화하는 존재이다. 이러한 사유방식은 고대부터 근대 이전까지 지속되었으며, 동아시아의 철학과 과학, 사회질서 전반을 형성하는 근본 개념이 되었다. 특히 동아시아의 전통적 사유에서는 시공간을 단순히 구분된 개념으로 이해하지 않고, 하나의 유기적 구조로 파악하였다. 시공간은 인간과 자연, 그리고 만물이 상호작용하는 장(場)으로서 단순한 배경이 아니라 존재의 필연적 조건이었다.

이러한 시공간의 개념은 천간지지(天干地支)라는 부호 체계를 통해 표현되며, 이는 단순한 기호가 아니라 우주 질서의 변화 원리를 담고 있는 상징 체계이다. 따라서 동아시아 전통에서는 시공간을 독립적으로 사고하는 것이 아니라, 끊임없이 변화하는 우주 질서 속에서 유기적으로 이해하였다. 이러한 변화의 원리는 기(氣) 개념을 통해 설명된다. 『회남자』「천문훈」에서는 "〈우주가 원시적으로 형체를 갖추지 않았을 때, 혼돈 속에서 막연하고 아득하여 '태시(太始)'라 불린다. 도(道)는 허공에서 시작되며, 허공은 우주를 낳고,〉 우주는 기(氣)를 낳는다. 그 기에는 경계가 있어, 맑고 밝은[가벼운] 것은 얇게 퍼져 하늘이 되고, 무겁고 탁한 것은 응집되어 땅이 된다. 맑고 미묘한 기의 결합은 쉬운 반면, 무겁고 탁한 기의 응집은 어렵다. 그래서 하늘이 먼저 형성되고, 땅은 그 다음에 정해진다. 하늘과 땅의 정기(精氣)[36]가 합쳐져 음양(陰陽)이 되고, 음양의 정기가 모여 사시(四時)가 되며, 사시의 정수가 흩어져 만물이 형성된다. 〈陽의 열기가 쌓여 불[火]이 생기고, 불의 정기는 해[太陽]가 된다. 陰의 한기가 쌓여 물[水]이 되고, 물의 정기는 달[太陰]이 된다. 해[日]와 달[月]의 기운이 넘쳐 별[星辰]들이 된다.〉"(宇宙生氣, 氣有涯垠, 淸陽者薄靡而爲天, 重濁者凝滯而爲地, 淸妙之合專易, 重濁之凝竭難, 天先成而地後定, 天地之襲精爲陰陽, 陰陽之專精爲四時, 四時之散精爲萬物.)고 서술하고 있다. 이는 우주의 본질이 기(氣)이며, 천지와 인간을 포함한 만물은 기의 작용을 통해 존재하고 변화한다는 점을 강조하는 내용이다.

특히 동아시아의 전통적 사유는 자연과 인간이 서로 분리된 존재가 아니라, 감응(感應)하는 관계 속에서 존재한다고 본다. 이는 상관적 사유(correlative thought)로 설명되는데, 기(氣)를 매개로 한 감응을 통해 자연과 인간이 상호작용한다는 것이다(정우진 2015: 126). 이러한 사고방식은 자연 현상을 단순한 인과적 관계로 설명하는 것이 아니라, 우주 전체의 조화로운 흐름 속에서 해석하는 방식으로 발전하였다.

동아시아인들은 시공간을 '우주(宇宙)'라는 개념으로 통합하여 이해하였다. 『석문(釋文)』에서는 "上[위]과 下[아래], 四方[동서남북]을 宇라 하고, 古[과거]와 今[현재], 往[과거]과 來[다가올 시간]를 宙라 한다."(上下四方曰宇, 往古來今曰宙.)고 정의하고 있다. 즉, 공간은 상하사방(上下四方)으로 펼쳐진 장(場)이며, 시간은 과거와 현재, 미래[古今往來]를 포함하는 연속적 흐름으로 인식되었다. 공간을 의미하는 '우(宇)'

는 단순히 물리적 장소를 뜻하는 것이 아니라, 만물이 존재하는 터전으로서의 의미를 가진다. 주자[朱熹]는 『주자어류(朱子語類)』에서 "〈동·서·남·북〉 네 방향과 상하를 합쳐 '우(宇)'라 하고, 옛부터 지금까지를 '주(宙)'라 한다. '우'와 같은 크기를 가진 것은 없으며, 네 방향으로 끝이 없고, 상하로도 끝이 없다. 그 크기가 얼마나 큰가? '주'와 같이 길고 먼 것은 없으며, 고대와 현대를 아우르며, 그 흐름은 끝이 없다."(四方上下曰宇, 古往今來曰宙. 無一個物似宇樣大, 四方去無極, 上下去無極, 是多少大? 無一個物似宙樣長遠, 亘古亘今, 往來不窮.[37])고 하여 공간의 무한성과 동시에 그것이 일정한 구조를 가지고 있음을 설명하였다. 이는 우주가 단순한 물리적 공간이 아니라, 기의 흐름 속에서 존재하는 살아있는 장(場)이라는 개념과 연결된다.

시간을 의미하는 '우(宙)' 또한 단순한 연속적 흐름이 아니라, 일정한 주기를 따라 순환하는 것으로 인식되었다. 마르셀 그라네는 동아시아의 시간관을 "시간을 균질한 연속체로 보지 않고, 주기적이고 반복적인 패턴을 가진 것으로 인식했다"(마르셀 그라네 2011: 120)고 설명하였다. 고 하여 공간의 무한성과 동시에 그것이 일정한 구조를 가지고 있음을 설명하였다. 이는 우주가 단순한 물리적 공간이 아니라, 기의 흐름 속에서 존재하는 살아있는 장(場)이라는 개념과 연결된다.

시간을 의미하는 '우(宙)' 또한 단순한 연속적 흐름이 아니라, 일정한 주기를 따라 순환하는 것으로 인식되었다. 마르셀 그라네는 동아시아의 시간관을 "시간을 균질한 연속체로 보지 않고, 주기적이고 반복적인 패턴을 가진 것으로 인식했다"(마르셀 그라네 2011: 120)고 설명하였다. 이는 계절의 변화나 간지 체계를 통해 드러나는 것으로, 시간은 단순한 직선적 개념이 아니라 자연의 리듬과 조화를 이루는 것으로 간주되었다. 고대 동아시아인들에게 시간은 단순한 연속체가 아니라 사건의 흐름이며, 이러한 사건의 변화는 일정한 질서를 가지고 반복된다고 보았다. 이 때문에 시간은 무작위적으로 흘러가는 것이 아니라, 자연의 순환 속에서 일정한 패턴을 따라 흐르는 것으로 이해되었다.

이러한 시공간의 변화는 음양과 오행이라는 개념을 통해 구체적으로 표현되었다. 음양은 우주를 구성하는 두 가지 근본적인 원리이며, 오행은 木·火·土·金·水의 다섯 가지 상호작용을 통해 변화하는 원리를 설명하는 개념이다. 이는 시간과 공간의 구조를 설명하는 데 중요한 역할을 한다. 예를 들어, 간지(干支)의 조합인 60갑자(甲子)는 시공간적 변화의 표현 방식으로서 음양과 오행의 원리에 따라 구성된다. 甲은 木을 상징하며, 子는 水를 상징하는데, 이는 특정한 시간적·공간적 변화가 음양오행의 원리에 의해 이루어진다는 사유방식을 반영하는 것이다. 이러한 상징 체계를 통해 동아시아 전통에서는 자연과 인간의 삶을 하나의 거대한 우주적 질서 속에서 이해하고자 하였다.

풍우란은 이에 대해 "우주는 하나의 유기적 구조이며, 천지는 이 구조의 주재자이고, 음양과 오행은 이 구조의 골격이다."(풍우란 1993: 164)라고 설명하였다. 즉, 음양오행은 단순한 이론적 개념이 아니라, 시공간의 구획과 변화의 원리를 이해하는 핵심적인 도구로 활용되었다. 이러한 사유 방식은 자연과 인간을 개별적으로 분리하지 않고, 모든 존재가 상호 작용하며 조화를 이루는 것으로 파악하는 동아시아 우주론의 근본적인 특징을 잘 보여준다.

이처럼 동아시아 우주론은 천지와 인간이 유기적으로 연결된 하나의 체계로 존재한다는 관점을 바탕으로 한다. 천(天)은 자연의 근원적 기운과 질서를 상징하며, 지(地)는 만물의 생성과 보존을 담당하고, 인간은 이 우주적 질서 속에서 태어나고 변화하는 존재이다. 이러한 시공간에 대한 이해는 단순히 물리적 공간과 연속적인 시간의 개념이 아니라, 기를 매개로 한 감응의 관계 속에서 조화롭게 이루어지는 것으로 설명된다. 이를 통해 동아시아의 전통적인 시공간 개념은 오늘날에도 자연과 인간의 관계를 깊이 있게 조망할 수 있는 중요한 철학적 토대를 제공한다.

2. 음양오행과 우주 질서

동양철학에서 음양(陰陽), 오행(五行), 그리고 기(氣)[38]는 모든 존재와 현상을 체계적으로 분류하고 설명하는 근본적인 사유 범주로, 이들로 구성된 세계관이 동양적 사고의 기초를 이룬다. 십성 개념의 역사적 배경을 이해하기 위해서는 먼저 음양과 오행의 속성에 대한 깊이 있는 고찰이 필요하다. 사주명리학에서 개인의 사주를 해석할 때 가장 중요한 요소는 일간(日干)이며, 일간의 특성을 이해하려면 음양과 오행의 속성에 대한 이해가 필수적이다. 사주명리학은 이러한 음양, 오행, 기의 사유를 토대로 형성되었다.

남송(南宋, 1127-1279)의 명리학자 서대승(徐大升)은 『자평삼명통변연원(子平三命通變淵源)』의 「계선편(繼善篇)」에서 "사람은 천지의 기운을 받아 태어나고, 운명은 음양의 조화에 달려 있다. 인간의 삶은 천지의 품 안에서 이루어지며, 모든 것은 오행의 범주 안에 있다."(人稟天地, 命屬陰陽; 生居覆載之內, 盡在五行之中.)라고 하였다. 이는 곧 인간이 천지의 기운과 음양오행의 원리에서 벗어날 수 없음을 의미한다. 사주팔자가 이루어지는 원리 또한 음양오행에 기반한 동양적 우주관을 반영하고 있다.

빛과 어둠이 공존하듯, 만물은 상호 대립하는 두 가지 측면을 지니고 있으며, 이를 '음양'이라 한다. 음양의 개념은 처음에는 자연 현상을 설명하는 단순한 표현에 불과했으나, 시간이 흐르면서 우주 만물의 생성과 변화 원리를 설명하는 핵심 원리로 발전하였다. 사주명리학 또한 음양론을 기초로 삼아, 하늘과 땅의 원리를 각각 천간(天干)과 지지(地支)로 구분하고, 이들 간의 상호작용을 통해 조화와 균형을 이루는 관계를 탐구하는 데 중점을 둔다. 음양론에 기반한 이러한 원리는 사주명리학이 인간과 자연의 운행 원리를 체계적으로 분석하는 중요한 틀을 제공한다(우연화 2022: 109).

음양의 개념은 본래 태양이 구름에 가려져 빛을 발하지 못하는 상태와 구름이 걷혀 밝게 빛나는 상태를 묘사하는 자연 현상의 단순한 설명에서 시작되었다. 이러한 초기 음양 개념은 춘추전국시대(기원전 6세기-기원전 3세기)를 거치며 하나의 기(氣) 개념으로 발전하였고, 우주론적 차원의 중요한 원리로 확장되었다. 특히 도가(道家)의 철학에서 음양은 단순한 자연 현상을 넘어, 인간의 삶과 존재, 나아가 우주 전체의 법칙을 설명하는 핵심 개념으로 자리 잡았다.

『노자(老子)[39]』의 「제42장」은 이를 대표적으로 보여준다. 여기에서 "도는 하나를 낳고, 하나는 둘을 낳고, 둘은 셋을 낳고, 셋은 만물을 낳는다. 만물은 음을 지니고 양을 품으며, 충기를 통해 화합을 이룬다."(道生一, 一生二, 二生三[40], 三生萬物. 萬物負陰而抱陽, 沖氣[41]以爲和.)라고 설명하며, 음양의 조화 속에서 만물의 생성 원리를 제시한다. 이를 통해 도(道)는 우주의 근원적 원리이자 모든 변화와 생성의 시작임을 나타낸다. 이 구절에서 단계별 의미를 정리하면 다음과 같다.

① 道生一(도생일): 도(道)는 하나[一]를 낳는다. 도는 만물의 근원으로, 우주의 기본 원리를 나타낸다.

② 一生二(일생이): 하나는 둘을 낳는다. 이는 음과 양, 즉 두 가지 대립적 원리의 발생을 의미한다.

③ 二生三(이생삼): 둘은 셋을 낳는다. 둘의 상호작용 즉 음양의 상호작용이 세 번째 요소나 현상을 만들어내며, 이는 다양한 변화의 시작을 뜻한다.

④ 三生萬物(삼생만물): 셋은 만물을 낳는다. 음과 양, 그리고 그 상호작용에서 비롯된 변화가 만물을 이루게 된다.

⑤ 萬物負陰而抱陽, 沖氣以爲和(만물부음이포양, 충기이위화): 만물은 음을 지니

고 양을 품으며, 충기를 통해 조화를 이룬다. 이는 모든 사물과 현상이 음양의 균형 속에서 기운의 흐름에 따라 조화를 이루며 존재한다는 의미이다.

이러한 구절은 음양의 원리가 단순한 물질적 설명에 머무르지 않고, 형이상학적 존재로서 도(道)와 연결된다는 것을 보여준다. 「제40장」에서도 "천하의 만물은 유(有)에서 생하였고, 유(有)는 무(無)에서 생하였다."(天下萬物生於有, 有生於無.)고 하며, 만물의 근원을 '무'에 두고 있다. 여기서 '유'는 단순히 가시적이고 물질적인 것이 아니라 형이상학적 단계에서의 존재를 의미하며, 이는 만물의 생성과 변화의 근본 원리이다. 명리학은 『노자』에서 설명한 음양과 도의 원리를 개인의 운명 해석에 응용한 체계로, 낮은 단계의 존재와 높은 단계의 존재를 구별하여 설명한다.

'존재(有)'를 두 가지 단계로 나누어 설명할 수 있다. 낮은 단계의 존재는 우리가 일반적으로 인식하는 구체적인 사물들이고, 높은 단계의 존재는 만물을 구성하는 가장 기본적인 원소로, 고대 그리스 철학에서 말한 원자와 비슷한 개념이다. 이러한 높은 단계의 존재는 더 위에 있는 '무(無)'에 비해 '존재(有)'로 볼 수 있지만, 여전히 형이상학적 차원의 존재로 간주된다. 이와 같은 관점과 내용은 존재(有)를 형이상학적 관점에서 이해하는 방식으로, 모든 구체적 사물과 현상이 단순히 물질적 차원에 머무르지 않고, 보다 근본적인 차원의 존재로부터 비롯된다는 의미를 담는다. 낮은 단계의 존재는 물리적이고 가시적인 실재를 뜻하며, 높은 단계의 존재는 이러한 물질적 실재를 구성하는 근본적이고 추상적인 원리로, 만물의 근원을 설명하는 핵심 개념이다. 이와 연결된 무(無)는 모든 존재의 시작점이자 본질적인 근원으로, 형이상학적 차원에서 모든 변화와 창조를 가능하게 하는 원리로 이해된다.

사주명리학에서는 우주의 법칙을 설명하는 도구로 음양과 오행을 활용한다. 이 관점에서 낮은 단계의 존재는 개인의 사주와 같은 구체적인 삶의 운명과 그 흐름을 나타내며, 높은 단계의 존재는 이 흐름의 기반이 되는 기(氣) 또는 음양오행의 본질에 해당한다. 무(無)는 이러한 음양과 오행이 나오는 궁극적 근원, 즉 도(道)에 대응한다고 볼 수 있다.

동아시아 우주론은 陰과 陽의 상호작용을 통해 모든 만물이 생성되고 소멸된다고 본다. 오행 사상은 우주의 기본 구성 요소로서, 만물이 木, 火, 土, 金, 水의 오행으로 이루어졌다고 설명한다. 음양과 오행은 서로 보완하고 억제하며, 이를 통해 우주의 질서와 균형이 유지된다고 해석된다.

동아시아 우주론에서 우주의 질서는 순차적이면서 상호 보완적이다. 이를 단적으로 보여주는 것으로 『태일생수(太一生水)』가 있다. 『태일생수』와 노자(老子) 『도덕경(道德經)』의 우주생성론은 유사하면서도 차별적인 특징을 지닌다. 『태일생수』에서는 태일(大一)이 물[水]을 낳고, 물이 다시 태일을 보완함으로써 하늘과 땅이 형성되며, 이후 신명(神明), 음양(陰陽), 사시(四時) 등 우주의 구성 요소들이 점진적으로 생성된다고 설명한다(張書豪 2004: 115-127). 이는 명리학적으로 볼 때, 태일을 원초적 기(氣)로 해석할 수 있으며, 기의 응축과 분산이 자연의 생성과 조화를 이루는 과정으로 이해될 수 있다. 즉, 태일이 물을 낳는다는 것은 기의 응집과 순환이 이루어지는 과정이며, 이는 명리학에서 천간(天干)과 지지(地支)가 형성되는 원리와 유사하다.

명리학에서 우주의 원리는 음양과 오행으로 설명된다. 『태일생수』에서 태일이 물을 낳고, 물이 다시 태일을 보완하며 하늘과 땅이 형성되는 과정은, 오행의 생극 관계와 깊은 관련이 있다. 태일이 물을 낳는 것은 수생목(水生木)의 원리와 유사하며, 이후 하늘과 땅이 형성됨으로써 오행의 균형과 조화가 이루어진다. 이는 명리학에서 천간과 지지가 조화를 이루어 기운의 흐름을 형성하는 원리와 동일하다.

나아가 『태일생수』와 노자의 논의는 천지인의 조화와 깊이 연관된다. 『태일생수』에서는 태일이 물을 낳고, 물이 다시 태일을 보완하며 하늘과 땅을 형성하는 과정이 명확히 기술된다. 이는 명리학에서 인간이 천지(天地)의 영향을 받아 기운의 흐름 속에서 존재하는 원리와 일맥상통한다. 하늘과 땅의 조화 속에서 인간이 우주의 흐름을 따르며 존재하는 것은, 명리학에서 인간이 천간과 지지의 영향을 받아 운명적 흐름을 형성하는 원리와 유사하다. 즉, 하늘[天]의 기운은 陽의 특성을 지니며, 땅[地]의 기운은 陰의 특성을 지니고, 인간[人]은 이 두 기운의 영향을 받아 균형을 이루게 된다. 이는 동아시아 우주론에서 천지인의 조화가 자연과 인간의 관계를 해석하는 주요 개념임을 보여준다.

천지인의 조화는 음양오행 사상과도 밀접한 관련이 있다. 『태일생수』에서 태일이 물을 낳고, 이후의 생성 과정이 상호 보완적인 작용 속에서 진행된다는 점은 음양의 조화 원리를 반영하고 있다. 음양은 서로 대립하면서도 조화를 이루며, 이를 통해 만물이 생성된다고 보며, 이는 명리학에서 오행의 균형과 유사하다. 명리학에서는 오행이 서로 생(生)하고 극(剋)하면서 조화를 이루는데, 이는 『태일생수』에서 태일이 물을 낳고, 다시 물이 태일을 보완하며 천지가 형성되는 과정과 일치한다. 또한, 『도덕경(道德經)』에서도 "음은 고요하고, 양은 뜨겁다"라고 묘사되듯이, 음양의 상호작용이 우주적 조화를 이루는 원리가 됨을 시사한다. 이는 전통적인 동아시아 우주론에서 우주가 조화롭게 구성되는 방식과 일치하며, 천지의 기운이 인간의 삶에 미치는 영향을 강조하는 개념과 연결된다.

이러한 논의는 인과론적 관점에서도 중요한 의미를 지닌다. 『태일생수』에서 태일이 물을 낳고, 물이 다시 태일을 보완하며 새로운 구조를 형성하는 과정은 원인과 결과의 연속적 관계를 의미한다. 이는 명리학에서 대운(大運)과 세운(歲運)의 흐름과 유사하다. 개인의 사주는 특정한 기운의 흐름 속에서 작용하며, 대운과 세운의 흐름에 따라 변화를 겪게 된다. 즉, 명리학에서는 특정한 시점에서 기운이 생성되고, 시간이 흐름에 따라 기운이 조화를 이루며 인생의 변화가 결정된다고 본다. 『태일생수』에서 언급되는 연속적인 생성 과정 또한 이러한 기운의 흐름과 연관될 수 있다. 이는 동아시아 철학에서 상관적 사유가 중요한 위치를 차지하며, 존재의 변화가 일정한 원리 아래에서 이루어진다고 보는 입장과 부합한다(이창일 2011: 250-269).

마지막으로, 『태일생수』와 『도덕경』의 핵심 개념은 동양철학의 도(道)와 자연의 이치와 밀접하게 연결된다. 명리학에서는 자연의 흐름을 이해하고 이에 순응하는 것이 가장 중요한 원칙으로 작용한다. 『노자』에서 도는 만물의 근원이며, 자연의 원리를 따르는 것이 가장 이상적인 삶의 방식임을 강조한다. 『태일생수』에서도 태일이 우주의 근본적 원리로 작용하며, 하늘과 땅, 음양의 조화 속에서 만물이 생성된다는 개념이 강조된다. 이는 명리학에서 자연의 법칙을 따르는 것이 곧 운명의 흐름을 따르는 것과 같으며, 인간은 이를 이해하고 활용함으로써 조화를 이루어야 한다는 원리와 일맥상통한다. 따라서 『태일생수』와 『노자』는 기본적으로 우주 생성과 조화, 자연의 이치를 설명하는 방식에서 공통된 철학적 근거를 가지며, 각각의 관점에서 우주의 형성과 변화 과정을 설명하는 독창적인 체계를 구축하고 있음을 알 수 있다. 이러한 논의는 동아시아 우주론이 어떻게 현대적 해석 속에서 재구성될 수 있는지를 시사하며, 기존의 우주론을 비판적으로 검토하고 통합하는 방향을 모색하는 데 중요한 단서를 제공한다.

3. 천간과 지지의 우주적 의미

천간(天干)과 지지(地支)는 단순한 시간 기록 체계를 넘어, 우주의 질서를 반영하는 상징적 언어이자 음양오행의 동적 조화를 구현하는 핵심 요소이다. 이들은 각각 하늘과 땅을 상징하며, 서로 결합하여 사주(四柱)의 구조를 형성함으로써 개인의 운명뿐만 아니라 시간과 공간의 변화 양상을 해석하는 기초 체계로 작용한다. 특히,

천간은 오행의 순환과 기운의 흐름을 나타내고, 지지는 자연의 주기적 변화를 반영하여 계절, 방향, 지리적 개념과도 연결된다. 따라서 천간과 지지의 조합은 동아시아 우주론에서 자연 질서를 설명하는 중요한 도구이며, 명리학뿐만 아니라 역학(易學), 풍수지리학(風水地理學) 등 다양한 전통 학문에서 핵심적인 역할을 한다. 이에 따라 본 절에서는 천간과 지지의 개념과 구조를 정리하고, 이들이 지닌 우주적 의미와 철학적 배경을 심층적으로 고찰하고자 한다.

1) 천간과 지지의 개념

천간과 지지는 명리학에서 각기 고유한 의미와 기능을 수행하는 요소이다. 천간은 10개의 요소[甲, 乙, 丙, 丁, 戊, 己, 庚, 辛, 壬, 癸]로 이루어지며, 이는 음양의 조화와 오행의 속성을 반영한다. 지지는 12개의 요소[子, 丑, 寅, 卯, 辰, 巳, 午, 未, 申, 酉, 戌, 亥]로 구성되며, 이는 인간의 삶에서 발생할 수 있는 다양한 사건과 상황을 상징한다. 이러한 천간과 지지는 하늘의 변화인 기(氣)와 땅의 변화인 질(質)의 흐름을 각각 반영하며, 이는 음양의 상호작용 속에서 조화를 이루며 운행된다.[42] 천간은 주로 개인의 성격적 특성과 운세의 큰 틀을 결정하는 반면, 지지는 삶 속에서 발생하는 구체적인 사건이나 인간관계를 설명하는 역할을 한다. 따라서 천간과 지지의 상호작용은 인간의 운명을 결정하는 중요한 기준이 된다.

간지(干支)라는 용어가 천간(天干)과 지지(地支)를 결합한 개념으로 사용되기 시작한 시점은 명확하게 문헌 기록을 통해 확인되지는 않는다.[43] 그러나 춘추전국(春秋戰國[44])시대부터 한대(漢代)에 이르러 천간과 지지가 결합된 간지 체계가 본격적으로 활용되었으며, 『사기(史記)』와 『한서(漢書)』 등에서는 연대 기록과 왕조 즉위 시기 표기의 방식으로 정착되었다. 특히 『여씨춘추(呂氏春秋)』와 『회남자(淮南子)』[45] 등의 기록을 통해 간지가 시간 기록의 방식으로 자리 잡았음을 확인할 수 있다. 이는 간지가 단순한 날짜 기입[紀日]의 기능을 넘어서 역사 기록과 함께 사주명리학의 해석 체계로 발전할 수 있는 기초를 마련하였음을 의미한다.

후한(後漢) 시기의 『태초력(太初曆)』 편찬을 통해 육십갑자(六十甲子) 순환 체계가 공식적인 역법으로 채택되었으며, 이후 명리학, 풍수, 점성술 등 다양한 분야에서 간지가 주요한 분석 도구로 자리 잡았다. 특히 육십갑자의 순환 원리는 음양오행 사상과 긴밀하게 연결되며, 각 천간과 지지는 사주를 구성하는 핵심 요소로 해석된다.

명리학적 측면에서 간지는 단순한 시간 기록의 도구를 넘어 개인의 명운(命運)을 분석하는 체계로 발전하였다. 명리학에서 간지는 년주(年柱), 월주(月柱), 일주(日柱), 시주(時柱)를 구성하는 기본 단위로서 개인의 운세를 해석하는 중요한 기준이 된다. 각 천간과 지지는 고유한 오행(五行)과 음양(陰陽)의 속성을 지니며, 이를 기반으로 한 오행 상생(相生)·상극(相剋)의 원리가 사주 해석의 핵심을 형성한다. 또한 간지의 조합을 통해 기운(氣運)의 흐름을 파악하고 이를 인간의 운세와 연관 지어 해석하는 방식이 확립되었다. 이는 사주명리학에서 간지를 단순한 기호적 요소가 아닌 운세 해석의 필수적인 구성 요소로 간주하는 근거를 제공한다.

사주의 구성 원칙과 각 간지의 배치 기준은 주역(周易), 음양가(陰陽家), 그리고 도가(道家)와 같은 고대 철학에서 비롯되었다. 주역은 변화하는 우주의 원리를 설명하며, 64괘(卦)와 384효(爻)를 통해 인간과 자연의 조화를 추구한다. 예를 들어, 주역의 건괘(乾卦)는 하늘의 기운을 상징하며 강건한 성품과 지도력을 의미하는 반면, 곤괘(坤卦)는 땅의 기운을 상징하며 포용력과 순응하는 태도를 나타낸다. 이러한 주역의 철학이 사주명리학에 반영되어, 각 사주 명식에서 나타나는 기운을 해석하는 기준이 된다(강성인 2014: 39).

음양가는 음양의 조화와 대립을 통해 세계를 해석하는 학파로, 명리학에서 천간과 지지의 배치 원리에 영향을 미쳤다. 천간은 하늘의 기운을 나타내며, 지지는 지상의 기운을 나타내는 개념으로, 이 둘이 조화를 이룰 때 원활한 운세 흐름이 형성된다. 예를 들어, 丙火가 일간인 사람의 경우, 사주의 다른 간지에서 寅木이나 午火가 배치되어 있다면 강한 火의 기운을 받아 적극적이고 열정적인 성격을 보일 가능성이 크다. 반면, 子水나 亥水가 강하면 수극화(水剋火)의 영향으로 일간이 상대적으로 나약해져 현실적인 장애나 도전이 많을 수 있다.

도가(道家)는 자연과 인간이 조화를 이루며 살아가야 한다는 철학을 강조하며, 이는 명리학에서 균형 잡힌 오행의 중요성으로 연결된다. 즉, 특정한 오행이 과다하거나 부족할 경우, 조화를 이루기 위한 조절책이 필요하다는 개념이다. 예를 들어, 한 사주에서 木 기운이 지나치게 강하면 감정적으로 과민하거나 충동적인 성향이 나타날 수 있으며, 이때 金 기운을 강화하여 木의 기운을 적절히 제어하는 것이 필요하다.

이처럼 명리학은 단순한 예언의 도구가 아니라, 우주의 질서와 인간의 삶이 어떻게 연결되어 있는지를 탐구하는 학문이다. 개인의 성격과 운명을 이해하고, 이를 통해 인생을 보다 원활하게 살아갈 수 있도록 돕는 역할을 한다.

위에서 언급한 바와 같이, 음양오행 사상은 천간과 지지의 구조를 통해 명리학에서 구체화된다. 『연해자평(淵海子平)』의 「논천간지지소출(論天干地支所出)」과 「논십이지지음양소속(論十二地支陰陽所屬)」에서는 "갑, 병, 무, 경, 임은 陽에 속하고, 을, 정, 기, 신, 계는 陰에 속한다."(甲丙戊庚壬屬陽, 乙丁己辛癸屬陰.)고 하며, "자는 陽, 축은 陰, 인은 陽, 묘는 陰, 진은 陽, 사는 陰, 오는 陽, 미는 陰, 신은 陽, 유는 陰, 술은 陽, 해는 陰이다."(子陽, 丑陰, 寅陽, 卯陰, 辰陽, 巳陰, 午陽, 未陰, 申陽, 酉陰, 戌陽, 亥陰.)으로 구분된다. 이처럼 음양오행은 명리학에서 사주의 기본 틀이 되며, 각 일간의 오행과 음양의 조화를 분석함으로써 개인의 성격, 기질, 삶의 방향성, 그리고 운세의 흐름을 파악하는 데 중요한 역할을 한다.

2) 천간과 지지의 우주론적 의미

천간과 지지는 하늘과 땅의 상호작용을 통해 우주의 구조와 운행 원리를 설명하는 체계이다. 이는 천지(天地)의 구조와 기질(氣質)의 관계 속에서 다음의 두 가지 차원으로 분석될 수 있다.

① 천지의 구조적 이해

하늘[天]은 맑고 가벼운 기가 상승하여 형성된 공간이며, 땅[地]은 무겁고 탁한 기가 아래로 가라앉아 형성된 영역이다. 앞서 『회남자』에서는 "기는 일정한 경계를 지니고 있어 맑고 가벼운 것은 흩어져 하늘이 되었고, 무겁고 탁한 것은 응결하여 땅이 되었다."(氣有涯垠, 淸陽者薄靡而爲天, 重濁者凝滯而爲地.)고 기술하였다. 반면, 『삼명통회(三命通會)』에서는 "하늘은 만물을 낳아 덮으며 땅에 의존하고, 땅은 그 형태를 지니고 적재되어 하늘에 부속한다. 이와 같이 이치[理]가 있으면 기(氣)가 존재하고, 이것을 음양이라 한다. 기가 있으면 형태가 존재하는데, 이것을 천지(天地)라 한다."(天以生覆而依乎地, 地以形載而附乎天, 有理斯有氣, 陰陽之謂也, 有氣斯有形, 天地謂也.)[46]고 설명된다. 즉, 하늘은 위로 확장되고 땅은 아래로 가라앉아 안정된 구조를 이루며, 이러한 천지의 구분은 천간과 지지의 역할에도 밀접한 연관을 보인다. 전통적으로 천간은 하늘의 기운과 원리를 상징하고, 지지는 땅에서 나타나는 구체적 형상이나 물질적 기반으로 작용한다고 해석된다.

② 간지와 기질

천간(天干)과 지지(地支)는 동양 철학과 명리학에서 우주의 운행 원리를 설명하는 핵심 개념이다. 천간은 하늘의 기운을 나타내는 10개의 요소로 구성되며, 이는 오행(五行)과 음양(陰陽)의 조합에 의해 형이상학적 기운, 즉 비물질적이고 변화하는 우주의 근원적 에너지를 상징한다. 지지는 땅의 기운을 나타내는 12개의 요소로 구성되며, 역시 오행과 음양의 속성을 지녀 형이하학적 요소, 즉 기운이 구체화되어 물질적 실체 또는 현상으로 드러나는 측면을 대표한다.

『삼명통회』에서는 "오행의 물질적 속성[47]은 땅에 자리 잡고 있고, 기운은 하늘에서 운행한다."(五行質具於地, 而氣行於天.)라고 설명한다. 이는 오행의 물질적 특성이 지지를 통해 땅에서 구체화되고, 그 기운이 천간을 통해 하늘에서 순환·운행됨을 의미한다. 따라서 천간은 우주의 기운, 즉 변화와 운동을 주도하는 비물질적 원리로 해석되며, 지지는 그러한 기운이 구체적인 형상으로 나타나는 결과물로 간주할 수 있다.

예를 들어, 甲木은 하늘에서 내려오는 기운을 나타내며, 寅木은 땅에서 형성된 구체적 형상으로 드러난다. 이는 물질과 에너지, 안정과 운동이라는 우주의 기본 원리를 설명하는 핵심적 관념이다. 이와 같이 천간과 지지는 상호 보완적인 관계를 이루어, 우주의 이치와 인간의 운명을 해석하는 데 중요한 역할을 수행한다.

또한, 『삼명통회』에는 "질(質)을 기준으로 말하자면, 그 생성 순서는 水 → 火 → 木 → 金 → 土이며, 이때 水와 木은 양적 속성을, 火와 金은 음적 속성을 지닌다. 반면, 기(氣)를 기준으로 말하자면, 그 순환 순서는 木 → 火 → 土 → 金 → 水이며, 이때 火와 木은 양적 속성을, 水와 金은 음적 속성을 지닌다."(以質而語, 其生之序, 則水火木金土, 而水木陽也, 火金陰也. 以氣而語, 其行之序, 則曰木火土金水, 而火木陽也, 水金陰也.)라고 기술되어 있다. 첫 번째 구절은 오행이 생성되는 순서를 나타내어 각 오행의 속성이 陽 또는 陰으로 분류되는 것을 설명하며, 두 번째 구절은 기의 순환 과정을 통해 오행이 기로서 순환할 때의 음양 분포를 설명한다. 이를 통해 오행의 생성과 기의 순환이 어떻게 음양의 변화를 이끄는지, 그리고 이러한 변화가 우주의 이치와 인간의 삶에 어떻게 적용되는지를 이해할 수 있다.

나아가 천간과 지지는 단순한 기호 이상의 의미를 지니며, 우주의 생성과 변화 원리를 설명하는 체계로 기능한다. 태극(太極)에서 시작된 변화는 정(靜)과 음양의 분화를 거쳐 하늘의 운행[天行]과 땅의 실현[地象]으로 이어지며, 이를 통해 천간과 지지의 오행적 구조가 체계적으로 형성된다.

천지 구조와 기질 관계를 종합하면, 천간과 지지는 우주의 생성과 변화 원리를 설명하는 체계로 기능한다. 태극(太極)에서 시작된 변화는 정(靜)과 음양의 분화를 거쳐 하늘의 운행[天行]과 땅의 실현[地象]으로 이어진다. 이를 통해 천간과 지지의 오행적 구조가 형성된다. 이에 대해 『삼명통회』에서는 "무릇 태극이란 본래 그러한 오묘함이다. 움직임[動]과 고요함[靜]은 태극이 타는 기틀이다. 음양은 만물이 생겨나는 근본이다."(蓋太極者, 本然之妙也, 動靜者, 所乘之機也, 陰陽者, 所生之本也.)[48] 라고 설명한다. 이는 태극이 우주의 근본적인 오묘함을 지니고 있고, 움직임[動]과 고요함[靜]이 그에 따른 작용의 기틀이며, 음양이 만물 생성의 근본임을 시사한다. 즉, 우주의 조화는 "태극(太極)→정(靜)→음양(陰陽)→천행(天行)→지상(地象)→오행의 구체적 구현[天支]"의 순서를 통해 실현된다고 볼 수 있다. 이러한 우주론적 사유를 기반으로 명리학에서는 천간과 지지의 조합을 통해 인간의 운명을 분석하며, 하늘과 땅의 조화 속에서 인간의 삶과 운명이 결정된다고 본다.[49] 명리학은 이와 같이 우주의 빈틈없는 질서와 조화를 해석하는 도구로 기능한다.

3) 천간과 지지의 명리학적 해석

천간과 지지의 조합은 사주(四柱)의 구조를 형성하며, 동시에 시간과 공간의 흐름을 나타내는 기본 체계로 작용한다.

① 천간과 지지의 이중 구조: 시간과 공간의 상호작용

천간과 지지는 사주(四柱)를 구성하는 기본 요소로서, 시간과 공간의 상호작용을 나타내는 이중 구조를 지닌다. 천간은 하늘의 기운을 상징하여 우주의 순환적이고 동적인 변화를 드러내는 형이상학적 에너지로 이해된다. 반면, 지지는 그러한 기운이 구체적 형상으로 구현되어 나타나는 물질적, 공간적 측면을 대표한다. 『삼명통회』에서는 "하늘은 陽의 움직임이며, 과연 언제 그 움직임이 극에 달하여 고요하게 되는가? 땅은 陰의 고요함이며, 과연 언제 그 고요함이 극에 달하여 움직임으로 전환되는가?"(天陽之動者也, 果何時動極而靜乎? 地陰之靜者也, 果何時靜極而動乎?)[50]라고 기술하였다. 이는 우주에서 운동과 정지가 상호 전환되는 과정을 의미하며, 천간은 시간적 변화와 운동을, 지지는 공간적 정체와 구체적 현상을 나타내어 상호 보완하는 관계를 형성한다. 이러한 구조는 우주의 기본 원리인 변화와 안정, 그리고 시간과 공간의 상호작용을 반영하는 것으로, 인간의 운명 해석과 자연 질서 이해에 중요한 학문적 토대를 제공한다. 바꾸어 말해, 이는 천간과 지지 또한 시공간적인 이러한 운동성[변화]으로 기능하게 됨을 의미한다. 이처럼 동아시아 철학에서는 모든 운동(運動)과 정지(靜止)가 상호 전환되는 과정으로 이해되며, 천간과 지지 또한 이 원리를 기반으로 작용한다.

② 명리학의 한계와 천간·지지의 역할은 다음과 같이 설명할 수 있다

명리학은 동아시아 전통 우주론의 산물로서, 경험적 검증의 한계, 개념적 경직성, 사실과 가치의 통합이라는 인식론적 제약 아래 형성되었다.

사주를 통한 운명 예측 체계를 확립하는 과정에서, 명리학은 인간의 복잡성과 다양성을 단순화하는 경향을 보인다. 이는 예측의 정밀성을 추구하는 과정에서 경험적 예외를 배제하고 이론적 경직성을 심화시킬 위험이 있다.

명리학은 음양오행의 균형과 조화를 핵심 원리로 삼으나, 변화와 혁신보다는 안정성과 지속성을 강조하는 경향이 있다. 이러한 특성은 시대적 변화와 가치관 전환을 유연하게 수용하는 데 제약이 되며, 이론적 발전을 저해할 위험이 있다. 또한, 명리학은 경험적 관찰과 직관에 의존함에도 불구하고, 현대 과학의 방법론적 엄격성을 충족하는 객관적 검증 체계를 구축하는 데 어려움을 겪는다. 이로 인해 명리학의 학문적 신뢰성이 약화되고 현대 사회와의 괴리가 심화될 수 있다.

천간과 지지는 이러한 한계를 보완하는 중요한 역할을 수행한다. 천간은 우주의 동적인 에너지 흐름을 상징하고, 지지는 그러한 에너지가 구체적으로 구현되는 현상적 양상을 나타내어, 명리학적 해석이 지나치게 정적인 상태에 머무르지 않도록 상호 보완적 균형을 제공한다. 예를 들어, 특정 천간의 조합은 시대적 변화와 밀접하게 연계될 수 있으며, 지지는 그러한 변화가 개인의 삶과 환경 속에서 구체적으로 실현되는 과정을 설명하는 데 활용된다. 따라서, 천간과 지지는 우주의 생성과 변화 원리를 설명하는 명리학 체계 내에서, 인간 운명의 복합성을 보다 풍부하게 해석하기 위한 보완적 요소로 기능한다.

4. 우주론적 세계관의 철학적 가치

동아시아 우주론은 인간, 자연, 사회가 하나의 통합된 체계로 존재한다는 세계관을 제시한다. 이는 인간의 운명이 우주의 이치와 밀접하게 연결되어 있음을 강조한다. 이 세계관은 인간 존재와 운명을 자연의 법칙에 비추어 재해석할 수 있는 중요한 철학적 기반을 제공한다.

1) 명리학의 구조적 한계

명리학은 동아시아 전통 우주론의 상관적 사고 체계가 내포하는 인식론적 제약 아래 성립된 결과물이다. 이 제약에는 경험적 검증의 한계, 개념적 경직성, 사실-가치 통합의 모호성 등이 포함된다(이창일 2011: 257-259). 이러한 명리학의 이론적 기반은 다음과 같은 구조적 한계를 보인다.

① 환원주의적 경향: 사주팔자를 통한 운명 예측 체계를 구축하는 과정에서 명리학은 인간 존재의 복잡성과 다양성을 환원주의적 도식으로 파악하려는 경향이 있다. 이는 예측의 정밀성을 추구하면서 경험적 예외를 배제하고 이론적 경직성을 심

화시킬 수 있다.

② 안정성 중시: 음양오행의 균형과 조화를 핵심 원리로 삼는 명리학은 변화와 혁신보다는 안정성과 지속성을 중요하게 여긴다. 이러한 특성은 시대적 변화와 가치관 전환에 유연하게 대응하는 데 제약이 되며, 이론적 진화의 정체를 초래할 수 있다.

③ 객관적 검증의 어려움: 명리학은 경험적 관찰과 직관에 기반한 추론 방식을 채택한다. 그러나 현대 과학의 방법론적 엄밀성을 충족하는 객관적 검증 체계를 구축하는 데 어려움을 겪는다. 이는 학문적 신뢰성을 약화시키고 현대 사회와의 괴리를 심화시킬 위험성이 있다.

④ 사실-가치 판단의 통합 모호성: 운명론적 설명과 규범적 가치 판단을 통합하는 명리학은 객관적 사실 판단의 왜곡과 이론적 중립성 훼손이라는 잠재적 위험성을 내포한다.

명리학은 동아시아 상관적 우주론의 구조적 한계를 공유한다. 이러한 한계는 명리학의 이론적 발전과 현대적 적용에 중요한 고려 사항이 된다.

2) 동아시아 우주론의 재평가와 미래 지향적 학문 패러다임

동아시아 우주론은 단순한 전근대적 사유로 간주되어서는 안 된다. 현대 지식 체계와의 결합 가능성을 모색해야 한다. 전통적 우주론과 현대 과학을 이분법적으로 대립시키는 기존의 시각은 동아시아 사유의 역동적 가능성을 간과한다. 동아시아 우주론을 시대에 뒤떨어진 유산으로 보는 것이 아니라, 현대 인식론의 단절과 한계를 보완할 수 있는 대안적 모델로 탐색하는 것이 중요하다. 특히 관계적 사고(relational thinking)는 현대 과학의 분절적 인식론을 보완할 수 있는 대안적 모델로 기능한다. 현대 과학은 주로 개별 요소를 분리하여 분석하는 방식으로 발전해 왔다. 반면 동아시아 우주론은 개별 요소 간의 상호연관성과 유기적 상호작용을 강조한다. 이러한 사고방식은 기존 과학적 방법론을 대체하는 것이 아니라 보완하고 확장하여 분석적 정밀성과 총체적 이해를 동시에 포괄하는 새로운 학문적 패러다임을 구축할 수 있다.

이러한 재평가는 단순히 전통을 보존하는 차원에 머무르지 않는다. 동아시아 우주론을 현대적 맥락에서 재구성하고 재해석하여 미래 지향적 학문 패러다임으로 전환해야 한다. 이를 위해 철학, 시스템 이론, 복잡계 과학 등 현대 학문과 적극적으로 소통하는 융합적 연구 방법론이 필요하다.

동아시아 우주론이 강조하는 총체적 경험(total experience)은 현대 인식론의 분절성과 단절을 극복하는 데 중요한 역할을 한다. 현대 학문은 전문화와 세분화를 통해 지식의 영역을 분리해 왔다. 그러나 이는 인간과 세계의 유기적 관계를 단절시키는 결과를 초래하기도 했다. 반면 동아시아 전통 사유는 인간과 우주의 일체성을 체험적 방식으로 이해하는 데 중점을 둔다. 이러한 총체적 경험의 회복은 보다 포괄적이고 통합적인 지식 체계 구축에 기여할 수 있다. 동아시아 우주론은 단순한 문화적 유산으로 보존되는 것을 넘어, 현대 과학 및 인식론의 한계를 보완하는 미래 지향적 학문 패러다임으로 전환되어야 한다. 전통적 사유와 현대 과학의 융합을 통해 분절적 인식론을 극복하는 새로운 통합적 지식 체계를 모색해야 한다. 이러한 융합적 연구는 보다 유기적이고 총체적인 사고를 가능하게 하여, 현대 지식 체계가 직면한 문제들을 해결하는 데 기여한다.

제3절 명리학의 주요 해석 방법

이 절에서는 명리학의 전통적 해석 방법과 현대적 해석 방법을 비교하여, 각 접근 방식의 특징과 상호 보완적 관계를 설명한다. 전통적 해석은 사주팔자, 오행, 음양 등의 기본 원리를 통해 개인의 운세를 해석하는 방식으로, 이러한 이론과 규칙에 기반한다. 반면, 현대적 해석은 심리학, 통계학, 인공지능 등 다양한 기법을 활용하여 개인의 성격과 환경을 고려한 다차원적 분석을 제공한다. 이러한 두 접근법은 각각의 특징과 차이점을 지니며, 상호 보완적인 관계를 형성한다. 전통적인 방법은 명리학의 역사적 맥락과 철학적 기반을 유지하며, 현대적인 방법은 이를 보완하여 개인화된 해석과 현대 사회에의 적용성을 높인다. 따라서, 전통적 방법과 현대적 방법의 통합은 명리학을 더욱 정교하고 개인화된 해석으로 발전시키는 데 기여할 수 있다.

1. 고전적 해석 방법의 특징

고전적 명리 해석은 사주팔자를 기초로 하여 천간, 지지, 오행 및 음양의 원리를 적용하여 개인의 운세, 성격 및 적성을 분석하는 전통적 방법론이다. 이는 인간을 자연과 조화를 이루는 존재로 이해하며, 개인의 사주를 통해 인생의 흐름과 운세의 변화를 예측하는 데 중점을 둔다. 이러한 해석 방식은 동아시아의 철학적 사유와 밀접한 관련이 있으며, 음양오행론과 천간·지지의 체계를 활용하여 운명의 법칙을 분석하는 독창적인 체계를 구축하고 있다.

이 방법론은 오랜 역사적 경험과 고전 문헌을 바탕으로 체계적인 규칙과 원리를 확립하였으며, 전통 철학과 지혜를 반영한 학문적 가치를 지닌 해석 체계이다. 특히, 자연의 변화와 인간의 삶이 상호작용하는 원리를 강조하며, 사주의 조화를 바탕으로 조정 가능한 요소와 불가항력적인 요소를 구분하는 데 초점을 맞춘다.

대표적인 문헌으로는 『자평진전(子平眞詮)』, 『적천수(滴天髓)』, 『궁통보감(窮通寶鑑)』 등이 있다. 이들 문헌은 각각 고유한 분석 체계와 관점을 제시하며, 명리학의 이론적 기반을 확립하는 데 중요한 역할을 하였다. 『자평진전』은 월령(月令)을 기준으로 격국(格局)을 설정하고 오행의 상호작용을 종합적으로 분석하는 방식을 제시하였다. 『적천수』는 오행의 기세와 변화 양상을 통해 일간(日干)의 강약과 균형을 평가하는 체계를 확립하였으며, 『궁통보감』은 육친(六親) 관계를 중심으로 인간관계와 사회적 역할을 분석하는 방법론을 제공함으로써, 명리학이 단순한 운세 예측을 넘어 사회적 관계 속에서 개인의 위치를 조망할 수 있도록 하는 기반을 마련하였다.

1) 고전적 명리 해석의 주요 과정

① 사주팔자의 기본 구조 분석

태어난 년(年), 월(月), 일(日), 시(時)를 네 기둥[四柱]으로 구성하며, 각 기둥은 천간과 지지로 이루어진다. 이때 천간과 지지는 음양 및 오행의 관점에서 구분되며, 오행의 상생과 상극 관계를 분석하여 전체 기운의 조화와 균형을 평가한다. 특히, 사주 내 특정 오행이 과다하거나 부족할 경우 이를 조절하는 방법을 연구하며, 이러한 오행의 불균형이 개인의 성격과 운세에 미치는 영향을 분석하여 조정 방향을 제시한다. 또한, 사주의 기운 흐름이 계절과 환경적 요소와 어떠한 연관을 가지는지를 고려하여, 사주 내 오행의 성쇠(盛衰)를 평가하고 필요한 보완책을 마련하는 것이 중요하다.

② 십신 분석

일간(日干)을 중심으로 나머지 천간과 지지와의 관계를 비견(比肩), 겁재(劫財), 식신(食神), 상관(傷官), 편재(偏財), 정재(正財), 편관(偏官), 정관(正官), 편인(偏印), 정인(正印)으로 분류한다.[51] 이를 통해 각 십신이 나타내는 성격, 재능, 인간관계 등을 분석하여 운명을 예측하고 판단한다. 십신 분석에서는 개인이 사회적 관계 속에서 어떠한 역할을 수행하게 되는지를 중점적으로 해석하며, 특정 십신이 강하거나 약할 경우 해당 십신이 의미하는 요소를 보완하거나 조정할 수 있는 방법을 탐색한다. 또한, 십신 간의 균형이 개인의 성격과 직업적 성향에 미치는 영향을 분석하여 삶의 방향을 설정하는 데 활용된다.

③ 격국 분석

전체 사주의 구조와 기운의 흐름을 종합하여 격국을 설정한 후, 이를 기반으로 개인의 타고난 재능, 적성 및 사회적 성공 가능성을 평가한다. 격국 분석은 사주의 형세를 보다 체계적으로 구분하여 그 구조를 파악하는 것이 핵심이며, 격국이 성립하는 조건과 그에 따른 특징을 면밀히 분석한다. 또한, 격국이 조화를 이루고 있는지 여부를 평가하고, 격을 보완하거나 안정적으로 유지하기 위한 용신(用神)의 설정이 중요한 요소로 작용한다. 격국이 안정적일 경우 길한 운세로 평가되며, 격이 파손되었을 경우 해당 요소를 보완할 수 있는 전략이 필요하다. 특히, 격국의 유형과 성립 여부가 직업적 성취와 사회적 지위에 어떤 영향을 미치는지를 구체적으로 분석한다.

④ 용신 분석

사주에서 가장 부족하거나 필요한 기운을 보완하기 위해 용신을 산출하며, 이는 전체 사주의 균형을 회복하는 핵심 요소로 작용한다. 용신과 조화를 이루는 운(運)이 도래할 경우 길한 운세가 기대되며, 반대로 용신을 극하는 운이 작용하면 흉한 결과가 나타난다. 용신 분석은 단순히 부족한 기운을 보충하는 것을 넘어, 개인이 인생에서 맞닥뜨릴 주요 과제와 해결해야 할 요소를 밝혀내는 데 중점을 둔다. 따라서, 용신을 보완하기 위한 환경적 요소, 직업적 선택, 생활 방식의 조정이 필요할 수 있다. 특히, 용신을 적절히 활용하는 방법을 통해 개인이 운세를 능동적으로 조절할 수 있는 전략을 수립하는 것이 중요하다.

⑤ 대운과 세운 분석

10년 단위로 바뀌는 대운과 1년 단위로 바뀌는 세운의 흐름을 체계적으로 분석하여, 시간의 경과에 따른 운세 변화와 인생의 전환점을 예측하는 데 활용된다. 특히, 대운과 세운이 사주 원국의 기운과 어떻게 조화를 이루는지, 혹은 충돌하는지를 평가하는 것이 중요하다. 대운과 세운 분석에서는 특정 시기에 행운과 불운이 어떻게 전개되는지를 파악하며, 이 변화가 개인의 삶에 미치는 영향을 예측한다. 또한, 특정 대운에서 좋은 기회가 찾아올 경우 이를 극대화할 수 있는 전략을 모색하고, 반대로 불리한 운이 도래할 경우 대처 방법을 제시한다. 이를 통해 개인이 인생의 흐름을 보다 주도적으로 관리할 수 있도록 조언을 제공한다.

⑥ 종합적 운명 예측 및 조언

위의 분석 과정을 종합하여 개인의 타고난 운명과 앞으로의 운세를 예측하고 판단한다. 또한, 타고난 운명을 바탕으로 삶의 방향을 설정하고, 길한 운을 적극 활용하며 흉한 운을 피하는 전략을 제시한다. 특히, 환경적 요소와 개인의 노력을 고려하여 운명을 개선할 수 있는 방안을 제시하며, 인생에서 맞닥뜨릴 주요 변곡점에 대한 조언을 제공한다. 이러한 분석을 통해 단순한 운세 해석을 넘어, 개인이 주어진 운명을 어떻게 활용할 것인지에 대한 구체적인 방향성을 제시하는 것이 핵심이다.

2) 고전적 해석의 의의

고전적 명리 해석은 사주에 나타나는 선천적 기운과 오행의 상호작용을 중시하며, 이를 통해 개인의 운세와 인생 주기를 체계적으로 분석한다. 고전적 해석은 단순한 점술적 예측을 넘어, 인간과 자연, 그리고 사회의 상호작용을 이해하는 중요한 도구로 기능한다. 이 해석을 통해 개인은 자신의 운명뿐만 아니라 환경적 요인과 그 상관관계를 정밀하게 파악할 수 있으며, 운세의 흐름에 따른 적절한 대응 전략을 세울 수 있다.

특히 대운과 세운의 흐름은 개인의 삶에 중요한 영향을 미친다. 대운은 장기적인 인생 흐름을 결정짓는 중요한 요소로, 특정 시기에 개인의 운세가 어떻게 변화하는지를 설명하는 데 유용하다. 반면, 세운은 연 단위의 변화에 집중하여 보다 세밀한 운세의 변화를 예측하고, 이로 인해 나타날 수 있는 기회나 도전의 변화를 파악하는 데 중점을 둔다. 이를 통해 개인은 특정 시점에 맞는 계획을 세우고, 주요 변곡점에서 올바른 결정을 내릴 수 있다.

고전적 해석의 또 다른 중요한 의의는 환경적 요소와 개인의 노력이 운세를 변화시킬 수 있다는 점이다. 전통적으로 운명은 고정된 것이 아니라 변화 가능성을 지닌 것으로 보고, 올바른 판단과 행동을 통해 운명의 흐름을 조정할 수 있다고 여겨진다. 따라서 사주 해석은 단순히 개인의 성격, 능력, 기질 등을 분석하는 데 그치지 않고, 이를 바탕으로 최적의 환경을 조성하고, 보다 긍정적인 방향으로 삶을 개선할 수 있는 방안을 제시한다. 명조의 전통적 해석을 예시로 보자면 다음과 같다.

【명조의 전통적 해석 ①】

<table>
<tr><td>시</td><td>일</td><td>월</td><td>년</td><td rowspan="5">남명</td><td rowspan="5">1964년 5월 25일 오후 12시
(양력)
甲木 일간의 식신이 왕한 명조</td></tr>
<tr><td>庚</td><td>甲</td><td>己</td><td>甲</td></tr>
<tr><td>편관</td><td>일간</td><td>정재</td><td>비견</td></tr>
<tr><td>午</td><td>戌</td><td>巳</td><td>辰</td></tr>
<tr><td>상관</td><td>편재</td><td>식신</td><td>편재</td></tr>
</table>

다음은 정통 명리학의 원리에 따라, 양력 1964년 5월 25일 오후 12시에 출생한 남자의 명조[甲辰년 己巳월 甲戌일 庚午시]를 고전적 해석 방법론에 따라 풀이한 것이다.

① 음양오행 분석이다.

사주는 태어난 년, 월, 일, 시를 네 기둥으로 구성하며, 각각 천간과 지지로 이루어져 있다. 본 명조는 甲辰년, 己巳월, 甲戌일, 庚午시로 구성되어 있으며, 천간과 지지는 음양과 오행의 원리에 따라 상생과 상극의 관계를 형성한다. 년간의 甲은 陽木의 기운을 대표하여 전체 사주의 기초를 이루며, 월주 중에서 월간의 己는 陰土의 기운으로 본인의 직업적 성향을 나타내며 월지의 巳火는 본인인 출생 배경과 성장기 환경 및 사회적 배경을 나타낸다. 일간의 甲木은 본인의 근본 성격인 직선적 성격을 나타내며, 시간의 庚은 陽金의 기운으로 본인의 후반 인생에서 나타날 도전과 변화를 예고한다. 이와 같이 각 기둥이 상호 보완되거나 제약하는 관계를 형성함으로써 전체 기운의 조화와 균형을 평가할 수 있는 구조이다.

② 십신 분석 일간은 甲으로, 木의 기운을 대표하며 본인의 기본 성격과 기질을 결정한다. 본 사주에서 다른 천간 및 지지와의 관계는 비견, 정재, 편관 등 다양한 십신의 작용을 통해 해석된다. 예컨대, 년간과 일간의 甲木은 비견의 역할을 하여 자기 자신을 강화하는 동시에, 시간의 庚金이 木을 제어하는 편관의 역할을 한다. 또한, 월간의 己土와 월지에 巳火의 기운은 일간 甲木의 기운을 조절하는 동시에, 사회적 관계와 실생활에서의 역할을 결정하는 데 영향을 미치는 요소로 작용하여, 전체 사주의 기운 균형을 조정하는 중요한 십신의 상호작용을 보여준다.

③ 격국 분석 전체 사주의 구조와 기운의 흐름을 종합하면, 甲木 일간과 같은 甲木이 년간에 나타나 본인의 정체성을 강하게 형성하고 있음을 알 수 있다. 그러나, 시간의 庚金은 일간과 년간의 甲木을 제어하는 상극 관계를 이루어, 본인[日干]의 내면에 갈등과 도전의 요소를 동시에 내포하고 있다. 이러한 격국은 木이 본인의 성장과 창조력을 발휘하는 데 필요한 환경과 동시에, 金·土의 제약으로 인해 일정 부분 성장에 제한을 받는 구조임을 시사한다. 격국의 안정 여부는 앞으로의 운세와 사회적 성공 가능성에 큰 영향을 미치며, 이러한 구조 속에서 본인은 자기 자신을 조율

하고, 내외부의 충돌을 극복할 필요가 있음을 의미한다.

④ 용신 분석 사주 내에서 부족하거나 과도한 기운을 보완하기 위해 용신을 산출하는데, 본 사주에서는 木의 기운이 강하게 나타나면서 동시에 金과 土의 기운에 의해 제약받고 있으므로, 이를 조화롭게 만드는 용신의 역할이 중요하다. 일반적으로 木을 도와 성장시키고 金의 제약을 완화하기 위해서는 水의 기운이 필요하나, 본 명조에는 水의 기운이 아주 부족하다. 따라서, 보통 木의 기운을 안정시키고 조절할 수 있는 보조적 요소, 예컨대 火의 기운을 통한 조절이나, 金의 작용을 완화하는 전략적 접근이 요구되며, 이를 통해 운세의 흐름을 긍정적으로 전환시킬 수 있는 환경적 또는 인적 요인을 모색해야 한다.

⑤ 대운 및 세운 분석 사주는 10년 단위의 대운과 1년 단위의 세운을 통해 시간의 흐름에 따른 운세 변화를 예측하는 데 활용된다. 본 명조에서는 대운이 진행됨에 따라, 시간의 庚金이 지닌 金의 기운이 더욱 두드러지거나, 혹은 木의 기운을 보완할 수 있는 水나 火의 기운이 도래할 경우, 본인의 인생 경로에 중요한 전환점이 마련될 수 있음을 시사한다. 이러한 대운과 세운의 변화는 본인의 환경에서 나타난 木과 金·土의 상극 관계를 변화시켜, 긍정적 또는 뷰종족 결과로 이어질 수 있다.

⑥ 종합적 운명 예측 및 조언 본 사주는 일간 甲의 강한 木의 기운이 년간에서 강화됨과 동시에, 월간 己土와 시간 庚金의 제약으로 인해 개인적 갈등과 사회적 협력이 내포된 구조이다. 이러한 구조는 본인이 타고난 창조적이고 대담한 기질을 바탕으로, 사회에서 주도적인 역할을 수행할 수 있음을 시사하는 동시에, 金의 제약에 의한 자기 통제와 내면적 성찰이 요구됨을 의미한다. 앞으로 대운과 세운의 변화에 따라, 본인은 환경적 요인과 개인의 노력에 의해 운세의 흐름을 주도적으로 관리할 수 있을 것으로 보이며, 특히 용신을 적절히 활용하여 내외부의 불균형을 해소하고,

자신의 강점을 극대화하는 방향으로 삶의 전략을 수립할 필요가 있음을 조언한다.

고전적 명리 해석에 의하면, 본 명조는 甲의 강인한 木의 기질과 金·土의 제약 속에서 상호작용하며, 앞으로의 운세 변화와 인생의 전환점을 통해 자기 발전과 도전을 동시에 경험할 운명을 지닌 것으로 풀이된다.

2. 현대적 해석 방법의 특징

명리학은 전통적으로 음양오행, 간지론, 십신 등의 개념을 활용하여 개인의 운명과 성격을 분석하는 학문이다. 이러한 해석 방식은 오랜 역사적 맥락 속에서 발전하였으며, 조선 시대 명리학자들의 저서에서도 그 원리를 확인할 수 있다. 그러나 현대 사회에서는 전통적인 방식만으로는 개인의 삶과 사회적 환경을 충분히 반영하기 어려운 한계가 존재한다. 이에 따라 현대 명리 해석은 심리학, 통계학, 인공지능(AI) 등의 첨단 기법을 접목하여 보다 정밀하고 다차원적인 분석을 시도하고 있다.

현대적 명리 해석은 전통 이론을 바탕으로, 개인의 심리, 성격, 그리고 사회적 환경을 고려하는 특징을 갖는다. 특히 현대 심리학과 명리학의 융합은 인간의 성향과 행동 패턴을 이해하는 데 중요한 역할을 한다. 최근 연구에서는 MBTI, 빅파이브(Big Five), 애니어그램 등의 심리 분석 도구와 명리학을 결합하여 개인의 성격적 특성을 구체적으로 분석하는 방법론이 제시되고 있다. 예를 들어, 명리학에서 말하는 일간(日干)은 개인의 기질을 나타낸다고 볼 수 있는데, 이를 빅파이브 성격 유형과 비교하여 분석할 수 있다.[52] 실제로 특정 성향을 가진 사람들이 공통적으로 특정한 사주적 요소를 가지고 있다는 연구 결과가 보고되면서, 명리학이 심리학과 융합하여 보다 체계적인 도구로 자리 잡고 있다. 이러한 접근은 명리학이 단순한 운세 예측을 넘어 자기 이해 및 자기 계발 도구로 활용될 수 있게 만든다. 심리 상담 및 코칭 분야에서도 명리학적 해석이 적극적으로 활용되고 있다.

또한, 통계학적 접근은 명리학의 신뢰성을 높이는 데 중요한 역할을 한다. 전통적으로 명리학은 경험적 데이터를 축적하며 발전하였지만, 현대에는 빅데이터 분석과 통계학적 기법을 활용하여 사주 패턴을 분석하는 연구가 활발히 이루어지고 있다. 수천 개의 사주 데이터를 분석하여 특정한 운명적 패턴을 찾아내려는 연구가 진행되며, 이를 통해 특정 성향을 가진 사람들이 공통적으로 나타내는 명리학적 요소를 도출하는 작업이 이루어지고 있다. 이러한 데이터 분석은 개인 맞춤형 상담, 진로 지도, 기업 인재 관리 등 다양한 분야에서 활용될 수 있다. 예를 들어, 특정 직업군에서 공통적으로 나타나는 사주적 특징을 분석함으로써 직업 적성과 연관된 명리학적 연구가 가능해지고 있다(김대환 2023: 120-144).

AI 기반 해석 기법도 빠르게 발전하고 있다. 인공지능을 활용한 명리 해석 모델은 기존의 인간 전문가가 분석하던 사주 정보를 기계 학습을 통해 자동으로 분석하고, 보다 정교한 운세 예측을 가능하게 한다. 머신러닝 알고리즘을 이용하여 특정 명리학적 조건을 가진 사람들이 실제로 어떤 경향성을 보이는지 예측하는 연구가 진행되고 있으며, 데이터 마이닝 기법을 활용하여 인간의 행동 패턴과 운세 간의 연관성을 분석하는 연구도 이루어지고 있다. 이러한 AI 기반 분석 시스템은 명리학의 전통적 해석법을 보완하는 중요한 도구로 자리 잡고 있으며, 향후 더 발전된 시스템이 등장할 것으로 예상된다.

최근에는 챗봇을 활용한 자동 명리 상담 시스템이 개발되고 있으며, 이는 일반 대중이 명리학을 보다 쉽게 접하고 활용할 수 있도록 돕고 있다. 온라인 플랫폼 및 모바일 애플리케이션 등의 디지털 기술을 활용하여 사주팔자 분석과 운세 예측을 자동화하고, 사용자 맞춤형 상담 서비스를 제공함으로써 명리학의 접근성과 활용도가 크게 향상되었다. 이러한 기술적 발전은 단순한 운세 풀이에서 벗어나 보다 과학적이고 정량적인 분석 도구로 명리학을 발전시키는 데 기여하고 있다.

현대 명리학은 개인의 주체성을 강조하며, 사주팔자에서 도출된 강점과 약점을 바탕으로 삶의 방향을 주체적으로 설계할 수 있도록 돕는 데 초점을 맞추고 있다. 이를 위해 직업 상담, 건강 관리, 인간관계 등 다양한 실용 분야와의 융합을 통해 명리학적 원리를 구체적이고 실용적인 방안으로 적용하고 있다. 또한 철학적·인문학적 관점을 융합하여 명리학을 인간의 본성과 삶의 의미를 성찰하는 학문적 도구로 재정립함으로써, 전통적 지혜와 현대 기술이 상호 보완하는 학문으로 발전하고 있다(황금옥 2017: 498-504).

【명조의 현대적 해석 ①】

시	일	월	년	남명	1964년 5월 25일 오후 12시 (양력) 甲木 일간의 식신이 왕한 명조
庚	甲	己	甲		
편관	일간	정재	비견		
午	戌	巳	辰		
상관	편재	식신	편재		

다음은 현대 심리학과 명리학의 융합 관점에서, 양력 1964년 5월 25일 오후 12시에 출생한 남자의 명조(甲辰년 己巳월 甲戌일 庚午시)를 정통 전통 이론에 기반하면서도 심리적·사회적 환경을 고려하여 현대적으로 풀이한 내용이다.

① 사주팔자의 기본 구조와 오행 균형이다 본 명조는 년주 甲辰, 월주 己巳, 일주 甲戌, 시주 庚午로 구성되어 있으며, 각 기둥은 천간과 지지의 상호작용을 통해 개인의 기질과 운세를 결정한다. 일간 甲은 木의 기운을 나타내어 창조력과 성장력, 그리고 외향적 성향을 강화하는 역할을 하며, 木의 강한 기운은 빅파이브 성격 이론에서 높은 외향성과 개방성으로 재해석될 수 있다. 반면, 월지 巳火와 일지 戌土, 그리고 시지의 午火는 火·土의 기운을 내포하여 木의 에너지를 흡수·제어하고, 현실적 제

약과 내면적 갈등을 형성하는 동시에 사회적 책임감과 신중함을 요구하는 역할을 한다. 이러한 오행 간의 상생·상극 관계는 개인이 창의적인 도전을 시도하면서도 동시에 자기 통제와 환경 적응 능력을 발휘해야 함을 시사한다.

② 십신 및 심리적 성향의 현대적 재해석이다 전통적으로 일간 甲은 개인의 본질적 기질을 대표하며, 본 명조에서는 甲이 년주와 일주에 두 차례 등장하여 강한 자기표현력과 리더십을 암시한다. 현대 심리학적 관점에서는 이러한 특성이 빅파이브의 외향성과 개방성 지표와 상응하며, MBTI에서는 ENTP 또는 ENFP와 유사한 창의적이고 도전적인 성향으로 해석될 수 있다. 시주의 庚은 금의 기운을 나타내어 木의 기운을 제어하는 동시에, 논리적이고 분석적인 성향을 강화함으로써, 빅파이브의 성실성과 신경성 지표를 보완하는 역할을 한다. 또한, 월주의 己와 관련된 土의 기운은 사회적 관계와 현실적 문제 해결에 집중하는 경향을 부여하여, 대인관계에서 우호성과 책임감을 형성하는 데 기여하며, 이는 현대 심리학의 우호성 및 성실성 지표와 연결될 수 있다.

사회적 환경과 자기 계발에 미치는 영향이다. 본 명조는 木의 기운이 강하여 창의적이고 적극적인 도전정신을 보이지만, 동시에 金·土·火의 상극 작용으로 인해 내면적 갈등과 사회적 압박을 경험할 가능성이 있다. 현대 명리 해석에서는 이러한 특성이 개인이 자기 이해 및 자기 계발 도구로 활용될 수 있음을 강조하며, 변화하는 대운과 세운에 따라 환경적 요인과 개인의 노력이 운세에 미치는 영향을 종합적으로 평가한다. 즉, 본 사주는 높은 외향성과 개방성을 바탕으로 새로운 기회를 창출할 수 있으나, 동시에 금의 제약과 토·불의 현실적 압박으로 인해 자기 통제와 내면 성찰의 필요성이 부각될 수 있음을 의미한다.

현대적 명리 해석에 의하면, 본 명조는 전통적 오행, 천간·지지의 상호작용을 통해 개인의 기질과 운세를 분석하는 동시에, 빅파이브 및 MBTI와 같은 심리학적 성격 모델과의 융합을 통해 보다 체계적이고 실증적인 성격 분석 도구로 활용될 수 있음을 보여준다. 이러한 접근은 개인이 자신의 장단점을 명확히 인식하고, 사회적 환경에 적응하며 자기 계발을 이루어나갈 수 있는 구체적인 방향성을 제시하는 데 기여한다.

3. 고전과 현대 해석 방법의 통합

명리학은 고전적 원리와 현대적 방법론이 상호 보완적으로 작용하는 통합적 학문 체계이다. 전통적인 이론은 명리학의 근본적인 토대를 제공하며, 현대적인 접근은 이를 보다 실용적이고 체계적으로 적용할 수 있도록 한다. 고전적 해석의 정형화된 규칙과 현대적 해석의 유연한 분석 기법을 통합하여, 보다 정확하고 개인 맞춤형 운세 해석이 가능하다. 고전의 명리학적 지식과 현대의 기술적 도구의 융합은 명리학 연구의 새로운 방향성을 제시하며, 이를 통해 명리학은 과거의 지혜를 현대 사회와 개인의 삶에 효과적으로 적용할 수 있는 학문으로 발전한다.

1) 통합적 해석의 필요성

명리학은 시대의 변화에 따라 고전적 해석과 현대적 해석이 공존하며 발전해 왔다. 이 두 가지 해석 방법을 통합적으로 활용하면 더욱 풍부하고 심층적인 사주 분석이 가능한다.

① 고전적 해석의 한계: 고전적 해석은 과거 사회의 가치관과 환경을 반영한다. 따라서 현대 사회의 다양성과 개인의 자유 의지를 충분히 설명하지 못할 수 있다. 신살이나 격국과 같은 전통적인 이론에만 의존하면 개인의 심리적 특성이나 잠재력을 간과할 수 있다.

② 현대적 해석의 한계: 현대적 해석은 개인의 주관적인 경험과 심리에 초점을

맞추는 경향이 있다. 이에 따라 객관적인 판단이나 예측이 어려울 수 있다. 고전적인 이론을 무시하고 현대적인 관점에만 치우치면 사주명리학의 깊이와 통찰력을 잃을 수 있다.

명리학은 고전적 해석과 현대적 해석이 상호 보완되는 통합적 접근을 통해, 개인의 운세와 심리적 특성을 보다 풍부하고 심층적으로 분석할 수 있는 학문이다. 고전적 해석은 사주팔자의 천간·지지, 오행, 음양 등의 전통 원리에 기반하여, 오랜 역사적 경험에 축적된 이론 체계를 따르며 인간 운명의 경향성을 도출하는 데 중점을 두는 것이다. 반면, 현대적 해석은 심리학, 통계학, 인공지능 등 다양한 기법을 활용하여 개인의 주관적 경험과 심리적 특성, 사회적 환경 등을 고려하는 분석을 제공하는 것이다. 이 두 해석 방법은 각각의 한계를 보완하며, 통합적 접근을 통해 명리학 해석의 범위를 확장할 수 있음을 보여준다.

2) 고전적 명리학 해석의 핵심

고전적 명리학은 사주팔자(四柱八字)를 기초로 하여 천간(天干), 지지(地支), 오행 및 음양의 원리를 적용함으로써 인간 운명의 경향성을 도출하는 데 중점을 둔다. 『자평진전』, 『적천수』, 『궁통보감』 등의 고전 문헌은 각각 월령과 격국, 오행의 기세와 억부 원리, 육친 관계를 중시하여 사주의 내재적 기운과 인간관계를 체계적으로 분석하는 이론적 근거를 제공한다. 이러한 전통적 명리학은 선천적 기운과 오행의 상생·상극 관계를 중심으로 운세와 성격, 적성을 심도 있게 분석하는 철학적 토대를 마련한다.

3) 현대적 명리학 해석의 핵심

현대 명리학은 전통적 개념을 계승하면서 다음과 같은 특징을 보이는 방향으로 재해석된다.

① 통계학과 심리학의 접목: 기존의 경험적 통계에 의존하던 분석 방식은 빅데이터 분석, 통계학적 기법을 활용하여 객관적이고 과학적인 방법으로 전환된다. 또한, 심리학적 이론을 접목하여 개인의 성격과 심리적 특성을 심층적으로 분석함으로써 개인의 내면 세계를 보다 명확히 이해할 수 있도록 한다.

② 개인의 주체성 강조: 운명론적 관점보다는 개인의 자유 의지와 노력을 강조한다. 사주팔자를 통해 도출된 강점과 약점을 바탕으로 삶을 주체적으로 설계할 수 있도록 돕는 방향으로 발전한다.

③ 다양한 분야와의 융합: 직업, 건강, 인간관계 등 다양한 분야에 사주명리학의 원리를 접목하여 실용적인 상담 및 진로, 건강 관리 등의 분야에서 활용도를 높인다.

④ 온라인 및 디지털 기술 활용: 온라인 플랫폼 및 모바일 앱 등 디지털 기술을 활용하여 사주팔자 분석과 운세 예측을 자동화하고 사용자 편의성을 제고한다.

⑤ 철학적·인문학적 접근: 사주명리학을 단순한 운세 예측 도구를 넘어서 인간의 본성과 삶의 의미를 성찰하는 학문적 도구로 재정립한다.

4) 고전과 현대 해석 방법의 통합적 접근

명리학의 고전적 해석 방법과 현대적 해석 방법은 상호 보완적 관계를 기반으로 통합적 접근을 통해 발전해 온 학문 체계이다. 현대적 접근은 전통 이론에 빅데이터, 통계학, 심리학, 인공지능 등 최신 연구 성과와 기술적 기법을 접목하여 보다 객관적이고 정량적인 분석을 시도한다.

두 접근법의 통합은 고전적 해석의 이론적 깊이와 현대적 해석의 과학적 분석 기법을 결합함으로써, 개인의 사주를 다차원적으로 해석할 수 있는 새로운 방법론을 제시한다. 이는 전통 문헌에서 확립된 오행의 상생·상극, 음양 조화, 천간과 지지의 상호작용 등의 기본 원리를 현대의 데이터 기반 분석 및 심리 평가와 결합하여, 개인의 심리적 특성, 사회적 환경, 직업 적성, 건강 상태 등 다양한 측면을 종합적으로 고려하는 것이다. 또한, 디지털 기술과 인공지능 알고리즘의 도입은 사주 분석의 자동화와 정밀도를 향상시키며, 대규모 사례 연구를 통한 통계적 패턴 분석을 가능하게 한다. 이러한 통합적 해석의 핵심 요소는 다음과 같다.

① 객관성과 주관성의 조화: 사주팔자에 나타난 객관적인 정보와 개인의 주관적인 경험, 심리적 특성을 균형 있게 고려하여 해석의 깊이와 폭을 확장한다.

② 다양한 관점의 수용: 고전적인 명리학 이론뿐만 아니라 현대 심리학, 사회학, 통계학 등 다양한 학문적 관점을 수용하여 더욱 폭넓고 입체적인 해석을 제공한다.

③ 개인의 자유 의지 존중: 사주팔자는 개인의 잠재력과 가능성을 보여주는 일종의 '지도'이며, 최종적인 선택과 책임은 개인에게 있음을 강조한다. 이를 통해 개인이 자신의 운명을 주체적으로 설계하도록 돕는다.

궁극적으로, 고전적 지혜와 현대 기술 및 학문의 융합은 명리학이 단순한 운세 예측 도구를 넘어, 개인의 자기 이해와 성장, 인생 설계에 기여할 수 있는 실용적 학문으로 발전할 수 있는 기반을 마련하며, 현대 사회의 다양한 요구에 부응하는 종합적 학문으로 재구성되는 새로운 패러다임을 형성한다.

4. 명리학 해석 방법의 발전 방향

명리학은 전통적 해석과 현대적 응용을 조화시켜, 개인의 운명 뿐만 아니라 사회적, 심리적 현상까지 포괄적으로 설명할 수 있다. 미래에는 인공지능과 빅데이터를 활용한 정량적 분석이 전통적 해석법과 결합되어, 더욱 정밀한 예측과 상담이 가능해질 것이다. 고전과 현대의 해석 방법의 통합은 명리학의 철학적 깊이와 실용성을 동시에 충족시키는 방향으로 나아갈 것이다. 이러한 발전은 명리학이 단순한 점술을 넘어, 개인의 성장과 자기 계발에 기여하는 학문으로 자리 잡게 할 것이다.

1) 명리학 해석의 범위 확장

여기서는 명리학의 주요 해석 방법 즉, 전통적 접근과 현대적 접근의 차이와 상호 보완적 관계를 통해 명리학 해석의 범위를 확장하려는 시도를 진행한다. 고전적 해석은 사주팔자, 오행, 음양 등의 전통 원리와 규칙에 기반하여 운세를 해석하는 방법이다. 이 방식은 오랜 경험에 축적된 이론 체계를 따르며, 인간 운명의 경향성을 도출하는 데 중점을 둔다. 그러나 이러한 접근은 복잡한 개인 차원과 사회적 맥락을 단순화하는 한계를 내포한다. 반면, 현대적 해석은 심리학, 통계학, 인공지능 등 다양한 기법을 활용하여 개인의 성격과 환경 등 다차원적 요소를 고려한 분석을 제공한다. 이는 고전적 명리학이 지닌 경험적 검증의 한계와 개념적 경직성을 극복하고, 보다 정교하고 개인화된 운명 해석을 가능하게 하는 방법이다. 고전적 방법과 현대적 방법은 상호 보완적 관계에 있으며, 두 방식의 통합은 명리학의 이론적 타당성과 실제 적용력을 동시에 강화할 수 있다. 이러한 융합적 연구는 명리학이 전통적 운명론을 넘어, 현대 사회의 다양한 변수와 복합성을 반영하는 통합적 학문 체계로 발전하는 데 기여할 것이다.

(1) 전통적 해석과 현대적 해석의 융합

다음은 현대 심리학과 명리학의 융합 관점에서, 양력 1964년 5월 25일 오후 12시에 출생한 남자의 명조[甲辰년, 己巳월, 甲戌일, 庚午시]를 전통 이론에 기반하면서도 심리적·사회적 환경을 고려하여 현대적으로 풀이한 내용이다. 이 명조를 전통적인 명리학과 현대적인 접근법을 결합하여 해석하면 다음과 같다.

【전통적 해석과 현대적 해석의 융합 ①】

시	일	월	년	남명	1964년 5월 25일 오후 12시 (양력) 甲木 일간의 식신이 왕한 명조
庚	甲	己	甲		
편관	일간	정재	비견		
午	戌	巳	辰		
상관	편재	식신	편재		

① 전통적 해석

일간과 오행의 분석으로 보자면, 일간이 甲木으로, 이는 나무를 의미하며, 성장과 발전을 상징한다. 그러나 월지인 巳火, 일지인 戌土, 시지인 午火는 모두 火와 土의 기운을 지니고 있어, 木의 에너지를 제약하는 구조이다. 이는 개인이 자신의 능력을 발휘하는 데 있어 외부적인 제약이나 도전에 직면할 수 있음을 나타낸다.

신강과 신약으로 보자면, 일간이 주변의 지지로부터 생조를 받지 못하고, 오히려 제약을 받는 구조이므로, 신약한 명조로 볼 수 있다. 따라서 이러한 경우에는 木을 도와주는 水나 木의 기운이 필요하며, 火와 土의 기운은 과다하여 제어가 필요하다.

② 현대적 해석

심리적 분석을 기준으로 보자면, 이러한 명조를 가진 사람은 내면적으로 자신의 능력을 충분히 발휘하고자 하는 욕구가 강하지만, 외부 환경이나 사회적 기대에 의해 제약을 느낄 수 있다. 이는 개인에게 스트레스나 갈등을 유발할 수 있으며, 이러한 상황을 극복하기 위해 자기 개발이나 심리적 성장을 추구할 가능성이 높다.

사회적 맥락을 고려하자면, 현대 사회에서는 개인의 자율성과 창의성이 중시되지만, 동시에 사회적 책임과 규범도 중요하다. 이 명조를 가진 사람은 이러한 두 가지 가치 사이에서 균형을 찾는 것이 중요하며, 이를 통해 자신의 잠재력을 최대한 발휘할 수 있을 것이다.

이처럼 전통적인 명리학적 해석과 현대적인 심리학적 접근을 결합함으로써, 개인의 운명과 성격을 보다 입체적으로 이해할 수 있다.

(2) 명리학을 통한 자기 인식: 개인의 운명과 성격, 잠재력 탐색

동서양 윤리 사상은 공동체 구성원들이 각자의 직분을 충실히 수행함으로써 사회 전체의 조화와 균형을 유지하는 것을 지향하는 것이다. 오늘날 우리 사회는 이러한 본질을 망각하여 각 공동체가 유기적인 연속 관계 속에서 상호 발전하는 건전한 기능을 발휘하지 못하고 있다. 도덕적 존재로서의 나의 위치는 나와 타인의 관계 및 나와 자신의 관계로 구분할 수 있으며, 실제로는 나 자신과의 관계가 근본적인 관계이다. 자기 자신을 확실히 인식하는 것이 타인과의 모든 관계를 결정하는 기초가 되며, 이는 인간다움의 보편성을 회복하는 데 필수적이다(이강대, 2000: 5).

명리학은 개인의 운명과 성격, 잠재력을 체계적으로 분석함으로써 '나 자신'을 객관적으로 알아볼 수 있게 하는 도구이다. 명리학을 통해 개인은 자신의 본질과 내면의 힘을 인식할 수 있으며, 이를 토대로 자신의 역할과 책임을 명확히 할 수 있다. 이러한 자기 인식은 개인이 공동체 내에서 제각각의 위치에서 직분을 다하고, 사회 전체의 조화와 균형에 기여하는 기반이 된다.

① 자신의 본질과 잠재력 탐색

【자신의 본질과 잠재력 탐색 예시①】

시	일	월	년	남명	1985년 5월 15일 오전 8시 (양력) 甲木 일간의 식신이 왕한 명조
戊	甲	辛	乙		
편재	일간	정관	겁재		
辰	寅	巳	丑		
편재	비견	식신	정재		

위의 명조는 남자의 양력 1985년 5월 15일 오전 8시 출생의 명조로 乙丑년, 辛巳월, 甲寅일, 戊辰시주로 구성되어 있다. 여기서 일간은 甲木으로, 이는 개인의 본성을 나타낸다. 甲木은 큰 나무에 비유되며, 곧고 강직한 성품, 성장과 발전을 추구하는 경향을 지닌다.

甲木의 특성상, 이 남성은 정직하고 신뢰성이 높으며, 원칙을 중시하는 성향이 있다. 타인과의 관계에서 신의와 책임감을 중요시하며, 리더십을 발휘하는 데 능숙하다. 또한 甲木은 성장과 확장을 지향하므로, 새로운 지식이나 기술 습득에 열정적이다. 뿐만 아니라, 어려운 상황에서도 끈기 있게 목표를 추구하는 의지가 강하다.

동양 전통 사회에서의 '나'라는 관점에서 보면, 동양 전통 사회에서는 개인이 공동체의 일원으로서 자신의 역할과 책임을 다하는 것을 중요시한다. 甲木의 성향을 지닌 이 남성은 자신의 강직함과 책임감을 바탕으로 가족과 사회에 기여하는 것을 중시할 것이다. 자신의 성장뿐만 아니라 주변 사람들의 발전에도 관심을 가지며, 공동체의 조화와 안정을 위해 노력하는 자세를 보일 것이다.

반면, 서양 전통 사회에서의 '나'라는 관점에서 보면 다음과 같다.

이 명조에서 일간은 甲木이다. 甲木은 큰 나무를 상징하며, 이는 곧은 성품과 강한 자립심을 나타낸다. 서양 전통 사회에서의 '나'는 개인의 독립성과 자율성을 중시하므로, 이러한 관점에서 甲木의 특성은 다음과 같이 해석될 수 있다.

자립심과 독립성이 강하다. 甲木은 스스로 뿌리를 내리고 성장하는 큰 나무와 같아, 외부의 도움 없이도 자신의 길을 개척하려는 성향이 강하다. 이는 서양 사회에서 강조하는 개인주의적 가치와 부합한다.

결단력과 추진력이 강하다. 辛巳월에 태어난 甲木은 金의 기운을 받아 결단력과 추진력이 강화된다. 이는 자신의 목표를 명확히 설정하고 이를 달성하기 위해 적극적으로 행동하는 능력을 의미한다.

지혜와 융통성이 강하다. 시주 戊辰은 土의 기운으로, 이는 현실 감각과 융통성을 더해준다. 甲木의 강직함에 土의 안정감이 더해져, 다양한 상황에서 지혜롭게 대처할 수 있는 능력을 갖추게 된다.

이러한 특성들은 서양 전통 사회에서의 '나'의 개념과 일치하며, 개인의 독립적 사고와 자율적 행동을 통해 사회에 기여하는 모습을 보여준다. 따라서 이 명조의 주인공은 자신의 강한 자립심과 결단력을 바탕으로 독자적인 삶을 개척하며, 자신의 능력을 사회 발전에 적극적으로 활용할 수 있는 잠재력을 지니고 있다. 명리학을 통해 이러한 자기 이해를 바탕으로, 개인은 자신의 역할과 책임을 명확히 하고, 공동체 내에서 조화로운 관계를 형성하며, 사회 전체의 균형과 발전에 기여할 수 있다.

【자신의 본질과 잠재력 탐색 예시②】

시	일	월	년	남명	1990년 5월 15일 오후 1시 (양력) 戊土 일간의 편인이 왕한 명조
戊	戊	辛	庚		
비견	일간	상관	식신		
午	寅	巳	午		
정인	편관	편인	정인		

위의 명조는 남자의 양력 1990년 5월 15일 오전 8시 출생의 명조로 庚午년, 辛巳월, 戊寅일, 戊午시주로 구성되어 있다. 여기서 일간은 戊土로, 이는 개인의 본성을 나타낸다. 이는 산과 같은 큰 흙을 상징하며, 안정감과 신뢰성을 나타낸다. 서양 전통 사회에서의 '나'는 개인의 독립성과 자율성을 중시하므로, 戊土의 특성은 이러한 가치와 부합한다.

戊土 일간은 스스로의 신념과 원칙을 중시하며, 자신의 길을 개척하는 데 주저함이 없다. 년간에 위치한 庚金은 결단력과 추진력을 더해준다. 자신감이 넘치며, 독립

적인 사고를 지니고 있다. 월간에 위치한 辛金은 세밀함과 판단력을 보완해준다.

하지만, 戊土는 고집이 강하고 융통성이 부족한 면이 있어 타인의 의견을 수용하는 데 어려움을 겪을 수 있다. 따라서, 자신의 견해를 고집하기보다는 때때로 유연하게 대처하는 태도가 필요하다.

리더십이 뛰어나며, 조직을 이끌어가는 능력이 탁월하다. 자신의 목표를 달성하기 위해 꾸준히 노력하며, 어려움이 닥쳐도 쉽게 포기하지 않는다. 그러나 사소한 일에는 관심이 적고, 정이 부족해 무뚝뚝하게 보일 수 있으므로 대인관계에서 주의가 필요하다. 이러한 분석을 통해, 戊土 일간을 가진 개인은 서양 전통 사회에서 강조하는 독립성과 자율성을 바탕으로 자신의 삶을 주체적으로 이끌어갈 수 있는 역량을 지니고 있음을 알 수 있다.

【명주 자신의 본질과 내면의 힘 알아보기 예시】

<table>
<tr><td>시</td><td>일</td><td>월</td><td>년</td><td rowspan="5">남명</td><td rowspan="5">1990년 7월 20일 오후 7시
(양력)
丙火 일간의 상관이 왕한 명조</td></tr>
<tr><td>丁</td><td>丙</td><td>癸</td><td>庚</td></tr>
<tr><td>겁재</td><td>일간</td><td>정관</td><td>편재</td></tr>
<tr><td>酉</td><td>戌</td><td>未</td><td>午</td></tr>
<tr><td>정재</td><td>식신</td><td>상관</td><td>겁재</td></tr>
</table>

위의 명조는 남자의 양력 1990년 7월 20일 오후 7시 출생의 명조로 庚午년, 癸未월, 丙戌일, 丁酉시주로 구성되어 있다.

여기서 일간은 丙火로, 이는 태양에 비유되며 밝고 열정적인 성향을 나타낸다.

개인의 운명과 성격, 잠재력 분석을 다음과 같이 실행할 수 있다.

성격을 분석하면, 丙火의 특성상 이 남성은 활발하고 에너지가 넘치며, 주변에 긍정적인 영향을 미치는 경향이 있다. 또한 독립심이 강하고 자신의 신념을 중요시한다. 잠재력을 분석하면, 자신의 목표를 향해 꾸준히 노력하며, 창의성과 리더십을 발휘할 수 있는 잠재력을 지니고 있다. 새로운 도전을 두려워하지 않으며, 자신의 능력을 지속적으로 발전시키는 데 관심이 많다.

이를 동양과 서양 전통 사회에서의 '나'의 관점에서 분석하면 다음과 같다.

서양 전통 사회에서는 개인주의를 중시하며, 개인의 독립성과 자율성을 강조한다. 이러한 맥락에서, 이 남성은 자신의 독립적인 성향과 주도적인 태도를 바탕으로 개인의 목표와 성취를 추구할 것이다. 자신의 능력을 최대한 발휘하여 개인의 성공을 이루는 데 집중하며, 이를 통해 사회에 기여하는 방식을 선호할 것이다.

명리학을 통해 이러한 자기 이해를 바탕으로, 개인은 자신의 강점과 약점을 파악하고, 이를 토대로 개인의 발전과 성취를 이루며, 사회에 긍정적인 영향을 미칠 수 있다. 또한, 명리학은 현대 사회에서 잊혀진 인간다움과 한국인의 특수성을 동시에 확인할 수 있는 유효한 방법론이다. 개인이 자신의 운명을 재검토하고 자아를 재탐색하는 과정은 오늘날 사회 문제의 치유와도 직결되며, 이는 궁극적으로 각 개인이 자신의 내면을 확립함으로써 공동체의 건강한 발전을 도모하는 것이다.

따라서 명리학을 통해 '나 자신'을 알아보려는 노력은 개인의 자아 인식과 자기 책임감을 강화하여, 사회 전체가 유기적인 연속 관계 속에서 상호 발전할 수 있도록 하는 가장 적절한 방법이다.

동양 전통 사회에 있어서의 '나'는 집단 내에서의 역할과 상호 의존성을 중시하는 사회적 맥락에 기초한 개념이다. 명리학은 이러한 동양의 사상적 전통을 반영하여, 개인의 출생년·월·일·시를 바탕으로 음양오행의 조화와 불균형을 분석함으로써 그 사람이 가족과 공동체 내에서 수행해야 할 역할과 책임을 함께 규명하는 학문이다. 각 사주 기둥은 개인의 내면적 성격뿐만 아니라, 공동체 속에서의 사회적 위치와 역할을 결정짓는 요소로 작용하며, 이는 유교, 불교, 도교 등 전통 사상의 윤리 체계와 일맥상통한다. 명리학적 명조풀이는 개인의 운명을 단순한 독자적 사건으로 보지 않고, 가족과 사회라는 유기적 관계 속에서 그 운명이 어떻게 전개될 것인지를 체계적으로 설명하는 것이다. 이러한 분석을 통해 개인은 자신의 본질적 성향과 더불어 공동체 내에서의 의무와 책임을 인식할 수 있으며, 이는 동양 전통 사회의 '나' 개념을 구체적으로 실천할 수 있는 길을 제시한다. 따라서 명리학은 개인이 자신을 깊이 이해하고, 공동체의 조화 속에서 자신의 역할을 충실히 수행할 수 있도록 하는 중요한 도구이다.

② 동·서양의 관점 차이에 따른 자신의 본질과 잠재력 탐색

【동·서양의 관점 차이에 따른 자신의 본질과 잠재력 탐색 예시】

<table>
<tr><td>시</td><td>일</td><td>월</td><td>년</td><td rowspan="5">남명</td><td rowspan="5">1986년 3월 11일 오후 1시
(양력)
甲木 일간의 겁재가 왕한 명조</td></tr>
<tr><td>庚</td><td>甲</td><td>辛</td><td>丙</td></tr>
<tr><td>편관</td><td>일간</td><td>정관</td><td>식신</td></tr>
<tr><td>午</td><td>寅</td><td>卯</td><td>寅</td></tr>
<tr><td>상관</td><td>비견</td><td>겁재</td><td>비견</td></tr>
</table>

위의 명조는 남자의 양력 1986년 3월 11일 오후 1시 출생의 명조로, 년주는 丙寅이다. 丙은 양화의 기운을 나타내며, 寅은 목의 기운을 함축하여 개인의 기본 에너지원과 성장 가능성을 제시한다.

월주는 辛卯이다. 辛은 陰金의 기운을 지니며, 卯는 木의 기운을 보강하여 내면의 성장과 안정성을 도모한다.

일주는 甲寅이다. 甲은 陽木으로서 본질적 자아와 인격을 대표하며, 寅은 木의 기운을 가장 강하게 발현하는 지지로서 성장과 확장을 내포하여 甲木의 생조를 돕고 조화로운 발전을 지원한다.

시주는 庚午이다. 庚은 陽金의 기운을 재확인하며, 午는 火의 기운을 강화하여 외부 세계와의 상호작용 및 사회적 역할 수행에 기여한다.

동양 전통 사회에서의 '나'는 공동체 구성원으로서 각자의 직분과 상호 의존성을 중시하는 사회적 맥락에 기초한 개념이다. 본 사주에서 일간 甲木은 개인의 내면적 본질과 성격을 대표하며, 이는 가족과 공동체 내에서 수행해야 할 역할과 책임의 근간을 이룬다. 연주의 丙寅과 월주의 癸卯가 木의 기운을 보강하고, 火와 水의 조화로운 상호작용을 통해 자기 자신을 확실히 인식하게 함으로써, 개인은 자신의 사회적 위치와 의무를 명확히 할 수 있다. 또한, 시주의 庚午는 외부 세계와의 적극적 상호작용을 통해 공동체 내에서 리더십과 책임감을 발휘할 수 있는 잠재력을 보여준다. 이와 같이 볼 때, 이 사주명리학적 분석은 동양 전통 사회에서 '나'가 공동체의 조화와 균형 속에서 자신의 역할을 충실히 수행할 수 있도록 하는 중요한 자기 인식의 도구임을 시사한다.

반면 서양 전통 사회에 있어서의 '나'는 개인의 독립성과 자율성을 핵심으로 하는 철학적·문화적 전통에 의해 형성되었다. 서양에서는 고대 그리스 철학과 로마법, 중세 기독교 사상, 계몽주의와 개인주의 전통이 발달하면서 개인의 내면적 자아와 독자적 인격, 합리적 판단 능력이 강조되었다. 이로 인해 서양 사회에서는 개인의 주체적 선택과 독립적 인격 형성이 사회 전반의 발전과 자유의 증진으로 이어진다는 인식이 확립되어 있다.

서양 전통 사회에서의 '나'를 반영하는 명리학적 사주풀이는 개인의 독립성과 자율성을 강조하는 경향을 보여준다. 이는 사주에서 일간이 강하고, 金과 水의 기운이 두드러지게 나타나며, 내면의 자아가 독자적으로 표현되는 형태이다. 金의 기운은 명확한 이성적 판단과 결단력을 상징하며, 水의 기운은 감정의 조절과 지혜를 의미한다. 이러한 사주는 타인과의 상호 의존성보다는 개인의 독자적 선택과 자율적 결정을 강조하는 서양 철학 및 문화 전통을 반영한다. 또한, 명리학적 분석에 따르면, 일간이 월지와 시지로부터 생조(生助)나 제어(制御)를 받지 않고 독립된 구조를 이룰 경우, 외부 환경이나 타인에 의존하지 않고 자신의 판단과 기준에 따라 삶을 설계하려는 경향이 강할 수 있다.[53)]

일간이 월지와 시지로부터 생조(生助)나 제어(制御)를 받지 않고 독립된 구조를 이룰 경우, 외부 환경이나 타인에 의존하지 않고 자신의 판단과 기준에 따라 삶을 설계하려는 경향이 강할 수 있다. 이와 같이 사주는 서양 전통 사회에서 형성된 개인의 독립적 인격과 자율성, 합리적 선택 능력을 구체적으로 드러내는 분석 도구이다.

이처럼, 동서양의 윤리 사상은 구체적인 문제 해결 방식에서 차이를 보이지만, 공동체의 조화와 균형 유지라는 공통된 지향점을 가진다. 서양 윤리가 '나를 중심으로 하는 우리'에 기반하고, 동양 윤리가 '우리를 중심으로 하는 나'에 기초한다 할지라도, 양측 모두 공동체의 모든 구성원이 각자의 위치에서 직분을 다함으로써 사회 전체의 안녕을 추구한다는 점에서 맥락을 같이한다.

그러나 오늘날 우리 사회는 이러한 핵심 가치를 망각하여, 각 공동체가 '유기적인 연속 관계 속에서의 상호 발전'이라는 본연의 기능을 상실한 상태이다. '나'만을 우선시할 수밖에 없는 냉엄한 현실을 인정하더라도, 이제 우리는 현재와 미래를 살아가는 개체로서 어떠한 태도로 삶을 영위하는 것이 바람직한지, 나아가 우리 사회가 직면한 문제들을 치유하기 위해 무엇을 우선적으로 고려해야 하는지에 대한 진지한 논의가 절실하다.

이러한 시대적 과제에 대한 해결책은 명확하다. 바로 상실된 '나'의 존재 가치, 즉 '인간다움의 보편성'을 회복하는 것이다. 남은 과제는 이 회복의 여정을 어디서부터, 어떻게 시작할 것인가에 대한 실천적 모색뿐이다.

제2장 음양오행의 원리

이 장에서는 음양과 오행의 개념 및 그 상호작용 원리를 체계적으로 탐구하여 자연과 인간의 조화로운 관계를 이해하고, 이를 명리학 및 실생활에 어떻게 적용할 수 있는지를 살펴본다. 음양오행(陰陽五行)은 동양 철학에서 우주와 인간의 삶을 설명하는 근본 원리로, 자연의 변화와 인간 존재의 근본적 구조를 설명하는 핵심 개념이다.

음양은 만물의 이치를 밝음과 어둠, 강함과 부드러움, 운동과 정지 등 상반되면서도 상호 의존적인 두 가지 속성으로 해석하며, 이들이 끊임없이 변화하며 균형을 이루는 과정을 설명한다. 오행은 木, 火, 土, 金, 水의 다섯 가지 요소로 구성되며, 자연과 인간의 성장, 변화, 조화를 이루는 동적 원리를 제공한다. 이 다섯 요소는 서로 상생(相生)과 상극(相剋)의 관계를 맺으며, 우주 만물이 생성과 소멸을 반복하는 원리를 형성한다.

음양과 오행의 원리는 명리학뿐만 아니라 한의학, 풍수지리학, 동양철학, 심리학 등 다양한 분야에서 활용되며, 인간의 성격, 건강, 운명, 대인관계 등을 해석하는 데 중요한 역할을 한다. 이를 통해 개인은 자신의 본성과 삶의 흐름을 보다 깊이 이해하고, 조화를 이루는 방향으로 나아갈 수 있는 지혜를 얻을 수 있다. 따라서 음양오행은 단순한 철학적 개념을 넘어, 자연과 인간의 삶 전반에 적용되는 보편적 원리로서 시대와 문화를 초월해 활용될 수 있는 가치가 있다.

제1절 음양의 개념과 변화 원리

이 절에서는 음양의 개념과 변화 원리를 살펴보면서, 그것이 우주와 자연, 그리고 인간의 삶에 어떤 영향을 미치는지 알아본다. 음양은 모든 현상과 만물이 서로 대립하면서도 조화를 이루는 두 가지 기본적인 기운으로 이루어져 있으며, 이들의 상호 작용은 변화의 원리로 작용하여 우주의 질서와 인간의 운명에 깊은 영향을 미친다. 여기에서는 음양의 정의와 특성, 그리고 서로를 보완하는 관계를 살펴보고, 음양이 어떻게 변화하며 균형을 이루는지에 대해 설명한다. 또한, 음양의 철학적 배경과 실제 생활에서의 적용을 통해 인간의 심리와 행동을 해석하는 방법을 탐색한다.

1. 음양의 정의와 특성

음양(陰陽)은 동양 철학과 사주명리학에서 가장 근본적인 원리로, 우주의 모든 현상을 설명하는 기초 개념이다.[54] 음양은 대립하면서도 조화를 이루는 두 가지 에너지를 의미하며, 자연의 변화와 인간의 삶 속에서 끊임없이 작용한다. 이러한 음양은 우주의 본질적인 조화 원리이며, 균형이 깨지면 자연과 인간 사회에서 혼란이 발생한다.[55] 따라서 음양의 원리를 이해하는 것은 명리학뿐만 아니라 한의학, 풍수, 주역 등의 동양 학문을 이해하는 데 있어서 필수적인 요소이다.

음양은 우주 만물을 구성하는 두 가지 근본적인 기운으로, 서로 반대되면서도 상호 보완적인 성질을 지닌다. '陰'은 어둡고 차가우며, 수렴과 정(靜)적인 속성을 나타내고, '陽'은 밝고 따뜻하며, 확장과 동(動)적인 속성을 나타낸다. 이 두 기운은 독립적으로 존재하는 것이 아니라 끊임없이 변화하며 균형을 이루는 과정을 반복한다.

음양의 개념은 중국 고대 철학에서 비롯되었으며, 『주역(周易)』을 비롯한 다양한 경전을 통해 체계적으로 정리되었다. 『주역』에서는 태극(太極)에서 陰과 陽이 분리되며, 이들의 상호작용을 통해 우주 만물이 생성된다고 설명한다. 이와 같은 음양론은 후대의 사상가들에 의해 발전되었으며, 노자(老子)와 장자(莊子)의 도가(道家) 사상에서도 자연과 인간의 조화로운 삶을 강조하는 핵심 원리로 자리 잡았다.

음양의 개념은 한의학, 천문학, 병법(兵法) 등의 학문에서도 중요한 이론적 근거가 된다. 한의학에서는 인체의 건강이 음양의 조화에 달려 있다고 보며, 병이란 음양의 균형이 깨진 상태로 정의된다. 또한, 『손자병법(孫子兵法)』에서도 전쟁 전략을 세울 때 음양의 원리를 적용하여 변화와 균형을 중시하였다.

이처럼 음양은 단순한 철학적 개념을 넘어 자연과 인간 사회 전반에 걸쳐 적용되는 원리이며, 명리학에서는 개인의 운세와 성격을 분석하는 데 중요한 역할을 한다.

2. 음양의 상호 보완적 관계

음양은 동양 철학의 근본적 원리로, 만물의 생성과 변화의 법리를 설명하는 기본 개념이다. 陰은 내향적이며 수용적인 성질을 나타내며, 정적인 기운을 지닌 특성을 보인다. 陽은 외향적이며 발산적인 성질을 나타내며, 활동과 동적인 기운을 지닌 특성을 드러낸다. 陰과 陽은 서로 대립하는 동시에 상호 보완적인 관계를 이루며, 전체를 구성하는 필수적 요소이다. 陰과 陽은 고정된 상태가 아니라 지속적으로 변화하고 전환하는 역동적 특성을 지니며, 이러한 특성은 자연 및 인간 사회의 다양한 현상에서 관찰된다. 동양 우주론에서는 기(氣)를 만물의 생성과 변화를 가능케 하는 근본적 에너지로 규정하며, 기는 끊임없이 운동하고 순환하는 역동적 실체이다. 기의 이러한 역동적 특성은 음과 양의 상호 보완적이고 상호 의존적인 양상으로 구체화된다.[56] 음양은 단순히 기의 운동을 나타내는 현상적 표현에 머무르지 않고, 실제로 존재와 변화의 근본적인 작용 원리로 작동한다.

기의 운동 속에서 陰과 陽은 서로 분리될 수 없는 불가분의 유기적 통합체를 구성한다. 陰은 수렴, 저장, 냉각, 정지의 성질을 나타내며, 陽은 발산, 확장, 온열, 활동의 성질을 지닌다. 하지만 이 두 성질은 독립적으로 존재할 수 없으며, 반드시 상대방의 존재를 전제로 상호의존적으로 실현된다. 『역경』의 태극(太極) 도식에서도 명확히 드러나듯이 陰 내부에는 반드시 陽이 내재하며, 양 내부에도 음의 요소가 존재한다. 이러한 관계는 "일음일양지위도(一陰一陽之謂道)"라는 말로 상징적이고 철학적으로 표현된다.

결국 기는 음양이라는 상호작용하는 두 측면으로 분화되고, 음양은 다시 기의 끊임없는 운동을 통해 지속적인 변화와 순환을 거쳐 만물의 생성과 소멸을 관장하는 존재론적 구조를 형성한다. 기와 음양의 이러한 결합은 존재의 근본적 구조이자 변화의 핵심 동력이 되며, 명리학에서는 이를 바탕으로 사주의 구성 원리와 운명의 변화를 분석하고 해석하게 된다.

명리학에서 사주팔자를 구성하는 천간(天干), 지지(地支), 오행은 모두 음양의 성질을 본질적으로 내포하고 있으며, 이 음양의 특성과 상호작용을 통해 개인의 사주 특성, 운명의 흐름, 그리고 전반적 조화 상태 등을 판단한다. 음양 개념은 명리학적 해석의 근본적인 출발점이자 분석을 위한 필수적 틀로서, 기의 운동과 그 실현 구조를 총체적으로 이해하는 데 결정적 역할을 수행한다.

3. 자연 현상에서의 음양의 변화

음양의 변화는 자연의 주기적 흐름, 예를 들어 계절의 변화, 낮과 밤의 교대 등에서 명확하게 관찰된다. 陰은 차가움, 어둠, 수동성, 내부, 여성성을 대표하며, 陽은 더움, 밝음, 활동성, 외부, 남성성을 대표한다. 자연 형상에서의 음양의 변화는 관계적 구조로서의 음양으로 설명할 수 있다. 앞에서 살펴 보았듯이, 음양은 단지 대립적 개념의 병렬이 아니라, 동양 고대 사유에서는 자연의 형상과 변화 속에서 운동하며 전환하는 관계적 구조로 이해되었다. 이때의 陰과 陽은 각각 고정된 실체로 존재하는 것이 아니라, 서로를 규정하고, 서로에 의해 규정받는 상호작용적 항(項)으로서 나타난다. 이러한 사유는 『주역(周易)』의 "일음일양지위도(一陰一陽之謂道)"라는 문장에서 잘 드러나며, 이는 음양은 분리된 개체가 아니라 도(道)의 흐름 속에서 순환하는 변화의 구조라는 의미를 담고 있다.

① 자연의 주기적 흐름 속에서 나타나는 음양의 운동

음양의 변화는 자연의 주기적 흐름, 즉 계절의 변화, 낮과 밤의 교대, 기후의 주기적 전환 등에서 가장 명확하게 관찰된다. 예컨대, 봄에서 여름으로, 가을에서 겨울로 이어지는 사계절의 흐름은 陽에서 陰으로, 陰에서 다시 陽으로 이어지는 순환적 구조를 보여준다. 이 과정에서 봄과 여름은 따뜻하고 기운이 상승하며 만물이 자라고 확장되는 시기, 즉 陽의 기운이 극대화되는 시기로 이해된다. 반대로 가을과 겨울은 차가움과 수렴, 휴식과 내면으로의 회귀를 특징으로 하며, 이는 陰의 성질이 지배하는 시기로 이해된다. 이처럼 陰은 차가움, 어둠, 수동성, 내부, 여성성을 대표하고, 陽은 더움, 밝음, 활동성, 외부, 남성성을 대표한다. 그러나 이들은 고정된 속성으로서의 '실체'가 아니라, 상호 순환과 전환의 과정 속에서 드러나는 관계적 성향이다. 예를 들어, 여름의 끝 무렵이 되면 이미 陰의 기운이 서서히 스며들기 시작하고, 겨울이 깊어질수록 陽의 기운이 안에서 서서히 움트기 시작한다. 즉, 陰은 陽을 품고 있으며, 陽 또한 陰을 예비한다. 이는 자연 현상이 단절이 아닌 내재적 리듬과 전환의 연속선 위에 있음을 시사한다.

② 시간 속의 음양 - 낮과 밤의 교대

하루의 흐름, 즉 낮과 밤의 교차도 음양의 전형적인 운동 양상이다. 낮은 태양의 밝음이 세계를 비추고 활동이 왕성한 시간으로, 陽의 속성이 극대화되는 시간이다. 반면에 밤은 어둠이 드리우고 모든 생명이 휴식과 재충전을 시작하는 시기로, 陰의 속성이 지배한다. 하지만 이 역시 고정된 경계가 아니라, 새벽과 황혼이라는 과도기적 시간대를 통해 음양이 점차 전환되고 상호 스며드는 구조를 보여준다. 예컨대 새벽은 陰이 陽으로 넘어가는 시간이고, 해질 무렵은 陽이 陰으로 물드는 시간이다. 따라서 자연은 언제나 음양의 '극단'이 아닌, 그 경계와 흐름 속의 긴장과 전환에서 생명을 품고 있다.

③ 음양의 형상적 표현과 존재론적 의미

자연과 우주의 형상 속에서 드러나는 음양의 속성은 단순한 물리적 대조에 머무르지 않으며, 존재의 방식과 운동의 양상을 포괄하는 근원적 구조로 기능한다. 陰과 陽은 각각 차가움과 따뜻함, 어둠과 밝음, 수렴과 확산, 내향성과 외향성, 정지와 운동, 수동성과 능동성, 안정과 변화, 여성과 남성, 하강과 상승, 내부와 외부 등 다양한 차원에서 상징적으로 드러난다. 이와 같은 속성들은 자연 현상과 인간 존재의 운동성 전반에 투사되어, 모든 존재가 음양의 조화와 전환 속에서 생성을 반복한다는 동양적 세계관을 형성한다.

첫째, 기후적 관점에서 볼 때, 陰은 차가움[寒]의 속성을 지니며, 계절로는 가을과 겨울에 해당한다. 이 시기는 만물이 수렴하고 저장되며, 외부 활동이 줄어드는 시기로, 陰의 본질인 정지, 내향, 축소의 운동성이 자연 전체에 적용된다. 이에 반해, 陽은 따뜻함[熱]의 속성을 갖고 있으며, 봄과 여름의 계절적 흐름 속에서 만물이 발산하고 성장하며 외부로 확장된다. 이는 곧 생동, 외향, 팽창의 에너지로 이해할 수 있다.

둘째, 시간의 흐름에서도 陰과 陽은 교호한다. 밤은 음적 시간으로, 어둠과 침묵 속에서 내면이 강화되고, 생명이 휴식과 재생의 리듬에 들어간다. 반면, 낮은 양적 시간으로, 빛과 함께 활동이 증가하고 외부 세계와의 상호작용이 활발해진다. 이처럼 하루의 흐름 속에서도 음양은 명확히 구분되기보다는, 서로를 예비하고 이행하는 관계로 나타난다.

셋째, 방향성과 공간적 속성에서도 陰과 陽은 대비된다. 陽은 상승[昇]과 외부를 향한 운동성을 지니며, 하늘을 향하는 에너지로 상징된다. 이에 비해 陰은 하강[降]과 내부를 향한 성향을 가지며, 땅과 수렴의 에너지로 나타난다. 이는 곧 음양이 수직적 공간 구조 속에서도 긴장과 균형을 형성함을 의미하며, 건축, 도시, 정원 등 동아시아 전통의 공간 구성 원리에도 심층적으로 투영된다.

넷째, 성별의 차원에서도 음양은 상징적으로 구분된다. 陽은 남성성을, 陰은 여성성을 대표하지만, 이는 생물학적 고정이 아닌 상호보완적 존재 구조를 의미한다. 남성과 여성은 각기 고유한 기운을 가지면서도, 陰 속에 陽이 깃들고, 陽 속에 陰이 포함된 포괄적이고 유기적인 이원성의 원리를 따르며, 생명의 탄생과 순환을 가능하게 하는 동력으로 작용한다.

끝으로, 존재론적으로 볼 때, 陰은 안정과 보존, 내부적 깊이를 의미하며, 陽은 변화와 운동, 외부적 확장을 의미한다. 이는 단순한 정태와 동태의 구분이 아니라, 모든 존재가 음양의 긴장과 균형, 상호 전환 속에서 스스로의 위치와 기능을 수행함을 뜻한다. 이는 자연이 고정된 실체가 아닌 끊임없는 전환과 상호작용의 장(場)이며, 그 안에서 드러나는 음양은 실체가 아니라 생성의 리듬, 관계의 구조, 운동의 패턴임을 의미한다. 계절이 바뀌고, 해가 뜨고 지며, 생명이 움트고 사라지는 모든 현상은 음양의 흐름에 따른 것이며, 그것은 단절이 아닌 순환이다.

명리학은 이 음양의 리듬을 '사주'라는 구체적 시간의 부호체계로 번역함으로써, 인간 존재의 흐름 또한 자연과 동일한 원리로 구성된다는 점을 드러낸다. 결국, 음양은 단지 자연을 설명하는 개념이 아니라, 자연 그 자체의 존재 방식이며, 그 흐름을 읽고 따르는 것이 곧 동양적 지혜의 핵심이라 할 수 있다.

4. 음양의 균형과 조화

음양의 균형은 우주 만물의 조화와 질서를 유지하는 근본적인 원리이다. 음과 양의 상호작용은 사주 명리학에서 인간의 성격, 운명, 건강 등 다양한 측면을 결정짓는 기초가 된다.[57)]

5. 철학적 배경과 응용

음양의 개념은 동양철학의 가장 근본적인 사유 체계로, 특히 도가(道家)와 유가

(儒家)의 형이상학적 구조를 관통하며 인간과 자연, 우주와 사회의 상호작용을 해석하는 핵심 원리로 기능해왔다. 이는 『주역』이 陰과 陽에 대해, 음양이 단순한 이분법적 대립항이 아니라 끊임없이 순환하며 생멸과 변화를 만들어내는 도(道)의 작용 그 자체임을 선언한 것에서 알 수 있다.

이러한 음양의 구조는 정태적인 두 실체의 병치가 아니라, 언제나 상호 관계 속에서만 존재하며, 서로의 존재 조건이 되는 쌍대(雙對)적 항이다. 낮이 있기에 밤이 존재하며, 강함은 약함을 통해 규정되고, 외향은 내향과의 긴장 속에서만 의미를 갖는다. 다시 말해, 음양은 상호 독립된 실체가 아니라, 관계 속에서 드러나는 존재 방식이며, 이 존재방식은 언제나 유기적이고 동적인 구조를 따른다. 이는 곧 동양 사유 전통이 추구해온 '기(氣)의 일원적 통일성' 속에서 분화하는 양상으로 이해되어야 하며, 이러한 분화는 본질적으로 갈등이 아니라 조화와 생성의 원리를 내포한다.

이러한 철학적 음양관은 명리학에서 하나의 '분석 프레임(Analytical Framework)'으로 작동하는 수준을 넘어서, 명식(命式)의 구성 원리 그 자체를 구성하는 존재론적 기반이 된다. 명리학에서 사주는 일간, 월지, 시지 등의 간지 체계로 이루어져 있으나, 이는 단순한 간지의 나열이 아니라, 각 기둥이 가진 음양적 성격의 상호작용을 통해 전체적 에너지 흐름을 형성하는 유기체적 구조이다. 이때 중요한 것은 각 간지의 음양 배속이 외형적 속성을 설명하는 데 그치지 않고, 명조 내에서 '기의 흐름이 어떻게 조화되며 충돌하고 보완되는가'를 파악하는 열쇠로 작용한다는 점이다. 예컨대, 일간이 음적인 기운을 가질 경우, 주변의 양적 요소는 그것과 충돌하거나 제어하는 요소가 아닌, 조화를 이루며 구조를 완성시키는 상보적 요소로 해석되어야 한다.

음양은 또한 정적인 도식이 아니라 시간 속에서 끊임없이 변화하고 순환하는 흐름의 구조를 이룬다. 봄에서 여름, 가을에서 겨울로 이어지는 사계절의 흐름, 낮에서 밤으로의 전환, 성장에서 수렴으로 향하는 생명의 주기 등은 모두 음양의 시간성과 방향성을 반영한 것이다. 명리학에서의 대운과 세운 해석은 바로 이러한 시간적 음양의 흐름을 기반으로 작동하며, 단순히 간지의 변화만을 보는 것이 아니라, 그 변화가 상징하는 생명 에너지의 방향 전환, 사회적 역할의 재배치, 내면적 성숙의 조건 등을 함께 읽어내는 종합적 해석을 요구한다. 예를 들면, 대운이 陰지지에서 陽지지로 전환될 경우, 이는 수동적이고 내향적이었던 시기에서 보다 외향적이고 적극적인 삶의 국면으로 이행하는 흐름을 의미할 수 있다. 이때 해석자는 해당 변화가 사주 전체의 구조 속에서 어떤 방식으로 수용되며, 어느 영역[재물, 직업, 인간관계 등]에서 그 전환이 집중적으로 일어날지를 음양 구조를 통해 판별한다. 음양의 전환은 단지 간지의 성질 변화가 아니라, 존재 전체의 리듬 변화를 의미하며, 그 변화는 필연적으로 인간의 선택과 대응을 요하는 시기로 나타난다.

음양이 '측정 불가능한 신비 개념'으로 오해되는 경우도 있지만, 실제로 음양은 동양 지성사에서 가장 논리적이고 체계적인 관계론의 형태로 발전해왔다. 음양은 물리적 계량 대상이 아니라, 관계 속에서 드러나는 변화의 패턴을 인식하는 틀이며, 사주의 해석은 이 틀을 통해 구조화된 '기운의 상호작용'을 논리적으로 분해하고 종합하는 작업이다. 명리학은 바로 이 관계적 음양 구조를 수용하고 계산하고 설명하는 고도의 해석 체계로 작동하며, 그 복잡성과 정밀성은 현대적인 시스템 이론과도 유사한 논리 구조를 가진다.

더욱이 음양은 단순히 에너지 흐름의 구조적 배치로 그치지 않는다. 그것은 인간의 인격과 성향, 삶의 방향성, 사회적 관계망 속의 위치마저도 해석하는 존재론적 프레임이 된다. 일간이 陰적 기운을 중심으로 짜인 명조라면, 그 사람은 내향적 성향, 수용성과 통찰 중심의 삶, 섬세하고 내면 지향적인 인격 구조를 형성할 가능성이 있으며, 반대로 陽적 기운이 중심을 이루면 외향성, 적극성, 주도력과 같은 역동적 특성이 나타날 가능성이 높다. 그러나 중요한 것은 이것이 단순히 성향의 강약을 말하는 것이 아니라, 그 성향이 전체 구조 속에서 어떻게 기능적으로 작용하며, 어떤 관계를 통해 조화되거나 긴장되는지를 읽어내는 분석의 틀이라는 점이다.

이렇게 볼 때, 음양은 명리학 해석의 전제 조건이 아니라, 해석 그 자체를 가능하게 하는 철학적 작동 구조로 이해할 수 있다. 음양을 이해하지 않고는 간지의 배열이 무엇을 의미하는지 알 수 없으며, 음양의 관계적 사유 없이 명식 전체의 흐름과 맥락, 변화의 방향을 제대로 포착할 수 없다. 따라서 명리학에서 음양의 의미를 파악한다는 것은 단순히 용어의 이해를 넘어서, 존재와 관계, 변화와 조화에 대한 동양적 사유의 본질을 이해하는 것이며, 이는 곧 명리학을 철학적 학문으로 승화시키는 핵심 기반이 된다.

6. 생성과 소멸의 원리

음양은 동양 우주론의 핵심 구조로서, 단순한 이분법적 개념이 아니라 우주 만물의 생성(生成), 변화(變化), 소멸(消滅)의 전체 과정을 설명하는 통합적 사유 체계이다. 이는 자연철학의 근본 원리이자, 명리학을 비롯한 모든 전통 동양 사유의 기초로 작용한다. 음양은 고정된 실체가 아니라 끊임없이 상호작용하는 역동적 관계이며, 이 관계를 통해 생명적 존재가 나타나고 사라지는 순환의 질서가 이루어진다.

① 음양의 생성적 구조: 정동(靜動)과 취산(聚散)

음양은 본질적으로 정(靜)과 동(動)의 상호작용을 통해 운동성을 나타낸다. 陽은 '동'에 해당하며, 상승, 발산, 팽창, 외향적 전개를 상징한다. 陰은 '정'에 해당하며, 하강, 수렴, 응축, 내향적 작용을 상징한다. 이러한 동과 정은 단순한 움직임과 정지의 이분법이 아니라, 기의 내재적 성향이 외부로 드러나는 방식이다. 이처럼 陰과 陽은 하나의 기운이 다양한 방향으로 펼쳐지는 구조로서, 생명과 변화의 가능성을 열어준다.

이러한 구조를 보다 구체적으로 설명하는 핵심 개념이 바로 '취산(聚散)'이다. '취'란 기가 모여 생명의 중심이 형성되는 과정이며, '산'은 기가 흩어져 해체·소멸되는 흐름이다. 이 두 작용은 단순한 반대 작용이 아니라, 생성과 소멸의 연속적 과정 안에서 서로를 전제하고 구성한다. 예컨대 취는 어떤 맥락에서는 응축의 정적 상태로 陰이며, 또 다른 맥락에서는 생성을 위한 기운의 집중이므로 陽으로도 해석된다. 산 역시 발산과 확산이라는 측면에서는 양적이나, 소멸과 해체라는 측면에서는 음적으로 작용한다. 이처럼 음양은 고정된 속성이 아니라 맥락에 따라 그 작용이 달라지며, 이중성과 회귀성을 통해 우주의 조화와 균형을 유지한다.

② 생성과 소멸의 리듬: 순환성과 전환성

음양의 작용은 직선적이거나 일방향적이지 않다. 생성과 소멸은 순환적으로 반복되며, 이 순환은 항상 조화로운 전환을 내포한다. 낮과 밤, 봄과 겨울, 생명과 죽음의 순환은 모두 음양의 교차와 전환을 통해 이루어진다. 이때 중요한 것은 '치우침 없는 조화'이다. 陰이 지나치면 정체되고, 陽이 지나치면 파괴된다. 따라서 동양적 세계관에서 진정한 생성은 '균형 잡힌 소멸'을 포함하며, 진정한 성장은 '적절한 쇠퇴'를 통해 완성된다.

명리학적으로 보면, 이러한 음양의 생성과 소멸 원리는 사주 구조 해석의 중심을 이룬다. 특히 천간과 지지, 오행, 대운과 세운의 흐름은 모두 음양의 변화 원리를 전제로 하여 해석된다. 예를 들어, 일간의 기운이 외부 환경인 월지나 시지의 기운과 어떻게 음양적으로 상응하고 교차하는가에 따라 개인의 운세 흐름, 성격 형성, 환경 적응력 등이 판별된다.

또한 오행 간의 상생과 상극 관계 역시 음양의 전이 과정을 바탕으로 이해된다. 생은 음양의 부드러운 전이, 극은 음양의 균형 조정 기능으로, 어느 하나의 작용도 정적으로 고정되어 있지 않다. 이러한 흐름 속에서 명리학은 인간의 삶을 변화하는 유기체로 간주하며, 고정된 운명이 아니라 끊임없이 조율되고 전환되는 구조로 이해한다.

③ 음양과 운세의 전개: 변화의 예측과 조화

음양은 단지 우주의 본질을 설명하는 철학적 개념이 아니라, 구체적인 삶의 방향을 탐색하는 예측 도구로도 활용된다. 사주명리학에서 음양의 균형은 용신(用神) 설정의 기준이 되며, 각 기운의 과다나 불급, 조후(調候)의 필요성을 판단하는 데 핵심적이다. 예를 들어, 일간이 지나치게 강한 경우는 陰의 기운을 도입해 안정시키고, 일간이 지나치게 약한 경우는 陽의 기운을 보충해 생명력을 회복시킨다. 이는 곧 생성과 소멸의 리듬을 어떻게 유지하고, 그 균형을 기반으로 삶을 어떻게 설계할 것인가의 문제로 이어진다.

궁극적으로 음양은 변화의 근거이자 조화의 기준이며, 존재의 시작과 끝을 설명하는 형이상학적 원리이자 실천적 해석틀이다. 생(生)은 陽이 陰 속에 씨앗을 틔우는 과정이고, 사(死)는 陰이 陽 속에서 완성을 이끄는 귀결이다. 동양 우주론의 이 깊은 통찰은, 단지 우주만이 아니라 인간 존재의 탄생과 사멸, 성공과 쇠퇴, 희망과 절망의 모든 국면을 해석하는 데에도 적용된다.

7. 인간 심리와 행동의 해석

음양의 개념은 단순한 자연 현상 설명에 그치지 않고, 복잡한 인간 심리와 행동의 이면을 해석하는 데에도 깊이 응용된다. 이는 인간의 내면 세계와 외부 세계 간의 상호작용을 설명하는 중요한 틀을 제공하며, 음양의 지속적인 변화와 상호 보완성이 모든 자연 현상뿐만 아니라 인간사에 적용되는 보편적인 원리임을 강조한다.

① 심리적 특성의 음양적 해석

인간의 심리적 특성은 음양의 대립과 조화라는 관점에서 이해될 수 있다. 예를 들어, 외향적이고 활동적인 성향은 陽의 기운으로, 내성적이고 사색적인 성향은 陰의 기운으로 해석될 수 있다. 특정 개인이 가진 성격의 한 면이 강하게 발현된다는 것은 그에 상응하는 음양 기운의 우세를 의미한다.

陽적 심리에는 적극성, 도전 정신, 리더십, 긍정성, 외부 지향적 태도 등이 해당한다. 이러한 특성이 강한 사람은 사회적으로 활발하게 활동하며 변화를 주도하는 경향이 있다. 陰적 심리에는 안정성, 수용성, 섬세함, 침착함, 내부 지향적 태도 등이 해당한다. 이러한 특성이 강한 사람은 신중하고 사려 깊으며, 내면의 성찰을 통해 안정감을 추구하는 경향이 있다.

그러나 중요한 것은 어느 한쪽으로 치우치지 않는 음양의 균형이다. 지나치게 陽적인 사람은 경솔하거나 충동적일 수 있고, 과도하게 陰적인 사람은 소극적이거나 우유부단할 수 있다. 음양의 조화는 개인이 상황에 따라 유연하게 대처하고, 다양한 심리적 자질을 적절히 활용할 수 있는 능력을 의미한다.

② 행동 패턴의 음양적 분석

인간의 행동 또한 음양 원리를 통해 분석될 수 있다. 개인의 의사 결정 과정, 스트레스 반응, 대인 관계 방식 등은 음양의 균형 상태에 따라 다르게 나타난다.

행동의 陽적 발현에는 목표 지향적이고 능동적인 행동, 문제 발생 시 직접적인 해결 시도, 빠른 실행력 등이 포함된다. 예를 들어, 위기 상황에서 즉각적으로 행동에 나서는 것은 양의 기운이 강하게 발현된 결과로 볼 수 있다. 행동의 陰적 발현에는 관찰과 분석을 통한 신중한 접근, 갈등 회피, 타인의 의견을 경청하는 태도 등이 포함된다. 예를 들어, 어려운 문제에 직면했을 때 충분히 정보를 수집하고 숙고한 후 결정하는 것은 음의 기운이 강하게 작용한 결과이다.

음양의 조화로운 행동은 개인이 다양한 상황에서 적절한 반응을 보이고, 유연한 대처 능력을 발휘함을 의미한다. 이는 개인이 외부 환경의 변화에 효과적으로 적응하고, 내적 갈등을 최소화하며, 사회적 관계 속에서 조화로운 상호작용을 이루는 데 기여한다.

③ 음양 상호작용과 변화로서의 인간사

음양의 개념은 정적인 상태가 아닌, 지속적인 변화와 상호 보완성을 특징으로 한다. 이는 인간 심리와 행동이 고정된 것이 아니라, 끊임없이 변화하고 발전하는 과정임을 시사한다. 개인의 성장 과정, 직업적 전환, 관계의 변화 등 모든 인간사는 음과 양이 서로를 생성하고 소멸시키며, 상대방 속에 자신의 씨앗을 품고 있는 태극(太極)의 원리와 유사하다. 심리적 측면에서, 슬픔[陰] 속에서 기쁨[陽]의 가능성을 찾고, 실패[陰] 속에서 성공[陽]의 기회를 포착하는 것이 음양의 상호 전환적 속성이다. 행동적 측면에서는 적극적인 시도[陽] 이후 휴식과 재정비[陰]의 시간을 갖거나, 타인의 의견을 수용[陰]한 뒤 자신의 주장을 펼치는[陽] 유연성이 요구된다.

이를 종합하여 말하면, 음양 개념은 인간 심리와 행동을 이분법적으로 구분하는 것을 넘어, 이들이 끊임없이 상호작용하며 변화하고 발전하는 역동적인 시스템으로 이해하는 데 중요한 학술적 통찰을 제공한다. 이러한 관점은 개인이 자신의 내면과 외부 환경을 보다 깊이 이해하고, 삶의 균형을 찾아가는 데 기여할 수 있다.

제2절 오행의 속성과 상호작용

오행(五行)은 木, 火, 土, 金, 水의 다섯 가지 요소로 구성된 우주론적 개념으로, 자연의 변화와 인간의 삶을 해석하는 핵심 원리이다. 오행은 단순한 자연 요소를 의미하는 것이 아니라, 각각 고유한 속성과 상호작용을 통해 세상의 모든 변화와 조화를 설명하는 원리이다. 이 개념은 중국 고대 철학에서 비롯되었으며, 명리학, 한의학,

풍수지리학, 역학(易學) 등 다양한 동양 학문에서 기본 이론으로 활용된다.

1. 오행의 정의와 특성

오행(五行)은 목(木), 화(火), 토(土), 금(金), 수(水) 다섯 가지 기본 요소로 구성되어 있으며, 각 요소는 고유의 속성과 역할을 지니어 생극제화(生剋制化)의 원리에 따라 상호 작용함으로써 전체 시스템의 균형과 조화를 이루는 중요한 개념이다. 이는 자연 현상과 인간의 다양한 특성을 설명하는 데 필수적인 이론적 토대이다. 이 절에서는 『삼명통회』의 「논오행(論五行)」에 기술된 오행의 일반적 속성을 중심으로 오행의 대표성을 살펴보겠다.

① 木 - 성장과 창조의 원리

√ 주요 특성: 성장, 확장, 창조, 시작

√ 대표하는 요소: 나무와 식물

√ 설명: 木은 생명력과 발전을 상징하며, 자연에서 봄의 기운과 유사한 속성을 지닌다. 이는 새롭게 시작하는 힘, 창조적 활동, 그리고 지속적인 확장을 의미한다.

"木의 성질은 위로 오르려하기 때문에 멈추는 바가 없다. 기세가 중하면 金이 담당하여 제지하여야 한다. 金이 있으면 오직 높게 자라고 더욱 결실을 수렴하는 덕이 있다. 木은 土가 두터운 것을 좋아하는데, 뿌리가 깊고 단단하게 내리도록 해준다. 土가 적으면 가지가 무성할 때 뿌리가 위태로워지는 위험이 있다. 木은 水가 생해주는 것에 의지하니, 水가 적으면 윤택해지고, 水가 많으면 표류한다."(木性騰上而無所止. 氣重則欲金任使. 有金則有惟高惟斂之德. 仍愛土重, 則根蟠深固. 土少則有枝茂根危之患. 木賴水生, 少則滋潤, 多則漂流.)

한 남성이 양력 1986년 5월 20일 오후 4시에 태어났다고 가정할 때, 위의 인용문에서 언급된 오행의 대표성이 잘 반영된 것으로, 木이 水, 火, 金, 土의 상호작용을 통해 균형과 조화를 이루며 성장하는 모습을 학술적으로 설명할 수 있다.

【木 일간의 명조 예시】

시	일	월	년	남명	1986년 5월 20일 오후 4시 (양력) 癸水 일간의 식신이 왕한 명조
壬	甲	癸	丙		
편인	일간	정인	식신		
申	子	巳	寅		
편관	정인	식신	비견		

년주의 丙寅은 丙이 陽火의 기운을 나타내며, 寅이 木의 기운을 함축하여 木이 활발히 성장할 수 있는 기초를 마련하는 것이다.

월주의 癸巳는 癸가 陰水의 기운을 지녀 木이 水의 생조를 받아 건강하게 자랄 수 있도록 하며, 巳가 火의 기운을 제공하여 木의 성장에 활력을 부여하는 것이다.

일주의 甲子는 甲이 개인의 주체적 木의 본질을 대표하고, 子가 水의 성질을 내포하여 木이 적절한 水의 작용을 받아 안정적으로 뿌리를 내릴 수 있도록 하는 것이다.

시주의 壬申는 壬이 陽水의 기운을 발휘하여 木의 성장에 필요한 水의 역할을 보충하고, 申이 金의 보조적 역할을 수행하여 木의 무성한 가지를 절제함으로써 결실을 촉진하는 것이다.

木은 水의 생조를 받아 발생하고, 陽火의 기운이 있어야 자라며, 水의 기운이 적당하면 위로 곧게 뻗으나, 부족하면 굽어지고 과하면 정착하지 못하고 부류한다. 金은 木의 무성한 가지를 절제하여 곧게 결실을 맺도록 하는 역할을 하며, 土는 木의 뿌리를 보호하여 곧고 튼튼하게 자라도록 돕는다. 만약 土가 부족하면 木은 쉽게 생겨나지만 크게 자랄 때 뿌리를 지탱하지 못하여 쓰러지며, 지나치면 물의 흡수가 어려워져 크게 성장하지 못한다.

본 명조에서 일간은 甲木으로, 木의 본질을 대표한다. 월간의 癸는 木을 자라게 하는 데 필요한 적절한 水의 기운을 제공하며, 년간의 丙과 월지의 巳는 火의 역할을 담당하여 木이 활발히 성장할 수 있도록 돕는다. 또한, 일지의 子水는 木의 '뿌리 안정'[通根]을 보장하며, 시지의 申은 木의 무성한 가지를 절제하여 결실을 맺도록 하는 金의 역할을 수행한다.

② 火 - 에너지와 변화를 주도하는 원리

√ 주요 특성: 열정, 활력, 변화, 발산

√ 대표하는 요소: 불과 태양

√ 설명: 火는 강한 에너지와 변화를 상징하며, 뜨거운 기운과 추진력을 가진다. 이는 여름과 같은 활기찬 성장과 열정을 나타내며, 빠른 발전과 적극적인 행동을 촉진하는 요소이다.

"火는 활활 타는 불이 진짜 불이니 위치는 남방을 지킨다. 火가 없으면 밝지 못하므로 찬란한 빛이 오래가지 못하니 온전하게 덮어서 보호해야 한다. 火는 木으로 體를 삼으니, 木이 없으면 火가 오랫동안 불탈 수 없다. 火는 水로 用을 삼으니, 水가 없으면 木이 심하게 불타고, 火가 많으면 결실을 맺지 못한다. 火가 맹렬하게 뜨거우면 만물을 손상시킨다. 金이 火의 조화를 얻으면 녹아서 제련될 수 있고, 水가 火의 조화를 얻으면 水火旣濟를 이룰 수 있다."(火炎眞火, 位鎭南方. 故火無不明之理, 輝光不久, 全要伏藏. … 火以木爲體, 無木則火不長焰. 火以水爲用, 無水則火太酷烈, 故火多則不實, 太烈則傷物. 金得火和, 則能鎔鑄, 水得火和, 則成旣濟.)

한 남성이 양력 생년월일은 1962년 3월 19 오후 4시경에 태어났다고 가정한다. 그의 사주팔자는 다음과 같다.

【火 일간의 명조 예시】

시	일	월	년	남명	1962년 3월 19일 오후 4시 (양력) 丙火 일간의 정인이 왕한 명조
丙	丙	癸	壬		
비견	일간	정관	편관		
申	辰	卯	寅		
편재	식신	정인	편인		

년주는 壬寅이다. 陽水인 壬은 丙火 일간에게 편관으로 작용해 규율과 도전을 나타내며, 陽木인 寅은 편인으로 지혜와 독특한 사고방식을 상징한다. 寅木은 壬水의 기운을 설기(泄氣)하여 丙火로 향하는 水의 압박을 완화시키고, 동시에 丙火에 생기(生氣)를 공급함으로써 일간 丙火의 근본적 토대를 마련한다. 寅木은 丙火의 장생지(長生支)에 해당하여 丙火의 시작점과 잠재력을 의미한다.

월주는 癸卯이다. 陰水인 癸는 丙火에게 정관으로 작용하여 사회적 책임감과 명예를 부여하며, 陰木인 卯는 정인으로 학문과 인내심을 상징한다. 월지의 卯木은 일간 丙火에게 강한 인성(印星)의 힘을 제공하여, 丙火가 안정적으로 성장하고 발전할 수 있는 강력한 에너지원과 기반을 제공한다. 卯木은 丙火의 제왕지(帝旺支)에 해당하여, 일간 丙火의 왕성한 기세와 활발한 사회 활동력을 보여준다.

일주는 丙辰이다. 陽火인 丙은 바로 일간 자신이며, 陽土인 辰은 식신으로 작용한다. 辰土는 丙火의 기운을 안정적으로 수렴하고, 일간 丙火가 자신의 재능을 발휘하고 결실을 맺는 데 필요한 토양 역할을 한다. 이는 일간 丙火가 단순히 빛을 발하는 것을 넘어, 구체적인 결과물과 생산적인 활동을 통해 자신의 가치를 실현하려는 경향을 시사한다.

시주는 丙申이다. 陽火인 丙은 일간 丙火에게 비견으로 작용하여 독립심과 경쟁심을 나타내며, 陽金인 申은 편재로 유동적인 재물과 사업 수완을 상징한다. 시지의 申金은 일간 丙火의 열기로 단련되어 재물이 되며, 이는 명주가 만년에 물질적 풍요를 추구하거나, 자신의 재능을 통해 실질적인 성과를 얻을 수 있음을 암시한다. 비견 丙火는 자신의 힘을 더해 편재 申金을 취하려는 의지를 강화시킨다.

이 사주에서 일간 丙火는 본인의 주체적 火의 기운을 대표한다. 형체가 없는 화는 木의 기운을 통해 그 성질을 드러내므로, 년주의 寅과 월주의 卯가 목의 기운을 공급하여 火의 발현을 돕는다. 또한, 火는 만물을 태어나고 자라게 하는 동시에 水를 고갈시켜 만물을 소멸시킬 위험이 있으며, 본 사주에서 년간의 壬과 월간의 癸가 그러한 역할을 내포하고 있다. 더불어, 시지의 申은 火의 작용에 의해 쇠가 제련되어 유용한 도구로 변모하거나, 반대로 지나친 火의 영향으로 무기를 형성하는 역할을 한다고 볼 수 있다. 마지막으로, 화는 수와 함께 수화기제(水火旣濟)를 이루어 만물의 변화를 유도하는데, 이는 본 사주에서 火와 水의 적절한 상호작용을 통해 균형 있는 발전이 가능함을 시사한다.

③ 土 - 안정과 조화의 원리

√ 주요 특성: 안정, 중재, 포용, 균형

√ 대표하는 요소: 흙과 대지

√ 설명: 土는 중심을 잡아주는 균형의 역할을 하며, 다른 요소들을 조율하고 조화롭게 만드는 힘을 가진다. 이는 대지의 성질과 유사하며, 변화 속에서도 중심을 유지하는 안정성을 제공한다.

④ 金 - 수축과 결단의 원리

√ 주요 특성: 결단, 숙청, 냉철, 정의

√ 대표하는 요소: 금속과 광물

√ 설명: 金은 강한 결단력과 단단한 성질을 상징하며, 응축과 수축의 성질을 지닌다. 이는 가을의 기운과 유사하며, 불필요한 것을 제거하고 정제하는 역할을 한다.

⑤ 水 - 지혜와 흐름의 원리

√ 주요 특성: 지혜, 유연, 침착, 내면

√ 대표하는 요소: 물과 바다

√ 설명: 水는 유연성과 흐름을 상징하며, 감성과 지혜를 강조하는 요소이다. 이는 겨울의 기운과 유사하며, 깊은 내면적 사고와 감정의 흐름을 조절하는 역할을 한다.

오행의 대표성을 가장 잘 표현하는 방식은 단순한 키워드 나열이 아니라, 각 요소의 핵심 속성과 상징적 의미, 자연적 대응 요소를 함께 설명하는 방식이라고 할 수 있다.

2. 오행의 상생 관계

木은 火를 생하고, 火는 土를 생하며, 土는 金을 생하고, 金은 水를 생하며, 水는 木을 생하는 순환 구조를 이루어 상생한다.

상생 관계는 단순히 에너지가 전달되는 것을 넘어, 생성(生成), 지원(支援), 양육(養育), 촉진(促進)의 의미를 지닌다. 오행 중 하나의 행이 그 다음의 오행 중 하나의 행에 긍정적인 영향을 미쳐 서로를 발전시키고 조화롭게 만드는 것이다. 이는 자연계의 순환적 균형과 생명 활동의 연속성을 반영하며, 한 부분의 성장이 전체 시스템의 활성화를 이끄는 원리를 보여준다. 상생은 기본적으로 긍정적이고 조화로운 흐름을 나타내며, 명리학에서는 사주 내에서 상생 관계가 원활할수록 해당 오행과 관련된 길흉이 순조롭게 전개될 가능성이 높다고 해석한다.

명리학에서 오행의 상생 관계를 파악하는 것은 개인의 심리적 특성, 건강 상태, 사회적 관계, 직업 적성, 운세 흐름 등을 해석하는 데 매우 중요하다. 이는 다음과 같이 정리할 수 있다.

① 기운의 흐름 파악: 사주 내 오행 간의 상생 관계가 원활하게 이루어질 때, 해당 사주는 기운의 순환이 좋고 안정적인 특성을 보인다. 이는 매사에 막힘이 적고 순조롭게 진행되는 경향을 의미한다.

② 부족한 오행 보완: 특정 오행이 부족할 때, 그 오행을 생해주는 오행의 기운을 통해 부족함을 보완할 수 있다. 예를 들어, 사주에 木 기운이 약하다면, 木을 생하는 수水 기운을 강화함으로써 균형을 맞출 수 있다. 이는 색상, 숫자, 거주 방향, 특정 행위 등 다양한 방식으로 적용된다.

③ 긍정적인 관계 형성: 상생 관계는 대인 관계에서도 긍정적인 영향을 미친다. 특정 오행이 강한 사람이 다른 오행이 약한 사람을 생해주는 관계라면, 서로에게 긍정적인 영향력을 미치고 상호 보완적인 관계를 형성할 가능성이 높다고 본다.

④ 직업 및 진로 적합성: 상생 관계는 개인의 재능과 발전 방향을 암시하기도 한다. 예를 들어, 화(火)가 토(土)를 생하는 구조는 창의적인 아이디어를 현실적인 결과물로 구현하는 능력과 관련될 수 있다.

⑤ 건강 관리: 인체 내 장기(臟器) 또한 오행에 대응되므로, 특정 오행의 기운이 약하거나 강할 때 상생 관계를 통해 건강 문제를 예측하고 관리하는 데 활용될 수 있다. 예를 들어, 간(木)이 약하다면 신장(水)을 보강하는 방식으로 접근할 수 있다.

이처럼 오행의 상생 관계는 만물이 서로를 돕고 성장시키는 자연의 이치를 담고 있으며, 명리학적 분석을 통해 개인의 잠재력을 발현하고 삶의 조화로운 흐름을 이해하는 데 중요한 통찰을 제공한다.

3. 오행의 상극 관계

木은 土를 극하고, 土는 水를 극하며, 水는 火를 극하고, 火는 金을 극하고, 金은 木을 극하는 상극 관계가 존재한다.

상극 관계는 제어(制御), 견제(牽制), 규제(規制), 조절(調節)의 의미를 지닌다. 이는 오행 간의 힘의 균형을 유지하고, 어느 한 오행이 과도하게 강해져 불균형을 초래하는 것을 막는 중요한 역할을 한다. 상생이 생성과 발전을 의미한다면, 상극은 통제와 질서 확립을 의미하며, 이는 시스템 전체의 안정성과 지속 가능성을 보장한다. 명리학에서는 사주 내에서 상극 관계가 적절히 이루어질 때, 기운의 편중이 해소되고 조화로운 상태가 유지된다고 해석한다. 그러나 상극이 과도하거나 불균형하게 발생할 경우, 갈등, 손상, 어려움으로 나타날 수 있다.

명리학에서 오행의 상극 관계를 파악하는 것은 개인의 문제점 분석, 갈등 요인 진단, 운세의 난관 예측, 그리고 대처 방안 모색에 중요한 통찰을 제공한다. 이는 다음과 같이 정리할 수 있다.

① 기운의 균형 조절: 사주 내 특정 오행이 너무 강할 때, 이를 극하는 오행의 기운이 존재한다면, 그 강한 기운을 적절히 제어하여 전체적인 균형을 맞출 수 있다. 이는 마치 인체 내에서 과도한 에너지를 다른 부분이 조절하는 것과 유사하다.

② 잠재적 문제점 예측: 사주 내 상극 관계가 과도하게 나타나거나, 특정 오행이 극을 당하여 지나치게 약해질 경우, 해당 오행이 상징하는 측면에서 어려움이 발생할 수 있음을 예측한다. 예를 들어, 재성(財星)이 과도하게 극을 당하면 재물운에 어

려움이 있을 수 있다고 해석한다.

③ 대인 관계의 역학: 상극 관계는 대인 관계에서의 상호작용 방식을 이해하는 데도 적용된다. 특정 오행이 상대방의 오행을 극하는 관계라면, 이는 견제, 경쟁, 혹은 갈등의 관계로 나타날 수 있다. 그러나 이러한 관계가 적절하다면 서로에게 발전적인 자극이 될 수도 있다.

④ 성격적 갈등 진단: 사주 내 상극 관계가 복잡하게 얽혀 있다면, 이는 개인의 내면에서 심리적 갈등이나 모순적인 성격적 특성으로 나타날 수 있다. 예를 들어, 강한 관성(官星)이 일간을 극하는 경우, 사회적 압박감이나 스트레스가 높을 수 있다.

⑤ 건강 문제의 원인 파악: 인체의 오장육부 또한 오행과 연결되어 있으므로, 오행 상극 관계의 불균형은 특정 장기의 기능 약화나 질병으로 이어질 수 있다고 본다. 예를 들어, 간(木)이 위(土)를 극하는 관계에서 목 기운이 너무 강하면 소화기 계통의 문제를 유발할 수 있다.

이처럼 오행의 상극 관계는 만물이 서로를 견제하고 조절함으로써 전체 시스템의 안정과 균형을 유지하는 자연의 이치를 담고 있으며, 명리학적 분석을 통해 개인의 삶에서 발생하는 어려움의 원인을 파악하고, 이를 극복하기 위한 지혜를 얻는 데 중요한 통찰을 제공한다.

4. 사주에서의 오행의 역할

오행의 상호작용은 사주명리학에서 개인의 성격, 건강, 재물운, 직업, 대인관계 등 다양한 운세 요소를 결정짓는 핵심적인 변수이다. 각 오행이 지닌 고유한 속성과 더불어, 이들이 서로 생(生)하고 극(剋)하면서 만들어내는 역동적인 관계는 개인의 삶이 펼쳐지는 방식과 그 잠재력을 이해하는 데 필수적인 해석 체계를 형성한다.

오행의 속성과 그 상호작용은 단순히 고정된 것이 아니라, 시간의 흐름[대운, 세운], 계절[월령], 그리고 환경에 따라 변화하며 운세에 영향을 미친다.

1) 사주에서 오행의 상호작용 과정

사주팔자는 여덟 글자[干支]로 구성되며, 이 글자들은 각각 특정 오행을 대표한다. 이 여덟 글자가 서로 어떻게 관계 맺고 영향을 주고받는지가 바로 오행의 상호작용 과정이다. 이에 따른 해석은 다음과 같다.

① 일간(日干) 중심의 해석

사주 해석의 가장 기본은 일간(日干), 즉 태어난 날의 천간을 중심으로 다른 일곱 글자와의 관계를 파악하는 것이다. 일간은 그 사람의 본질적인 기운을 나타내며, 다른 오행들은 일간과의 상생, 상극 관계를 통해 길흉화복(吉凶禍福)을 암시한다.

② 오행의 강약 판단

사주 내 각 오행의 분포와 계절(월령)의 영향 등을 종합하여 각 오행의 강약(強弱)을 판단한다. 예를 들어, 여름에 태어난 사람의 사주에 火 기운이 많으면 화가 강하고, 겨울에 태어난 사람의 사주에 水 기운이 많으면 수가 강하다고 본다. 강한 오행은 해당 기운이 나타내는 특성이 두드러지게 발현될 가능성이 높으며, 약한 오행은 해당 기운이 나타내는 측면에서 어려움이나 부족함이 있을 수 있다.

③ 상생과 상극의 동태적 작용

■ 상생(相生): 사주 내에서 오행이 순조롭게 상생 관계를 이룰 때, 기운의 흐름이 원활하고 긍정적인 발전이 기대된다. 이는 마치 에너지와 자원이 순환하며 서로를 돕는 것과 같다. 예를 들어, 일간이 약할 때 인성(印星)이 일간을 생해주는 구조라면, 주변의 도움이나 학문적 성취를 통해 성장할 수 있음을 나타낸다.

■ 상극(相剋): 상극은 오행 간의 제어 및 균형 작용을 의미한다. 강한 오행을 적절히 극하는 오행이 있다면, 그 강한 기운이 과도하게 발산되지 않고 조절되어 안정적인 상태를 유지할 수 있다. 그러나 상극이 과도하거나 불균형하게 발생하면 갈등, 충돌, 손상 등 부정적인 영향을 미칠 수 있다. 예를 들어, 일간을 극하는 관성(官星)이 너무 강하면, 과도한 스트레스나 압박감에 시달릴 수 있다.

④ 육친(六親) 및 십신(十神)과의 연계: 오행의 상호작용은 육친(부모, 형제, 배우자, 자녀 등)과의 관계, 그리고 십신(비견, 식신, 재성, 관성, 인성 등)이 나타내는 다양한 사회적 역할과 심리적 특성으로 구체화된다. 특정 오행의 상생상극은 해당 육친이나 십신이 상징하는 측면의 길흉에 직접적인 영향을 미친다.

2) 사주에서 오행의 역할과 운세 결정의 의미

오행의 상호작용은 사주팔자를 통해 개인의 운세를 해석하는 데 다음과 같은 중요한 역할을 한다. 이는 다음과 같이 정리할 수 있다.

① 성격 형성: 각 오행은 고유한 성격적 특성을 가지며, 사주 내 오행의 강약, 조화 상태에 따라 개인의 주된 성격이 형성된다. 예를 들어, 목(木) 기운이 강하면 진취적이고 인자한 반면, 금(金) 기운이 강하면 결단력 있고 의리 있지만 냉정할 수 있다.

② 건강 예측: 오행은 인체의 오장육부(五臟六腑)와 대응되므로, 사주 내 특정 오행의 불균형은 해당 장기의 기능 저하 또는 질병으로 이어질 수 있다고 본다. 상생상극의 관계를 통해 질병의 원인을 파악하고 예방하는 데 활용된다.

③ 재물운 및 직업 적성: 재성(財星)은 재물운을 나타내며, 식상(食傷)은 재능과 생산 활동을 의미한다. 이들 오행의 상생 관계(식상생재)가 원활하면 재물 축적에 유리하고, 관성(官星)과의 조화를 통해 직업적 성공과 사회적 명예를 예측할 수 있다.

④ 대인 관계: 사주 내 오행의 상생상극은 개인의 대인 관계 패턴을 보여준다. 어떤 오행이 강하고 어떤 오행을 생하거나 극하는지에 따라, 주변 사람들과의 상호작용 방식, 갈등 발생 요인, 관계의 길흉을 유추할 수 있다.

⑤ 운세의 변화와 흐름: 대운(大運)과 세운(歲運) 등 시간의 흐름에 따라 새로운 오행 기운이 사주 원국에 들어오면서 기존의 오행 상호작용에 변화를 일으킨다. 이러한 변화는 길흉화복의 중요한 전환점이 되며, 운세의 상승과 하락, 특정 사건의 발생 시기 등을 예측하는 근거가 된다.

이처럼 사주에서의 오행의 역할은 단순히 독립적인 요소들의 합이 아니라, 이들이 끊임없이 상호작용하며 개인의 삶에 복합적인 영향을 미치는 역동적인 시스템을 이룬다는 데 있다. 오행의 상호작용 과정을 면밀히 분석함으로써, 명리학은 개인의 운명을 이해하고, 잠재력을 개발하며, 삶의 균형을 찾아가는 데 중요한 통찰과 지혜를 제공한다.

5. 오행과 음양의 결합

음양은 우주 만물의 근원적 대립과 조화의 원리이며, 오행은 그 음양의 기운이 구체적인 형상과 속성으로 발현되는 다섯 가지 에너지 형태로 설명할 수 있다. 이처럼 음양과 오행은 분리될 수 없는 관계로 결합되어 우주의 질서와 만물의 변화를 설명하는 동양철학의 핵심 개념을 이룬다. 명리학에서 음양과 오행의 결합은 사주를 해석하고 개인의 운명을 이해하는 데 있어 가장 근간이 되는 원리이며, 사주 내 음양오행의 균형과 조화는 개인의 운세가 긍정적으로 전개될 수 있는 결정적인 역할을 한다.

사주팔자는 개인의 출생 시점에 우주에 존재했던 음양오행의 배합 상태를 나타낸다. 따라서 사주 내 음양과 오행의 결합은 개인의 고유한 특성, 잠재력, 그리고 운세 흐름을 결정하는 가장 핵심적인 요소가 된다.

1) 기운의 균형과 조화

사주에서 음양오행의 균형은 기운의 조화를 의미한다. 특정 오행이 너무 강하거나 약하고, 음양의 편차가 클수록 기운의 흐름이 막히거나 불균형을 초래하여 삶의 어려움이나 건강 문제를 야기할 수 있다. 반대로 음양오행이 적절하게 균형과 조화를 이루고 있다면, 기운의 순환이 원활하여 안정적이고 순조로운 삶을 영위할 가능성이 높다고 본다.

① 과유불급(過猶不及)의 원리: 어느 한 오행이나 음양의 기운이 지나치게 강해도, 또는 너무 약해도 문제가 발생한다. 예를 들어, 양(陽) 기운이 과도하면 충동적이고 과열될 수 있으며, 음(陰) 기운이 과도하면 소극적이고 침체될 수 있다. 오행도 마찬가지로 특정 오행의 과다 또는 결핍은 해당 오행이 주관하는 영역에서 불균형을 초래한다.

② 중화(中和) 추구: 명리학적 해석은 궁극적으로 사주 내 음양오행의 중화를 추구한다. 부족한 오행을 보충하고, 과도한 오행을 설기(泄氣)하거나 극(剋)하여 균형을 맞추는 것이 운세 개선의 핵심 방향이 된다.

2) 성격 및 심리적 특성 형성

사주 내 음양오행의 배합은 개인의 타고난 성격과 심리적 경향성을 결정한다.

① 음양 편중: 양 기운이 강하면 외향적, 적극적, 리더십이 강하며, 음 기운이 강하면 내성적, 신중함, 섬세한 경향을 보인다.

② 오행 조합: 예를 들어, 木火가 발달하면 진취적이고 열정적이며, 金水가 발달

하면 이성적이고 지혜로우면서도 냉철한 면모를 보인다. 土가 적절히 있다면 안정적이고 포용력이 있다.

③ 건강 및 생명력: 음양오행의 균형은 곧 건강과 직결된다. 특정 오행의 불균형은 해당 오행이 관장하는 장기와 신체 부위에 영향을 미쳐 질병으로 발현될 수 있다. 예를 들어, 火가 너무 강하면 심혈관 계통이나 정신적인 스트레스에 취약할 수 있고, 水가 너무 부족하면 신장이나 생식기 계통에 문제가 생길 수 있다.

④ 사회적 관계 및 직업 적합성: 음양오행의 상호작용은 개인의 사회적 관계망과 직업 선택에도 영향을 미친다. 특정 오행이 강한 사람끼리의 관계는 상생 또는 상극 관계에 따라 협력적이거나 경쟁적으로 발전할 수 있다. 또한, 사주 내 강한 오행과 조화로운 오행은 특정 직업 분야에서의 성공 가능성을 암시한다.

⑤ 운세의 길흉화복(吉凶禍福): 대운(大運)과 세운(歲運) 등 외부에서 들어오는 음양오행의 기운이 사주 원국과 상호작용하면서 길흉화복이 발생한다. 사주 원국에 부족한 오행의 기운이 운에서 들어오거나, 과도한 기운을 조절하는 운이 들어올 때 긍정적인 운세 변화가 나타날 수 있다. 반대로 사주 원국의 불균형을 심화시키는 운이 들어오면 어려움이 가중될 수 있다.

이와 같이 음양과 오행의 결합은 사주명리학의 근본 원리이자, 인간 운명의 복합적인 측면을 해석하는 데 필수적인 도구이다. 이 두 개념의 상호작용을 깊이 이해함으로써, 개인은 자신의 타고난 잠재력을 파악하고, 삶의 균형을 유지하며, 다가오는 운세 변화에 대처할 수 있는 방안를 찾을 수 있다.

6. 오행의 동적 원리

오행의 상호작용은 단순한 고정된 분류나 수치적 관계를 넘어서, 우주 만물의 생동하는 '기(氣)'의 흐름과 끊임없이 변화하는 동적 원리를 반영한다. 이는 오행이 정지된 상태가 아니라, 상생(相生)과 상극(相剋)이라는 두 가지 기본 작용을 통해 서로 영향을 주고받으며 순환하고 변화하는 살아있는 시스템임을 의미한다. 이러한 오행의 동적 원리를 이해하는 것은 명리학 해석의 핵심이며, 용신(用神), 십신(十神), 대운(大運), 세운(歲運) 등의 개념과 밀접하게 연계되어 개인의 운세 변화를 읽어내는 데 결정적인 역할을 한다.

1) 오행의 동적 원리 상세 설명

오행의 동적 원리는 각 오행이 고유한 에너지 속성을 지니면서도, 결코 독립적으로 존재하지 않고 서로에게 영향을 미치며 변화를 유도하는 데서 드러난다.

(1) 순환과 균형을 통한 생명력

① 상생의 동력: 오행은 상생을 통해 끊임없이 에너지를 생산하고 전달하며 생명력을 유지한다. 목(木)이 불(火)을 키우고, 불(火)이 재(土)를 만들며, 흙(土)이 금속(金)을 품고, 금속(金)이 물(水)을 만들고, 물(水)이 다시 나무(木)를 기르는 이 순환은 만물의 생성과 성장을 위한 역동적인 에너지 흐름을 상징한다. 이 동적인 흐름이 원활할수록 생명력은 더욱 왕성해진다.

② 상극의 조절: 상생이 무한한 성장을 의미한다면, 상극은 과도한 성장을 제어하고 균형을 맞추는 조절 기능을 한다. 나무(木)가 흙(土)을 뚫고, 흙(土)이 물(水)을 막고, 물(水)이 불(火)을 끄며, 불(火)이 쇠(金)를 녹이고, 쇠(金)가 나무(木)를 자르는 관계는 각 오행의 기운이 지나치게 한쪽으로 쏠리는 것을 방지한다. 이는 자연계의 먹이사슬처럼, 한 오행이 다른 오행을 견제함으로써 전체 시스템의 안정적인 유지를 돕는 동적인 제어 과정이다.

(2) 생동하는 '기(氣)'의 흐름

오행은 특정 공간에 고정된 물질이 아니라, 우주에 편재하는 '기'가 특정한 형태로 발현되고 변화하는 과정이다. 예를 들어, 봄은 '목(木)의 기운'이 상승하는 시기이며, 여름은 '화(火)의 기운'이 왕성해지는 시기이다. 이러한 계절의 변화 자체가 오행 '기'의 동적인 흐름과 상호작용의 결과물이다. 사주팔자는 태어난 순간의 이러한 '기'의 배합을 담아내며, 개인의 삶 속에서 이 '기'들이 어떻게 동적으로 흐르고 변화하며 영향을 미치는지를 예측하는 근거가 된다.

(3) 변화와 적응의 원리

오행의 동적 원리는 변화와 적응의 중요성을 강조한다. 외부 환경(대운, 세운)에서 새로운 오행의 '기'가 들어올 때, 사주 원국의 오행들은 이에 반응하여 상생하거나 상극하면서 새로운 균형점을 찾아간다. 이 과정에서 개인의 운세는 상승하거나 하락하며, 새로운 기회나 도전이 발생하게 된다. 즉, 오행은 고정된 운명이 아니라, 주어진 '기'의 조건 속에서 끊임없이 변화하고 적응해나가는 삶의 과정을 설명하는 도구이다.

2) 명리학적 해석과 연관되는 의미

오행의 동적 원리는 명리학의 핵심 개념들과 유기적으로 결합되어 개인의 운명을 심층적으로 해석하는 기반이 된다.

(1) 용신(用神)의 선택과 운세 조절

사주 원국에서 오행의 동적 균형이 깨져 있을 때, 이를 바로잡아 사주 전체의 기운 흐름을 원활하게 만드는 특정 오행을 용신으로 삼는다. 용신은 사주의 약점을 보완하고 강점을 극대화하는 '동적인 조절자'의 역할을 하며, 운세의 길흉을 판단하는 가장 중요한 기준이 된다. 예를 들어, 화(火) 기운이 지나치게 강한 사주에서 이를 극하는 수(水)를 용신으로 삼는다면, 수의 기운이 들어오는 시기에 운세가 긍정적으로 전환될 가능성이 높다.

(2) 십신(十神)과의 상호작용 분석

십신은 일간을 중심으로 다른 오행들과의 상생상극 관계를 통해 나타나는 다양한 심리적 특성, 사회적 역할, 인간관계 등을 의미한다. 오행의 동적 원리는 십신 간의 복잡한 상호작용을 설명한다. 예를 들어, '식신생재(食神生財)'는 식신[생산 활동]의 기운이 재성[재물]을 생하는 상생 관계를 통해 재물운이 원활해지는 동적인 과정을 나타낸다. 반대로 '재극인(財剋印)'은 재물이 인성[학문, 문서]을 극하여 재물을 추구하느라 학업이나 인내심이 약화될 수 있는 동적인 상극 관계를 보여준다.

(3) 대운(大運) 및 세운(歲運)의 영향

대운과 세운은 외부에서 사주 원국으로 들어오는 새로운 오행의 '기'이다. 이 새로운 기운이 사주 원국의 오행들과 어떻게 동적으로 상생하거나 상극하는지에 따라 개인의 운세가 크게 변화한다.

① 합(合)과 충(冲): 대운과 세운의 글자가 사주 원국의 글자와 '합'하거나 '충'하는 것은 오행 '기'의 강력한 동적 상호작용을 의미한다. 합은 새로운 기운의 융합과 변화를, 충은 기운 간의 충돌과 변화를 유발하여 운세에 큰 영향을 미친다.

② 강약의 변화: 운에서 들어오는 오행은 사주 원국의 특정 오행을 강화하거나 약화시켜 오행 간의 힘의 균형을 동적으로 변화시키며, 이는 길흉화복으로 이어진다.

(4) 인생사의 동적 해석

오행의 동적 원리는 인생을 고정된 것이 아닌, 끊임없이 변화하고 발전하는 과정으로 이해하게 한다. 어려운 시기(상극의 시기)는 성장의 기회가 될 수 있고, 좋은 시기(상생의 시기)는 새로운 발전을 위한 발판이 될 수 있다. 이는 명리학이 단순히 운명을 점치는 것을 넘어, 변화하는 '기'의 흐름 속에서 개인이 능동적으로 삶에 대처하고 성장할 수 있도록 돕는 실천적 학문임을 보여준다.

이와 같이, 오행의 동적 원리는 우주의 '기'가 상생과 상극을 통해 끊임없이 순환하고 변화하는 생명력 있는 과정을 설명한다. 명리학은 이러한 동적 원리를 용신, 십신, 대운, 세운 등의 개념과 결합하여 개인의 운명을 유기적이고 역동적으로 해석함으로써, 삶의 다양한 측면에서 심층적인 통찰과 현실적인 지혜를 제공한다.

제3절 생극제화 이론과 균형 분석

이 절에서는 생극제화 이론과 균형 분석을 통해 오행의 상호작용 원리를 탐구한다. 바꾸어 말해 생(生), 극(剋), 제(制), 화(化)의 개념을 통해 오행 간의 관계를 분석한다. 생은 한 오행이 다른 오행을 생성하거나 돕는 관계를 의미하고, 극은 한 오행이 다른 오행을 제압하거나 억제하는 관계를 나타낸다. 제는 오행 간의 통제나 제한 관계를 의미하며, 화는 오행이 서로 변형되거나 전환되는 과정을 설명한다. 이러한 상호작용은 자연과 인간의 변화를 이해하는 핵심 원리로, 균형이 유지될 때 조화로운 상태가 된다. 명리학에서 오행의 분포와 상호작용을 분석하여 생극제화 이론을 적용함으로써, 개인의 성격, 운명, 건강 상태 등을 예측하고 조언을 제공한다. 이 이론은 명리학적 해석에서 중요한 도구로 사용된다.

1. 생극제화의 개념과 원리

생극제화(生剋制化)는 명리학에서 오행의 복잡하고 역동적인 상호작용을 설명하는 핵심 원리다. 이는 단순한 개별 관계가 아니라, 우주 만물의 생성, 발전, 제어, 변화를 포괄하는 유기적인 시스템을 이룬다. 각 개념의 의미는 다음과 같다.

1) 생(生): 생성과 지원의 관계

생(生)은 한 오행이 다른 오행을 낳거나, 돕거나, 성장시키는 긍정적인 영향 관계를 의미한다. 이는 자연의 순환 속에서 에너지가 전달되고 생명력이 확장되는 원리와 같다. 예를 들어, 木이 火를 일으키고, 火가 土를 만들며, 土가 金을 품고, 金이 水를 만들고, 水가 다시 木을 자라게 하는 상생(相生)의 순환이 여기에 해당한다. 명리학에서는 사주 내에서 생의 관계가 원활할 때, 기운의 흐름이 순조롭고 매사가 잘 풀리며, 특히 자신을 생해주는 기운은 도움이나 복을 의미한다.

2) 극(剋): 제압과 억제의 관계

극(剋)은 한 오행이 다른 오행을 억누르거나, 통제하거나, 제압하는 견제 관계를 의미한다. 이는 상생처럼 직접적인 생산은 아니지만, 과도한 기운을 조절하여 균형을 맞추는 데 필수적인 역할을 한다. 일반적인 표현을 예로 들자면, 木이 土의 양분을 빨아들이고 뿌리로 土를 뚫으며, 土가 水의 흐름을 막고, 水가 火를 끄며, 火가 金을 녹이고, 金이 木을 자르는 상극(相剋)의 순환이 여기에 해당한다. 극은 부정적으로 보일 수 있지만, 명리학에서는 적절한 극은 오히려 강한 기운을 조절하여 안정과 조화를 이끌어내는 긍정적인 작용으로 해석된다. 하지만 과도한 극은 손상이나 어려움을 초래할 수 있다.

3) 제(制): 통제와 제한의 관계

제(制)는 오행 상호작용에서 한 오행이 다른 오행의 과도한 기운을 통제하거나 제한하는 관계를 의미한다. 이는 극의 개념과 유사하지만, 단순히 억압하는 것을 넘어 적절한 수준으로 조절하여 균형을 이루게 하는 뉘앙스가 강하다. 특정 오행이 너무 강하여 문제가 될 때, 이를 극하는 오행이 나타나 그 강한 기운을 제어함으로써 전체적인 조화를 돕는 것[相制]이다. 예를 들어, 火 기운이 너무 강해 만물을 태워버릴 위험이 있을 때 水 기운이 나타나 이를 적절히 제어하여 중화시키는 것이 제의 대표적인 예다. 제는 사주 내의 불균형을 해소하고 안정적인 상태를 유지하는 데 중요한 역할을 한다.

4) 화(化): 차폐와 화합의 관계

화(化)는 직접적인 통제보다는 유연성을 사용하여 문제를 해결하고 균형을 맞추는 관계로, 이는 설기(泄氣)의 의미를 포함한다. 즉, 상극 작용이 다른 오행의 생성하는 과정에 의해 '차폐[막아서 가림, blocking]'되어 균형을 이루는 원리를 의미한다. 따라서 오행의 생극제화에서 말하는 '화'는 '결합'이 아니라 '소통(疏通)'을 의미한다. 이를 표현하면, 木은 土를 멸망시키지만, 火가 이 과정에 차폐한다. 木이 土의 기운을 흡수하려 할 때, 土가 火를 생하고(土生火), 火가 木을 설기(泄氣)하여(木生火) 木의 극하는 힘을 약화시킴으로써 土를 보호한다. 이처럼 '화'는 과도한 에너지를 즉각적으로 소멸시키는 대신 다른 오행으로 자연스럽게 흐르게 하여 에너지의 강약을 조절하고 전체 균형을 회복하는 지혜로운 작용이다. 과다하거나 부족한 기운을 전반적으로 원만히 다룬다는 측면으로 볼 수 있다. 다시 말해, 화는 넘치는 기운을 직접적으로 극하지 않고, 다른 오행으로 유연하게 흐르도록 유도하여 문제를 해결하고 균형을 맞추는 작용이다. 이는 고전 명리학에서 '설기(泄氣)'의 의미와 통하며, 과도한 에너지를 다른 오행으로 부드럽게 소통시켜 자연스러운 순환을 이끌어낸다. 따라서 '화'는 한 오행의 기운을 다른 오행으로 순환시키며 문제를 해결하고 균형을 맞추는 우회적인 과정이라고 할 수 있다.

2. 생극제화의 상호작용과 균형

오행의 상생, 상극, 제약, 화합 관계는 우주의 질서와 인간 삶의 변화를 이해하는 핵심 요소이다. 이러한 역동적인 상호작용은 단순히 개별적인 관계가 아니라, 서로 유기적으로 연결되어 만물의 생성, 발전, 제어, 그리고 조화로운 변화를 이끌어내는 근본 원리다. 이러한 상호작용의 균형은 자연과 인간의 조화로운 상태를 유지하는 데 매우 중요하며, 명리학에서는 개인의 사주에서 이러한 오행의 균형을 분석하여 성격, 운명, 건강 상태 등을 심도 있게 해석한다.

생극제화의 상호작용이 구현하는 종국적인 목표는 바로 '중화(中和)' 또는 '조화로운 균형'이다. 이는 어느 한 오행이 지나치게 강하거나 약하지 않고, 모든 오행이 서로를 생하고 극하며 견제하고 소통함으로써 활력 있으면서도 안정적인 상태를 이루는 것을 의미한다. 이는 동적인 안정성을 의미하며, 생극제화는 정체된 균형이 아니라, 끊임없이 움직이고 변화하는 가운데 유지되는 동적인 안정성을 추구한다. 마치 자연 생태계에서 먹고 먹히는 관계 속에서 전체적인 생명력이 유지되는 것과 같다. 생은 성장을 이끌고, 극과 제는 과도함을 조절하며, 화는 막힘을 뚫어 순환을 돕는다. 이 모든 작용이 어우러져 기운의 과유불급(過猶不及)을 막고, 생명력을 지속시킨다. 또한 만물의 생성과 소멸의 반복을 의미하며, 이 균형 속에서 만물은 끊임없이 생성되고[生] 소멸하며[剋], 제어되고[制], 변화하는[化] 과정을 반복한다. 이는 생생불식(生生不息)의 원리, 즉 '멈추지 않고 끊임없이 생성하고 변화한다'는 역동적인 우주의 본질을 명확히 보여준다. 이러한 균형은 개인의 삶에 적용되는데, 명리학에서는 사주 내 오행의 생극제화 균형을 분석하여 개인의 성격적 특성, 타고난 재능, 건강 상태, 그리고 운세의 흐름을 예측한다. 사주가 조화로운 사람은 대개 삶의 고비가 적고 순탄하며, 건강하고 안정적인 경향을 보인다. 반대로 특정 오행의 불균형이 심할 경우, 해당 오행이 상징하는 측면에서 어려움이나 갈등이 발생할 수 있다. 그러나 이때도 오행의 동적 원리에 따라 운에서 들어오는 기운과의 상호작용을 통해 균형을 찾아갈 수 있는 가능성이 열려 있다.

명리학에서 이러한 생극제화의 원리를 이해하는 것은 단순히 길흉을 판단하는 것을 넘어, 개인의 삶에서 기운이 어떻게 흘러가고 변화하는지를 심도 있게 분석하는 토대가 된다. 사주를 통해 오행의 불균형을 파악하고, 이를 극복하기 위한 최적의 용신(用神)을 찾아내는 것 역시 생극제화의 원리에 기반한다. 용신은 사주의 약점을 보완하고, 강점을 적절히 조절하여 전반적인 기운의 흐름을 원활하게 만드는 역할을 한다.

이러한 이해는 개인의 삶을 결정론적으로 바라보는 것이 아니라, 주어진 기운의 조건 속에서 얼마나 통제와 변형이 가능하며, 보다 나은 균형을 찾아갈 수 있는지를 탐구하는 데 심도 있는 통찰을 제공한다. 결국 생극제화의 궁극적인 목표는 자연과 인간 삶의 조화로운 상태를 유지하고, 개인이 역동적인 변화 속에서도 안정과 발전을 이룰 수 있도록 돕는 데 있다.

3. 생극제화 이론의 실제 적용과 분석 방법

개인의 사주(四柱)에서 오행의 분포와 상호작용을 분석할 때, 생극제화(生剋制化)의 원리를 적용하는 것은 명리학적 해석의 핵심이다. 이 복합적인 오행의 관계를 통해 개인의 성향, 운세의 흐름, 건강 상태 등을 예측하고 현실적인 조언을 제공할 수 있다. 생극제화의 분석은 명리학적 해석에서 가장 중요한 도구로 활용되며, 궁극적으로 개인의 삶의 질 향상에 기여한다.

1) 사주팔자 내 오행의 분포 분석

생극제화 이론을 적용하기 위한 첫 단계는 사주를 구성하는 여덟 글자(천간과 지지)에 담긴 오행의 종류와 강약을 파악하는 것이다.

① 일간(日干)의 이해: 사주의 중심이 되는 태어난 날의 천간, 즉 일간은 그 사람의 본질적인 오행 기운을 나타낸다. 이 일간을 기준으로 다른 오행들이 어떤 관계를 맺고 있는지를 파악한다.

② 월령(月令)의 중요성: 태어난 달의 기운인 월령은 사주 전체 오행의 강약에 결정적인 영향을 미친다. 예를 들어, 여름(巳午未月)에 태어난 사람은 火 기운이 강하고, 겨울(亥子丑月)에 태어난 사람은 水 기운이 강하게 태어난다고 본다. 월령은 마치 사주 오행의 '배경'이나 '기반'과 같아서, 다른 오행의 작용력을 가늠하는 중요한 척도가 된다.

③ 오행의 강약 및 편중 파악: 사주 내 각 오행의 수적 분포뿐 아니라, 계절(월령)과 오행 간의 상생, 상극 관계를 종합하여 각 오행의 실제적인 강약 상태를 판단한다. 특정 오행이 너무 많아 과다(過多)하거나, 너무 적어 불급(不及)한지, 혹은 전혀 없는지(無氣) 등을 파악한다.

2) 생극제화 원리의 적용과 해석

오행의 분포와 강약이 파악되면, 다음으로 생극제화의 원리를 적용하여 사주 내 기운의 동태적인 흐름을 분석한다.

(1) 상생(相生) 관계 분석

① 긍정적 흐름: 사주 내 상생 관계가 원활하면 기운의 흐름이 순조로워 매사에 막힘이 적고 순조롭게 진행되는 경향이 있다. 이는 주변의 도움을 받거나, 재능이 자연스럽게 발현되는 형태로 나타난다.

② 강화 작용: 특정 오행을 생하는 오행이 있으면 해당 오행의 기운이 강화된다. 이는 사주 내 약한 오행을 보강하거나, 강한 오행을 더욱 강하게 만들 수 있다.

(2) 상극(相剋) 관계 분석

① 견제와 조절: 적절한 상극 관계는 특정 오행의 과도한 기운을 견제하고 조절하여 사주의 균형을 맞춘다. 예를 들어, 너무 강한 火 기운을 水가 적절히 극하여 통

제하는 것은 긍정적인 작용이다.

② 갈등과 어려움: 하지만 상극 관계가 과도하거나 불균형하게 나타나면 해당 오행이 상징하는 측면에서 갈등, 손상, 어려움 등이 발생할 수 있다. 예를 들어, 일간이 지나치게 극을 당하면 스트레스나 압박감이 심해질 수 있다.

(3) 제(制)의 조절 메커니즘

① 불균형 해소: '제'는 사주 내 과다한 오행의 기운을 직접적으로 극하여 통제하는 것이다. 이는 사주의 불균형을 해소하고 안정적인 상태를 유지하는 데 필수적이다. 예를 들어, 木 기운이 너무 강해 土를 심하게 극하여 문제가 될 때, 金이 木을 제어함으로써 土를 보호하고 사주의 균형을 회복시킨다.

② 능동적 조절: 제는 단순한 극을 넘어, 오행 기운의 강약을 적절한 수준으로 조절하여 유용하게 활용할 수 있도록 돕는 능동적인 제어 작용이다.

(4) 화(化)의 유연한 균형 조정

① 과도한 기운의 소통: '화'는 사주 내 넘치는 오행의 기운을 직접적으로 극하지 않고, 다른 오행으로 부드럽게 흐르도록 유도하여 문제를 해결하고 균형을 맞추는 가장 유연하고 지혜로운 방법이다. 이는 설기(泄氣)의 원리를 통해 이루어진다.

② 순환적 조화: 예를 들어, 水 기운이 너무 강하여 火를 극하는 것이 문제일 때, 중간에 木 기운을 사용하여 水生木, 木生火의 순환 상생 고리를 만들어 水의 기운을 木으로 설기(풀어주고), 그 木이 다시 火를 생하여 전반적인 기운의 흐름이 원활해지도록 돕는다. 이러한 '화'의 작용은 오행 간의 갈등을 완화하고, 기운의 정체 없이 생생불식(生生不息)의 상태를 유지하게 하는 핵심 메커니즘이다.

3) 명리학적 해석과 조언 제공

생극제화의 분석은 개인의 성향, 운세의 흐름, 건강 상태 등을 예측하고 조언을 제공하는 데 활용된다.

① 성격 및 심리 분석: 사주 내 오행의 강약, 생극제화의 관계는 개인의 타고난 성격, 기질, 심리적 특성을 형성한다. 예를 들어, 생이 잘 되는 사주는 온화하고 사람들과 잘 어울리며, 극이 잘 되는 사주는 결단력 있고 리더십이 있을 수 있다.

② 운세의 흐름 예측: 대운(大運)과 세운(歲運) 등 외부에서 들어오는 오행의 기운이 사주 원국의 오행들과 어떻게 생극제화하는지를 분석하여 길흉화복을 예측한다. 운에서 부족한 오행을 생해주거나 과도한 오행을 화해주는 기운이 들어오면 긍정적인 운세가 기대된다.

③ 건강 상태 진단 및 조언: 오행은 인체의 오장육부(五臟六腑)와 연결되므로, 특정 오행의 불균형이나 생극제화의 문제가 발생하면 해당 장기나 신체 부위에 건강 문제가 나타날 수 있다. 이를 통해 질병의 원인을 파악하고, 음식, 색상, 생활 습관 등을 통해 오행 균형을 맞추는 조언을 제공한다.

④ 관계 및 직업 적합성: 생극제화는 대인 관계의 상호작용 방식이나 특정 직업 분야에서의 적합성을 파악하는 데도 사용된다. 예를 들어, 상생 관계가 강한 사람들은 서로 돕고 발전하며, 적절한 상극 관계는 서로를 견제하고 발전적인 경쟁을 유도할 수 있다.

⑤ 삶의 질 향상을 위한 방향 제시: 궁극적으로 생극제화 분석은 사주 내 오행의 불균형을 파악하고, 이를 개선하기 위한 최적의 용신(用神)을 찾아내는 데 활용된다. 용신은 사주 전체의 기운 흐름을 조절하고, 개인의 잠재력을 최대한 발휘하며, 역경을

극복하고 삶의 균형과 조화를 찾아가는 데 필요한 핵심적인 오행 기운이다.

이처럼 생극제화 이론의 실제 적용은 개인의 운명을 결정론적으로 판단하기보다, 기운의 역동적인 흐름을 이해하고 능동적으로 삶에 대처하며 보다 조화로운 삶을 만들어가는 실질적인 지침을 제공한다.

4) 생극제화의 적용 예시

【생극제화의 적용 예시】

<table>
<tr><td>시</td><td>일</td><td>월</td><td>년</td><td rowspan="5">남명</td><td rowspan="5">1990년 5월 15일 오전 10시
(양력)
庚金 일간의 편관이 왕한 명조</td></tr>
<tr><td>辛</td><td>庚</td><td>辛</td><td>庚</td></tr>
<tr><td>겁재</td><td>일간</td><td>겁재</td><td>비견</td></tr>
<tr><td>巳</td><td>辰</td><td>巳</td><td>午</td></tr>
<tr><td>편관</td><td>편인</td><td>편관</td><td>정관</td></tr>
</table>

(1) 오행의 분포 분석

① 일간(日干)의 이해: 일간은 庚金이다. 일반적인 해석으로, 庚金은 큰 바위, 단단한 쇠붙이, 제련되지 않은 원석을 상징하며, 강하고 의지하며, 결단력이 있고 의협심이 강한 특성을 지닌다. 동시에 다듬어지지 않은 원석처럼 거칠고 고집이 셀 수도 있다.

② 월령(月令)의 중요성: 태어난 달은 음력 4월(巳月)이다. 巳月은 오행 중 火 기운이 매우 강한 계절이다. 巳火는 양(陽)의 火로, 뜨겁고 건조하며 강렬한 에너지를 의미한다. 월지 巳火는 일간 庚金에게 편관(偏官)이 되며, 이는 사주 전반의 기운에 지대한 영향을 미친다.

③ 오행의 강약 및 편중 파악:

- 金: 일간 庚金 외에 년간 庚金, 월간 辛金, 시간 辛金으로 金 기운이 매우 강하다. 비견(庚金)과 겁재(辛金)가 많아 일간의 뿌리가 튼튼하고 주체성이 강하며 독립적인 성향을 띤다.
- 火: 월지 巳火, 시지 巳火, 년지 午火로 火 기운이 매우 왕성하다. 巳火는 庚金의 편관이고, 午火는 정관이다. 이는 일간 庚金에게 강한 압박과 제련의 기운으로 작용한다.
- 土: 일지 辰土 하나만 존재하며, 辰土는 庚金에게 편인(偏印)이다. 土는 金을 생(生)하는 오행이지만, 사주 전반의 강한 火 기운이 土를 말리고, 강한 金 기운이 土를 설기(泄氣)하여 土 기운이 상대적으로 약하다.
- 水: 사주 원국에 水 기운이 전혀 드러나 있지 않다(無氣). 水는 庚金의 식상(食傷)에 해당한다.
- 木: 사주 원국에 木 기운이 전혀 드러나 있지 않다(無氣). 木은 庚金의 재성(財星)에 해당한다.

이를 종합하면, 이 사주는 金과 火의 기운이 극강하며, 土는 약하고, 水와 木은 없는 형태이다. 강한 金과 강한 火가 서로 극하는 관계에 놓여 있다. 특히 월지 巳火 편관과 시지 巳火 편관, 년지 午火 정관으로 관살(官殺) 기운이 매우 강하다. 이는 일간 庚金에게 엄청난 제련과 압박, 도전과 스트레스를 의미한다.

(2) 생극제화 원리의 적용과 해석

이 사주는 강한 金과 강한 火가 직접적으로 충돌하는 형태이므로, 생극제화의 원리를 통해 기운의 동태적인 흐름을 분석해야 한다.

① 상생(相生) 관계 분석

- 긍정적 흐름: 사주 내 상생 관계가 원활하면 기운의 흐름이 순조로워 매사에 막힘이 적고 순조롭게 진행되는 경향이 있다. 이는 주변의 도움을 받거나, 재능이 자연스럽게 발현되는 형태로 나타난다.
- 강화 작용: 특정 오행을 생하는 오행이 있으면 해당 오행의 기운이 강화된다. 이는 사주 내 약한 오행을 보강하거나, 강한 오행을 더욱 강하게 만들 수 있다.

② 상극(相剋) 관계 분석

- 견제와 조절: 적절한 상극 관계는 특정 오행의 과도한 기운을 견제하고 조절하여 사주의 균형을 맞춘다. 예를 들어, 너무 강한 火 기운을 水가 적절히 극하여 통제하는 것은 긍정적인 작용이다.
- 갈등과 어려움: 하지만 상극 관계가 과도하거나 불균형하게 나타나면 해당 오행이 상징하는 측면에서 갈등, 손상, 어려움 등이 발생할 수 있다. 예를 들어, 일간이 지나치게 극을 당하면 스트레스나 압박감이 심해질 수 있다.

③ 제(制)의 조절 메커니즘:

- 불균형 해소: 제는 사주 내 과다한 오행의 기운을 직접적으로 극하여 통제하는 것이다. 이는 사주의 불균형을 해소하고 안정적인 상태를 유지하는 데 필수적이다. 예를 들어, 木 기운이 너무 강해 土를 심하게 극하여 문제가 될 때, 金이 木을 제어함으로써 土를 보호하고 사주의 균형을 회복시킨다.
- 능동적 조절: 제는 단순한 극을 넘어, 오행 기운의 강약을 적절한 수준으로 조절하여 유용하게 활용할 수 있도록 돕는 능동적인 제어 작용이다.

④ 화(化)의 유연한 균형 조정

- 과도한 기운의 소통: 화는 사주 내 넘치는 오행의 기운을 직접적으로 극하

지 않고, 다른 오행으로 부드럽게 흐르도록 유도하여 문제를 해결하고 균형을 맞추는 가장 유연하고 지혜로운 방법이다. 이는 설기(泄氣)의 원리를 통해 이루어진다.

■ 순환적 조화: 예를 들어, 水 기운이 너무 강하여 火를 극하는 것이 문제일 때, 중간에 木을 두어 水生木, 木生火의 순환 상생 고리를 만들어 水의 기운을 木으로 설기하고, 그 木이 다시 火를 생하여 전반적인 기운의 흐름이 원활해지도록 돕는다. 이러한 화의 작용은 오행 간의 갈등을 완화하고, 기운의 정체 없이 생생불식(生生不息)의 상태를 유지하게 하는 핵심 메커니즘이다.

(3) 명리학적 해석과 조언 제공

생극제화의 분석을 통해 이 남명 사주의 특징과 잠재적 운세 흐름을 예측할 수 있다.

① 성격 및 심리 분석

■ 강한 金 기운: 주체성이 강하고 자존심이 높으며, 의리와 고집이 있다. 투쟁적이고 목표 지향적인 면모가 강하다.

■ 강한 火 기운[관살]: 매우 강한 책임감, 명예욕, 완벽주의 성향을 지닌다. 스스로에게 엄격하며, 사회적 압박이나 스트레스를 많이 받을 수 있다. 조직생활이나 규율에 적응하는 데 어려움을 겪을 수도 있다.

■ 金火 상극: 강한 자존심과 책임감이 충돌하여 내면적인 갈등이 심할 수 있다. 끓어오르는 열정과 강한 자아 사이에서 균형을 잡기 어려워할 수 있다.

■ 水/木 無氣: 재물(木)과 표현력/활동력(水)이 부족하다. 돈을 버는 재주나 사회적 표현력이 다소 약할 수 있으며, 유연한 사고나 감정 표현에 어려움을 겪을 수 있다.

② 운세의 흐름 예측

■ 불균형 심화: 강한 金과 火가 극하는 관계에서, 사주 원국에 이들을 조절할 土나 水 기운이 약하거나 없어 심각한 불균형을 이룬다.

■ 대운/세운의 중요성: 운에서 水 기운이 들어오면 강한 火 관살을 제어하고, 金의 기운을 설기하여(金生水) 사주의 균형을 잡는 데 큰 도움이 된다. 이는 학문, 지혜, 유연성, 활동력 측면에서 긍정적인 발전으로 이어진다.

■ 木 기운의 영향: 재성인 木이 들어오면 재물운이 생기지만, 강한 金 기운에 의해 쉽게 극을 당해 재물 손실이나 배우자와의 갈등으로 이어질 수 있다. 火 기운 또한 木을 설기(木生火)하여 더욱 강하게 만들 수 있으므로 주의가 필요하다.

■ 土 기운의 영향: 운에서 土 기운이 들어오면 약한 일지 辰土를 보강하여 金을 생하고, 강한 火를 설기하는 통관(通關)의 역할이 가능해진다. 이는 안정과 지혜를 더해줄 수 있다.

③ 건강 상태 진단 및 조언

■ 金: 폐, 대장, 뼈, 치아 관련 질환에 취약할 수 있다.

■ 火: 심장, 소장, 혈압, 시력 관련 질환, 스트레스성 질환에 취약할 수 있다.

■ 水/木 부족: 신장, 방광, 생식기(水)나 간, 담(木) 관련 질환에 대한 주의가 필요하다. 특히 강한 火와 金의 충돌로 인해 기혈 순환에 문제가 생기거나, 신경계통의 질환에 노출될 수 있다.

④ 삶의 질 향상을 위한 방향 제시

■ 용신(用神)의 필요성: 이 사주의 가장 시급한 문제는 강한 火 기운(관살)이 일간 庚金을 지나치게 제련하여 발생하는 압박과 스트레스다. 이를 조절하

기 위한 용신은 水가 될 수 있다. 水는 강한 火를 직접 극하여 제어하고, 동시에 강한 金 기운을 설기하여 에너지를 순환시킬 수 있기 때문이다.

- 직업 및 대인 관계 조언: 강한 관살은 조직 내에서 책임감 있는 역할을 하거나, 권위 있는 직업[군인, 경찰, 법조계, 전문기술직 등]에 적합할 수 있다. 그러나 개인의 스트레스 관리가 매우 중요하다. 부족한 水 기운을 보충하기 위해 유연한 사고방식, 대화와 소통을 통한 문제 해결, 그리고 휴식과 명상을 통한 정신 건강 관리가 필요하다.
- 재물 및 배우자 관계: 재성[木]이 약하고 극을 당하기 쉬우므로, 재물을 추구하는 방식에 신중해야 한다. 배우자와의 관계에서도 인내심과 유연함이 요구된다.

이를 통해 보면, 이 남명 사주는 강한 金과 火의 기운이 충돌하며 극심한 스트레스와 압박을 겪을 수 있는 형태다. 사주 내에 이 불균형을 해소할 오행[水, 강한 土]이 부족하여 운의 흐름에 따라 삶의 기복이 클 수 있다. 따라서 운에서 용신인 水 기운이 들어오는 시기를 잘 활용하고, 평소에도 부족한 오행의 기운을 보충하며, 심신을 안정시키고 유연성을 기르는 노력이 필요하다.

제4절 음양오행과 인간의 성향 및 운명

이 절에서는 오행이 인간의 성격 형성에 미치는 영향과 사주 명리학을 통한 운명의 예측 방법을 설명한다. 음양오행은 인간의 성격과 행동 패턴에 깊은 영향을 미치며, 각 오행의 특성에 따라 사람의 성향이 달라진다. 또한, 사주 명리학에서는 생년월일시를 통해 오행의 균형과 상호작용을 분석하여 개인의 운세 흐름을 예측한다. 이 절은 오행의 균형이 건강과 운세에 미치는 영향을 다루며, 이를 통해 개인은 자신의 삶의 방향성을 설정하고 발전 전략을 수립할 수 있다. 명리학적 상담과 실천적 조언은 개인의 문제 해결과 운명을 긍정적으로 변화시키는 데 도움을 준다.

1. 음양오행의 인간 성향에 대한 영향

음양오행은 단순한 미신적 분류가 아니라, 동양의 전통적인 자연철학과 우주론에 기반하여 인간의 성격과 행동 패턴에 깊이 있고 체계적인 영향을 미친다고 본다. 이러한 영향은 기(氣)의 유기적인 흐름과 상호작용이라는 학술적 근거를 바탕으로 설명된다.

1) 음양: 기(氣)의 대립적 상호작용과 성향 형성

음양은 우주 만물을 구성하는 근원적인 두 가지 대립적이면서도 상호 보완적인 기(氣)를 의미한다. 이 기는 형체가 없는 에너지 흐름이자 본질적인 이원성이다. 인간은 소우주로서 음양의 기운을 내재하며, 태어날 때 부여받는 음양의 상대적 강약과 조화가 개인의 기본적인 성향을 형성한다.

陽의 기운이 강한 경우, 이는 밝음, 활동성, 외향성, 적극성, 발산적 에너지 등의 특성으로 발현된다. 이러한 개인은 일반적으로 긍정적이고 활기차며, 리더십을 발휘하거나 새로운 일을 추진하는 데 능숙한 경향을 보인다. 사회적 활동에 적극적이며, 목표 지향적인 성향을 나타낸다. 의학적으로는 자율신경계 중 교감신경의 활성화와 연관 지어 설명될 수 있으며, 이는 스트레스 상황에서의 대응 방식이나 에너지 소모 패턴에도 영향을 미친다.

반면, 陰의 기운이 강한 경우, 차분함, 내향성, 수용성, 안정성, 수렴적 에너지 등의 특성이 두드러진다. 이러한 개인은 대체로 사려 깊고 신중하며, 타인의 감정을 잘 이해하고 공감하는 능력이 뛰어나다. 세부적인 분석과 계획 수립에 강점을 보이며, 평화롭고 조화로운 관계를 중시한다. 의학적으로는 부교감신경의 활성화와 관련될 수 있으며, 이는 휴식, 소화, 회복 등의 신체 기능과 연관된다.

인간의 성향은 어느 한쪽의 음양 기운만으로 단독 설명될 수 없다. 陰과 陽은 소장(消長)과 호근(互根)의 원리에 따라 끊임없이 변화하고 상호작용한다. 특정 기운이 강하더라도 반대 기운이 완전히 소멸하는 것이 아니라, 서로의 뿌리가 되어 존재하며[호근], 상황에 따라 그 기운의 강약이 변화한다[소장]. 이러한 역동적 균형은 개인의 복합적인 성격과 다면적인 행동 패턴을 설명하는 학술적 토대가 된다. 예를 들어, 외향적인 개인도 때로는 내면의 안정을 추구하고 사색에 잠기는 경향을 보이는 것처럼, 음양의 조화는 개인의 내면적 성숙과 유연성을 결정하는 중요한 요소이다.

2) 오행: 기氣의 구체적 발현과 성격 유형화

오행[木, 火, 土, 金, 水]은 음양의 기가 구체적인 형상과 속성으로 응결되어 나타나는 다섯 가지 물질적 에너지 형태를 의미한다고 볼 수 있다. 이 오행의 분포와 상호작용은 개인의 성격과 행동 패턴을 더욱 세분화하고 유형화하는 근거를 제공한다. 각 오행은 특정 장기, 감정, 색상, 맛 등과 연관되며, 이는 단순히 추상적인 개념을 넘어 인체의 생리적 및 심리적 기능과 연관되는 유기체적 관점에서 이해될 수 있다.

(1) 木의 기운이 강한 사람

① 특징: 木은 시작, 성장, 진취성, 창의력, 인내심, 추진력, 유연성 등을 상징하며, 봄의 기운처럼 뻗어나가는 성향이 강하다. 이는 생장 발달의 역동적인 에너지를 내포한다.

② 성향: 이러한 개인은 미래 지향적 사고를 지니며, 새로운 아이디어를 구상하고 실현하는 데 능숙하다. 진취적이고 개척 정신이 투철하여 변화와 발전을 선도하는

경향을 보인다. 그러나 때로는 융통성이 부족하거나 고집이 강할 수 있으며, 급한 성정을 드러내기도 한다. 생리적으로는 간과 담과 연관되어 스트레스에 취약하거나 감정 기복이 발생할 수 있다. 학술적으로는 기획력, 리더십, 성장 지향적 사고와 밀접하게 연관된다.

(2) 火의 기운이 강한 사람

① 특징: 火는 열정, 밝음, 확장, 리더십, 외향성, 직관력, 속도 등을 상징하며, 여름의 기운처럼 뜨겁고 활발한 특성을 지닌다. 이는 발산과 확산의 에너지를 대표한다.

② 성향: 활동적이고 적극적이며, 뛰어난 표현력을 바탕으로 사회적 교류에 능하며 사람들과 어울리기를 선호한다. 성격이 급하고 참을성이 부족할 수 있으며, 감정의 기복이 나타날 때도 있다. 생리적으로는 심장과 소장과 연관되어 순환기계 질환이나 신경계 문제에 취약성을 보일 수 있다. 학술적으로는 높은 에너지 수준, 사회적 상호작용 능력, 카리스마와 연관성이 깊다.

(3) 土의 기운이 강한 사람

① 특징: 土는 안정, 중화, 포용, 신뢰, 성실, 인내심, 조화 등을 상징하며, 계절의 중앙이자 환절기의 기운처럼 만물을 품고 중화시키는 특성을 지닌다. 이는 균형과 안정의 에너지를 나타낸다.

② 성향: 이러한 개인은 안정적이고 현실적인 사고방식을 가지며, 끈기 있고 믿음직한 태도를 보인다. 타인을 잘 이해하고 포용하는 능력이 뛰어나며, 집단 내에서 중재자 역할을 능숙하게 수행한다. 때로는 융통성이 부족하거나 변화에 대한 적응력이 둔감할 수 있다. 생리적으로는 비장과 위장과 연관되어 소화기계 질환이나 체

중 관리 문제에 취약성을 보일 수 있다. 학술적으로는 안정성, 관계 지향성, 신뢰성, 실용주의적 사고와 관련이 깊다.

(4) 金의 기운이 강한 사람

① 특징: 金은 결실, 수렴, 분석력, 규율, 원칙, 냉철함, 정의 등을 상징하며, 가을의 기운처럼 수렴하고 단단한 특성을 지닌다. 이는 절제와 완성을 의미하는 에너지이다.

② 성향: 논리적이고 분석적인 사고방식을 가지며, 규율과 원칙을 중시하는 경향이 있다. 결단력이 뛰어나고, 목표 달성을 위해 꾸준히 노력하는 모습을 보인다. 때로는 냉정하고 비판적이며, 인간관계에서 유연성이 부족할 수 있다. 생리적으로는 폐와 대장과 연관되어 호흡기계 질환이나 피부 문제에 취약성을 보일 수 있다. 학술적으로는 구조화된 사고, 문제 해결 능력, 분석적 추론 능력과 연관된다.

(5) 水의 기운이 강한 사람

① 특징: 水는 지혜, 유연성, 직관, 심오함, 변화, 소통, 통찰력 등을 상징하며, 겨울의 기운처럼 깊고 유동적인 특성을 지닌다. 이는 응축과 흐름의 에너지를 나타낸다.

② 성향: 지혜롭고 사려 깊으며, 통찰력이 뛰어나 사물의 본질을 꿰뚫어 보는 능력이 있다. 변화에 유연하게 대처하고 적응력이 좋으며, 깊은 사고를 통해 문제를 해결하려 한다. 때로는 소극적이거나 우유부단할 수 있으며, 감정 표현이 서툴 수 있다. 생리적으로는 신장과 방광과 연관되어 비뇨기계 질환이나 순환기계 문제에 취약성을 보일 수 있다. 학술적으로는 깊은 이해력, 적응성, 내성적 사고, 전략적 사고와 밀접한 관련이 있다.

3) 음양오행이 인간의 성격과 행동 패턴에 영향을 미치는 과정의 근거

음양오행이 인간의 성격과 행동 패턴에 영향을 미치는 과정은 다음과 같은 학술적 근거를 바탕으로 설명될 수 있다.

① 생체 에너지[氣]의 흐름: 동양의학에서 '기'는 생명 활동의 근원 에너지로, 인체 내 경락을 따라 순환한다. 오행은 이러한 기의 특정 형태를 대표하며, 사주팔자에 나타난 오행의 강약과 상호작용은 개인이 타고난 기의 불균형 또는 특이성을 나타낸다. 특정 오행 기운의 강약은 해당 기운과 관련된 장기(오장육부)의 기능에 영향을 미치고, 이는 다시 해당 장기와 연관된 감정 및 성향으로 발현된다. 예를 들어, 간[木]의 기운이 울체되면 분노나 짜증이 많아지고, 심장[火]의 기운이 과도하면 불안이나 조급함이 커지는 식이다.

② 생리적-심리적 연결: 각 오행은 특정 장기 및 그 장기의 생리적 기능과 연결된다. 예를 들어, 木은 간과 담, 火는 심장과 소장, 土는 비장과 위장, 金은 폐와 대장, 水는 신장과 방광과 연결된다. 이러한 장기들은 단순한 물리적 기관이 아니라, 정신적, 감정적 기능과 밀접하게 연관되어 있다. 즉, 타고난 오행의 불균형이 특정 장기의 기능적 특성을 유도하고, 이는 개인의 호르몬 분비, 신경전달물질의 균형, 자율신경계의 활성도 등에 영향을 미쳐 특정 성향이나 행동 패턴으로 나타날 수 있다는 설명이다.

③ 환경과의 상호작용: 음양오행은 고정된 운명을 의미하는 것이 아니라, 타고난 기질과 환경 간의 역동적인 상호작용을 강조한다. 태어난 시점의 오행 분포가 개인의 기본적 기질을 형성하지만, 살아가는 동안 접하는 외부 환경[대운, 세운]의 오행 기운이 끊임없이 사주 원국과 상호작용하며 개인의 성향과 행동에 영향을 미친다. 이는 기의 흐름이 고정된 것이 아니라, 외부 기와의 교류를 통해 변화하고 적응해나간다는 개념이다. 예를 들어, 부족한 오행 기운이 운에서 들어오면 그 오행과 관련

된 성향이 강화되거나 약점이 보완될 수 있다.

④ 경험적·관찰적 학문: 음양오행 이론은 수천 년에 걸친 동양인의 자연과 인간에 대한 심오한 관찰과 경험적 축적을 통해 발전해왔다. 복잡한 인간의 성격과 행동을 단순한 도식으로 설명하려는 시도이지만, 특정 유형의 사람들에게서 공통적으로 나타나는 기질적 특성을 효과적으로 분류하고 예측하는 데 사용되어 왔다. 따라서 빅5 이론이나 MBTI 등 현대 심리학의 성격 유형론과 유사하게 인간 본성의 다양성을 이해하고 개개인의 특성을 설명하는 하나의 패러다임으로 이해될 수 있다.

이처럼 음양오행은 단순히 추상적인 개념이 아니라, 생체 에너지의 흐름, 생리적-심리적 연결, 그리고 환경과의 역동적인 상호작용이라는 학술적 근거를 바탕으로 인간의 성격과 행동 패턴에 지대한 영향을 미친다고 설명할 수 있다. 이는 복잡한 인간 이해를 위한 하나의 중요한 틀을 제공한다.

2. 사주 명리학을 통한 운명 분석

사주 명리학은 개인의 생년월일시[四柱]를 기준으로 천간과 지지의 조합인 팔자(八字)를 도출하고, 이를 음양오행의 관점에서 분석하여 개인의 기질, 운세의 흐름, 주요 전환점 등을 예측하는 동양의 학술 체계이다. 이 과정은 단순한 점술적 행위를 넘어, 우주론적 원리가 인간의 삶에 어떻게 반영되는지를 탐구하는 학문적 접근을 포함한다.

1) 사주팔자 구성과 오행 분석의 기반

명리학에서 운명 분석은 개인의 사주를 명확히 구성하는 데서 출발한다. 사주는 개인이 태어난 년주(年柱), 월주(月柱), 일주(日柱), 시주(時柱)의 네 기둥을 의미하며, 각 기둥은 천간(天干)과 지지(地支)의 두 글자로 이루어져 총 여덟 글자를 형성한다.

이 여덟 글자 각각은 고유한 음양오행의 기운을 내포하고 있으며, 이들의 배합과 상호작용이 개인의 본질적 특성과 삶의 흐름을 결정짓는다고 본다.

① 일간(日干)의 중요성: 일주(日柱)의 천간, 즉 일간은 사주 분석의 핵심적인 기준점이 된다. 일간은 그 사람의 본질적인 오행 기운과 자아를 상징하며, 개인의 심리적 특성, 행동 양식, 그리고 외부 세계와의 상호작용 방식을 규정하는 가장 중요한 요소로 간주된다. 다른 일곱 글자들이 일간과 어떤 오행적 관계(상생, 상극, 비화 등)를 맺고 있는지를 파악함으로써, 개인의 내면적 기질과 외부 환경에 대한 반응 패턴을 심층적으로 해석할 수 있다. 이는 마치 생체 시스템의 핵심 조절 인자와 같이, 사주 전체의 역학적 균형을 조율하는 역할을 한다.

② 월령(月令)의 영향: 월주(月柱)의 지지, 즉 월령은 사주 원국 내 오행의 강약과 특성을 판단하는 데 있어 가장 결정적인 요인이다. 월령은 개인이 태어난 계절의 지배적인 기운을 나타내며, 이 기운은 사주팔자 내 모든 오행의 생(生)과 사(死), 왕(旺)과 쇠(衰)에 직접적인 영향을 미친다. 특정 오행이 월령으로부터 기운을 얻었는지[得令] 여부는 그 오행의 세력을 가늠하는 주요 기준이 된다. 이는 자연환경의 변화가 생명체의 성장과 소멸에 미치는 영향과 유사하게, 타고난 환경적 기운이 개인의 본질적 역량에 미치는 영향을 설명하는 핵심 개념이다.

③ 오행의 분포와 강약: 사주팔자를 통해 각 오행[木, 火, 土, 金, 水]의 수량적 분포를 일차적으로 파악한다. 그러나 단순한 수적 우세만을 의미하는 것은 아니다. 천간과 지지의 조합, 월령의 영향, 그리고 각 오행이 다른 오행과 맺는 관계(상생, 상극 등)를 종합적으로 고려하여 각 오행의 실제적인 강약 상태를 판단한다. 특정 오행의 과다(過多)는 해당 기운이 지나치게 강하여 사주 전체의 균형을 해칠 수 있음을, 불급(不及) 또는 부재(不在)는 해당 기운이 지나치게 약하거나 결핍되어 기능적

문제가 발생할 수 있음을 나타낸다. 이러한 오행의 불균형은 개인의 성향, 건강, 그리고 운세의 흐름에 직접적인 영향을 미치며, 명리학적 해석의 중요한 출발점이 된다. 이 과정은 시스템 이론에서 각 구성 요소의 상호작용과 전체 시스템의 안정성 분석에 비견될 수 있다.

2) 오행의 상호작용 분석: 생극제화의 원리

오행의 분포가 파악되면, 다음 단계는 생극제화(生剋制化)의 원리를 적용하여 사주 내 기운의 동태적인 흐름을 분석하는 것이다. 이는 단순한 정적 분석이 아닌, 오행 간의 역동적인 상호작용을 통해 길흉을 예측하는 핵심 과정이다.

① 상생(相生) 관계: 한 오행이 다른 오행을 생성하고 지원하는 긍정적인 관계를 의미한다. 사주 내 상생 관계가 원활하면 기운의 흐름이 순조로워 매사에 막힘이 적고 순조롭게 진행되는 경향이 있다. 이는 주변의 도움을 받거나, 재능이 자연스럽게 발현되는 형태로 나타난다.

② 상극(相剋) 관계: 한 오행이 다른 오행을 억제하고 통제하는 견제 관계를 의미한다. 적절한 상극 관계는 특정 오행의 과도한 기운을 견제하고 조절하여 사주의 균형을 맞춘다. 그러나 상극 관계가 과도하거나 불균형하게 나타나면 해당 오행이 상징하는 측면에서 갈등, 손상, 어려움 등이 발생할 수 있다.

③ 제(制)의 조절 메커니즘: 사주 내 과다한 오행의 기운을 직접적으로 극하여 통제하는 것을 의미한다. 이는 사주의 불균형을 해소하고 안정적인 상태를 유지하는 데 필수적이다. '제'는 오행 기운의 강약을 적절한 수준으로 조절하여 유용하게 활용할 수 있도록 돕는 능동적인 제어 작용이다.

④ 화(和)의 유연한 균형 조정: 넘치는 오행의 기운을 직접적으로 극하지 않고, 다

른 오행으로 부드럽게 흐르도록 유도하여 문제를 해결하고 균형을 맞추는 가장 유연하고 지혜로운 방법이다. 이는 설기(洩氣)의 원리를 통해 이루어지며, 오행 간의 갈등을 완화하고 기운의 정체 없이 생생불식(生生不息)의 상태를 유지하게 하는 핵심 메커니즘이다.

3) 운세의 흐름 파악: 대운, 세운, 용신의 적용

사주 명리학은 정적인 원국 분석을 넘어, 시간의 흐름에 따른 운세의 변화를 예측하는 데 중점을 둔다.

① 대운(大運)과 세운(歲運): 대운은 10년마다 바뀌는 큰 운의 흐름을, 세운은 매년 바뀌는 작은 운의 흐름을 의미한다. 외부에서 들어오는 대운과 세운의 오행 기운이 사주 원국의 오행들과 어떻게 상생, 상극, 제화하는지를 분석하여 개인의 운세 흐름, 길흉화복, 그리고 중요한 사건 발생 시기 등을 예측한다. 운에서 부족한 오행을 생해주거나 과도한 오행을 제화해주는 기운이 들어오면 긍정적인 운세가 기대된다.

② 용신(用神)의 결정: 사주 원국 내 오행의 불균형을 해소하고, 사주 전체의 기운 흐름을 조화롭게 이끄는 핵심적인 오행을 용신이라 한다. 용신은 사주가 필요로 하는 가장 중요한 기운으로, 운에서 용신이 들어오거나 용신을 돕는 기운이 들어올 때 개인의 운세는 긍정적으로 발현될 가능성이 높다. 용신을 찾는 과정은 명리학 분석의 가장 심오하고 중요한 단계이다.

③ 희신(喜神)과 기신(忌神): 용신을 돕는 오행은 희신(喜神)이라 하여 길한 영향을 미치고, 용신을 극하거나 사주의 불균형을 심화시키는 오행은 기신(忌神)이라 하여 흉한 영향을 미친다. 이러한 개념을 통해 운세의 좋고 나쁨, 그리고 특정 시기의 길흉을 구체적으로 예측한다.

4) 명리학적 분석을 통한 운명 이해와 실천적 조언

사주 명리학을 통한 운명 분석은 단순히 미래를 점치는 것을 넘어, 개인의 자기 이해를 심화하고 삶의 방향을 설정하는 데 실질적인 도움을 제공한다.

① 성향 및 심리 분석: 사주 내 오행의 분포와 생극제화 관계를 통해 개인의 타고난 성격, 기질, 심리적 특성을 심층적으로 이해할 수 있다. 이는 자신의 강점과 약점을 객관적으로 파악하고, 내면의 갈등 원인을 인지하는 데 기여한다.

② 진로 및 직업 적합성: 오행의 특성과 개인의 성향을 이해하는 것은 직업 선택에 있어서 중요한 요소가 된다. 자신의 타고난 기질과 가장 잘 맞는 직업 분야를 파악하여 잠재력을 최대한 발휘하고 만족스러운 직업적 성취를 이룰 수 있도록 조언한다.

③ 건강 관리: 오행은 인체의 오장육부와 연결되므로, 특정 오행의 불균형은 해당 장기나 신체 부위에 건강 문제를 야기할 수 있다. 명리학적 분석을 통해 질병의 잠재적 원인을 파악하고, 음식, 색상, 생활 습관 등을 통한 오행 균형 조절로 건강 관리에 대한 실천적 조언을 제공한다.

④ 인간관계 개선: 오행 간의 상생과 상극 관계는 대인 관계의 상호작용 방식을 설명한다. 자신과 타인의 오행 관계를 이해함으로써 갈등을 예방하고, 서로의 차이를 존중하며 원만한 인간관계를 유지하는 데 도움을 받을 수 있다.

⑤ 능동적인 삶의 자세 유도: 명리학적 분석은 운명이 고정된 것이 아니라, '기'의 흐름 속에서 변화하고 발전할 수 있음을 강조한다. 이를 통해 개인은 자신의 운명을 이해하고, 주어진 환경 속에서 능동적으로 선택하고 실천하여 삶의 질을 향상시킬 수 있는 지혜와 용기를 얻게 된다.

이와 같이, 사주 명리학을 통한 운명 분석은 음양오행이라는 우주론적 프레임을 통해 인간의 기질과 운세의 동태적 흐름을 체계적으로 이해하고, 이를 바탕으로 개인의 삶에 대한 심층적인 자기 이해와 실천적인 지침을 제공하는 학술적 접근이다.

3. 오행의 균형과 건강, 운세와의 관계

오행의 균형은 단순히 명리학적 해석을 넘어, 인체의 생리적 건강과 개인의 전반적인 운세 흐름에 직접적인 영향을 미치는 핵심적인 요소이다. 동양 철학에서 인간은 소우주(小宇宙)로 간주되며, 대우주의 음양오행 원리가 인체 내에서도 동일하게 작용한다고 본다. 따라서 오행 간의 조화로운 상호작용은 신체적, 정신적 건강을 유지하는 기반이 되며, 특정 오행의 불균형은 다양한 건강 문제와 운세의 기복을 초래할 수 있다.

1) 오행 불균형과 건강 문제 발생 원리

각 오행은 인체의 특정 장부(臟腑) 및 신체 부위와 긴밀하게 연결되어 있다. 오행의 균형이 깨지면, 그 불균형은 연결된 장부의 기능 이상으로 이어져 다양한 건강 문제를 야기한다. 이는 단순히 기운의 많고 적음을 넘어, 오행 간의 상생 및 상극 관계가 원활하게 이루어지지 않을 때 발생한다.

① 木 기운의 불균형 (간, 담): 木 기운이 너무 강하거나 약하면 간과 담 기능에 영향을 미친다. 이는 스트레스, 분노 조절의 어려움, 눈의 피로, 근육 경련, 소화 불량 등의 증상으로 나타날 수 있다.

② 火 기운의 불균형 (심장, 소장): 火 기운의 과다 또는 부족은 심장과 소장의 기능에 문제를 일으킨다. 심혈관계 질환, 고혈압, 불면증, 불안감, 신경계통의 과민 반응 등이 발생하기 쉽다.

③ 土 기운의 불균형 (비장, 위장): 土 기운의 불균형은 비장과 위장의 소화 흡수 기능에 영향을 미친다. 소화 불량, 위장 장애, 만성 피로, 부종, 당뇨, 면역력 저하 등으로 이어질 수 있다.

④ 金 기운의 불균형 (폐, 대장): 金 기운이 과다하거나 약하면 폐와 대장 기능에 문제가 발생한다. 호흡기 질환(천식, 알레르기), 피부 질환, 변비, 우울감, 면역력 저하 등이 나타날 수 있다.

⑤ 水 기운의 불균형 (신장, 방광): 水 기운의 불균형은 신장과 방광 기능에 직접적인 영향을 미친다. 비뇨기계 질환, 부종, 골격계 문제, 피로, 무기력감, 두려움이나 불안감 등이 생길 수 있다.

이러한 건강 문제는 단순히 특정 오행의 양적 문제뿐 아니라, 오행 간의 상생 관계가 약화되거나 상극 관계가 지나치게 강해질 때 더욱 심화될 수 있다. 예를 들어, 火 기운이 지나치게 강하면 金을 녹여 폐와 대장 기능에 영향을 미칠 수 있으며, 이는 상극의 과도한 작용으로 인한 건강 문제로 해석된다.

2) 오행 균형과 운세 요소의 연관성

오행의 균형 상태는 개인의 운세, 특히 재물운, 인간관계, 직업적 성공 등 다양한 삶의 영역에 복합적으로 영향을 미친다. 각 오행은 특정 운세 요소를 상징하며, 이들의 조화가 곧 운세의 원활한 흐름을 의미한다.

① 재물운과 오행 균형: 재물은 주로 재성(財星)에 해당하며, 이는 일간이 극하는 오행에 해당한다. 사주 내 재성의 유무와 강약, 그리고 재성을 생하는 식상(食傷)의 유무, 재성을 극하는 비겁(比劫)의 강약 등이 재물운을 결정하는 주요 요소가 된다. 오행의 균형이 잘 잡혀 있으면 재물을 안정적으로 축적하고 관리하는 능력이 뛰어

나며, 재물의 흐름이 원활해진다. 반면, 재성이 너무 약하거나, 이를 극하는 기운이 강하면 재물 손실이나 경제적 어려움을 겪을 수 있다.

② 인간관계와 오행 균형: 인간관계는 사주 내 십신(十神)의 조합과 오행 간의 생극제화 관계를 통해 파악된다. 비견(比肩), 겁재(劫財)는 형제나 친구 관계, 식상(食傷)은 아랫사람이나 표현력, 재성(財星)은 배우자나 이성 관계, 관살(官殺)은 직장 상사나 사회적 관계, 인성(印星)은 부모나 윗사람 관계를 상징한다. 오행이 조화롭게 균형을 이루면 다양한 유형의 사람들과 원만한 관계를 형성하고 유지하는 능력이 뛰어나다. 특정 오행의 불균형은 가족, 친구, 배우자 등과의 관계에서 갈등이나 어려움을 초래할 수 있다.

③ 직업적 성공과 오행 균형: 직업적 성공은 주로 관성(官星)과 인성(印星), 그리고 일간의 강약과 용신(用神)의 유무에 따라 좌우된다. 관성은 사회적 명예, 직책, 리더십을, 인성은 학문, 지혜, 전문성을 상징한다. 사주 내 오행의 균형이 잘 잡혀 있으면 자신의 역량을 충분히 발휘할 수 있는 직업을 선택하고, 조직 내에서 안정적으로 성장하며, 사회적 인정을 받는 데 유리하다. 반대로 특정 오행의 불균형은 직업 선택의 혼란, 직장 내 갈등, 승진의 어려움 등으로 나타날 수 있다.

④ 전반적인 운세의 길흉: 오행의 균형은 개인의 삶 전반에 걸친 운세의 길흉을 판단하는 중요한 기준이 된다. 사주 내 오행이 조화롭게 배치되어 있다면, 어려움이 닥쳐도 이를 극복할 수 있는 힘이 있고, 기회가 찾아왔을 때 이를 활용할 수 있는 능력이 있다. 이는 '기'의 흐름이 원활하여 에너지가 막힘없이 순환하는 상태와 유사하다. 반면, 오행의 불균형이 심하면 삶의 기복이 심하고, 예상치 못한 어려움에 직면하기 쉬우며, 잠재력을 충분히 발휘하기 어려울 수 있다.

3) 운명 조절과 오행 균형의 중요성

명리학적 관점에서 오행의 균형은 고정된 상태가 아니라, 개인의 노력과 외부 운[대운, 세운]의 영향을 통해 조절될 수 있는 역동적인 개념이다. 사주 내 부족한 오행을 보충하거나 과도한 오행을 설기(洩氣)하는 방식은 개인의 삶의 질을 향상시키고 운세를 긍정적인 방향으로 이끄는 중요한 방법이 된다. 이는 음식, 색상, 거주 환경, 직업 선택, 심지어는 인간관계에서의 태도 변화 등을 통해 실천될 수 있다. 궁극적으로 오행의 균형은 단순히 길흉화복을 예측하는 것을 넘어, 개인이 건강하고 조화로운 삶을 영위하도록 돕는 실천적 지침을 제공하는 데 의의가 있다.

4. 음양오행을 활용한 자기 이해와 삶의 방향 설정

음양오행의 원리를 이해함으로써, 개인은 자신의 강점과 약점을 파악할 수 있다. 이를 토대로 삶의 방향성을 설정하고, 자기 개발 및 목표 달성을 위한 전략을 수립할 수 있다.

① 음양오행을 활용한 자기 이해의 방법은 다음과 같다.

※ 자신의 음양 기운 파악: 자신의 성격, 감정, 행동 패턴 등을 분석하여 陰과 陽 중 어떤 기운이 강한지 파악한다.

※ 자신의 오행 파악: 자신의 강점과 약점, 선호하는 활동, 건강 상태 등을 분석하여 어떤 오행의 기운이 강하거나 약한지 파악한다.

※ 음양오행의 조화: 자신의 음양오행 기운을 균형 있게 조절하여 건강하고 조화로운 삶을 추구한다.

② 음양오행을 활용한 삶의 방향 설정 방법은 다음과 같다.

※ 자신의 강점과 약점 파악: 음양오행은 인간의 성격, 강점, 약점, 행동 패턴 등 다양한 측면을 분석하는 데 유용하다. 오행은 金, 木, 火, 水, 土의 다섯 가지

요소로 구성되며, 각 요소는 특정 성향과 관련이 있다. 예를 들어, 木은 창의력과 성장, 火는 열정과 리더십, 水는 지혜와 직관, 金은 규율과 분석력, 土는 안정과 신뢰를 나타낸다. 자신의 오행 특성을 파악함으로써 강점을 살리고, 약점을 보완할 수 있는 방향을 설정할 수 있다. 예를 들어, 木의 기운이 강한 사람은 창의적이고 혁신적인 아이디어를 잘 낼 수 있으므로 이를 더욱 발휘할 수 있는 분야에서 활동을 강화할 수 있다. 반면, 火의 기운이 강한 사람은 과도한 열정으로 지나치게 압박감을 느낄 수 있으므로 이를 조절하고 안정감을 찾을 수 있는 방법을 모색해야 한다.

※ 자신에게 맞는 직업 선택: 오행의 특성과 개인의 성향을 이해하는 것은 직업 선택에 있어서 중요한 요소가 된다. 각 오행은 특정 분야와 연관성이 있으며, 이를 고려하여 직업을 선택하는 것이 자신의 적성과 역량을 최대한 발휘할 수 있는 방법이다. 예를 들어, 水의 기운이 강한 사람은 상담, 연구, 교육 등 지식과 직관을 활용하는 직업에서 뛰어난 성과를 낼 수 있다. 火의 기운이 강한 사람은 리더십과 추진력이 중요한 직업, 예를 들어 경영, 마케팅, 창업 등에 적합할 수 있다. 또한, 金의 기운이 강한 사람은 규칙적이고 분석적인 업무에 강점이 있으며, 금융, 법률, 기술 분야에서 두각을 나타낼 수 있다. 이처럼, 자신의 오행을 바탕으로 직업을 선택하는 것은 개인의 잠재력을 최대화하고, 만족스러운 직업적 성취를 이끌어낼 수 있는 방법이다.

※ 인간관계 개선: 음양오행의 관점에서 인간관계는 상생과 상극의 원리를 통해 이해할 수 있다. 각 오행은 상생 관계와 상극 관계를 형성하며, 이들 간의 관계를 이해함으로써 원만한 인간관계를 유지할 수 있다. 예를 들어, 木은 火를 생하고, 火는 土를 생하는 반면, 金은 木을 제약하고, 水는 火를 제약하는 상극 관계를 가진다. 따라서 자신과 타인의 오행 관계를 파악하면 갈등을 예방

하고 원활한 관계를 유지할 수 있다. 예를 들어, 金의 기운이 강한 사람이 木의 기운이 강한 사람과의 관계에서 갈등을 겪을 수 있음을 인식하고, 서로의 차이를 이해하고 존중하는 태도를 취하는 것이 중요하다. 또한, 타인의 오행을 고려한 소통 방식이나 협업 방법을 찾는 것도 긍정적인 인간관계를 구축하는 데 도움이 된다.

※ 건강 관리: 오행은 신체 건강과 밀접한 관계가 있다. 각 오행은 특정 신체 부위와 관련이 있으며, 이를 통해 건강을 관리하는 방법을 설정할 수 있다. 예를 들어, 木은 간과 관련이 있으며, 간 기능이 약한 사람은 스트레스나 과로로 인해 건강 문제가 발생할 수 있다. 이러한 사람은 규칙적인 운동과 더불어 간 기능을 강화하는 식습관을 유지하는 것이 중요하다. 火는 심장과 소장과 관련이 있으며, 과도한 火의 기운이 강한 사람은 과열 상태가 되어 심혈관계 질환에 취약할 수 있다. 이 경우, 차가운 음식과 수분을 보충하고, 스트레스를 줄이기 위한 명상이나 이완 운동이 도움이 될 수 있다. 水는 신장과 관련이 있으며, 水의 기운이 부족한 사람은 체내 수분 부족으로 인해 피로감이나 신장 질환을 겪을 수 있다. 水의 기운을 보강하기 위해서는 수분을 충분히 섭취하고, 신장에 좋은 음식을 섭취하는 것이 중요하다. 金은 폐와 관련이 있으며, 金의 기운이 부족한 사람은 호흡기 질환에 취약할 수 있다. 金의 기운을 강화하기 위해서는 심호흡 운동이나 청정한 공기를 유지하는 것이 좋다. 土는 비장과 위장과 관련이 있으며, 土의 기운이 약한 사람은 소화기 질환에 취약할 수 있다. 이 경우, 규칙적인 식사와 소화에 좋은 음식을 섭취하는 것이 중요하다. 따라서 자신의 오행 특성에 맞는 음식, 운동, 생활 습관 등을 통해 건강을 관리하는 것은 음양오행의 균형을 유지하고, 신체적, 정신적 안정을 도모하는 데 중요한 역할을 한다.

5. 명리학적 상담과 실천적 조언

명리학을 기반으로 한 상담은 개인의 삶에 실질적인 도움을 제공하며, 문제 해결과 의사 결정에 유용한 정보를 제공한다. 실천적 조언을 통해 개인은 자신의 운명을 긍정적으로 변화시키는 데 필요한 지침을 얻을 수 있다. 명리학적 상담과 실천적 조언은 개인의 타고난 운명과 성향을 분석하여 현재 상황에 대한 이해를 돕고, 미래에 대한 예측과 대비를 가능하게 하는 상담 방식이다.

① 명리학적 상담의 핵심

※ 사주팔자 분석: 태어난 연월일시를 바탕으로 사주팔자를 분석하여 개인의 타고난 성격, 운명, 강점과 약점을 파악한다. 오행(목화토금수)의 균형과 조화를 통해 운의 흐름을 해석한다.

※ 운의 흐름 파악: 대운, 세운, 월운 등 시간의 흐름에 따른 운의 변화를 예측하고, 이에 대한 대비책을 제시한다. 길흉화복을 예측하여 긍정적인 방향으로 나아갈 수 있도록 조언한다.

※ 개인 맞춤형 상담: 개인의 상황과 고민을 깊이 있게 경청하고, 맞춤형 상담을 제공한다. 진로, 재물, 건강, 인간관계 등 다양한 분야에 대한 상담이 가능한다.

② 실천적 조언의 중요성

명리학적 상담은 단순히 운명을 예측하는 것에 그치지 않고, 다음과 같은 실천적 조언을 통해 삶의 질을 향상시키는 것을 목표로 한다.

※ 강점 활용 및 약점 보완: 타고난 강점을 최대한 활용하고, 약점을 보완할 수 있는 방법을 제시한다. 개인의 성향에 맞는 직업, 취미, 인간관계 등을 추천한다.

※ 긍정적인 마음가짐 유지: 운의 흐름을 이해하고 긍정적인 마음가짐을 유지하도록 격려한다. 어려운 시기를 극복하고 행복한 삶을 살아갈 수 있도록 지지한다.

※ 능동적인 삶의 자세: 운명에 순응하기보다는 능동적으로 삶을 개척해 나갈 수 있도록 조언한다. 자신의 잠재력을 최대한 발휘하고 목표를 달성할 수 있도록 돕는다.

③ 명리학 상담 시 유의사항

※ 음양오행은 절대적인 기준이 아니므로 맹신하지 않고 참고 자료로 활용하는 것이 중요하다. 음양오행은 동양철학의 중요한 이론 중 하나로, 인간의 삶과 우주적 원리를 설명하는 데 유용한 틀을 제공하지만, 절대적인 기준으로 삼는 것은 바람직하지 않다. 음양오행은 복잡한 인간의 삶과 성격을 설명하는 한 가지 관점에 불과하며, 이를 맹목적으로 따를 경우 개인의 자유 의지나 환경적 요인을 간과할 수 있다. 예를 들어, 오행이 특정한 성향을 나타낸다고 하여 그 성향이 반드시 모든 상황에서 나타나는 것은 아니며, 개인의 경험, 교육, 환경 등 여러 요소가 성격과 행동에 영향을 미친다. 따라서 음양오행을 활용할 때는 이를 하나의 참고 자료로 삼고, 자기 자신과 주변 환경을 깊이 이해하는 데 보조적인 도구로 사용하는 것이 중요하다.

※ 음양오행을 통해 자신을 이해하고 삶의 방향을 설정하는 것은 꾸준한 자기 성찰과 노력이 필요하다. 음양오행은 자기 이해와 삶의 방향 설정에 중요한 도움을 줄 수 있지만, 이를 효과적으로 활용하기 위해서는 지속적인 자기 성찰과 노력이 필요하다. 음양오행은 단순히 외적인 성향이나 특성을 분석하는 데 그치지 않고, 내적인 변화와 성장에 대한 지속적인 작업을 요구한다. 예를 들어, 자신의 오행 중 어느 기운이 강하거나 약한지를 파악한 후, 그에 맞는

개선 작업을 지속적으로 해야만 진정한 변화가 이루어질 수 있다. 또한, 음양의 균형을 맞추려면 끊임없는 조정과 실천이 필요하며, 이는 단기적인 노력이 아니라 장기적인 자기 발전 과정으로 접근해야 한다. 이 과정에서 명상, 자기 반성, 실생활에서의 실천이 병행되어야 한다.

※ 음양오행은 미신이 아닌 동양철학의 중요한 이론이다. 음양오행은 미신이 아니라, 오랜 역사와 전통을 자랑하는 동양철학의 근본적인 이론이다. 이 이론은 자연과 인간 사회의 모든 현상은 음양의 상호작용과 오행의 변화에 의해 이루어진다고 보는 세계관에서 출발한다. 음양오행 이론은 주로 고대 중국에서 발전하였으며, 이를 바탕으로 다양한 철학적, 의학적, 심리학적 접근이 이루어졌다. 특히, 의학 분야에서는 음양오행을 통해 건강과 질병의 원인을 설명하고, 치료법을 제시하였다. 또한, 음양오행은 주역, 사주명리학, 풍수지리 등 동양의 다른 철학적 체계와 밀접하게 연관되어 있으며, 이들 이론이 서로 보완적으로 작용한다. 따라서 음양오행을 단순한 미신이나 근거 없는 믿음으로 치부하기보다는, 그 철학적, 이론적 기초를 이해하고 현대적 맥락에서 적용할 수 있는 지혜로 보는 것이 중요하다.

【부록 ②】 천간과 지지의 체계

본 부록은 지면의 한계로 이해, 이 책의 다음 권인 『명리학 이론의 구조 이해(2권)』의 내용 중에서 제3장인 "천간과 지지의 체계"를 참고하여 정리한 것이다. 2권의 제3장은 명리학의 골격이자 정수인 천간(天干)과 지지(地支)의 체계를 심도 있게 탐구하기 위해 마련되었는데, 여기서는 명리학을 기철학(氣哲學)에 기반한 우주론적 인간학(Cosmic Anthropology)으로 접근하여, 그 핵심 구성요소인 천간과 지지)의 구조와 역할을 학술적으로 해명하는 데 소기의 목적을 둔다.

천간과 지지는 동아시아 사유 체계의 근간인 음양오행설이 시공간적 좌표 위에서 어떻게 구체화되는지를 보여주는 기호학적 시스템이다. 천간이 하늘의 순수 기(氣)로서의 형이상학적 질서를 표상한다면, 지지는 땅의 순환 법칙으로서 현실 세계의 구체적 조건을 규정한다.

따라서 먼저 천간과 지지를 각각 독립된 기의 표상으로서 분석하고, 이어서 지지 내부에 잠재된 기의 다층적 구조인 지장간(地藏干)의 원리를 간략하게 구조화한다. 마지막으로, 이들 개별 요소가 상호 관계 속에서 어떻게 역동적인 '관계의 동학(動學)'을 형성하는지 합(合), 충(沖), 형(刑) 등의 상호작용 이론을 통해 규명할 것이다. 이를 통해 사주팔자라는 텍스트가 한 개인의 운명을 결정론적으로 예단하는 도구가 아니라, 부여된 천명(天命)의 구조적 특성을 이해하고 주체적 삶의 가능성을 모색하게 하는 해석학적 체계임을 논증하고자 한다.

1. 천간과 지지의 본질: 기(氣)의 분화와 시공간적 구현

명리학의 체계는 천지(天地)의 기운이 개별자(個別者)의 삶에 각인되는 메커니즘을 설명하는 데서 출발한다. 천간은 시간의 흐름 속에서 변화하는 하늘의 기운, 즉 천기(天氣)의 10단계 분화를, 지지는 계절의 순환이라는 땅의 법칙, 즉 지기(地氣)의

12가지 형태를 상징한다. 이 둘의 조합은 우주적 질서가 개별 운명으로 구현되는 최초의 관문이다.

1) 천간(天干): 천기(天氣)의 분화와 형이상학적 표상

천간은 순수 기(氣)의 동적인 측면, 즉 용(用)을 대표한다. 이는 정신적, 추상적 차원에서 개인의 의지와 사회적 활동의 방향성을 규정하는 10가지 원형적 에너지라고 표현할 수 있다.

(1) 10천간의 기철학적 분석

① 갑(甲): 陽木으로서, 혼돈 속에서 만물이 시생(始生)하는 최초의 동력이며, 수직적 상승성과 독립적 자아의 확립을 지향하는 기운으로 규정된다. 이는 '창조적 파열'의 에너지를 내포한다.

② 을(乙): 陰木으로서, 甲에 의해 시작된 생명력이 현실의 조건에 적응하며 수평적으로 확산하는 에너지이다. '관계 지향적 생존'과 유연한 확산성을 본질로 한다.

③ 병(丙): 陽火로서, 木의 상승 운동이 정점에 달해 그 에너지를 외부로 남김없이 발산하는 상태를 표상한다. 이는 '존재의 전면적 개시(開示)'이며, 공적이고 보편적인 영향력을 의미한다.

④ 정(丁): 陰火로서, 丙의 확산 에너지가 내부로 응축되어 문명적 정수(精髓)로 질적 전환을 이룬 상태이다. '내면화된 열정'과 정신적 가치의 심화를 상징한다.

⑤ 무(戊): 陽土로서, 火의 극성기를 지나 기운이 안정화되고 중재되는 상태이다. 광활한 공간성과 포용력으로 '변화의 완충지대' 역할을 하며, 시공간적 기준점을 제공한다.

⑥ 기(己): 陰土로서, 戊의 공간에 구체적인 형태와 효용성을 부여하는 실질적 토대이다. '생산과 양육'을 위한 구체적인 물적 기반을 상징한다.

⑦ 경(庚): 陽金으로서, 발산에서 수렴으로 운동 방향이 전환되는 변혁의 기운이다. '분리와 숙살(肅殺)'을 통해 기존의 질서를 재편하고 새로운 가치를 창출하는 혁명적 에너지를 의미한다.

⑧ 신(辛): 陰金으로서, 庚의 거친 숙살 작용을 거쳐 남은 핵심적 결과물이다. 극도의 정밀함과 날카로움을 통해 '가치의 완성'과 본질의 구현을 상징한다.

⑨ 임(壬): 陽水로서, 金의 수렴 운동을 통해 응축된 에너지를 다시 내부로 저장하는 단계이다. '지혜의 심연(深淵)'과 모든 가능성을 내포한 혼돈의 상태를 표상한다.

⑩ 계(癸): 陰水로서, 壬에 저장된 생명의 원천이 새로운 시작(甲木)을 위해 분출되는 최종 단계이다. '생명의 잉태'를 위한 가장 순수한 자양분으로 작용한다.

(2) 지지(地支): 지기(地氣)의 순환과 시공간적 구현

지지는 천간의 추상적 기운이 발현되는 현실적 무대, 즉 체(體)를 대표한다. 이는 계절의 순환이라는 시간적 질서와 방위라는 공간적 질서가 통합된 12개의 시공간적 조건이다. 지지의 구조는 사맹(四孟), 사왕(四旺), 사고(四庫)로 이해할 수 있는데, 다음과 같다.

① 사맹(四孟) - 寅, 申, 巳, 亥: 각 계절을 여는 '시작'의 에너지. 역마(驛馬)의 성정을 지녀 변화와 이동, 새로운 사건의 발단을 주도한다. 이전 계절의 기운을 마무리하고 새로운 계절의 기운을 생(生)하는 이중성을 내포한다.

② 사왕(四旺) - 子, 午, 卯, 酉: 각 계절의 중심에서 가장 순수하고 왕성한 기운을

표상한다. 도화(桃花)의 성정을 지녀 자기중심성이 강하고, 해당 오행의 특성을 가장 순수하게 드러내며, 타협하지 않는 강력한 주체성을 상징한다.

③ 사고(四庫) - 辰, 戌, 丑, 未: 각 계절을 마무리하고 다음 계절로 에너지를 넘겨주는 '저장'과 '변환'의 공간. 화개(華蓋)의 성정을 지니며, 복잡하고 다층적인 기운(雜氣)을 내포하여 '만물의 창고'라 불린다. 형(刑)이나 충(沖)을 만날 때 그 안에 저장된 기운이 발현(개고, 開庫)되는 극적인 변화의 잠재력을 지닌다.

(3) 육십갑자(六十甲子): 천지 기운의 순환 주기와 개별화

육십갑자는 양간(陽干)은 양지(陽支)와 결합하고, 음간(陰干)은 음지(陰支)와 결합하는 원리에 따라 구성되는 60개의 고유한 간지 조합이다. 이는 천기[10]와 지기[12]가 최소공배수의 주기로 만나 하나의 완전한 순환[一元]을 이루는 구조이다. 사주팔자는 이 육십갑자라는 기호 체계를 통해, 보편적 우주 질서가 한 개인의 출생이라는 특정 시공간 좌표 위에서 어떻게 '개별화'되고 '특수화'되는지를 해독하는 분석 틀이다.

2. 지장간(地藏干): 지지에 내재된 기의 다층성과 잠재성

지지(地支)를 단일한 오행으로 간주하는 것은 현실의 복잡성을 간과하는 오류를 낳는다. 지장간 이론은 각 지지가 단일한 기운이 아닌, 과거-현재-미래의 기운이 공존하는 다층적 '소우주(microcosm)'임을 밝힘으로써 사주 해석에 심도를 더하는 핵심 이론이다.

1) 지장간의 구조: 여기(餘氣), 중기(中氣), 정기(正氣)의 삼층적 분석

지장간은 계절의 순환 과정에서 나타나는 기의 관성, 변이, 그리고 본질을 체계적으로 설명한다.

① 여기(餘氣): 선행(先行)하는 계절의 주된 기운(旺氣)이 관성적으로 남아있는 에너지. 이는 운명의 연속성과 과거로부터 자유롭지 못한 인간의 조건을 상징한다.

② 중기(中氣): 계절의 변화 과정에서 이질적(異質的) 오행이 개입하여 발생하는 변이적 에너지. 이는 숨겨진 가능성, 잠재된 갈등, 그리고 미래의 변화를 암시하는 복선(伏線) 역할을 한다.

③ 정기(正氣): 해당 지지의 본질적 정체성을 규정하는 핵심 에너지. 월지(月支)의 정기는 사주 전체의 격국(格局)을 결정하는 가장 중요한 인자가 된다.

2) 암장론(暗藏論): 잠재태(潛在態)의 현실화 기제 분석

암장론은 지장간에 숨겨진 잠재태(potentiality)가 어떠한 조건 하에서 현실태(actuality)로 발현되는가를 분석하는 해석 기법이다.

① 투출(透出)과 통근(通根): 지장간에 숨어있는 천간이 사주 원국의 천간에 드러나는 것을 '투출'이라 하며, 이는 잠재된 성향이나 재능이 사회적으로 공인되고 발현됨을 의미한다. 반대로 천간의 기운이 지지의 지장간에 뿌리를 내리는 것을 '통근'이라 하며, 이는 정신적 의지가 현실적 기반을 얻어 실현될 수 있음을 뜻한다. 투출과 통근은 잠재성과 현실성 사이의 상호작용을 설명하는 핵심 개념이다.

② 암합(暗合)과 암충(暗沖): 지장간 내부에서 일어나는 보이지 않는 합(合)과 충(沖). 이는 외부로 드러나지 않는 비밀스러운 관계, 내면의 심리적 갈등, 그리고 예기치 못한 사건의 숨겨진 원인을 설명하는 중요한 단서가 된다.

③ 개고(開庫)와 입묘(入墓): 사고(四庫)의 지지가 형(刑)이나 충(沖)을 만나 그 속의 지장간이 튀어나오는 것을 '개고'라 한다. 이는 억압되었던 잠재력이 폭발적으로

발현되거나, 숨겨진 재물이나 명예를 얻는 극적인 변화를 의미한다. 반대로 해당 오행이 자신의 묘지(墓地)인 사고(四庫)의 운을 만나면 그 활동성이 급격히 위축되는 '입묘' 현상이 나타난다.

지장간 이론은 사주가 고정된 명(命)이 아니라, 수많은 가능성의 씨앗을 품고 있는 '잠재성의 장(場)'임을 보여준다. 이 잠재성은 운(運)의 흐름과의 동적인 상호작용을 통해 비로소 그 모습을 드러낸다.

3. 간지 상호작용의 관계론적 역학(力學)

간지는 고립된 실체가 아니라, 합(合), 충(沖), 형(刑) 등 복잡한 관계망 속에서 그 의미가 규정된다. 간지의 상호작용은 운명의 변화와 사건의 발생을 추동하는 구체적인 동력(動力)이며, 이를 분석하는 것은 사주 해석의 최종 단계에 해당한다.

1) 결합의 논리: 합(合)과 방(方)의 구조적 분석

결합은 안정과 세력의 형성을 통해 운명의 방향성에 강력한 영향을 미친다.

(1) 합(合) - 이질적 요소의 화학적 결합

① 천간합(天干合): 정신적, 이념적 통합을 지향한다. 월령(月令)의 기운을 얻고 합화(合化)된 오행이 투출하는 등의 엄격한 조건이 충족될 때 새로운 오행으로 질적 변화[化生]하지만, 그렇지 못할 경우 두 천간이 본래의 기능을 상실하고 묶이는 합반(合絆) 상태에 머문다.

② 지지 삼합(三合): 특정 목적[木, 火, 金, 水]을 위해 결성된 이념적, 사회적 연대. 이는 계절의 생(生)-왕(旺)-묘(墓)라는 시간적 사이클을 완결시키려는 운동으로, 강력한 추진력과 목적 지향성을 갖는다.

(2) 방(方) - 동질적 요소의 물리적 집합

① 지지 방합(方合): 방위와 계절을 같이하는 동질적 기운의 연합. 혈연, 지연과 같은 배타적이고 순수한 세력의 결집체이다. 삼합에 비해 목적성은 약하지만, 현실적인 세력의 크기와 응집력은 더욱 강력하다.

2) 갈등과 변혁의 동학(動學): 충(沖), 형(刑), 파(破), 해(害)

갈등은 파괴와 고통을 수반하지만, 정체된 상태를 깨고 새로운 질서를 창조하는 변혁의 핵심 동력이다.

(1) 충(沖) - 대대적(對待的) 관계의 극단적 발현

정반대 기운의 정면충돌로, 가장 즉각적이고 가시적인 변화를 야기한다. 이는 기존 구조의 '파괴'인 동시에, 사고(四庫)를 열어 새로운 가능성을 여는 '창조'의 이중성을 지닌다. 충은 사주 내의 병(病)이 되는 기신(忌神)을 제거하는 약(藥)의 역할을 하기도 한다.

(2) 형(刑)

조정을 통한 내적 재구성 과정: 충이 외과적 수술이라면, 형은 지속적인 물리치료와 같다. 이는 끊임없는 마찰, 조정, 형벌, 수술 등의 고통을 통해 한 단계 높은 차원으로 성장하거나 혹은 파멸에 이르는 과정을 상징한다.

① 인사신(寅巳申) 삼형: 생지(生地)의 역동성이 충돌하며 발생하는 권력 남용과 배신의 인과율을 나타낸다.

② 축술미(丑戌未) 삼형: 동류(同類)인 토(土)가 서로의 세력을 믿고 다투는 것으로, 내적 자만과 불화의 과정을 보여준다.

③ 자형(自刑 - 辰辰, 午午, 酉酉, 亥亥): 왕성한 기운이 스스로를 제어하지 못해 발생하는 자기 파괴적 과정. 강박, 중독, 편집증 등 내면의 갈등이 주된 양상이다.

(3) 파(破)와 해(害) - 관계망의 미시적 균열

① 파(破): 완성 직전의 상태, 혹은 안정된 합(合)의 관계를 깨뜨리는 '불협화음'의 에너지. 신뢰의 파괴와 계획의 좌절을 야기한다.

② 해(害): 합(六合)을 방해하는 기운으로, 시기, 질투, 오해 등 '상호 저해' 작용을 통해 관계의 단절과 고립을 유발한다.

이상에서 살펴본 바와 같이, 천간과 지지의 체계는 단순한 운명 예측 도구를 넘어, 기(氣)의 생성과 변화라는 동아시아의 우주론적 사유가 인간의 삶 속에서 어떻게 구현되는지를 보여주는 정교한 해석학적 체계이다. 사주팔자는 결정론적 설계도가 아니라, 합(合)과 충(沖)이라는 상호 모순적인 힘들이 공존하며 끊임없이 상호작용하는 '가능성의 장(場)'이다.

따라서 명리학적 분석의 궁극적 목표는 길흉을 단정하는 것이 아니라, 한 개인이 부여받은 운명의 구조적 특성, 즉 강점과 약점, 잠재성과 한계를 명료하게 '해명'하는 데 있다. 이러한 구조적 자각(自覺)을 통해 인간은 자신의 삶에서 마주하는 다양한 관계의 역학을 주체적으로 탐색하고, 필연의 구조 속에서 자유의 가능성을 실현해 나갈 수 있는 지혜를 얻게 될 것이다.

【부록 ③】 십간(十干)의 정수(精粹)[58)]

■ 論甲木

1. 비유 속의 甲木

명리학에서 甲木은 단순히 나무[木]를 의미하는 것이 아니라, 생명의 근원적인 기운인 '생기(生氣)'를 상징한다. 甲木은 자연에서의 생명력, 성장, 발전의 에너지를 대표하며, 이는 하늘, 땅, 인간의 생명과 밀접하게 연관되어 있다. 하늘에서 甲木은 천둥[雷]으로, 땅에서는 나무[木]로, 인간에게는 머리카락[髮]과 손톱[指甲]으로 비유된다. 이러한 비유는 甲木이 지닌 생명력과 성장의 특성을 강조하며, 생명체의 끊임없는 변화와 발전의 본질을 나타낸다.

甲木은 전통적으로 생명의 활력과 에너지의 원천으로 여겨지며, 하늘에서의 천둥은 자연의 기운을 일깨우고 새로운 생명력의 시작을 알리는 상징적 역할을 한다. 천둥은 물리적 변화와 함께 에너지의 흐름을 개시하는 중요한 역할을 하며, 이는 甲木의 생명력과 창조적 에너지를 활성화하는 기운으로 작용한다. 땅에서의 나무는 뿌리 깊은 생명력을 대표하며, 이는 甲木이 지닌 안정적인 성장 가능성을 상징한다. 나무는 땅과 깊이 연결되어 지속적인 성장을 위한 에너지를 얻고, 끊임없이 뻗어 나가는 특성을 지닌다. 또한, 인간의 머리카락과 손톱은 계속 자라며, 끊임없이 변하는 생명의 흐름을 반영한다. 이와 같은 비유는 甲木이 단순히 물리적인 나무가 아니라, 생명력과 의지, 추진력을 내포한 존재임을 시사한다.

甲木이 사주에서 나타날 때, 이는 개인의 생기와 활력을 나타내며, 그 사람의 성격과 운세에 중요한 영향을 미친다. 甲木이 강한 경우, 이는 개인이 독립적이고 개척 정신이 강하며, 끊임없이 자신을 발전시키려는 의지를 지니고 있음을 나타낸다. 甲木이 강한 사람은 목표를 향해 추진력을 잃지 않으며, 자신의 힘으로 문제를 해결하려는 성향을 보인다. 이들은 대체로 새로운 분야에 도전하거나 리더십을 발휘하는 경우가 많다. 甲木의 강한 사람은 환경에 영향을 받기보다는 자신이 환경을 변화시키려는 성향을 나타낸다.

반면, 甲木이 약한 경우에는 의지나 추진력이 부족할 가능성이 크다. 약한 甲木은 외부 환경의 영향을 쉽게 받으며, 자신감을 결여하고 목표를 향한 추진력이 떨어질 수 있다. 甲木이 약한 사람은 흔히 주변 환경에 쉽게 휘둘리며, 자아를 확립하거나 큰 변화를 시도하는 데 어려움을 겪을 수 있다. 甲木이 약하면 이러한 사람은 내적 자원을 충분히 발휘하지 못하고, 외부의 자극에 의존하는 경향을 보인다. 또한, 甲木의 약함은 소극적이고 의존적인 성향을 불러일으킬 수 있다.

사주에서 甲木의 존재는 그 사람이 가지고 있는 생명력의 특성을 드러낸다. 甲木이 강하면 개인의 자아실현과 발전 가능성이 커지며, 甲木이 약하면 그 사람의 성격과 운세에 제약이 생길 수 있다. 甲木이 강한 사람은 자신의 의지와 능력으로 삶을 이끌어나가며, 자아 실현과 성장 가능성에서 큰 이점을 갖는다. 그러나 甲木이 약한 사람은 주변 환경에 의해 영향을 많이 받으며, 자아의 확립에 어려움을 겪을 수 있다. 또한, 甲木이 약한 사람은 자기주도적인 삶을 살기보다 외부의 조건에 의해 방향이 결정되는 경향이 있다.

甲木이 사주에서 기피해야 할 요소로 나타날 경우, 그것이 오히려 그 사람의 삶에서 중요한 역할을 할 수 있다. 기피된 甲木은 그 사람에게 불안정한 요소가 될 수 있지만, 동시에 甲木의 속성을 강하게 지닌 사람은 무의식적으로 자신의 내적 에너지를 발산하려는 경향을 보일 수 있다. 이 경우, 甲木의 속성이 부정적인 영향을 미칠 수 있지만, 이를 적절히 활용할 경우 큰 변화와 성장을 이끌어낼 수 있는 가능성도 존재한다.

甲木을 해석할 때는 단순한 사물의 대응 관계에 그치지 않고, 그 내포된 상징적 의미와 본질을 깊이 이해하는 것이 중요하다. 甲木은 생명력과 성장의 원천으로서, 그 강약에 따라 사람의 성격, 운세, 인생의 흐름이 달라지며, 이는 사주 분석에 있어 중요한 기초 자료가 된다. 甲木의 기운이 강할 경우, 이는 강한 독립심과 개척 정신, 성장의 가능성을 나타내고, 약할 경우 의지 부족과 외부 환경에 대한 의존성을 반영하는 중요한 요소로 작용한다.

2. 甲木의 체상(體象)

甲木은 '생기'를 상징하는 동시에, 그 형태와 구조에 따라 다양한 해석이 가능하다. 『십간체상전(十干體象全)』에서는 甲木을 "원래 가지와 뿌리가 없다."(原無枝葉與根荄.)고 서술하고 있다. 이는 甲木이 단순히 물리적 나무만을 의미하지 않음을 강조하는 표현이다. 甲木은 생명력과 창조적인 에너지를 상징하는 존재로, 자연의 형상에서 가지와 뿌리 없이 뻗어나가는 특성을 지닌다. 가지와 뿌리의 부재는 甲木이 단순히 땅에 뿌리를 내려 성장하는 나무가 아니라, 하늘과 땅의 에너지를 연결하는 상징적인 존재로서의 특성을 나타낸다. 따라서 甲木은 물리적 나무를 넘어서는 근본적인 기운, 즉 창조적이고 발전적인 생명의 원천을 의미한다.

甲木의 체상은 사주 해석에서 중요한 역할을 하며, 甲木이 강하고 약한 정도에 따라 그 사람의 성격, 운세, 발전 가능성에 큰 영향을 미친다.[59] 甲木이 강한 경우, 이는 곧 단단하고 강인한 기질을 나타낸다. 마치 땅속 깊이 뿌리를 내리고, 하늘을 향해 곧게 자라나는 큰 나무와 같은 특성을 지닌다. 이러한 甲木은 독립적이며 자아실현을 위한 추진력이 강하다. 甲木이 강한 사람은 자기의 길을 가려는 성향이 강하고, 외부 환경에 영향을 받기보다는 자신의 원칙을 고수하려는 경향을 보인다. 이는 대개 강한 의지력과 자주적인 성격을 나타내며, 리더십을 발휘하거나 독립적인 활동을 추구하는 경우가 많다.

그러나 지나치게 강한 甲木은 고집이 세고, 유연성이 부족한 경우가 많다. 지나치게 고집스러운 甲木은 타인의 의견을 수용하지 않거나, 주변 환경과의 갈등을 일으킬 수 있다. 이는 과도한 독립성과 자기중심적인 태도가 문제를 일으킬 수 있다는 점에서 중요한 시사점을 제공한다. 또한, 甲木이 지나치게 강해지면 외부의 제약을 무시하거나, 지나친 자만에 빠져 리스크를 감수하는 경향을 보일 수 있다. 이는 甲木의 강함이 마냥 긍정적인 면만을 지니는 것이 아니라, 균형과 조화가 필요함을 시사한다.

반면, 甲木이 약한 경우에는 성장의 어려움을 겪고, 외부 환경의 영향을 많이 받게 된다. 甲木이 약한 사람은 자아가 약하거나, 목표 달성에 대한 추진력이 부족해지는 경향을 보인다. 이들은 외부 상황에 의존하거나, 타인의 의견에 쉽게 영향을 받아 자율성을 상실할 위험이 크다. 甲木이 약한 경우는 대체로 소극적이고 의존적인 성향을 보이며, 자기주도적인 삶을 살아가기 어려울 수 있다. 또한, 甲木이 약해지면 내적인 에너지가 부족해지며, 창조적이고 혁신적인 성향이 줄어들 수 있다.

甲木의 체상은 땅속 깊이 뿌리를 내리거나 불에 타서 재로 변할 수 있다는 특성을 지닌다. 이러한 표현은 甲木이 물리적인 나무가 아닌, 생명력과 에너지의 변환 과정을 나타내는 것이다. 甲木은 기운의 변화와 순환 속에서 성장하고, 때로는 소멸과 재탄생을 경험한다. 따라서 甲木은 지속적인 변화와 발전의 상징적인 요소로, 이를 어떻게 활용하느냐에 따라 그 사람의 인생은 다르게 전개될 수 있다. 甲木이 강한 경우, 이는 자아 실현을 위한 강한 의지를 나타내며, 약한 경우에는 외부 환경에 의해 변화와 성장이 제한될 수 있음을 의미한다.

甲木의 강약을 조절하는 것이 사주 해석에서 중요한 부분이다. 강한 甲木은 그 사람의 성격을 매우 강렬하게 만들 수 있으므로, 이를 적절히 조화시켜 균형을 맞추는 것이 중요하다. 반대로 약한 甲木은 외부 환경과의 상호작용에서 기회를 잡지 못하거나, 성장이 더디게 진행될 수 있다. 사주에서 甲木의 강약을 분석하는 것은 그 사람의 성격과 인생의 흐름을 이해하는 중요한 열쇠가 된다. 甲木의 강한 사람은 독립적이고 자율적인 성향을 지니며, 약한 사람은 의존적이고 소극적인 성향을 보일 수 있다. 따라서 甲木의 강약은 사주 해석의 중요한 기준이 되며, 이를 바탕으로 운세와 인생의 방향을 세울 수 있다.

3. 甲木의 기세(氣勢)

甲木의 기세는 단순한 강약의 문제가 아니라, 그것이 기(氣)와 세(勢) 중 어느 것을 따르는지에 따라 그 해석이 달라진다. 『적천수(滴天髓)』에서는 "양간(陽干)은 기(氣)를 따르고, 음간(陰干)은 세(勢)를 따른다"(陽干從氣不從勢, 陰干從勢不從氣.)고 언급하고 있다. 이는 甲木의 기세가 그 존재 방식과 환경 속에서 어떻게 발휘될지를 결정짓는 중요한 기준이 된다. 양간인 甲木은 기운에 따른 성향을 가지며, 음간인 甲木은 세력의 흐름을 따르는 경향을 보인다. 이 구분은 甲木이 자연에서 어떻게 기운을 발산하는지, 그리고 그것이 외부 환경에 어떤 영향을 미치는지를 이해하는 데 핵심적인 역할을 한다.

甲木이 강한 기세를 지닌 경우, 그 사람은 생명력과 발전 가능성이 강하게 나타난다. 이는 甲木이 마치 넓은 숲 속에서 높은 나무가 되어, 외부 환경의 영향을 받지 않고 자율적으로 성장하는 모습에 비유될 수 있다. 강한 甲木은 주어진 환경에서 자기 의지로 발전을 추구하고, 주변의 어려움에 흔들리지 않으며, 강한 추진력을 지닌다. 이 경우, 甲木은 마치 강한 바람을 뚫고 땅을 뚫고 자라나듯이, 계속해서 성장하려는 의지와 힘을 보여준다. 그러나 기세가 지나치게 강할 경우, 자기 중심적이고 독선적인 성향이 강해져 타인과의 갈등을 초래할 수 있다. 과도한 기세는 외부 환경과의 조화를 방해하고, 오히려 내부적인 균형을 깨뜨리게 할 위험이 있다.

甲木이 쇠약하거나 외부의 압박을 받을 경우, 그 기세는 위축되며 본래의 생명력을 상실할 수 있다. 甲木의 기세가 약해지면, 그 사람은 외부 환경의 영향을 크게 받으며, 스스로의 방향성을 유지하기 어려워진다. 이 경우, 甲木은 외부의 힘에 의존하거나, 자신의 성장과 발전을 위한 에너지를 끌어내기 어려운 상태에 빠질 수 있다. 쇠약한 甲木은 마치 바람에 흔들리는 작은 나무처럼, 끊임없이 변화하는 환경에 쉽게 적응하지만, 본래의 힘을 잃고 무기력하게 변할 가능성이 있다. 이러한 상태에서는 자아 실현이나 개인적인 목표 달성이 어렵고, 자신감을 잃거나 외부의 영향을 받아 자신의 본래 성향을 잃을 수 있다.

甲木의 기세가 강한 경우, 그 사람은 대체로 독립적이고, 자율적인 성향을 보인다. 강한 기세를 가진 甲木은 주변 상황을 극복하려는 강한 추진력을 발휘하며, 목표를 향해 끊임없이 전진하려는 특성을 지닌다. 이는 甲木이 마치 거대한 나무가 되어 태풍을 맞고도 흔들리지 않는 모습을 상징한다. 그러나 기세가 지나치게 강할 경우, 자칫하면 타인의 의견을 무시하거나, 주변 사람들과의 협력이 부족해질 수 있다. 지나치게 고집스러운 甲木은 독선적인 태도를 취할 위험이 있으며, 이는 대인관계에서 갈등을 일으킬 수 있다. 따라서 甲木의 기세를 적절히 조절하는 것이 중요하며, 이를 통해 개인의 발전과 더불어 타인과의 조화로운 관계를 유지하는 것이 필요하다.

반대로, 기세가 약한 甲木은 외부 환경의 변화에 쉽게 영향을 받으며, 자신의 의지를 고수하기 어려울 수 있다. 약한 기세를 가진 甲木은 마치 약한 나무가 바람에 휘어지는 것처럼, 변화하는 외부 환경에 따라 쉽게 방향을 잃을 수 있다. 이런 경우, 자기주도적인 성향이 부족하고, 외부의 유혹이나 영향을 받아 자아 실현에 어려움을 겪을 수 있다. 약한 甲木은 자주 변동하며, 외부의 영향을 피하기 어려운 특성을 보인다. 따라서 기세가 약한 甲木은 자신의 방향을 잃지 않기 위해 지속적인 에너지와 의지의 강화가 필요하다.

甲木의 기세는 그 강약만큼이나 중요한 역할을 하며, 사주 해석에서 이 기세의 흐름을 잘 파악하는 것이 매우 중요하다. 기세가 강한 甲木은 자신의 목표와 방향을 확립하고 추진하는 데 유리하지만, 그 기세를 과도하게 강조하면 독선과 갈등을 초래할 수 있다. 반대로 기세가 약한 甲木은 주변 환경에 쉽게 영향을 받아 자신의 의지와 방향을 유지하기 어려운 경향이 있지만, 기세를 조절하고 내부적인 에너지를 되찾는다면 성장의 가능성을 재발견할 수 있다. 甲木의 기세를 해석할 때는 단지 기운의 강약을 넘어서, 그 기세가 어떤 방식으로 발휘되고 있는지, 그리고 그것이 주변 환경과 어떻게 상호작용하는지를 세밀하게 분석해야 한다.

4. 甲木의 기수(氣數)

甲木의 기수는 자연의 순환 원리와 밀접한 연관이 있으며, 사주 해석에서 계절적 흐름과 월령에 따른 기세(氣勢)의 변화를 분석하는 중요한 기준이 된다. 고대 명리학에서는 십천간이 특정 계절과 월령에서 어떻게 작용하는지를 중시하였으며, 이는 오행의 상생과 상극 원리에 따라 甲木의 성장과 운용이 달라지는 원리를 설명하는 핵심적인 요소이다.

甲木은 만물을 생성하고 성장시키는 陽木의 기질을 가지며, 자연계에서 봄에 해당하는 寅월, 卯월, 辰월에 가장 왕성한 생명력을 보인다. 그러나 甲木이 계절과 월령에 따라 그 기운이 다르게 작용하기 때문에, 이를 적절히 조절하고 보완하는 것이 중요하다. 甲木의 기수는 생장(生長)의 주기에 따라 변화하며, 이를 명확히 이해하는 것이 사주 해석에서 필수적이다.

① 정월(正月, 寅月) - 초춘(初春)의 甲木

■ 정월의 甲木은 초봄에 해당하며, 강한 생명력과 왕성한 성장력을 지닌다.

寅월은 甲木이 장생(長生)하는 시기이며, 오행으로 보면 木氣가 매우 강한 상태이다. 이때 甲木이 가장 선호하는 것은 丙火와 癸水이다.

■ 丙火는 태양과 같은 역할을 하여 甲木이 생장할 수 있도록 기운을 북돋아 주며, 木火의 조화를 통해 강한 성장력을 갖출 수 있도록 돕는다.

■ 癸水는 甲木에 적절한 수분을 공급하여, 지나치게 건조하거나 거칠어지는 것을 방지한다. 水木 상생[水生木]의 원리에 따라 癸水는 甲木의 생명력을 증강시키는 역할을 한다.

■ 만약 丙火가 부족하면 甲木의 성장 동력이 약해지고, 癸水가 부족하면 甲木이 건조하여 균형을 잃을 수 있다. 따라서 丙火와 癸水의 균형을 맞추는 것이 핵심이다.

② 이월(二月, 卯月) - 왕성기(旺盛期)의 甲木

■ 이월의 甲木은 木氣가 극도로 왕성한 시기이며, 甲木이 본격적으로 성장하는 단계에 해당한다.

■ 지나치게 무성한 성장보다는 적절한 가지치기가 필요하며, 이를 위해 庚金이 중요한 역할을 한다.

■ 庚金은 甲木을 절제하고 다듬는 역할을 하며, 지나친 번성을 방지하고 균형 있는 성장을 유도한다. 木金 상극[木剋金]의 관계 속에서도 적절한 金氣의 조절은 甲木의 기세를 안정시키는 역할을 한다.

■ 이 시기에 庚金이 적절히 작용하면 甲木은 단단하고 유용한 재목(材木)으로 성장할 수 있다. 그러나 庚金이 과도하면 甲木이 심하게 절단되거나 성장에 방해를 받을 수 있으므로, 壬水나 癸水가 이를 보완하는 역할을 해야 한다.

③ 삼월(三月, 辰月) - 木 기운에서 土 기운으로 전이되는 甲木

- 삼월의 甲木은 봄의 마지막 단계에 해당하며, 木의 기운이 여전히 강하지만 土의 기운이 서서히 작용하는 시점이다.
- 이 시기에는 庚金이 먼저 작용하여 甲木의 지나친 번성을 억제한 후, 壬水나 癸水가 추가적으로 기운을 보강해야 한다.
- 辰土는 습토(濕土)로 분류되며, 水 기운을 저장하는 성질이 있어 甲木의 성장에 필요한 수분을 공급하는 역할을 한다.
- 만약 이 시기에 壬水나 癸水가 부족하면 甲木이 건조해져 유연성을 잃고 고목(枯木)처럼 변할 수 있다. 반면, 水 기운이 과하면 甲木이 지나치게 무성해지고, 바람에 쉽게 쓰러지는 연약한 나무가 될 위험이 있다.

④ 사월(四月, 巳月)~오월(五月, 午月) - 火 기운이 왕성한 여름철의 甲木

- 사월과 오월의 甲木은 강한 火 기운의 영향을 받는다.
- 여름철의 甲木은 뜨거운 태양[丙火, 丁火]의 영향을 받아 건조해질 가능성이 크므로, 水 기운의 보충이 필요하다.
- 壬水나 癸水가 있어야 甲木이 수분을 공급받아 탄력적으로 성장할 수 있으며, 만약 水 기운이 부족하면 甲木은 메마른 나무가 되어 갈라질 위험이 있다.
- 火 기운이 지나치면 甲木이 마치 불에 타는 것처럼 소진될 수 있으므로, 土 기운[戊土, 己土]을 적절히 활용하여 火氣를 제어하는 것이 필요하다.

⑤ 유월(六月, 申月)~팔월(八月, 酉月) - 金 기운이 왕성한 가을철의 甲木

- 가을철의 甲木은 金氣의 영향을 강하게 받으며, 수확과 정리가 필요한 시기이다.

■ 이 시기의 甲木은 庚金과 辛金의 극제(剋制)를 받으며, 지나친 성장보다는 가지치기와 정리가 필요한 상태이다.

■ 庚金이 적절하게 작용하면 甲木은 튼튼한 목재로 활용될 수 있으나, 과도하면 甲木이 지나치게 절단되어 힘을 잃을 수 있다.

■ 이를 보완하기 위해 壬水와 癸水가 필요하며, 水氣가 있으면 甲木이 강한 金 기운의 절단을 견디면서 유연성을 유지할 수 있다.

⑥ 구월(九月, 戌月)~십이월(十二月, 丑月) - 土 기운과 水 기운의 영향을 받는 겨울철의 甲木

■ 겨울철의 甲木은 생명력이 약해지며, 보호와 보완이 필요한 시기이다.

■ 이 시기의 甲木은 丙火가 필수적으로 필요하다. 丙火가 없으면 甲木이 얼어붙어 성장의 동력을 상실할 수 있다.

■ 戌土와 丑土는 甲木의 뿌리를 보호하는 역할을 하며, 水 기운[壬水, 癸水]은 甲木의 생명력을 유지하는 데 도움을 준다.

■ 만약 丙火 없이 水氣만 많다면 甲木은 물에 젖어 썩을 위험이 있으며, 丙火 없이 土 기운만 많다면 甲木이 뿌리째 메말라버릴 가능성이 크다.

이와 같이, 甲木의 기수(氣數)는 계절과 월령에 따라 변화하며, 이를 적절히 조절하는 것이 중요하다. 甲木의 생장과 균형을 맞추기 위해서는 火, 水, 金, 土 기운의 조화를 적절히 활용해야 하며, 이를 통해 甲木이 외부 환경에 적절히 대응할 수 있도록 해야 한다. 사주 해석에서는 甲木이 위치한 계절과 월령을 고려하여 적절한 기운을 보강하거나 절제하는 것이 필수적이며, 이를 통해 개인의 운세를 보다 정확하게 분석할 수 있다.

5. 甲木과 십이운성(十二運星)

십이운성은 명리학에서 천간과 지지의 결합을 통해 오행의 생명력과 기세(氣勢)가 시기별로 어떻게 변하는지를 나타내는 핵심 개념이다. 이는 각 오행이 시간의 흐름에 따라 다음과 같은 12단계의 과정을 거치는 것으로 설명된다.

- 장생(長生): 생명의 초기 단계로, 에너지가 왕성하게 활동하는 시기이다.
- 목욕(沐浴): 성장 과정에서 겪는 정화와 단련의 시기로, 에너지가 조절되는 단계이다.
- 관대(冠帶): 성숙기로, 사회적 역할과 책임이 부여되는 단계이다.
- 건록(建祿): 능력과 역량이 발휘되는 시기로, 사회적 지위와 명예를 얻는 단계이다.
- 제왕(帝旺): 에너지가 극대화되는 정점기로, 최고의 성취와 권력을 나타낸다.
- 쇠(衰): 에너지의 감소와 쇠퇴를 의미하는 단계이다.
- 병(病): 쇠퇴가 진행되어 에너지가 약해지는 시기이다.
- 사(死): 생명의 종말로, 에너지가 소멸하는 상태를 나타낸다.
- 묘(墓): 소멸 후의 상태로, 새로운 시작을 위한 준비 단계이다.
- 절(絶): 생명의 시작 전 상태로, 무(無)의 상태를 의미한다.
- 태(胎): 생명의 태동기로, 잠재적인 에너지가 축적되는 단계이다.
- 양(養): 성장과 발달의 시기로, 에너지가 활발히 작용하는 단계이다.

이와 같이, 십이운성은 한 개인의 생장(生長), 극성(極盛), 쇠퇴(衰退), 재생(再生)의 단계를 거치는 과정을 설명하며, 이를 인간의 일생에 비유하여 분석할 수 있다. 특히, 甲木의 장생십이운성(長生十二運星)은 甲木의 본질적 속성과 계절적 특성, 환경적 요인 등을 종합적으로 고려하여 해석해야 한다.

① 장생(長生) - 寅 甲木이 寅에 위치하면 장생의 운(運)을 맞이하는 시기이다. 장생운은 甲木이 처음으로 생명력을 얻고 성장의 기틀을 마련하는 단계이다. 寅은 甲木과 동일한 木 기운을 지니며, 이는 甲木이 본연의 특성을 온전히 발휘할 수 있도록 돕는다. 寅木은 陽木에 해당하여 강한 생명력을 가지며, 이는 甲木의 기세를 북돋운다. 이 시기의 甲木은 생명의 시작 단계에 있으며, 싹을 틔우고 성장할 준비를 하는 단계이다. 따라서, 정월(正月)의 丙火와 癸水가 甲木의 기운을 조화롭게 조성하는 중요한 요소가 된다.

② 목욕(沐浴) - 卯 甲木이 卯에 위치하면 목욕운에 해당하며, 이는 甲木이 본격적으로 성장하는 단계이다. 卯는 陰木에 해당하여 柔和한 성질을 가지며, 甲木이 안정적으로 성장하는 데 필요한 유연성과 조화를 제공한다. 목욕운은 오행이 외부의 영향을 받아 변화하는 시기이며, 물[水]의 기운과 관련이 깊다. 이때 癸水가 적절히 작용하면 甲木은 수분을 충분히 공급받아 성장할 수 있으나, 水의 기운이 지나치면 과습하여 부작용이 발생할 수 있다. 또한, 卯木은 甲木의 본성이 확장되는 시기이므로, 庚金의 적절한 제어를 통해 균형을 유지하는 것이 중요하다.

③ 관대(冠帶) - 辰 甲木이 辰에 위치하면 관대운에 해당하며, 이는 甲木이 일정한 성장을 이루고 안정을 찾는 시기이다. 辰은 土의 기운을 품고 있어 甲木을 일정 부분 억제하면서도 보호하는 역할을 한다. 이 단계에서 甲木은 자신의 영역을 확립하고 내적인 성숙을 이루게 된다. 그러나 辰土가 습한 기운을 가지고 있으므로, 지나친 水 기운의 조합은 甲木의 뿌리를 약하게 만들 수 있다. 따라서, 辰土가 甲木을 보완하는 역할을 하도록 조정하는 것이 중요하다.

④ 건록(建祿) - 巳 甲木이 巳에 위치하면 건록운에 해당하며, 이는 甲木이 사회적으로 영향력을 행사하는 시기이다. 巳는 火의 기운을 가지므로 甲木이 강한 에너지

를 받게 된다. 이 시기에는 甲木이 외부적으로 두드러지게 성장하며, 불[火]의 기운을 활용하여 자신의 역량을 극대화한다. 그러나 火의 기운이 과하면 甲木이 과열되어 균형을 잃을 수 있으므로, 壬水나 癸水가 적절히 배합되어야 한다. 또한, 이 시기의 甲木은 스스로의 주체성을 확립하고 타인과의 관계 속에서 자신의 역할을 찾아가는 과정에 놓이게 된다.

⑤ 제왕(帝旺) - 午 甲木이 午에 위치하면 제왕운에 해당하며, 이는 甲木의 기세가 최고조에 이르는 단계이다. 午는 강한 火 기운을 가지며, 甲木에게 최대한의 에너지를 공급한다. 이로 인해 甲木은 자신의 능력을 절정으로 발휘할 수 있으며, 명리학적으로는 인생에서 가장 중요한 전환점을 맞이하는 시기로 해석된다. 그러나 火 기운이 지나치면 甲木이 타버릴 우려가 있으므로, 戊土나 癸水를 적절히 배합하여 조절해야 한다. 또한, 午火는 陽火로서 강렬한 속성을 지니므로, 이 시기의 甲木은 자신의 강한 기세를 적절히 다스릴 필요가 있다.

⑥ 쇠(衰) - 未

甲木이 未에 위치하면 쇠운(衰運)에 해당하며, 이는 甲木의 생명력이 점차 약해지는 단계이다. 未土는 甲木의 기운을 보완하면서도 제한하는 역할을 한다. 未土는 甲木의 재성으로 작용하며, 이는 물질적 풍요와 관련된다. 그러나 未土가 과도하면 甲木의 뿌리를 억제하여 성장에 방해가 될 수 있다. 따라서 이 시기에는 土와 木의 균형을 유지하는 것이 중요하다.

⑦ 병(病) - 申

甲木이 申에 위치하면 병운(病運)에 해당하며, 이는 甲木의 기운이 쇠퇴하여 약해지는 단계이다. 申金은 甲木의 관성으로 작용하며, 이는 사회적 책임과 압력을 의미한다. 이 시기에는 甲木이 金의 강한 기운에 의해 제약을 받을 수 있으므로, 水의 기운을 활용하여 金의 기운을 조절하고 甲木을 보완하는 것이 필요하다.

⑧ 사(死) - 酉

甲木이 酉에 위치하면 사운(死運)에 해당하며, 이는 甲木의 생명력이 극도로 약해지는 단계이다. 酉金은 甲木의 칠살(七殺)로 작용하여 甲木을 극도로 억제한다. 이 시기에는 甲木이 金의 강한 기운에 의해 크게 손상될 수 있으므로, 水의 기운을 활용하여 金의 기운을 완화하고 甲木을 보호하는 것이 중요하다.

⑨ 묘(墓) - 戌

甲木이 戌에 위치하면 묘운(墓運)에 해당하며, 이는 甲木의 기운이 땅에 묻혀 잠재되는 단계이다. 戌土는 甲木의 재성으로 작용하며, 이는 물질적 성취와 관련된다. 그러나 戌土가 과도하면 甲木의 기운을 억제하여 발전을 방해할 수 있다. 따라서 이 시기에는 土와 木의 조화를 이루는 것이 필요하다.

⑩ 절(絶) - 亥

甲木이 亥에 위치하면 절운(絶運)에 해당하며, 이는 甲木의 기운이 완전히 끊어지는 단계이다. 亥水는 甲木의 인성으로 작용하여 甲木을 생조하지만, 이 시기에는 甲木의 기운이 약해져 있어 水의 과다한 기운이 오히려 甲木을 부유하게 만들어 안정성을 해칠 수 있다. 따라서 火의 기운을 활용하여 水의 기운을 조절하고 甲木의 기운을 보강하는 것이 중요하다.

⑪ 태(胎) - 子

甲木이 子에 위치하면 태운(胎運)에 해당하며, 이는 甲木의 기운이 새롭게 태동하는 단계이다. 子水는 甲木의 인성으로 작용하여 甲木을 생조한다. 이 시기에는 水의 기운이 甲木의 성장을 돕지만, 과도한 水는 甲木을 부유하게 만들어 뿌리를 약하게 할 수 있으므로, 土의 기운을 활용하여 水를 제어하고 甲木의 안정을 도모해야 한다.

⑫ 양(養) - 丑

甲木이 丑에 위치하면 양운(養運)에 해당하며, 이는 甲木의 기운이 양육되고 성장하는 단계이다. 丑土는 甲木의 재성으로 작용하며, 이는 물질적 기반을 의미한다. 이 시기에는 土의 기운이 甲木의 성장을 도울 수 있지만, 과도한 土는 甲木을 억제할 수 있으므로, 水의 기운을 활용하여 土를 적절히 조절하고 甲木의 성장을 촉진하는 것이 필요하다.

이와 같이, 甲木은 장생십이운성을 따라 생명력의 흐름을 유지하며, 각 단계에서 고유한 특성과 역할을 수행하는 것이다. 이러한 甲木과 십이지지 및 장생십이운성의 관계를 이해함으로써, 개인의 운세와 인생의 변화를 보다 깊이 있고 정밀하게 해석할 수 있다. 또한, 甲木의 성장 과정은 단순히 오행의 기운에 국한되지 않고, 계절적 변화와 환경적 요인 등 다양한 외부 요소와 상호작용하여 조화를 이루는 것이 중요하다. 이를 바탕으로, 甲木의 운세 흐름을 심층적으로 연구하고, 개인의 삶에 미치는 영향을 종합적으로 분석하는 것이 필수적이다.

6. 甲木의 합화(合化)

천간의 합화는 특정 조건하에서 오행의 변화가 발생하는 중요한 원리이다. 이는 단순히 천간 간의 결합을 의미하는 것이 아니라, 해당 오행이 화합을 이루어 새로운 오행으로 전환되는 과정을 포함한다. 특히, 甲木과 己土의 합화는 특정한 요건이 충족될 때 土로 변하는 과정을 나타내며, 이를 통해 명리학적 해석이 가능해진다. 이러한 합화의 성립 요건은 크게 화신(化神)의 존재, 화신의 강도, 그리고 土의 기운 형성 여부로 나누어 고찰할 수 있다.

첫째, 합화가 성립하기 위해서는 필수적으로 화신(化神)이 존재해야 한다. 화신은 두 천간이 결합할 때 변화의 촉매 역할을 하며, 甲木과 己土가 土로 변하기 위해서는 火가 필요하다. 즉, 甲木과 己土가 단순히 만나기만 해서는 합화가 이루어지지 않으며, 반드시 火의 기운이 존재해야 한다. 이는 명리학에서 "甲木과 己土가 만날 때, 이를 화해줄 오행이 필요하다."(甲己合化土, 須見火以助化.)라는 원리로 설명된다. 火는 甲木의 생조를 통해 木의 성질을 억제하고, 동시에 己土를 활성화하는 역할을 한다. 따라서 火의 존재 여부는 합화 성립의 핵심적인 요소가 된다.

둘째, 화신의 강도가 합화의 성패를 결정하는 중요한 요인이다. 火가 존재하더라도 그 기운이 약하면 합화가 완전히 이루어지지 않으며, 오히려 원래의 속성을 유지할 가능성이 높다. 즉, "甲木과 己土가 만나더라도, 화신이 강하지 않으면 합화가 이루어지지 않는다."(甲己合化, 火強則化, 火弱則否.)라는 원리에 따라, 火의 기운이 충분히 강해야만 합화가 성립된다. 火가 강하면 甲木과 己土가 土로 변할 수 있으나, 火가 약하면 甲木은 여전히 木의 속성을 유지하고 己土 역시 본래의 土로 존재할 가능성이 높다. 특히, 火의 기운이 월지나 시간적 요소에 의해 강해지는 경우, 합화의 가능성이 더욱 높아진다. 반면, 火가 극도로 약하거나 존재하지 않으면 합화는 성립되지 않는다.

셋째, 土의 기운이 충분히 형성되어 있어야 한다. 甲木과 己土가 土로 변하는 과정에서 土의 기운이 미약하면 합화는 불완전하게 이루어지거나 전혀 성립되지 않는다. 즉, "甲木이 己土로 변하려면 土 기운이 충분히 형성되어야 한다."(化土須有土氣以承之.)라는 원칙에 따라, 土의 기운이 이미 형성되어 있어야 甲木과 己土가 안정적으로 土로 변할 수 있다. 이는 土의 기운이 시간적, 공간적으로 충분히 조성되어 있어야 함을 의미한다. 예를 들어, 토왕절(土旺節)인 辰월, 戌월, 丑월, 未월과 같은 시기에 합화가 발생하면 土의 기운이 더욱 강화되어 합화가 성립될 가능성이 높아진다. 반대로 土의 기운이 미약하거나 水의 기운이 강한 경우, 土의 기운을 충분히 유지하기 어려우므로 합화가 저해될 수 있다.

이러한 조건들을 종합적으로 고려하면, 甲己合化는 단순히 두 천간이 결합하는 것이 아니라, 주변 환경과 오행의 상호작용에 의해 결정된다는 점을 명확히 할 수 있다. 명리학적 해석에서는 단순한 합화 유무를 판단하는 것이 아니라, 화신의 존재 여부, 강도, 그리고 변화 후 오행의 안정성까지 포함하여 분석해야 한다. 이는 합화가 단순한 이론적 개념이 아니라, 실제 사주 분석에서 운세의 흐름을 판단하는 중요한 기준이 된다는 점에서 실용적 의미를 가진다.

따라서 갑기합화토(甲己合化土)는 火의 개입이 필수적이며, 火의 강도와 土의 기운이 충분할 때 합화가 성립된다. 따라서 합화가 실제로 이루어지는지를 판단할 때는 단순히 천간의 조합만을 보는 것이 아니라, 해당 명조에서 火의 강약과 土의 기운 형성 여부를 종합적으로 분석해야 한다. 이러한 분석을 통해 사주의 흐름과 운세의 변화를 보다 정밀하게 이해할 수 있으며, 이를 토대로 실질적인 해석을 도출할 수 있다.

7. 甲木의 특수한 응용

甲木은 사주에서 다양한 형태로 해석될 수 있는 오행이며, 그 기운의 강약과 주변 환경에 따라 성질이 달라진다. 甲木은 만물의 생장과 발달을 주관하는 木의 본성을 가지며, 그 강도와 성장 방식은 인간의 성격, 신체적 특성, 환경적 요소와 밀접하게 연관된다. 甲木의 본질적 특성은 하늘로 곧게 뻗는 거목(巨木)의 기상을 지니며, 이는 그 사람이 내면적으로 강한 자아와 신념을 지닐 가능성이 크다는 것을 의미한다. 또한, 甲木이 강한 사주는 강한 추진력과 의지를 가지며, 독립적인 사고방식과 강한 자기표현력을 드러낼 가능성이 높다.

甲木의 강약은 庚金의 존재 여부 및 작용 방식에 따라 달라진다. "庚金이 득지를 해야 비로소 강건함을 논할 수 있다."(庚金得地始論壯.)[60]라는 원리에 따라, 庚金이 지지를 얻고 강하게 작용할 때, 甲木 또한 더욱 단단한 성질로 발현된다. 庚金은 甲木을 절단하거나 다듬는 역할을 수행하며, 甲木의 강한 기운이 올바른 방향으로 정제될 수 있도록 한다. 따라서 甲木이 庚金과 조화를 이루면 강하면서도 규율이 잡힌 성격을 가지게 되며, 목표를 향한 추진력과 실행력이 강하게 나타난다. 그러나 庚金이 지나치게 강하면 甲木의 성장 가능성을 억제하여 좌절감을 경험하게 하며, 반대로 庚金이 약하면 甲木이 방향성을 상실하여 제멋대로 성장하는 경향을 보일 수 있다.

甲木과 庚金의 관계는 외모적 특성에도 영향을 미친다. "甲木이 庚金을 만나면 그 모습이 꽃과 같이 된다."(甲遇庚克貌如花.)[61]라는 원리는 甲木이 庚金의 절제와 조화를 이루면 외적으로 정제되고 뚜렷한 인상을 형성한다는 의미이다. 庚金은 甲木의 외형을 다듬는 역할을 하므로, 甲木이 庚金과 적절히 조화를 이루면 단정하면서도 강렬한 인상을 남길 가능성이 크다. 특히, 庚金이 적절하게 작용하면 얼굴의 윤곽이 뚜렷하고 균형 잡힌 외모를 가지게 되며, 반대로 庚金의 기운이 과하거나 부족하면 외형적으로도 강한 대비가 없는 흐릿한 인상을 줄 가능성이 있다.

甲木은 주변 환경과의 상호작용을 통해 그 특성을 더욱 분명히 드러낸다. 甲木은 생명력을 상징하며, 그 기운이 원활하게 흐를 수 있도록 적절한 환경이 조성되어야 한다. "甲木이 생지를 만나면, 왕성한 목의 기운을 지닌 땅에 거하게 된다."(甲木臨生地, 居木盛之地.)는 원리는 甲木이 왕성한 생명력을 유지하기 위해서는 적절한 기운을 지닌 환경이 필요하다는 사실을 시사한다. 즉, 甲木이 강한 사주를 지닌 사람은 나무가 우거진 환경에서 태어나거나 성장할 가능성이 크며, 자연과 밀접한 연관을 맺으며 살아가는 경향이 강하다. 이는 甲木의 성장 방식이 주변 환경의 영향을 받는다는 점을 의미하며, 풍부한 자양분을 제공하는 환경일수록 그 특성이 더욱 극대화된다.

甲木은 기운을 발산하며, 다른 오행과의 상호작용을 통해 자기 발전을 이루는 성향을 가진다. 따라서 甲木이 강한 사람일수록 단순히 자신의 기운을 축적하는 것이 아니라, 끊임없이 외부 세계와 교류하며 성장하려는 경향을 보인다. 이러한 특성은 甲木이 태양과 같은 기질을 가지고 있으며, 끊임없이 스스로를 확장하려는 성향과 연결된다. 예를 들어, 甲木이 강한 사람은 자연 속에서 활동하는 것을 좋아하며, 규칙적인 성장과 변화를 중요하게 여긴다. 이러한 특성은 甲木이 단순한 木의 개념을 넘어, 생명력과 성장, 발전을 의미하는 상징적 개념으로 해석될 수 있음을 보여준다.

이와 같은 분석을 통해 甲木이 사주에서 어떻게 작용하는지를 보다 정교하게 이해할 수 있다. 甲木은 단순한 나무가 아니라, 생명력과 성장, 그리고 외부 환경과의 조화를 통해 발전하는 존재이다. 따라서 甲木의 기운이 강한 경우, 사람의 외모나 성격, 신체적 특성뿐만 아니라, 그들이 자라온 환경까지도 깊이 연관되어 있음을 알 수 있다. 甲木이 차지하는 위치와 주변 환경, 그리고 그와 결합되는 다른 오행의 영향을 함께 고려할 때, 개인의 특성을 더욱 정밀하게 해석할 수 있다.

■論乙木

1. 乙木의 체상(體象)

乙木의 체상은 명리학에서 乙木의 본성과 성장 과정을 해석하는 핵심 개념이다. 乙木이 처한 환경과 그에 따른 발육 상태를 분석함으로써, 생명력이 왕성한 시기와 쇠약해지는 시기를 구체적으로 규명할 수 있다. 이는 천간과 지지의 상호작용과 밀접한 관계가 있으며, 대운의 흐름에 따라 변화하는 양상을 연구하는 것이 필수적이다.

乙木은 陰木으로서 부드럽고 유연한 성질을 지닌다. 이는 곧 乙木이 단단한 甲木과 달리 유연성을 띠며, 주변 환경에 따라 그 형태와 성질이 달라질 수 있음을 의미한다. 乙木은 양지(陽地)에서 생장해야 건강하게 뻗어나가며, 음지(陰地)에서는 성장이 저해될 가능성이 크다. 이는 乙木이 충분한 햇볕을 받아야 생명력이 강해지고, 음습한 환경에서는 부패하거나 생기가 약화될 수 있음을 뜻한다. 이러한 특성은 "햇볕을 향한 꽃과 나무는 일찍 봄을 맞이한다."(向陽花木早逢春.)라는 원칙과도 일맥상통한다.

乙木의 체상을 분석하는 데 있어 중요한 요소는 유근(有根) 여부이다. 유근한 乙木은 안정적인 성장 기반을 가지며, 지속적인 생명력을 유지할 수 있다. 반면 무근(無根)한 乙木은 스스로 성장할 동력을 상실하게 되며, 외부 환경에 지나치게 의존하게 된다. 따라서 乙木이 동량재(棟梁材)로서 기능하기 위해서는 반드시 유근의 상태를 갖추어야 하며, 이는 명조에서 乙木의 본성과 운세를 판단하는 중요한 기준이 된다.

천간과 지지의 상호작용 속에서 乙木이 생존하고 성장하기 위해서는 적절한 기운의 조화가 필요하다. 水는 乙木에 필수적인 생명력의 원천이지만, 과다할 경우 乙木이 뿌리를 내리지 못하고 떠다니게 된다. 金은 乙木을 다듬고 가공하는 역할을 하지만, 지나치면 乙木을 절단하여 성장 자체를 방해한다. 火는 乙木이 생기를 발산하는 데 도움이 되지만, 과도하면 乙木이 태워져 고사할 위험이 있다. 土는 乙木의 뿌리를 고정시키는 역할을 하지만, 지나치면 乙木의 성장 기반을 차단할 수 있다. 따라서 乙木의 체상을 분석할 때는 오행의 균형을 면밀히 고려해야 한다.

구체적 사례를 통해 乙木의 체상을 분석하면, 첫 번째 사례에서는 乙木이 壬水의 지원을 받아 생명력을 유지하고 있으나, 申金이 水의 근원이 되어 水 기운이 과다하게 되면 乙木이 뿌리를 내리지 못하고 불안정해진다. 이는 명조에서 水와 金의 적절한 조합이 필요함을 시사하며, 과도한 水 기운이 오히려 乙木의 성장을 저해할 수 있음을 보여준다. 두 번째 사례에서는 乙木이 火 기운의 영향을 받아 성장하고 있으나, 1992년 이후로 운세가 쇠퇴하는 양상을 보인다. 이는 대운의 흐름에 따라 乙木의 성장이 좌우될 수 있음을 보여주는 사례이다.

세 번째 사례에서는 무근한 乙木이 특정 시기에는 정치적 성공을 거두었으나, 연령이 증가함에 따라 운세가 변화하는 모습을 보인다. 이는 乙木이 무근 상태라 하더라도 특정 환경과 시기에 따라 강한 구조를 형성할 수 있음을 시사한다. 네 번째 사례에서는 乙木이 유근 상태로, 초년과 중년을 거쳐 성장하며 경제부 장관의 자리까지 오르는 과정을 보인다. 이는 乙木이 특정 시기에 적절한 환경을 만나야 비로소 유용한 재목이 될 수 있음을 강조한다.

이와 같이, 乙木의 체상을 분석할 때는 乙木이 유근인지 무근인지 명확히 구별하고, 성장에 필요한 환경적 요인을 면밀히 고려해야 한다. 또한 대운의 흐름과 천간·지지의 상호작용을 종합적으로 분석하여, 乙木이 동량재로서 발휘될 수 있는 시점을 정확히 파악해야 한다. 특히 "기둥과 들보는 뿌리와 연결되지 않은 것이 아니다."(棟梁不是連根物.)라는 명언은 乙木이 진정으로 유용한 재목이 되기 위해서는 일정한 조건이 필요함을 시사하는 중요한 기준이 된다. 명리학적으로 乙木의 생장과 체상을 분석하는 것은 단순히 개인의 운세를 해석하는 것을 넘어, 삶의 흐름과 기운의 작용을 총체적으로 이해하는 데 필수적인 과정이다.

2. 乙木의 생사(生死)

乙木의 생사에 관한 고찰은 명리학 이론 전반에서 중요한 위치를 차지하는 연구 대상이다. 乙木은 陰木으로 분류되며, 그 특유의 부드럽고 유연한 성질은 환경, 기후 및 다른 천간·지지와의 상호작용에 의해 크게 영향을 받는다. 이에 따라 乙木의 상태를 올바르게 평가하고 해석하는 것은 명리학적 분석에서 필수적인 요소이다.

첫째, 乙木의 생장 조건은 수분과 온기의 적절한 균형에 의존한다. 乙木은 추운 기후, 특히 겨울철과 같은 저온 환경에서는 성장이 저해되기 쉽다. 이에 癸水가 수분을 공급하여 乙木이 건강하게 자랄 수 있는 기반을 마련하며, 丙火가 온기를 제공하여 추위에 대응하도록 돕는다. 다만, 수분이 과도하게 작용하면 乙木은 부목(浮木)으로 전락하여 뿌리 내리기가 어렵게 되며, 온기가 과도할 경우 지나친 열에 의해 乙木이 마르고 약해지는 결과를 초래한다. 그러므로 乙木의 생장은 癸水와 丙火의 상호보완적 작용, 즉 수분과 온기의 적절한 배분에 의해 결정된다.

둘째, 乙木이 사지(死地)에 놓인 상황은 그 생명력의 쇠퇴 양상을 나타내는 중요한 조건이다. 일반적으로 乙木은 亥水에서 태어나 午火에 이르는 과정에서 생사의 전환점을 맞게 된다. 乙木은 甲木에 비해 본질적으로 약한 기운을 지니고 있어, 甲木의 쇠퇴와 동시에 단독으로 존재할 경우 급격한 약화가 유발된다. 특히, 午火의 강한 열 기운은 乙木의 생명력을 소진시키며, 金의 작용이 강할 경우 乙木은 금속[金]에 의한 압박으로 더욱 쇠약해진다. 이와 같이 乙木은 자생적 회복력이 제한되어 있어 외부의 보완적 기운, 예를 들어 적절히 제어된 金이나 火의 기운을 통한 조정이 필요하다.

셋째, 일시적인 쇠퇴 또는 '죽음' 상태에 이른 乙木이 이후 회복되어 재활용될 수 있는 가능성이 존재한다. 명조의 흐름과 대운의 변화에 따라, 土가 풍부하고 火의 기운이 적절하게 작용하는 환경에서는 乙木이 다시 성장할 수 있다. 또한, 金의 기운이 올바르게 조절될 경우 乙木은 동량재(棟梁材)로서 새로운 역할을 수행할 수 있다. 이러한 현상은 명리학에서 "죽어도 죽지 않는다."(死而不亡.)의 원리를 반영하는 것으로, 乙木이 단기적인 쇠퇴 후에도 외부 조건의 개선을 통해 생명력을 회복할 수 있음을 시사한다.

이와 같이, 乙木의 생사 흐름은 단일 시점의 정적인 상태가 아니라, 지속적으로 변화하는 명조와 대운, 그리고 주변 환경과 천간·지지의 복합적 상호작용에 따른 동적 과정이다. 乙木의 상태를 정확히 평가하기 위해서는 해당 환경과 기운의 변화, 그리고 대운의 영향을 종합적으로 고려하여 乙木이 살아있는 상태, 쇠퇴한 상태 또는 재활용 가능한 상태인지를 명확히 구분하는 것이 필수적이다. 이러한 분석은 명리학적 해석에 있어 보다 체계적이고 심도 있는 접근을 가능하게 하며, 乙木의 생사 이론을 보다 명확하게 이해하는 데 기여한다.

3. 乙木의 기수(氣數)

乙木의 기수를 분석할 때 월령에 따른 기운의 변화를 면밀히 고찰하는 것은 명리학적 해석의 기초를 구성하는 중요한 절차이다. 월령은 계절의 변동과 자연의 기운 흐름을 반영하며, 乙木의 본질적 성질 및 발육 양상에 중대한 영향을 미치는 요소로 작용한다. 『궁통보감』에 제시된 바와 같이, 乙木이 태어난 월령에 따라 주요 작용 기운을 구분함으로써 그 발달 양상을 심도 있게 분석할 수 있는 기준이 마련된다.

첫째, 춘월(春月; 정월, 이월, 삼월)에 있어서 乙木은 활목(活木)의 기운을 받아 생명력이 강하게 발산되는 시기이다. 이 시기에는 자연계의 온도 상승과 함께 물의 기운이 점진적으로 강화되며, 乙木의 원활한 생장을 위해 丙火가 온기를 공급하고 癸水가 수분을 제공하는 역할을 수행한다. 특히, 이월의 乙木은 癸水의 기운을 우선적으로 활용하여 기운을 보충하고, 丙火는 보조적 역할을 통해 온도 상승에 기여하는 것이 바람직하다. 삼월에 이르면 목의 기운이 극대화되어 木火의 조화를 유지함으로써 乙木이 건강하고 균형 잡힌 성장을 이룰 수 있도록 하는 것이 필수적이다.

둘째, 하월(夏月; 사월, 오월, 유월)에서는 여름의 강한 火의 기운이 乙木에 과도하게 작용할 위험이 존재하는 것이다. 이 시기에는 火의 열기가 乙木의 기운을 지나치게 증발시키거나 탈수를 유발할 수 있으므로, 癸水의 냉각 기운이 중요한 역할을 담당한다. 또한, 戊土의 적절한 배치는 수분의 손실을 방지하고 乙木이 안정적인 수분 환경을 유지하도록 돕는 역할을 한다. 하월(夏月)에서는 火와 水의 균형이 결정적이며, 金의 기운이 과도하게 작용할 경우 乙木의 구조적 손상이 초래될 수 있음을 고려하여 외부 기운의 조절이 요구된다.

셋째, 추월(秋月; 칠월, 팔월, 구월)에 있어서 乙木은 성숙의 기로에 이르게 되는 시기이다. 칠월과 팔월에 해당하는 초가을 기간에는 丙火의 활발한 기운이 乙木의 발육을 촉진하며, 동시에 癸水의 보조적 역할이 열의 과잉을 억제하여 균형을 이루게 하는 것이 바람직하다. 구월에 이르러서는 자연계의 변화에 따라 水의 기운이 주도적으로 작용하게 되며, 이때 癸水의 영향력이 증대되어 乙木이 차분하고 안정된 상태로 성숙할 수 있도록 한다. 따라서 秋月 전반에 걸쳐 火와 水의 상호 보완적 작용이 乙木의 안정적 발달을 위해 필수적이다.

넷째, 동월(冬月; 시월, 십일월, 십이월)에서는 겨울철 특유의 냉기와 습기가 乙木에 강하게 작용하는 환경이 조성된다. 이 시기에는 亥水의 영향으로 차가운 기운이 팽배하며, 이에 대응하기 위하여 丙火가 온기를 공급하는 역할을 수행해야 한다. 동시에 戊土의 기운은 과도한 水의 작용을 적절히 제어하여 乙木이 기운 소진을 방지하고, 생장 에너지를 보존할 수 있도록 돕는다. 동월에서는 水의 기운이 지나치게 작용할 경우 乙木의 발육이 저해될 수 있으므로, 火와 土의 균형 있는 배분이 결정적이다.

이와 같이, 乙木의 기수 분석은 월령에 따른 계절 변화와 기운의 흐름을 정밀하게 평가하는 과정을 포함하며, 각 계절별로 丙火, 癸水, 戊土 및 기타 金 등의 기운이 乙木의 성장 및 성숙에 미치는 영향을 종합적으로 고려하는 것이 필수적이다. 이러한 체계적인 분석은 乙木의 성격 및 운세 해석에 있어서 유연하고 전략적인 접근을 가능하게 하며, 명리학적 해석의 정확성과 심도 있는 분석을 위한 학문적 토대를 제공하는 것이다.

4. 乙木의 화상(化象)

乙木과 庚金의 관계는 명리학에서 화상의 대표적 사례로 간주되는 중요한 현상이다. 화상은 두 기운이 상호작용하여 한 기운이 다른 기운으로 전환되는 과정을 의미하며, 이 과정에서 丙火가 결정적 조절자 역할을 수행하는 것이 특징이다.

첫째, 乙木이 庚金과 상호작용하여 金으로 전환되는 경우이다. 이 경우, 庚金의 기운이 충분히 강해야 乙木이 금으로 변환될 수 있는 조건이 마련된다. 그러나 金의 기운이 지나치게 강할 경우, 乙木이 본래 지닌 부드럽고 유연한 성질이 훼손될 위험이 있다. 이러한 부정적 결과를 방지하기 위하여 丙火의 기운이 필요하며, 丙火는 金의 강한 기운을 적절히 조절하여 乙木을 단련하고 온화함을 유지하도록 돕는 역할을 한다. 만약 丙火가 부족하면, 庚金의 강한 작용이 乙木을 과도하게 경직시켜 완고한 金[頑金]으로 전환될 수 있으며, 이 경우 乙木 본연의 특성이 발현되지 못하게 된다.

둘째, 庚金이 乙木의 영향을 받아 木의 성질을 계승하는 경우이다. 이 경우, 乙木의 기운이 충분히 강하여 그 성질이 충실히 발현되어야 하며, 癸水의 보조 작용이 목의 성장을 촉진하는 역할을 수행한다. 癸水는 乙木이 자생력을 발휘할 수 있도록 도와주며, 이를 통해 庚金이 목의 특성을 내포할 수 있는 조건을 마련한다. 그러나 乙木의 기운이 미약하거나 木의 성질이 충분히 발현되지 않으면, 庚金은 원래의 금속적 속성을 그대로 유지하게 되어, 乙木에 의한 변환이 일어나지 않는다.

이와 같이, 화상의 개념은 명리학에서 인물의 운세 및 성격을 해석하는 데 있어 매우 중요한 해석 도구이다. 화상의 변환은 대운이나 세운 등 외부 운세 흐름 및 개인의 생년월일시와 같은 구체적 조건 하에서만 발생하며, 특정 조건이 충족되지 않으면 원래의 기운이 그대로 유지되는 경우가 많다. 따라서 화상의 결과를 정확히 분석하기 위해서는 丙火, 癸水 및 기타 관련 기운들의 상호작용을 종합적으로 고려하여 해석해야 한다.

5. 乙木의 육십갑자(六十甲子)

乙木은 육십갑자 체계 내에서 각 지지와 결합할 때, 그 성장 양상과 운세에 중대한 영향을 미치는 다양한 특성을 나타내는 것으로 평가된다. 각 지지와의 결합은 乙木의 기운이 어떠한 방식으로 발현되는지, 또한 그 기운이 개인의 성격과 인생 운세에 어떠한 영향을 미치는지를 분석하는 데 필수적인 요소로 작용한다.

첫째, 乙丑 조합은 乙木이 土와 결합함으로써 나타나는 현상이다. 丑土는 금고(金庫)의 역할을 하여 금속의 기운을 강하게 저장하는 기능을 수행하며, 이로 인해 乙木의 자연스러운 성장과 발산이 억제되는 결과를 낳는다. 이러한 결합을 가진 사람은 대체로 현실적이고 신중한 성격을 지니며, 지나치게 신중한 태도로 인해 때때로 기회를 상실할 위험이 있다. 乙丑 조합은 안정성과 실용성을 중시하는 경향을 나타내며, 변화보다는 지속적인 발전을 추구하는 성향을 보이는 것으로 평가된다.

둘째, 乙亥 조합은 亥水가 乙木에 인성의 역할을 수행함으로써 乙木의 성장을 촉진하는 현상이다. 亥水는 乙木의 창의력과 유연성을 자극하여, 그 결과 乙木은 지혜롭고 적응력이 뛰어난 성격을 발현하게 된다. 乙亥 일주를 가진 사람은 깊은 직관력과 융통성 있는 사고방식을 지니며, 이러한 특성은 자기 표현 및 대인관계에서 전략적이고 협력적인 태도를 유지하도록 돕는 것으로 평가된다.

셋째, 乙酉 조합은 酉金이 乙木을 절단하는 작용을 나타내는 사례이다. 酉金은 乙木의 성장과 발산을 억제하는 성질을 지니며, 이로 인해 해당 조합을 가진 사람은 강한 경쟁 환경 속에서 자신의 기운을 유지하고 발현시켜야 하는 상황에 직면하게 된다. 특히, 乙酉일주를 가진 여성은 인생에서 다소 기구한 상황에 노출될 가능성이 크며, 남성은 보다 직설적이고 날카로운 성향을 보이는 경향이 있다. 이와 같이 乙酉 조합은 강한 자기주장을 내포함과 동시에 사회적 갈등이나 대인관계에서의 어려움을 동반할 위험성이 있는 것으로 분석된다.

넷째, 乙未 조합은 未土가 乙木의 성장을 보조하는 역할을 수행하는 경우이다. 未土는 乙木에게 안정성을 제공하며, 土의 기운이 재성으로 작용하여 재물의 축적 및 경제적 성취에 긍정적인 영향을 미치는 것으로 평가된다. 이 조합을 가진 사람은 현실적이고 실용적인 감각이 뛰어나며, 구체적이고 실질적인 목표를 향해 지속적인 성장을 이루는 경향이 있는 것으로 분석된다.

다섯째, 乙巳 조합은 乙木과 巳火가 결합하여 木火의 상생 관계를 이루는 경우이다. 巳火는 乙木의 기운을 활발하게 자극하여 창의성 및 직관력에서 뛰어난 능력을 발휘하도록 돕는다. 이에 따라 乙巳 조합을 가진 사람은 문예적 재능이나 예술적 표현력, 창조적 사고가 두드러지며, 내면의 에너지가 활성화되어 보다 적극적이고 에너지 넘치는 성향을 나타내는 것으로 평가된다.

여섯째, 乙卯 조합은 卯木과 결합하여 비견의 기운을 강화하는 사례이다. 비견은 독립적이고 자주적인 성향을 강화하는 기운으로 작용하며, 이 조합을 가진 사람은 자신의 신념과 가치관을 굳게 유지하는 경향이 있다. 乙卯 일주는 외부의 압박이나 간섭에 크게 영향을 받지 않고, 자신만의 길을 개척하는 독립적이며 리더십 있는 성격을 나타내는 것으로 분석된다.

이처럼 乙木은 각 지지와 결합할 때마다 그 발현 양상과 성장 환경이 달라지며, 이러한 차이는 개인의 성격과 운세에 중대한 영향을 미치는 것으로 평가된다. 乙木의 기운이 강할 경우 창의적이고 적응력이 뛰어난 성향을 보이지만, 기운이 약하거나 외부 요인에 의해 제약을 받으면 불안정하거나 자립적인 기질이 저해될 수 있다. 따라서 乙木과 각 지지의 결합 관계를 철저히 분석하는 것은 개인의 운세와 성격을 보다 세밀하게 해석하기 위한 필수적 학문적 접근 방식이라고 할 수 있다.

6. 乙木의 응용

乙木은 명리학에서 '초목(草木)'에 비유되어 그 유연성과 적응력, 생명력 및 성장의 잠재력을 상징하는 중요한 기운이다. 乙木은 자연의 다양한 환경과 상황에 스스로 적응하며 변화할 수 있는 능력을 지니고 있으며, 이로 인해 개인의 성격과 운세에 지대한 영향을 미치는 요소로 평가된다.

乙木의 기본 특성은 유연성과 적응력이다. 乙木은 자연 상태에서 다양한 환경에 맞춰 변화하고 발달할 수 있는 잠재력을 보유하고 있으며, 이는 초목의 생명력이 강인함과 동시에 부드러운 성질로 나타난다. 乙木은 지나치게 강하거나 약하지 않도록 외부의 기운과의 상호작용 속에서 균형을 유지하는 것이 필수적이다.

乙木의 강한 상태는 창의력과 외부 환경에 대한 민감한 반응을 동반한다. 乙木이 강할 경우, 외부의 변화에 신속하게 대응하고 자신의 모습을 유연하게 조정하는 능력이 두드러진다. 그러나 이러한 강한 기운은 때때로 과도한 유동성으로 인해 불안정한 상태를 초래할 수 있으므로, 안정성을 확보하기 위해 토 운(運)의 지원이 요구된다. 土 운은 乙木의 기운을 고정시켜 뿌리를 내리게 하고, 지속적인 성장을 위한 기초를 마련하는 역할을 한다.

乙木이 약한 경우에는 자립성과 내재적 생명력이 저해되어 외부 환경의 영향을 크게 받는다. 약한 乙木은 자신을 보호하고 성장시키는 능력이 부족하여, 특히 水 운(運)이 과도하게 작용할 경우 물의 흐름처럼 불안정한 상태에 빠질 위험이 있다. 이럴 때는 火 운이 乙木을 활성화시키고 필요한 에너지를 공급하여 성장과 안정성을 도모하도록 하는 것이 중요하다. 火 운은 乙木의 창의력과 자생력을 증대시켜 안정적인 발현을 지원하는 역할을 수행한다.

金 운과의 상호작용에서는 乙木이 金의 성질을 만나 구조적인 변화를 경험한다. 金은 乙木을 절단하거나 다듬어 새로운 형태로 변화시키는 역할을 하며, 이 과정은 인생의 중요한 전환점을 의미할 수 있다. 金 운에 의한 변화가 긍정적으로 작용하기 위해서는 적절한 火 운이 함께 작용하여 乙木이 변화된 상황에서도 새로운 기회를 창출할 수 있도록 지원하는 것이 필요하다.

土 운(運)은 乙木의 안정성을 강화하는 결정적 요소이다. 乙木은 그 유동적 특성으로 인해 외부 기운에 의해 쉽게 변동될 수 있으므로, 土 운의 역할이 특히 중요하다. 土는 乙木의 기운을 고정시키고 재물과 현실적 성공을 도모하는 재성으로서의 역할을 수행함으로써, 乙木이 주변 환경에 적절히 뿌리를 내리고 안정적으로 성장할 수 있도록 돕는다.

이처럼 乙木은 그 유연성과 적응성을 바탕으로 다양한 환경에서 발현되며, 각기 다른 오행[火·土·金·水]의 상호작용에 따라 그 특성이 극대화된다. 乙木의 해석에서는 생사의 흐름, 기수의 변화, 화상의 가능성, 그리고 각 지지와의 관계를 종합적으로 고려하여, 乙木이 다양한 환경에서 어떻게 작용하는지를 체계적으로 분석하는 것이 중요하다. 乙木의 기운이 적절히 발산될 경우, 그 창의력과 유연성은 개인의 성격과 운세를 긍정적으로 이끄는 큰 장점으로 작용한다.

■ 論丙火

1. 丙火의 본질과 개요

丙火는 천간 중에서 가장 강렬한 陽의 특성을 지닌 불의 기운이다. 丙火는 단순한 불의 성질을 넘어 태양(太陽)의 본질을 상징하며, 태양이 우주와 지구에 필수적인 에너지를 공급하는 근본 원천임을 나타내는 것이다. 丙火는 『오행대의(五行大義)』에서 "火는 태양의 위치에 있으며, 불타오르고 빛이 강렬하므로 본질이 밝고 뜨겁고 위로 타오르는 성질을 가진다."(火居太陽之位, 炎熾赫烈, 故火以明熱爲體, 炎上爲性.)라고 설명되는 바와 같이, 강렬하고 지속적인 에너지 방출을 통해 자신의 존재를 입증하는 기운이다.

丙火의 기운은 태양의 본질을 상징하며, 발산적인 성격이 인간 사회에서 강한 개성과 리더십, 창의력, 그리고 표현력으로 구체화된다. 丙火는 하늘에서는 태양과 번개의 기운으로 나타나며, 지상에서는 화로나 단련의 불로 구현되어 모든 생명과 활동의 원천 및 지식과 영감의 공급원으로 작용하는 것이다. 고대 중국에서는 丙火를 이괘(離卦)와 연관 지어, 남쪽 방향으로 비추는 태양의 밝고 뜨거운 성질을 강조한 바이다.

丙火의 에너지는 발산적이고 창조적인 특성을 지니며, 항상 자신의 빛을 발산하고 끊임없이 에너지를 방출함으로써 존재감을 드러내는 것이다. 이러한 특성은 강한 자기표현력과 주목받기를 원하는 성향으로 나타나며, 사회적 환경에서는 주도적이고 창의적인 역할을 수행하는 원동력이 된다. 丙火는 또한 리더십과 카리스마를 내포한 에너지를 지니고 있어, 자연스럽게 타인을 이끌고 조직 내 활발한 활동을 유도하는 경향이 있다.

명리학에서는 丙火의 기운이 시각적 지각, 언어적 표현력, 그리고 신체적 활력과 밀접하게 연결되어 있다고 해석된다. 丙火는 눈, 입, 소장과 연관되어 있어 개인의 시각적 인지능력과 언어적 표현능력, 그리고 내장 시스템의 활력을 증진시키는 역할을 한다. 丙火가 강한 사람은 일반적으로 시각적 감각이 뛰어나며, 자신의 의견이나 감정을 타인에게 분명하게 전달할 수 있는 능력을 보유하는 것으로 평가된다.

丙火가 강하게 작용할 경우, 해당 인물은 자신감이 높고 표현력이 탁월하며 주도적인 성향을 나타내는 반면, 丙火의 기운이 부족하면 자신을 드러내는 데 어려움을 겪고 활력이 저하되는 경향이 있다. 반대로, 지나치게 강한 丙火는 성급함과 인내심 부족, 감정의 기복 등 부정적인 측면으로 나타날 수 있으며, 이는 과도한 양의 기운이 균형을 상실한 결과로 해석된다.

이처럼 丙火는 그 본질이 태양과 같이 강렬한 에너지를 발산하여 인간의 창의력, 리더십, 그리고 자기표현 능력을 극대화하는 중요한 기운이다. 丙火의 적절한 발산은 긍정적인 에너지 흐름을 유지하게 하지만, 균형을 잃을 경우 과도한 에너지 방출로 인한 스트레스와 감정적 불안정성을 초래할 수 있으므로, 개인의 일주(日主)에서 丙火가 자연스럽게 조화를 이루는 환경이 필수적이다.

2. 丙火의 특성 및 발현 방식

丙火는 순수한 陽[純陽]의 기운을 대표하는 오행 중 하나이다. 이 기운은 태양의 본질을 닮아 가장 강렬하고 지속적인 에너지를 방출하며, 생명력과 창의성을 유지하는 중요한 원동력으로 작용하는 것이다.

① 순수한 陽의 기운이다. 『적천수』 등 고전 문헌에서는 "오양(五陽) 중 丙火가 가장 강렬한 陽의 정수를 보유한다."(五陽皆陽丙爲最.)고 설명된다. 이는 丙火가 태양처럼 끊임없이 에너지를 발산하는 본질적 특성을 지니고 있음을 의미하며, 이러한 특성은 개인의 성격과 운세 전반에 강한 영향을 미치는 기초가 된다. 즉, 丙火는 태양처럼 끊임없이 에너지를 방출하는 본성을 지닌다.

② 자연적인 에너지 방출의 기제로 작용한다. 丙火는 열과 빛의 형태로 지속적인 에너지를 방출하며, 이 에너지의 발산은 개인의 창의력, 활력, 직관적 사고방식 및

자기표현 능력을 증진시키는 역할을 한다. 丙火의 발산적 특성은 예술적 재능과 혁신적 사고를 자극하며, 사회 및 조직 내에서 주도적인 역할을 수행하는 데 기여하는 것이다.

③ 억제보다는 자연스러운 순응이 중요하다. 丙火의 에너지는 그 강도가 매우 높아 인위적으로 억제하려는 시도는 내면의 감정적 갈등이나 스트레스, 우울감 등 심리적 불균형을 초래할 위험이 있다. 따라서 丙火가 일주(日主)인 인물은 자신의 기운을 자연스럽게 발산할 수 있는 환경에서 최상의 성과를 도모하는 것이 바람직하다.

④ 丙火의 기질은 인물의 성격에 뚜렷하게 반영된다. 丙火가 강한 사람은 대체로 밝고 적극적이며 목표 지향적인 성격을 나타내며, 직관력과 결단력이 뛰어나고 행동력이 강한 경향이 있다. 다만, 丙火의 기운이 지나치게 강할 경우 성급함, 인내심 부족 및 감정 기복이 심해지는 부정적 특성이 나타날 수 있으므로, 에너지의 균형과 조화를 유지하는 노력이 요구되는 것이다.

⑤ 사계절에 따른 丙火의 변화가 존재한다. 丙火는 태양의 성질을 반영하므로 여름철에는 태양의 영향으로 에너지가 극도로 강력하게 발현되며, 반대로 겨울철에는 태양의 빛이 약해짐에 따라 丙火의 기운이 약화된다. 이와 같은 계절적 변화는 명리학에서 개인의 운세나 기운의 흐름을 분석하는 중요한 기준으로 작용하며, 외부 환경에 따른 丙火의 강약 조절이 필요함을 시사하는 것이다.

이와 같이, 丙火는 순수한 陽의 기운을 바탕으로 강렬하고 지속적인 에너지 방출을 통해 창의성과 활력을 제공하는 중요한 오행이다. 이 에너지를 적절히 관리하고 활용함으로써 긍정적인 특성을 극대화할 수 있으며, 동시에 지나친 에너지 발산으로 인한 부정적 영향을 방지하기 위해 환경적 조정과 균형 유지가 필수적이다.

3. 丙火와 다른 천간과의 관계

丙火는 천간 중에서 가장 강렬하고 밝은 에너지를 지닌 오행으로, 다른 천간과의 상호작용을 통해 그 기운의 발현 양상이 다양하게 변화하는 중요한 요소이다. 丙火의 기운은 각 천간과 결합할 때 상호 보완 및 제약 관계를 형성하며, 이들 간의 상호작용은 명리학적 해석의 주요 기준으로 작용한다.

① 丙火와 壬水의 관계이다. 壬水는 물의 성질을 지니며 丙火의 강렬한 불의 기운을 조절하고 균형을 이루는 역할을 한다. 丙火가 지나치게 강하게 발산될 경우 에너지 소모나 과열 현상이 발생할 수 있는데, 壬水는 그러한 과도한 발산을 완화시켜 丙火의 에너지가 원활히 순환하도록 돕는다. 이와 같이 壬水는 丙火의 생명력을 강화하며, "사계절의 丙火는 모두 壬水를 좋아한다."(四季丙火皆喜壬.)[62]이라는 격언에서 보듯이 사계절 내내 丙火와의 결합이 최상의 조화를 이루는 것으로 평가된다.

② 丙火와 己土의 관계이다. 己土는 땅의 성질을 지니며 丙火의 밝고 발산적인 에너지를 억제하거나 흐리게 만드는 요소로 작용한다. 丙火는 본래 끊임없이 에너지를 방출하는 특성을 갖고 있으나, 己土와 결합할 경우 그 에너지의 발산이 제한되거나 차단될 위험이 있다. "陰의 흙[己土]이 陽의 물[壬水]과 섞이면, 陽의 불[丙火]이 빛을 잃게 된다."(己土混壬, 使丙火失色.)[63]라는 격언이 나타내듯, 己土가 지나치게 개입하면 丙火의 본래 강렬한 빛과 에너지가 약화되어 효과적인 발산이 저해될 수 있으므로, 丙火가 과도한 토의 기운을 받지 않도록 주의해야 한다.

③ 丙火와 甲木의 관계이다. 甲木은 불을 살리는 연료와 같은 역할을 수행하며, 丙火가 지속적으로 에너지를 발산할 수 있도록 지원하는 긍정적인 요소이다. 甲木이 제공하는 에너지는 丙火에 활력을 불어넣어 그 빛을 극대화시키며, "丙火는 한습한 만물을 돕는 것을 가장 좋아하며, 그중에서도 甲木과 乙木이 가장 두드러진 수혜자

이다."(丙火最喜歡扶助寒濕的萬物, 其中甲乙木是最顯明的受益者.)는 표현에서 보이듯, 봄철에 강하게 나타나는 甲木의 기운은 丙火의 발산력을 증대시켜 자연의 순환과 조화를 이루게 한다.

④ 丙火와 辛金의 관계이다. 辛金은 丙火와 상반되는 기운을 가진 요소로서, 丙火의 에너지를 흡수하거나 약화시키는 경향이 있다. "辛金을 만나면 오히려 겁을 낸다."(逢辛反怯.)이라는 격언이 시사하듯, 辛金과 결합할 경우 丙火의 강력한 에너지가 제약되어 본래의 발산력이 손실될 위험이 있으며, 辛金은 비교적 부드러운 금의 성질을 지니므로 丙火의 강한 기운을 충분히 받아들이지 못하는 것으로 해석된다. 따라서 丙火와 辛金의 관계에서는 양측의 기운이 균형을 이루도록 세심한 조정이 요구된다.

이와 같이, 丙火는 壬水, 己土, 甲木, 辛金 등 각 천간과의 상호작용을 통해 그 기운의 성질과 발현 방식이 달라지며, 이러한 관계들은 명리학적 해석에 있어 중요한 분석 기준이 된다. 壬水는 丙火의 에너지를 조화롭게 순환시켜 생명력을 강화하며, 甲木은 연료 역할을 통해 丙火의 발산력을 증대시키고, 己土와 辛金은 각각 丙火의 본질적 에너지 발산을 억제하거나 약화시키는 요소로 작용한다. 이처럼 각 천간 간의 상호작용을 체계적으로 분석함으로써 丙火의 에너지 특성을 보다 명확히 이해하고, 이를 바탕으로 개인의 운세와 성격에 미치는 영향을 정밀하게 해석할 수 있는 것이다.

4. 丙火의 현대적 적용과 의미

丙火는 오행 중 陽의 성질을 지닌 불의 에너지로, 본질적으로 에너지의 발산과 표현력을 상징한다. 그 성질은 밝고 뜨거워 내적 에너지를 외부로 적극적으로 발산하며 활동하는 특징을 지닌다. 이는 현대 사회에서 다양한 직업적 및 개인적 특성으로 해석될 수 있다.

첫째, 리더십과 창의성 측면에서, 丙火의 기운이 강한 사람들은 천성적으로 리더십을 발휘하는 경향이 있다. 이들은 강한 추진력과 영향력을 통해 주변 사람들에게 긍정적인 영향을 미치며, 기존의 틀을 벗어나 새로운 것을 창출하고 방향을 제시하는 능력을 지닌다. 이는 창의적인 아이디어를 발산하고, 조직 내에서 중요한 역할을 맡거나 혁신적인 프로젝트를 주도하는 사람들에게 공통적인 특성이다. 따라서, 丙火는 큰 목표와 비전을 가지고 주변을 이끄는 지도력과 창의성의 상징으로 볼 수 있다.

둘째, 소통과 표현능력에서, 丙火의 기운이 강한 사람들은 언어적 표현력과 대인관계에서의 소통 능력이 뛰어나다. 이들은 자신의 생각과 감정을 명확히 전달할 수 있으며, 이는 언론인, 방송인, 작가, 예술가 등 다양한 창작 및 표현 직업에서 두각을 나타내는 특징이다. 또한, 丙火는 타인과의 상호작용에서 강한 영향력을 미치며, 자신의 아이디어와 감정을 명확하게 전달하고 이를 통해 사람들에게 영감을 주는 역할을 한다.

셋째, 변화와 도전의 성향에서, 丙火는 끊임없는 변화와 도전을 추구하는 성질을 내포하고 있다. 이 에너지는 멈추지 않고 계속해서 발산되며, 변화를 두려워하지 않고 새로운 환경에서 도전하는 것을 즐긴다. 이는 정체를 싫어하고, 반복적인 일보다는 새로운 것을 창조하거나 변화를 추구하는 직업에서 뛰어난 성과를 낸다. 예를 들어, 기술과 혁신, 창의적 산업 등에서 丙火의 속성은 매우 잘 반영된다. 丙火가 강한 사람들은 변화하는 환경에 잘 적응하며, 이를 통해 지속적인 성장을 이룰 수 있다.

넷째, 감정의 기복 측면에서, 丙火는 밝고 빛나는 성질을 갖지만, 그 불의 성질로 인해 감정의 기복이 심할 수 있다. 이는 감정적으로 변동성이 크고 쉽게 영향을 받을 수 있음을 의미한다. 따라서, 丙火가 강한 사람들은 감정 조절에 주의를 기울여야 하며, 이를 위해 명상이나 운동, 예술 활동 등을 통해 감정을 다스리는 방법을 익히는 것이 중요하다. 감정을 균형 있게 유지하는 것은 丙火의 긍정적인 에너지를 더욱 효과적으로 활용할 수 있는 방법이 된다.

마지막으로, 기술과 혁신 분야에서, 丙火는 밝고 빛나는 성질로 인해 기술, 과학, 혁신적인 산업과 밀접한 관련이 있다. 특히, 현대 사회에서 정보기술(IT), 전자공학, 에너지 산업 등에서는 丙火의 성질이 매우 중요한 역할을 한다. 丙火가 강한 사람들은 새로운 기술을 혁신하고 발전시키는 데 중요한 역할을 하며, 창의적인 문제 해결 능력을 바탕으로 산업의 발전을 이끌어 갈 가능성이 크다.

이와 같이, 丙火는 자연스럽게 자신의 에너지를 발산하며 살아갈 때 가장 효과적으로 기능한다. 이를 위해서는 丙火의 본성과 속성을 이해하고, 그에 맞는 환경과 활동을 조성하는 것이 필수적이다. 丙火가 강한 사람들은 자신의 에너지를 창의적이고 혁신적인 분야에 잘 활용할 수 있으며, 그 결과로 성공적인 삶을 영위할 수 있다. 현대 사회에서 丙火의 성질을 적절하게 활용하면 뛰어난 창의력과 추진력을 바탕으로 사회와 개인의 성장을 이룰 수 있다.

■ 論丁火

1. 음간은 '질(質)'이 되고, 양간은 '기(氣)'가 된다.

음간(陰干)과 양간(陽干)의 구분은 음양론의 핵심 개념을 기반으로 하며, 음간은 '질(質)'을, 양간은 '기(氣)'를 나타낸다. 음간은 구체적이고 실체적인 존재를 의미하는 오행으로, 丁火는 이러한 음간에 속하는 火의 오행이며, 본질적으로 불의 실체적 성질을 지닌다. 이는 보이지 않지만 존재하는 에너지나 실체적인 힘으로 이해할 수 있다. 丁火는 화로불, 등불, 촛불 등의 형태로 나타나며, 그 본질은 따뜻함과 빛을 제공하는 실체적 존재이다.

丁火는 고대인들의 음양관에서 하늘의 별과 달빛으로 표현되었으며, 땅에서는 작은 불빛으로 존재한다. 丁火는 불의 본질적인 실체로서, 주로 어두운 곳에서 빛을 발하며, 이 특성은 음양론에서 말하는 陰의 성격을 가진다. 丁火가 왕성할 때는 화로불처럼 강렬하게 타오르지 않지만, 그 영향력은 집중적이고 뚜렷하다. 약할 때는 등불이나 촛불처럼 점차적으로 그 존재감을 발휘한다. 丁火는 비록 강렬하지 않지만, 작은 불빛으로도 충분히 어두운 곳을 밝힐 수 있다.

丁火는 사람의 오장 중 심장(心臟)과 관련이 있다. 심장은 혈맥과 정신을 주관하며, 丁火는 그 역할을 상징적으로 나타낸다. 심의 기능은 신경적이고 정신적인 힘을 제공하는데, 丁火는 이를 통해 사람의 정신적인 활력을 대표한다. 또한, 丁火는 혀와 연결되며, 얼굴의 윤택함으로 나타난다. 이는 심장의 건강 상태와 직결되며, 丁火가 왕성한 경우 정신적 활동과 에너지가 풍부하게 나타난다. 그러나 丁火가 손상되면 심장 기능에 문제가 발생하고, 정신적 불안정성을 초래할 수 있다.

『적천수』에서 "왕(旺)하되 격렬하지 않고, 쇠(衰)하되 궁하지 않는다."(旺而不烈, 衰而不窮.)는 표현은 丁火의 특성을 잘 설명한다. 丁火는 왕성할 때 격렬하게 타오르지 않지만, 그 힘은 지속적이고 집중적이다. 이는 丁火가 과도하게 활성화되기보다는, 지속적인 존재감을 발휘하는 특성을 지닌다는 뜻이다. 또한, 丁火가 약할 때는 그 기능이 제한적이지만, 여전히 중요한 역할을 한다. 특히 丁火가 金과 만나면 그 가치가 더욱 명확해지며, 금속[金]을 단련하고 도구를 만드는 능력도 발휘된다.

丁火와 水의 관계는 사람의 정신적인 상태와 밀접하게 관련된다. 경전에서 "水는 정(精)이고, 火는 신(神)이다."(水爲精, 火爲神.)고 한 바, 丁火는 신경적이고 정신적인 에너지를 대표한다. 丁火가 명확히 드러난 사람은 정신적 에너지가 강하며, 丁火가 손상될 경우 심장 기능에 문제가 발생하고 정신이 혼란스러워질 수 있다. 물[水]이 많고 丁火가 보이지 않으면, 丁火가 손상될 위험이 적지만, 반대로 심장 기능이 정상적으로 유지될 가능성이 크다.

사주에서 丁火와 丙火의 상태를 통해 사람의 정신적인 상태를 판단할 수 있다. 丁火가 강하면 신(神)의 활력이 강하고, 丙火가 강하면 그 에너지가 매우 직설적이고 외향적으로 발현된다. 물[水]이 많고 불[火]이 적으면 정(精)은 충분히 넘치지만, 신(神)이 부족해 정신적 활력이 떨어질 수 있다. 반대로, 불이 많고 물이 적으면 신(神)은 넘치지만, 정(精)이 부족해 내적인 안정이 부족할 수 있다. 따라서 丁火와 丙火의 상태는 사주 분석에서 매우 중요한 요소로, 개인의 정신적, 신체적 건강에 대한 중요한 정보를 제공한다.

2. 丁火와 丙火의 성격 비교

丁火와 丙火는 모두 오행 중 火의 성질을 지니고 있지만, 그 발현 방식과 성격에서 현저한 차이를 보인다.

1) 丁火

- 내면에서 서서히 타오르는 작은 불로, 감정을 외부로 드러내지 않고 내면에 간직한 후 적절한 순간에 표출하는 경향이 있다.
- 사려 깊고 내향적인 성향을 가지며, 감정을 드러내지 않지만 깊은 사유와 정신적 성장을 중시한다.
- 심리적 깊이를 중시하며, 타인과의 관계를 유지하거나 영향을 미치기 위해 사유를 활용한다.
- 여름에 태어난 경우 왕성한 에너지를 발휘하며, 재물과 관성의 영향을 받는다.
- 겨울에 태어난 경우 불의 기운이 약해져 내면적으로 빛을 발하게 되며, 그 힘이 상대적으로 귀하게 여겨진다.

2) 丙火

■ 큰 불로서 감정을 즉시 발산하며, 그 에너지가 겉으로 드러나는 특징이 있다.

■ 직설적이고 외향적인 성향을 가지며, 즉각적으로 감정을 표현하는 경향이 있다.

■ 행동 중심적이며, 타인과의 관계를 형성하기 위해 즉각적인 행동을 취한다.

■ 봄과 여름에 태어난 경우 강한 기운을 발휘하며, 재물과 관성의 영향을 받는다.

■ 가을과 겨울에 태어난 경우 불의 기운이 약해져 그 힘이 상대적으로 귀하게 여겨진다.

3) 상호작용과 관계

■ 丁火와 丙火는 감정 표현과 성향에서 차이를 보이므로, 상호작용에서 갈등을 겪을 가능성이 높다.

■ 丁火는 내면적인 수련과 성장을 중시하며, 감정을 외부로 표출하기보다는 내면에서 조절하려는 경향이 있다.

■ 반면, 丙火는 즉각적인 행동을 통해 타인과의 관계를 형성하며, 자신의 의견을 직접적으로 표현하는 경향이 있다.

4) 木과의 관계

■ 丁火는 甲木을 선호하며, 이는 丁火의 불을 적극적으로 활용하여 성장을 촉진할 수 있다.

■ 丙火는 乙木을 선호하며, 이를 통해 더욱 직접적이고 강렬한 영향을 미칠 수 있다.

5) 경전의 교훈

■ "丁火에게 친어머니가 있으면 가을과 겨울을 견딜 수 있다."(丁火, 如有嫡母, 可秋可冬.)는 말은, 丁火가 안정적이고 부드럽게 성장할 수 있는 환경이 마련되었을 때 그 존재가 더욱 빛을 발하며 다양한 환경을 견딜 수 있음을 의미한다.

■ "丙火는 丙火와 乙木이 만나면 평생 복록이 넘치고 재능이 출중하다."(丙火, 丙乙交會, 平生福壽超群, 出世深成才業.)는 말은, 丙火가 乙木과 만나면서 그 능력을 더욱 발휘할 수 있음을 나타낸다.

따라서, 丁火와 丙火는 각각 고유한 성격과 에너지 특성을 가지며, 이를 이해함으로써 개인의 특성과 상호작용을 보다 깊이 있게 파악할 수 있다.

3. 丁火의 운명적 특징과 사주 사례

丁火는 명리학에서 '작은 불'로 비유되며, 그 특성상 은밀하고 부드러운 빛을 발하는 성격을 지닌다. 이는 丁火가 어두운 환경에서도 일정한 영향을 미치며, 때로는 다른 요소들의 도움 없이도 스스로 존재감을 드러낼 수 있음을 의미한다. 丁火는 강하게 타오르지 않지만, 지속적이고 안정적인 영향을 미칠 수 있는 성향을 지닌다.

丁火가 사주에서 중요한 역할을 할 때, 주로 甲木과 함께 있을 때 긍정적인 상호작용을 나타낸다. 甲木은 木의 대표적인 성질을 가지며, 丁火는 이를 불태워 성장과 발전을 도울 수 있다. 이처럼 丁火는 木을 지원하고, 木의 성장을 촉진하는 역할을 하며, 안정적인 상태를 유지할 수 있게 만든다. 이러한 관계는 丁火가 사주 내에서 강하게 나타날 때, 자아 실현과 인생의 전개에서 중요한 역할을 한다.

그러나 丁火는 丙火와 함께 있을 경우, 丙火가 지나치게 강하게 타오르며 丁火의 특성을 약화시킬 수 있다. 丙火는 큰 불로, 강력한 에너지를 발산하며 丁火의 섬세하고 부드러운 성질을 압도할 수 있다. 이는 丁火가 주도적인 성향을 발휘하는 데 방해가 될 수 있으며, 과도한 충돌로 인해 불안정성을 초래할 수 있다.

丁火의 사주에서 그 강도와 위치는 매우 중요한 영향을 미친다. 丁火가 강할 경우, 개인은 주도적이고 적극적인 성향을 보인다. 이는 타고난 리더십과 창의성, 그리고 사회적 활동을 촉진하는 경향을 나타낸다. 반면, 丁火가 약할 경우 외부 환경에 쉽게 영향을 받으며, 자신감을 잃거나 부드럽고 소극적인 성향으로 나타날 수 있다.

丁火의 작용을 명리학적으로 분석할 때, 丁火가 다른 오행과 어떻게 상호작용하는지를 세밀히 관찰해야 한다. 丁火는 火로서 본래의 성질을 강화하거나, 木과 결합하여 성장시키는 반면, 水나 金과 결합하면 그 강도가 약화되거나 비효율적인 결과를 초래할 수 있다. 이러한 특성에 따라 사주의 흐름이 달라지며, 丁火의 운세와 인생의 방향성 또한 크게 달라질 수 있다.

丁火는 그 자체로는 온화하지만, 주변 환경과의 관계 속에서 그 의미와 영향을 정확하게 파악해야 한다. 丁火의 변동성이 크기 때문에, 사주 내에서 丁火가 차지하는 비중과 다른 오행과의 상호작용에 따라 개인의 성격, 운명, 그리고 삶의 방향이 달라질 수 있다. 이를 기반으로 丁火의 특성과 영향을 면밀히 분석하는 것이 명리학의 중요한 부분이다.

■ 論戊土

1. 戊土의 본질과 비유

戊土는 명리학에서 매우 중요한 역할을 하는 천간 중 하나로, 그 본질은 안정적이고 견고한 특성을 가지고 있다. 고대의 비유에 따르면, "戊土는 하늘에서는 노을과 안개, 땅에서는 산맥이며, 성벽과 두터운 땅으로 이해할 수 있다"는 설명은 戊土의 특성을 잘 드러낸다. 戊土는 자연에서 산맥과 성벽처럼 강한 보호와 지지의 역할을 하며, 환경적 변화에 대한 저항력과 안정성을 제공한다.

戊土의 본질은 둔중하고 무거운 특성으로, 이러한 성질은 물리적인 방어력과도 유사하다. 戊土가 강하면 외부의 영향을 차단하고, 내부의 자원을 보호하며, 변화를 최소화하려는 경향이 있다. 이는 명리학에서 인간의 성격이나 운세를 해석할 때 중요한 요소로 작용한다. 예를 들어, 戊土가 강한 사람은 내적인 안정감과 자원을 잘 보호하는 경향이 있지만, 때로는 융통성 부족이나 변화에 대한 저항이 있을 수 있다.

또한, 戊土는 주변 환경의 변화를 최소화하고 안전을 보장하는 특성을 지닌다. 명리학적으로 이는 戊土가 놓인 환경에 따라 그 기능이 달라지며, 다른 요소들과의 조화가 중요하다. 예를 들어, 甲木과 丙火가 함께할 때 戊土는 안정성과 성장의 균형을 이루며, 癸水나 辛金의 과다한 영향은 戊土의 안정성을 방해할 수 있다.

따라서, 戊土는 단순한 흙이나 땅의 상징을 넘어, 구조적 지지력과 보호, 안전을 보장하는 중요한 역할을 한다. 명리학에서는 이러한 특성을 이해하고, 戊土가 놓인 천간과 지지의 관계를 통해 개인의 성향과 운세를 보다 깊이 있게 해석할 수 있다.

1) 戊土의 기운과 특성

戊土는 그 본래 성질이 안정적이고, 견고하며 고립된 특성을 지닌다. 戊土의 기운은 마치 큰 산이나 넓은 대지처럼, 고요하고 무겁지만, 그 안에서 모든 생명과 기운을 지탱하는 중요한 역할을 한다. 이러한 성격은 동양 의학에서도 강조되며, "사람은 위기의 본질을 따른다"는 말에서 볼 수 있듯, 위장은 음식을 받아들여 소화하는 기능을 담당하며, 戊土는 생명 유지의 중요한 역할을 한다.

2) 戊土와 생명 유지

"위장의 기운이 있으면 생명이 이어지고, 위장의 기운이 없으면 생명이 끊어진다."(有胃氣則生, 無胃氣則则死.)라는 명언은 戊土의 생명력과 밀접한 관계가 있다. 戊土는 마치 인간의 위장처럼, 외부에서 들어오는 에너지를 흡수하고 소화하여 생명력을 유지하는 중요한 역할을 한다. 戊土는 안정적인 기운을 제공하며, 생명과 환경을 유지하는 토대가 된다. 이는 명리학에서 戊土가 사람의 운명에서 중요한 중심 역할을 한다는 해석으로 확장될 수 있다. 戊土의 기운은 생명력의 원천으로서, 그 기운이 고루 흐를 때 사람의 삶은 안정적이고 건강하게 유지될 수 있다.

3) 戊土의 변화를 위한 환경적 요인

그러나, 戊土는 지나치게 강하거나 고립될 경우, 그 기운이 변화를 거부하거나 지나치게 강해져 외부 환경의 영향을 받지 않게 된다. 예를 들어, 壬水의 강한 흐름과 같은 외부 충격을 받으면, 戊土는 그 강한 에너지로 인해 무너질 위험이 있다. 戊土는 외부 환경의 영향을 적절히 받아들이고 균형을 맞추는 것이 중요하다. 이는 戊土가 고립되거나 과도하게 강해지면 안정성뿐만 아니라 유연성과 변화를 위한 기운이 약해질 수 있음을 의미한다.

4) 戊土의 균형과 조화

따라서 戊土는 적절한 균형을 유지할 때 그 기운이 가장 효과적으로 발휘된다. 이 기운이 지나치게 강해지면 고집스럽고 융통성이 부족해질 수 있으며, 외부의 변화와 적응하는 능력이 떨어지게 된다. 반대로, 지나치게 약해지면 외부 환경에 의해 쉽게 영향을 받으며 그 본래의 강한 에너지를 잃을 위험이 존재한다. 이는 명리학에서 戊土의 중요한 특성으로, 안정성과 변화의 균형을 맞추는 것이 운명 해석에서 중요한 역할을 한다.

5) 戊土와 다른 오행의 상호작용

戊土의 기운은 木, 火, 水, 金과의 상호작용에서 조화를 이루어야 한다. 木과 火는 戊土의 기운을 활성화시키는 반면, 水와 金은 과도하게 많을 경우 戊土의 기운을 약화시키거나 소모시킬 수 있다. 예를 들어, 火는 戊土의 에너지를 변화시키고 적극적인 방향으로 이끌어 줄 수 있지만, 水가 과도하게 많으면 戊土의 본래 성질인 안정성과 고립성이 약해지며, 금이 지나치게 많으면 그 기운이 소모되어 불안정해질 수 있다. 따라서 戊土는 이들 오행과의 상호작용을 통해 자신의 기운을 조절하며, 균형을 유지하는 것이 중요하다. 戊土는 하늘에서의 노을과 안개, 땅에서의 산맥과 성벽과 같이 견고하고 안정적인 특성을 지닌 천간이다. 이는 인간의 위장과 같은 생명유지의 중요한 역할을 하며, 외부 환경의 영향을 받지 않도록 보호하는 역할을 한다. 그러나, 과도한 자극이나 외부 충격에 의해 그 안정성이 무너질 수 있기 때문에, 적절한 균형을 유지하는 것이 매우 중요하다. 戊土는 이를 통해 생명력을 유지하고, 주어진 환경에서 강한 기운을 발휘할 수 있다.

2. 戊土의 형상과 구체적 의미

戊土는 높은 산, 넓은 대지, 견고한 기반을 상징하며, 그 형상은 튼튼하고 웅장한 자연 구조물과 유사하다. 戊土는 본질적으로 안정적이고 견고한 특성을 지닌 천간으로, 그 본래 성질은 고립되고 무겁지만, 이러한 특성은 명리학에서 중요한 해석적 의미를 지닌다. 戊土의 기운은 마치 큰 산처럼 변화에 강하고, 이를 통해 질서와 안전을 유지하는 역할을 한다.

1) 戊土의 안정성과 고집성

戊土가 강할 때, 그 특성은 명확한 원칙과 신념을 바탕으로 행동하는 경향을 나타낸다. 戊土는 본래 '장엄하고 견고한 기운'을 지니며, 이는 강한 책임감과 신뢰를 기반으로 하는 성향으로 나타난다. 그러나 너무 강해지면, 융통성과 유연성을 잃고 고집스럽고 독선적인 성격을 드러낼 수 있다. 이로 인해 타인과의 갈등을 일으킬 수 있으며, 지나친 안정성 추구가 오히려 변화를 저해하는 장애물로 작용할 수 있다. 戊土의 기운이 지나치게 강하면, 주변과의 균형을 맞추는 데 어려움을 겪을 수 있다.

2) 戊土와 癸水의 결합

"戊土가 합을 만나면 더욱 강해진다."(戊土帶合形還壯.)라는 격언은, 戊土가 다른 요소와 결합할 때 그 특성이 어떻게 변할 수 있는지를 잘 보여준다. 戊土가 癸水와 결합하면, 戊土의 구조적인 강함이 더욱 강화되어 견고한 기초를 다질 수 있다. 癸水는 戊土의 고립된 성향을 부드럽게 만들고, 생명력을 더해주며, 그 기운을 더욱 활성화시킨다. 이처럼, 戊土는 단독으로 있을 때 안정감을 유지하지만, 외부의 자극에 의해 그 기운을 변형시킬 수 있는 능력이 있다. 癸水의 개입은 戊土의 기운을 보다 유연하고 강력하게 만들어, 그 본래 성향을 보완할 수 있다.

3) 戊土와 다른 오행의 상호작용

戊土는 그 성격이 안정적이고 견고하기 때문에, 木과 火와 만나면 균형을 유지할 수 있다. 木은 戊土를 자극하여 활동적이고 변화적인 에너지를 제공하고, 火는 戊土의 에너지를 활성화시켜 적극적인 행동력을 도울 수 있다. 이 두 오행은 戊土의 경직된 성향을 보완하여 그 기운을 변화시키고, 발전적인 방향으로 이끌 수 있다.

그러나 水가 과도하게 많으면, 戊土는 너무 부드러워지거나 무기력해져 안정성을 잃을 수 있다. 水의 과잉은 土의 기운을 약화시키고, 지나치게 외부 영향을 받아 불안정한 상태에 이를 수 있다. 또한, 金이 지나치게 많으면, 戊土의 에너지가 빠져나가면서 기운이 소모되고, 불안정하거나 힘이 약해지는 결과를 초래할 수 있다. 金은 戊土를 지나치게 차갑게 하고, 기운의 흐름을 방해할 수 있기 때문이다. 따라서 戊土는 水와 金의 과잉을 피하고, 木과 火와의 조화를 통해 그 균형을 맞추는 것이 중요하다.

4) 戊土의 환경적 적응과 중요성

명리학적으로 볼 때, 戊土는 강한 원칙을 유지하면서도 유연한 사고방식을 기르는 것이 매우 중요하다. 강한 원칙을 고수하는 것은 기본적인 장점이지만, 환경에 따라 그 기운을 조절할 수 있는 능력이 필요하다. 戊土가 지나치게 강해지면 고집과 독선적인 성향이 두드러질 수 있기 때문에, 이러한 성향을 제어하고 타인의 의견을 수용할 수 있는 융통성을 발휘하는 것이 필요하다.

또한, 戊土는 자신이 속한 환경과의 조화를 고려해야 한다. 지나치게 안정적이고 고립된 환경에서는 자신의 기운이 고립되거나 쇠퇴할 수 있기 때문에, 변화와 혁신을 수용할 수 있는 유연함을 기르는 것이 중요하다. 戊土가 이를 잘 활용할 때, 강한 기반과 신뢰를 바탕으로 주변과의 조화로운 상호작용을 할 수 있다.

따라서 戊土는 본래 강하고 안정적인 특성을 지닌 천간으로, 자신의 위치와 역할을 확고히 하며, 주변 환경과의 적절한 조화를 통해 그 특성을 발휘한다. 戊土가 강하면 고집스럽고 독선적일 수 있지만, 木, 火, 癸水와의 조화가 이루어지면 그 기운은 균형을 이루며 더욱 강력해질 수 있다. 戊土는 주변 환경과 적절한 균형을 맞추며, 그 기운을 변화시킬 수 있는 유연한 사고와 자아 성찰이 중요하다.

3. 戊土의 기세와 특성

戊土는 陽의 성질을 가진 천간으로, 본래 안정적이고 중후한 특성을 지닌다. 그러나 戊土의 성질은 환경에 따라 다르게 발현될 수 있으며, 특정 조건에서 강력한 기세를 드러낼 수 있다. 戊土는 기본적으로 '정적'으로 안정과 균형을 중시하지만, 상황에 따라 '동적'으로 변화하는 힘을 발휘한다. 이는 "고요할 때는 수렴하고, 움직일 때는 뻗어나가며, 만물을 주관한다."(靜翕動闢, 萬物司命.)는 표현에서 나타난다. 이 구절은 戊土의 특성을 잘 설명해 준다. 즉, 戊土는 그 자체로는 고요하고 균형잡힌 상태를 유지하지만, 특정 환경이 갖춰지면 그 안에 내재된 강한 기운을 발산하며, 상황을 주도하는 능력을 발휘하게 된다.

1) 水와의 상호작용

戊土는 水와의 상호작용에서 그 본래의 생명력을 발휘한다. 水는 土를 촉촉하게 만들어주고, 戊土의 건조함을 보완하는 중요한 역할을 한다. 水는 戊土의 기세를 지나치게 강하게 하지 않으며, 오히려 그 기운을 조화롭고 유연하게 만들어 준다. 이로 인해 戊土는 지나치게 강해지거나 고립되지 않고, 균형 있는 에너지를 발산할 수 있게 된다. 예를 들어, 戊土 일주(日主; 日干)를 가진 사람이 水의 운(運)을 만나면, 보다 부드럽고 유연한 성격을 보이며, 외부 환경에 적응하는 능력이 높아질 수 있다. 이는 戊土가 지나치게 경직되거나 고집스럽지 않도록 도와주고, 인간관계에서도 원활한 상호작용을 이끌어낼 수 있도록 돕는다.

2) 火와의 상호작용

반면, 戊土가 과도한 火의 영향을 받을 경우, 지나치게 건조해져 본래의 기능을 상실할 위험이 있다. 火는 土의 에너지를 과하게 발산시키고, 그 결과 戊土는 고립되고 안정감을 잃게 된다. 이때 戊土는 지나치게 강해져 독선적이고 고집스러워질 수 있으며, 이는 의사소통이나 대인관계에서 어려움을 초래할 수 있다. 또한, 火의 기운이 지나치면 戊土는 더욱 건조하고 무기력해져서 그 기능을 온전히 발휘할 수 없게 된다. 예를 들어, 戊土 일주를 가진 사람이 火의 운을 만나면 강한 추진력과 의욕을 가질 수 있지만, 이때 水가 부족하거나 조화를 이루지 못하면, 지나치게 강하고 고집스러운 성격을 보일 수 있다.

따라서 戊土는 火의 영향을 받을 때 적절한 균형을 유지하는 것이 중요하다. 戊土는 火와 水의 상호작용을 통해 적절한 중용을 지키며, 그 본래의 안정적이고 조화로운 특성을 발휘할 수 있다. 과도한 火는 조심해야 하며, 水의 보충이 필요하다.

3) 戊土의 중용과 환경과의 조화

戊土는 기본적으로 중용을 유지하는 특성을 지닌다. 이는 지나치게 강하거나 약하지 않으며, 균형을 중시하는 성격을 나타낸다. 戊土는 특정 환경에서 강한 기세를 발휘할 수 있지만, 항상 중용의 위치에서 조화를 이루려는 본능적인 특성을 지닌다. 예를 들어, 戊土 일주를 가진 사람이 성장하거나 중요한 결정을 내릴 때, 환경의 영향을 고려하여 결정하는 경향이 있다. 이들은 자칫 고집스러워지거나 독선적으로 행동할 수 있으므로, 환경과의 조화를 잘 고려해야 한다. 이를 위해 戊土는 자신을 보완할 수 있는 다른 오행의 영향을 받아들여야 한다.

예를 들어, 戊土가 甲木의 영향을 받으면 그 기운은 개방적이고 유연하게 변할 수 있으며, 이는 戊土가 지나치게 경직된 상태를 피할 수 있게 돕는다. 또한, 戊土는 火와 水가 적절히 조화를 이룰 때, 강력한 추진력과 생명력을 발휘할 수 있다. 이런 조화를 통해 戊土는 과도한 경직성이나 강함을 피하고, 보다 유연하고 균형 잡힌 에너지를 발산하게 된다.

4) 戊土의 중요성: 균형과 조화의 주체

戊土는 명리학에서 매우 중요한 역할을 한다. 그 본래의 특성은 균형을 중시하며, 이를 통해 생명력을 유지하고, 세상의 변화를 이끌어낼 수 있다. 戊土는 모든 것이 지나치게 강해지지 않도록 조화를 이루려는 특성을 지니고 있으며, 이는 명리학적 해석에서 매우 중요한 요소로 작용한다. 戊土를 가진 사람은 그 성격이 지나치게 고집스럽지 않고, 외부 환경과 적절한 균형을 이루려는 경향이 강하다. 이들이 성공적인 삶을 이끌어갈 수 있는 이유는 바로 이 균형과 조화의 특성 덕분이다.

따라서 戊土는 명리학에서 균형을 이룬 상태에서 가장 큰 잠재력을 발휘하며, 이를 통해 사람의 운세와 성격을 보다 정밀하게 해석할 수 있다. 戊土가 적절한 환경과 조화를 이루면, 그 에너지는 강력하고, 균형 잡힌 형태로 발산된다.

4. 戊土의 기수(氣數)와 변화

기수는 명리학에서 천간과 지지가 상호작용하는 방식에서 나타나는 에너지의 흐름과 변화를 나타내는 중요한 개념이다. 기수는 특정 천간이 생동감을 유지하고 조화를 이루기 위해 필요한 환경적, 오행적 요소들을 의미하며, 이는 사주 해석에서 중요한 기준으로 작용한다. 戊土는 본래 안정적이고 고립된 성질을 지니지만, 다른 천간들과의 상호작용을 통해 그 본래의 특성을 변화시키고 발전할 수 있다. 戊土의 경우, "戊土는 甲, 丙, 癸와 떨어질 수 없다."(戊土不離甲丙癸.)라는 말이 있으며, 이는 戊土가 생명력을 유지하고 그 성질이 적절하게 발현되기 위해 甲木, 丙火, 癸水의 조화가 필수적임을 의미한다.

1) 甲木과의 조화

甲木은 戊土와 가장 중요한 상호작용을 하는 오행 중 하나이다. 戊土는 본래 단단하고 굳건한 성질을 가지지만, 지나치게 강하거나 고립될 경우 답답한 벽처럼 무겁고 정체된 상태에 빠질 수 있다. 이러한 경우 甲木은 戊土의 환경을 개방적으로 만들어주고, 그 에너지를 활성화시키는 역할을 한다. 甲木은 나무로서 땅을 뚫고 자라나며, 이에 따라 戊土의 지나친 고립성이나 경직된 성향을 풀어주고 활기를 불어넣을 수 있다. 이는 戊土가 자기 고집에 빠지지 않도록 도와주며, 변화와 성장을 촉진하는 중요한 조화의 역할을 한다.

따라서, 戊土가 甲木과 결합하면, 그 성질은 보다 유연하고 창의적이며 개방적인 방향으로 변화할 수 있다. 예를 들어, 경직된 성격이나 고집을 가진 사람에게 甲木의 영향을 받으면, 그 사람은 더 나은 의사소통 능력과 변화를 받아들이는 태도를 가질 수 있게 된다. 이는 직장 내에서 창의적이고 유연한 사고를 하게 되는 등의 긍정적인 변화로 이어질 수 있다.

2) 丙火와의 조화

戊土는 본래 습한 상태에서 그 기능이 제한될 수 있는 성질을 지닌다. 지나치게 습하거나 무거운 환경에서는 戊土가 본래의 특성을 발휘하기 어려워지며, 에너지의 흐름이 막히고 효과적인 작용을 하지 못할 수 있다. 이러한 상태에서 丙火는 매우 중요한 역할을 한다. 丙火는 火의 성질을 가지며, 戊土의 습기와 경직된 성향을 조절하고 그 에너지를 활성화시키는 데 도움을 준다. 丙火는 따뜻한 기운을 통해 土의 습기를 제거하고, 戊土가 지닌 안정적인 특성 위에 활력과 추진력을 더할 수 있게 된다. 따라서, 戊土와 丙火의 조화는 너무 건조하거나 경직된 환경을 개선하고, 동시에 지나치게 습하거나 무겁지 않도록 균형을 맞추는 역할을 한다. 이는 실생활에서 지나치게 보수적이고 변화에 저항하는 성향을 가진 사람에게 변화를 유도하고, 적극적인 사고를 할 수 있도록 돕는 효과를 가져올 수 있다.

3) 癸水와의 조화

戊土는 본래 건조한 성질을 지닌다. 지나치게 건조하면 생명력을 유지하는 데 어려움이 생기며, 이때 癸水가 중요한 역할을 한다. 癸水는 물의 성질을 가지며, 戊土의 건조함을 보완하고 그 생명력을 유지할 수 있도록 도와준다. 癸水는 물처럼 부드럽고 유연한 성질로, 戊土의 강한 성질을 부드럽게 만들어주며, 에너지가 과도하게 고립되거나 건조해지는 것을 방지한다. 癸水는 또한 지나치게 강한 火를 제어하는 역할도 하며, 土의 균형을 맞추는 데 중요한 역할을 한다.

따라서, 戊土와 癸水가 결합하면, 지나치게 건조하거나 고립된 성향을 부드럽게 하고, 지속적인 생명력을 부여하는 효과가 나타난다. 예를 들어, 지나치게 고립적이고 냉정한 성향을 가진 사람에게 癸水가 미치는 영향은 그 사람에게 감성적이고 유연한 면을 더하게 되어, 보다 균형 잡힌 성격을 형성할 수 있게 된다.

4) 월령에 따른 기수의 변화

기수는 특정 월령에 따라 그 역할이 달라지며, 각 월령은 戊土의 성질과 상호작용하는 천간의 영향을 미친다. 예를 들어, 5월과 6월의 戊土는 火가 왕성한 시기로, 이때 火의 기운은 戊土의 생명력에 중요한 영향을 미친다. 이러한 시기에는 癸水가 중요한 역할을 하여, 지나치게 건조해지지 않도록 보완하고, 火와 水의 조화를 이루어 자연스러운 균형을 맞춘다. 반면, 가을철에는 丙火가 필수적이다. 가을은 土의 기운이 왕성한 시기이지만, 丙火의 존재가 필요하여 그 에너지를 발산시키고 균형을 맞출 수 있다.

5) 戊土의 생명력과 기수의 중요성

기수의 개념은 戊土의 성질과 그 에너지의 흐름을 결정짓는 중요한 요소로 작용한다. 기수에 따라 戊土의 생명력과 역할은 달라지며, 이는 명리학에서 사람의 운세와 성향을 분석하는 중요한 기준으로 사용된다. 戊土가 다른 오행들과 조화를 이루는 방식에 따라, 그 성격과 운세의 흐름은 유동적이고 다채롭게 변할 수 있다. 기수의 역할을 제대로 이해하고 적용하면, 보다 정밀한 운세 해석과 인간의 성향 분석이 가능해진다.

5. 戊土의 화합작용과 응용

戊土와 癸水는 명리학에서 대표적인 음양 조합의 하나로, 특정 조건하에서 火로 화합(化合)하는 특성을 지닐 수 있다. 고전 명리서에서도 이를 중요하게 다루며, "戊癸化火, 見火則化.(무계화화, 견화즉화.)"라는 원칙이 전해진다. 이는 戊土와 癸水가 결합할 때 일정한 변화를 일으키며, 火의 성질로 전환될 가능성이 있음을 의미한다. 이러한 변화는 단순한 오행적 조합이 아니라, 음양오행의 심층적인 원리에 기초한 것으로, 특정 환경과 조건에 따라 화합작용이 성립될 수도 있고, 그렇지 않을 수도 있다.

1) 戊癸化火(무계화화)의 이론적 근거

戊土는 陽土이며, 대지와 같은 넓고 안정적인 속성을 지닌다. 반면 癸水는 陰水로서, 부드럽고 유동적인 성질을 지닌다. 土는 본래 水를 극하지만, 戊土와 癸水의 조합에서는 단순한 극(剋) 관계를 넘어선 화합작용이 발생할 수 있다. 이는 戊土가 陽土로서 토중화(土中火)의 특성을 품고 있으며, 癸水는 陰水로서 일정한 유동성과 변화 가능성을 내포하기 때문이다.

戊土는 본질적으로 건조한 성향을 가지며, 癸水는 이를 적절히 조절하는 역할을 한다. 그러나 이러한 조합이 火로 화(化)하기 위해서는 몇 가지 필수적인 조건이 필요하다. 먼저, 화신(化神)인 火가 반드시 존재해야 하며, 戊土와 癸水가 천간에서 직접 만날 경우보다 지지에서 火의 지원을 받을 때 더욱 강하게 화합작용이 일어날 가능성이 크다. 특히 巳午未火가 있는 환경에서는 戊癸化火가 더욱 확실하게 성립할 수 있다.

2) 戊癸化火의 명리적 해석

戊癸가 화합하여 火로 전환될 경우, 이는 단순히 오행적 성질의 변화가 아니라, 인간의 기질과 성향, 운세의 흐름에도 깊은 영향을 미친다.

- ■ 성정(性情)의 변화: 戊土는 본래 안정적이고 강인한 성향을 지니며, 癸水는 유연성과 지혜를 상징한다. 무계화화(戊癸化火)가 이루어지면, 土의 무거운 성질이 경감되고 火의 역동성과 추진력이 더해져 보다 적극적이고 창의적

인 성향을 형성할 수 있다. 따라서, 지나치게 보수적이거나 고집스러운 성향을 완화하고, 활동성과 진취성을 증가시키는 역할을 한다.

- 운세(運勢)의 변화: 명리학에서는 특정한 오행의 화합작용이 운세의 흐름을 바꿀 수 있다고 본다. 戊癸化火가 성립하는 경우, 火의 성질이 강화되므로, 火가 용신(用神)인 경우 매우 긍정적인 영향을 미칠 수 있다. 특히 예술, 학문, 리더십과 관련된 분야에서 뛰어난 역량을 발휘할 가능성이 높아진다. 반면, 火가 기신(忌神)인 경우에는 성급한 성향이 나타나거나 과도한 충동성이 문제로 작용할 수 있다.
- 적용사례: 戊土가 지나치게 강하여 유연성이 부족한 경우, 癸水가 이를 부드럽게 만들어 보다 균형 잡힌 성격을 형성할 수 있다. 예를 들어, 경직된 조직에서 戊土의 안정성과 癸水의 유동성이 조화를 이루면, 강한 추진력과 동시에 유연한 대응력이 필요한 리더십이 발휘될 수 있다. 또한, 戊土가 지나치게 건조한 환경에 놓였을 때 癸水가 이를 조절하여 적절한 온습도를 유지할 수 있도록 돕는 역할을 한다.

3) 戊癸化火의 성립 조건

무계화화(戊癸化火)는 모든 경우에 무조건 성립하는 것이 아니라, 일정한 조건이 충족되어야 한다.

- 火의 존재 여부: 戊癸가 만나더라도 火가 존재하지 않으면 화합작용이 약하거나 성립되지 않는다. 따라서 사주 내 巳午未火가 존재하면 화합작용이 더욱 강화된다.
- 천간의 조합: 戊癸가 천간에서 직접 만나도 화화(化火)할 가능성이 있으나, 지지에서 火가 받쳐주지 않으면 완전한 변화가 어렵다.
- 대운과 세운의 영향: 무계화화(戊癸化火)는 대운과 세운에 의해 변동될 수

있으며, 특정한 시기에는 화합작용이 더욱 강하게 나타날 수 있다. 예를 들어, 戊癸를 가진 사람이 火의 운(運)을 맞이하면 화화(化火)가 강화될 가능성이 높다.

4) 戊癸化火의 현대적 응용

무계화화(戊癸化火)의 원리는 단순히 이론적 개념에 머무르는 것이 아니라, 현대적 의미에서도 중요한 함의를 가진다. 예를 들어, 리더십과 조직 관리에서 戊土의 안정성과 癸水의 유연성을 결합하면, 강력한 추진력과 동시에 유연한 사고를 유지할 수 있는 리더십 스타일을 형성할 수 있다. 또한, 심리적 측면에서도 戊土의 강한 자제력과 癸水의 감성적 유연성이 조화를 이루어 보다 균형 잡힌 성격을 유지하는 데 도움이 된다.

이와 같이 戊癸化火는 단순한 조합이 아니라, 변화의 가능성을 내포한 중요한 원리이다. 戊癸化火는 명리학에서 오행의 변화를 설명하는 중요한 원리 중 하나로, 土와 水의 결합이 단순한 상극 관계로 끝나는 것이 아니라, 특정한 조건에서 火로 전환될 수 있는 가능성을 보여준다. 이러한 화합작용은 단순한 이론적 논의가 아니라, 인간의 성향과 운세 해석, 더 나아가 실생활에서의 적용까지 폭넓은 의미를 지닌다. 이를 정확하게 이해하고 응용하면, 보다 깊이 있는 명리학적 분석이 가능하며, 운세 해석의 정밀도를 높이는 데 중요한 기준이 될 수 있다.

6. 六戊干支(육무간지)와 戊土의 성질 변화

戊土는 천간과 지지의 결합 방식에 따라 성질이 상이하게 변하며, 이는 각각의 간지 조합이 지닌 오행적 속성과 상호작용에 의해 결정된다. 戊土는 본래 후중(厚重)하고 안정적인 특성을 가지나, 각 간지와의 조합에 따라 습윤(濕潤)하거나 건조(乾

燥)하며, 강인(剛韌)하거나 유연(柔軟)한 성질을 나타낸다. 이러한 특성 변화는 명리학적 해석에서 중요한 요소로 작용하며, 戊土의 운용 방식과 활용 가능성을 결정하는 핵심적인 기준이 된다.

1) 戊子: 수중토(水中土) - 재물 관리 능력이 뛰어난 구조

戊子는 천간의 戊土와 지지의 子水가 결합한 구조로, 土의 안정성 위에 水의 유동성이 가미된 형태이다. 土는 본래 水를 극하는 속성이 있으나, 子水는 강한 陽水로서 戊土와의 극 관계에서 일정한 균형을 형성한다. 이는 마치 축축한 토양이 다양한 생명을 길러내듯이, 戊子는 土의 응집력과 水의 유동성을 조화롭게 유지하는 특성을 보인다. 이로 인해 戊子 일주는 재물의 흐름을 조절하는 능력이 뛰어나며, 현실 감각과 계산력이 발달하는 경향이 있다. 다만, 과도한 水의 영향을 받으면 土가 약화될 수 있으므로, 火를 통해 土의 강도를 보완하는 것이 중요하다.

2) 戊戌: 건조한 성질의 강한 土 - 강한 의지와 고집

戊戌은 천간의 戊土와 지지의 戌土가 결합한 구조로, 동일한 土 오행이 중첩된 강한 土의 조합이다. 戊土의 성질이 극대화된 형태로, 매우 견고하고 보수적인 성향을 보인다. 戊戌 일주는 일반적으로 강한 신념과 의지를 가지고 있으며, 현실적이고 실질적인 문제 해결 능력이 뛰어나다. 그러나 과도한 고집과 융통성 부족으로 인해 변화에 대한 적응력이 떨어질 수 있다. 戊戌의 土는 지나치게 건조하여 木이 성장하기 어려운 환경이므로, 木을 통한 조절이 필수적이며, 水의 적절한 공급이 필요하다. 이는 토양이 너무 건조하면 갈라지는 것과 같은 원리이다.

3) 戊申: 金多土洩(금다토설) - 에너지가 빠져나가는 구조

戊申은 천간의 戊土와 지지의 申金이 결합한 구조로, 토생금(土生金)의 원리에 따라 土의 기운이 金으로 설기(洩氣)되는 특성을 가진다. 戊土는 본래 안정성과 응집력을 갖추고 있으나, 金이 지나치게 많으면 土의 본래 역할이 약화된다. 즉, 土가 金을 지나치게 생하게 되면 자기 보호 능력이 약화되며, 체력이 소모되는 것과 같은 현상이 발생한다. 따라서 戊申은 강한 金의 기운을 조절하기 위해 火의 보완이 필요하다. 火는 金을 녹이는 역할을 하여 土의 기운이 지나치게 빠져나가는 것을 방지하며, 이를 통해 균형을 유지할 수 있다.

4) 戊午: 火旺土燥(화왕토조) - 과도한 건조로 인한 균형 필요

戊午는 천간의 戊土와 지지의 午火가 결합한 구조로, 土와 火의 상생 관계가 형성된다. 午火는 陽火로서 강렬한 에너지를 가지고 있으며, 戊土의 안정성을 더욱 강화하는 역할을 한다. 그러나 火가 지나치게 강하면 土가 지나치게 건조해지며, 균열이 발생할 가능성이 높아진다. 이는 실제 자연에서도 건조한 기후에서 토양이 갈라지는 것과 같은 원리이다. 戊午 일주는 강한 추진력과 적극성을 나타내며, 강한 책임감과 리더십을 발휘하는 경향이 있다. 그러나 火가 과다하면 오히려 과열되어 균형을 잃을 수 있으므로, 水의 조절을 통해 안정적인 상태를 유지하는 것이 필수적이다.

5) 戊辰: 土旺中和(토왕중화) - 균형 잡힌 안정성

戊辰은 천간의 戊土와 지지의 辰土가 결합한 형태로, 戊戌과 유사한 土의 중첩 구조를 가진다. 그러나 戊戌과 달리 辰土는 습토(濕土)로 분류되며, 일부 水의 성질을 내포하고 있다. 이는 戊土의 건조함을 일정 부분 완화시키는 역할을 하며, 지나치게 딱딱하지 않으면서도 안정적인 형태를 유지하는 특징을 보인다. 명리학적으로 戊辰은 가장 균형 잡힌 土로 평가되며, 현실 감각과 조직력이 뛰어난 구조를 형성한다.

6) 戊寅: 木의 개입으로 유동성이 가미된 土

戊寅은 천간의 戊土와 지지의 寅木이 결합한 구조로, 木의 기운이 土에 영향을 미치는 특성을 가진다. 木과 土는 상극 관계이지만, 戊土는 상대적으로 木의 개입을 수용할 수 있는 성질을 지닌다. 이는 현실적으로 나무가 뿌리를 내리면서 토양과 결합하여 안정적인 환경을 조성하는 것과 유사하다. 戊寅 일주는 土의 견고함 속에서도 유연성이 존재하며, 창의적이고 개방적인 성향을 보일 수 있다. 그러나 木의 기운이 과다하면 土가 약화될 위험이 있으므로, 土의 안정성을 유지하기 위해 적절한 火의 지원이 필요하다.

이상에서 살펴본 바와 같이, 戊土는 단순한 정적(靜的) 존재가 아니라, 주변 간지와의 조합에 따라 다양한 성질을 보이며, 변화하는 동적인 요소이다. 이를 잘 이해하고 분석하면, 명리학적 해석에서 보다 정밀하고 구체적인 접근이 가능하다. 또한, 戊土가 각 간지와 결합할 때 발생하는 오행의 상호작용을 고려하여, 적절한 조정 방법을 모색하는 것이 중요하다.

7. 戊土의 응용과 실제 사례

戊土는 사회적으로 평범한 대중을 상징하며, 기본적으로 강한 안정성과 신뢰성을 가진다. 이는 명리학적으로 후중(厚重)한 속성을 지니며, 외부 환경에 대해 견고한 지지력을 제공하는 특성을 나타낸다.

戊土가 강한 사람은 신념이 강하고 원칙을 중시하는 경향이 있으며, 이는 土의 중심적이고 고정적인 성질에서 비롯된다. 그러나 지나친 견고함은 유연성 부족으로 이어질 수 있으며, 타인과의 관계에서 갈등을 유발할 가능성이 있다. 따라서 戊土는 적절한 조화를 이루어야 원만한 인간관계를 형성할 수 있다.

명리학적으로 戊土는 재물을 다루는 중요한 역할을 하며, 이는 土가 金을 생하는 원리에 기반한다. 戊土는 강한 신뢰성과 조직력을 바탕으로 재물을 축적하고 관리하는 능력을 갖춘다. 이는 현실적이며 실질적인 자산 운용과도 밀접한 관련이 있다.

"戊는 甲을 좋아하고, 甲도 戊를 좋아한다."(戊愛甲, 甲愛戊.)는 명제는 戊土가 木

을 필요로 함을 의미한다. 木은 戊土를 개간(開墾)하여 생명력을 부여하고, 이를 통해 戊土는 더욱 생산적이고 발전적인 형태로 변화할 수 있다. 이는 土가 木을 통해 조절되고, 성장할 수 있는 상호작용을 설명하는 원리이다. 따라서 戊土는 단순한 흙이 아니라 환경에 따라 변화하고 조화되는 복합적인 요소이다. 이를 통해 명리학적으로도 단순한 고정적 성질을 넘어, 木과의 관계 속에서 지속적인 성장을 이루는 존재임을 이해하는 것이 중요하다.

■ 論己土

1. 己土의 개념과 해석

己土에 대한 논의는 주로 己卯에서 출발하며, 이는 납음(納音) 체계에서 戊寅과 함께 성장토(城墻土, 성벽의 흙)로 분류된다. 일반적으로 戊는 寅에, 己는 卯에 위치하는데, 장신봉(張神峰)의 이론에 따르면 이는 모두 '절각(截脚, 발이 끊긴 상태)'으로 간주되므로, 戊己土는 쇠약한 상태에 있어야 한다. 그러나 납음 체계에서는 이를 성벽의 흙이라 하였으며, 이러한 모순적 해석에 대해 심층적인 탐구가 필요하다.

己土의 개념과 역할을 보다 구체적으로 이해하기 위해서는 역사적 및 구조적 맥락에서 己土가 가지는 특성을 분석해야 한다. 전통 건축 구조에서 성벽은 단순한 흙으로 이루어진 것이 아니라, 다층적인 구조를 형성하며, 내부적으로는 흙과 벽돌, 목재 등이 조합되어 견고한 방어 체계를 형성한다. 이는 곧 己土가 단순한 토양이 아니라 구조적 지지력을 가지며, 다양한 요소와 결합하여 새로운 형태를 형성할 수 있음을 시사한다.

명리학적으로 己土는 卯木과 결합하면서 土의 유동성을 조절하고, 木의 구조적 지지력을 보강하는 역할을 수행한다. 특히, 己土는 상대적으로 부드러운 성질을 가지므로, 木과의 결합을 통해 안정성을 확보할 수 있다. 이는 단순한 개별적 요소로서의 土를 넘어, 종합적인 건축적 및 환경적 구조 내에서 己土가 핵심적인 지지 역할을 수행하는 것과 동일한 원리이다.

이와 같이, 己土는 단순한 토양이 아니라, 구조적 통합성을 이루는 핵심 요소로 작용한다. 이러한 분석을 통해, 己土가 명리학적으로도 단순한 생극 관계를 넘어, 木과의 상호작용 속에서 보다 견고한 구조적 역할을 수행함을 확인할 수 있다.

2. 戊寅과 己卯의 상호작용과 구조적 해석

戊寅과 己卯의 조합은 단순한 상생 또는 상극의 이분법적 원리에 의해 해석되지 않는다. 오히려, 이들의 관계는 상극 속에서 새로운 생명력이 창출되는 극중유생(克中有生)의 구조를 형성한다.

戊寅은 陽이 표출되고 陰이 내재된 형태로, 木火土의 조합을 이루어 강한 생명력을 내포한다. 이는 명리학적으로 강한 土가 木을 억제하면서도, 火의 개입을 통해 木이 다시 활성화되는 순환 구조를 보여준다. 반면, 己卯는 상극 관계 속에서도 木이 土를 보완하는 형태로 작용하며, 土의 안정성을 증진시키는 역할을 한다. 이는 음양의 균형 속에서 木의 역할이 土의 구조적 완성도를 높이는 방식으로 기능하는 것을 의미한다.

이러한 원리는 전통적인 건축 방식과 유사한 양상을 보인다. 흙벽돌을 제작하는 과정에서, 土와 水는 단독으로 결합되기 어려우며, 木의 요소인 볏짚[藁稈]이 결합력을 강화하는 핵심 요소로 작용한다. 이는 戊寅과 己卯가 포함하는 木이 구조적 지지 요소로 기능하는 것과 같은 원리이다. 특히, 己卯의 土는 상대적으로 느슨한 성질을 가지므로, 卯의 木이 이를 보강하여 안정적인 구조를 형성한다.

이처럼 戊寅과 己卯의 관계는 명리학적 관점에서 단순한 상극이 아닌, 구조적 안정성을 창출하는 조화로운 역학을 형성한다. 이러한 분석을 통해 土, 水, 木 간의 상호작용이 구조 형성과 안정성 유지에 있어 중요한 역할을 함을 확인할 수 있다.

3. 己土의 개별성과 유연성

戊土가 '집단'이라면, 己土는 그 집단을 구성하는 '개별 요소[개체]'에 해당한다. 다수의 개별 요소가 모여 하나 또는 다수의 집단을 형성하는 것과 같다. 일반적으로 己土 일간을 지닌 사람들은 '전원의 흙[田園之土]'에 해당하며, 일부에서는 이를 '진흙[泥巴]'이라고 부르기도 한다. 진흙은 단순한 흙이 아니라, 정련 과정을 거쳐 성인(聖人)의 형상을 조각할 수도 있고, 반대로 단순한 폐기물로 처리될 수도 있다.

己土는 유연성이 뛰어나며, 다듬어지면 제방을 만들거나, 산을 이루며, 농사를 통해 생명을 키워낼 수도 있다. 己土가 본연의 역할을 다하려면, 木은 쟁기 역할을 하고, 金은 쟁기의 날 역할을 해야 한다. 즉, 己土가 金과 木을 동시에 얻으면 위대한 성취를 이루지만, 金만 있거나 木만 있는 경우에는 평범한 삶을 살게 된다. 높은 산이나 튼튼한 성벽을 이루려면 반드시 두터운 土가 필요하며, 火의 단련을 거쳐야 비로소 큰 역할을 수행할 수 있다.

4. 己土의 성격적 특성과 인체적 대응

戊土의 본질은 견고하고 중후하며 안정된 구조를 의미한다. 반면, 己土는 陰의 속성을 지닌 흙으로, 水, 火, 金, 木을 포용하는 특성을 지니며, 전원의 습한 흙으로 해석된다. 따라서 己土 일간을 지닌 사람들은 대체로 온화하고 겸손하며, 타인을 포용하는 능력이 뛰어나 조직의 조율자로 적합하다. 그러나 지도자의 위치에 서게 되면 다소 우유부단한 경향을 보일 수 있다.

己土의 인체적 대응부위는 비장(脾臟)이며, 비장는 소화작용, 혈액순환, 근육 및 사지와 연결된다. 또한, 입[口]과 밀접한 관련이 있으며, 피부 건강에도 영향을 미친다. 팔자에서 己土가 병(病)으로 작용하는 경우, 얼굴에 흉터가 있거나 소화 기능의 이상을 초래할 가능성이 크다. 실제 사례에서도 己土의 과다 또는 결핍이 얼굴 질환과 관련된 사례가 존재하며, 이러한 특징은 운세의 변화에 따라 더욱 두드러지게 나타난다.

■ 論庚金

1. 천상에 태백성이 있고, 지상에 庚金이 있다

庚金은 천상에서 태백성(太白星)으로 대응되며, 지상에서는 오행 중 金에 해당한다. 고대 점성술에서 태백성은 변화를 예고하는 별로 여겨졌으며, 庚金은 그와 같은 속성을 지닌다. 즉, 庚金은 변화와 개혁을 상징하는 기운을 품고 있으며, 이를 통해 운세의 흐름을 조정하고 환경을 재구성하는 중요한 역할을 한다.

庚金의 본질적인 속성은 강인함과 변화를 이끄는 능력에 있다. 이러한 성질은 현실에서 庚金이 주어진 환경을 개선하고, 기존의 질서를 개편하며, 새로운 구조를 창조하는 힘을 가지게 한다. 천체에서 태백성이 밝게 빛나며 일정한 주기로 출현하는 것처럼, 庚金 역시 자신의 존재를 분명하게 드러내는 특성이 있으며, 이는 인간의 성격 및 운세 분석에서도 중요한 요소로 작용한다.

특히, 태백성이 지나가는 시점과 庚金이 운세에서 작용하는 순간을 연결하여 분석하면, 특정한 변화의 시기가 도래할 가능성을 예측할 수 있다. 이를 통해 庚金이 가진 변화의 속성을 보다 정확하게 이해할 수 있으며, 庚金이 인생에서 어떻게 작용하는지를 명확하게 파악할 수 있다.

2. 庚金은 조화를 귀하게 여기며, 체상(體象)을 분명히 한다

庚金의 본질적 속성은 '숙살(肅殺)의 기운'과 '개혁(改革)의 정신'이다. 즉, 엄격하고 개혁적인 특성이 있다. 庚金은 단순한 물질적 금속이 아니라, 본질적으로 변화와 조화를 동시에 추구하는 특성을 가진다. 이는 단순한 강함이 아니라, 적절한 단련과 조정 과정을 통해 최적의 상태를 유지할 수 있도록 하는 능력을 내포한다.

庚金은 본래 단단하고 강하지만, 단조롭고 둔탁한 성질이 있어 적절한 단련이 필요하다. 불로 단련되어야 진정한 가치가 드러나지만, 과한 단련은 오히려 庚金을 무르게 만든다. 즉, 庚金은 자신의 본질을 유지하면서도 외부의 환경에 따라 적절하게 변화하고 조정될 필요가 있다. 이 과정에서 庚金이 다른 오행과 조화를 이루며 조정하는 능력이 중요한 역할을 하게 된다.

庚金은 사계절 중 여름에는 불[火]의 기운을 과하게 받아 약화될 수 있으며, 가을에는 그 본성이 가장 잘 드러난다. 또한, 물[水]이 너무 많으면 庚金이 가라앉고, 나무[木]가 많으면 庚金을 손상시킨다. 土가 많으면 매몰되어 힘을 발휘하지 못한다. 따라서 庚金은 오행의 균형을 맞추는 것이 중요하며, 특정 오행이 지나치면 심각한 문제를 초래할 수 있다.

이러한 특성을 종합하면, 庚金이 강하게 작용하는 시점과 그 영향력을 보다 정교하게 분석할 수 있으며, 이를 통해 개인의 운세를 보다 세밀하게 해석할 수 있다.

3. 庚金의 살(煞)은 흉한가? 조화의 능력을 보면 알 수 있다

庚金은 강한 기운을 지닌 양간(陽干)으로, 살(煞)의 속성을 지닌다. 하지만 이는 단순히 흉한 것이 아니라 변화와 개혁을 주도하는 특성이기도 하다. 즉, 庚金은 기존의 질서를 부수고 새로운 체계를 창조하는 역할을 수행한다.

庚金은 단순한 금속이 아니라, 무언가를 바꾸는 도구[斧鉞之金]로 비유될 수 있다. 예를 들어, 도끼가 나무를 베거나 목재를 가공하여 가구를 만드는 것처럼, 庚金은 기존의 형태를 변화시키는 역할을 한다. 이러한 변화는 때로는 파괴적일 수도 있지만, 본질적으로 새로운 질서를 형성하는 과정에서 필연적인 요소로 작용한다.

庚金은 타인을 변화시키는 데 적극적이며, 주변 환경을 개조하는 기질을 지니고 있다. 이는 庚金 일간의 사람이 삶에서 끊임없이 변화를 추구하는 이유를 설명한다. 단순히 자신의 환경을 받아들이는 것이 아니라, 능동적으로 환경을 조정하고 변화를 이끌어가는 특성을 지닌다. 庚金의 이러한 특성은 타인에 대한 엄격함과 지적 에너지를 동반하며, 특히 가을[申·酉·戌월]에 태어난 庚金 일간은 용맹하고 개혁적인 성향이 강하다. 이는 역사적으로도 확인할 수 있으며, 庚金 일간을 가진 유명한 인물들의 사례를 분석하면 그들의 삶에서 반복되는 변혁과 개혁의 흐름을 찾을 수 있다.

4. 庚金이 사계절을 순행하며, 기세가 결정된다: 庚金의 계절적 흐름과 기세

庚金의 계절적 변화는 그 기세를 좌우하는 핵심 요소이다. 이는 오행의 원리에 따라 각 계절의 기운과 상호작용하며, 庚金의 강도와 성질을 결정짓는다. 계절별 庚金의 특성과 그 조정 원리를 깊이 이해하는 것은 명리학적 해석의 정밀성을 높이는 데 필수적이다.

■ 봄(寅·卯·辰월): 봄은 木의 기운이 강한 시기로, 庚金이 약해지고 부드러워지는 특징을 보인다. 이 시기의 庚金은 단단한 힘을 충분히 발휘하기 어렵기 때문에, 火를 통해 단련하는 과정이 필요하다. 하지만 火의 작용이 지나치면 庚金이 연약해질 수 있으며, 木의 기운이 과하면 庚金이 깎여 소모될 위험이 크다. 따라서 이 시기의 庚金은 木과 火의 균형을 유지하는 것이 핵심이다.

■ 여름[巳·午·未월]: 여름에는 불[火]의 기운이 강하여 庚金이 자연스럽게 정련되는 시기이다. 하지만 불이 너무 강하면 庚金이 지나치게 연마되어 부서지거나 본래의 성질을 잃을 위험이 있다. 따라서 이 시기의 庚金은 水를 활용하여 불의 과열을 조정하고, 土를 이용해 균형을 유지하는 것이 중요하다.

■ 가을[申·酉·戌월]: 가을은 金의 계절로, 庚金이 본연의 힘을 온전히 발휘할 수 있는 시기이다. 이때 庚金은 강인하고 단단하지만, 지나치면 오히려 유연성이 부족하여 활용성이 떨어질 수 있다. 따라서 적절한 火와 木을 조합하여 균형을 이루는 것이 필요하다.

■ 겨울[亥·子·丑월]: 겨울에는 물(水)의 기운이 강하여 庚金이 차갑고 무력해질 수 있다. 따라서 火를 활용하여 庚金의 기운을 활성화시키는 것이 필수적이다. 또한, 土를 통해 과도한 水의 영향을 조정해야 庚金이 본래의 성질을 유지할 수 있다.

이와 같이 볼 때, 계절별 庚金의 특성과 조정 원리를 정확히 파악하는 것은 개인 명조 해석에서 매우 중요한 요소이다.

5. 庚金의 화합과 변화의 법칙

庚金은 그 성질상 강하고 단단한 특성을 가지고 있으며, 다른 오행과 상호작용함으로써 변화와 균형을 이룬다. 이러한 변화의 원리를 이해하기 위해서는 庚金이 木, 火, 土, 水와 어떻게 상호작용하는지를 분석해야 한다.

1) 庚金과 木의 관계

庚金은 木을 깎아 다듬는 역할을 한다. 이는 마치 금속 공구가 목재를 가공하는 것과 같다. 즉, 庚金은 목을 절제하고 조절하는 기능을 수행한다. 그러나 木이 너무 강하면 庚金이 이를 감당하기 어려워지고, 木에 의해 깎여나가는 상황이 초래될 수 있다. 이러한 경우 庚金은 지나치게 약해지고, 본래의 강인한 특성을 유지하기 어려워진다. 따라서 庚金이 木과 조화를 이루려면 적절한 제어가 필요하며, 지나치게 많은 木이 존재할 경우 庚金의 강도를 유지하기 위해 火의 보조가 필요하다.

2) 庚金과 火의 관계

火는 庚金을 단련하고 정련하는 역할을 한다. 즉, 庚金이 단단하고 활용 가능한 형태로 변하려면 반드시 불의 세례를 거쳐야 한다. 그러나 火가 지나치면 庚金이 과도하게 연마되어 연약해지거나, 본래의 형태를 잃고 파괴될 수 있다. 특히 여름철의 강한 火는 庚金을 쉽게 약하게 만들며, 이런 경우 土를 활용하여 火의 강도를 조절해야 한다.

3) 庚金과 土의 관계

土는 庚金을 보호하고 안정적으로 유지하는 역할을 한다. 특히 土가 적절하게 있으면 庚金은 안정성을 유지할 수 있다. 그러나 土가 지나치게 많으면 庚金이 매몰되어 힘을 발휘하지 못하게 된다. 따라서 庚金이 본연의 기능을 유지하기 위해서는 土가 너무 많거나 부족하지 않도록 조정해야 한다.

4) 庚金과 水의 관계

水는 庚金을 유연하게 만들고, 정련 과정을 도와주는 역할을 한다. 특히 庚金이 지나치게 강하고 뻣뻣할 때, 수의 도움을 받아 부드러워질 수 있다. 하지만 수가 너무 많으면 庚金이 물에 잠겨버려 힘을 잃게 된다. 특히 庚金이 지나치게 차가워지는 경우, 火를 통해 온도를 조절해야 한다. 따라서 水와 火의 균형이 맞춰질 때 庚金은 가장 적절한 상태를 유지할 수 있다.

이와 같이 庚金은 다른 오행과의 균형을 통해 본래의 가치를 유지하며, 이러한 원리를 명확히 이해하면 개인의 운세 해석에 큰 도움이 된다.

6. 庚金과 운세의 상관관계

庚金이 개인의 운세에서 어떻게 작용하는지는 그 강약과 배치에 따라 다르게 나타난다. 庚金이 강한 경우와 약한 경우에 대한 분석을 통해 이를 보다 명확히 이해할 수 있다.

1) 庚金이 강한 경우

庚金이 강하게 작용하는 경우, 그 사람은 결단력과 추진력이 강하며, 적극적으로 변화를 주도하는 성향을 보인다. 이러한 사람들은 대개 리더십이 뛰어나며, 조직 내에서 강력한 영향력을 발휘할 가능성이 크다. 하지만 지나치게 강한 庚金은 융통성이 부족하고 고집이 센 경향이 있어, 다른 사람과 협력하는 능력이 떨어질 수 있다. 따라서 庚金이 너무 강한 경우에는 木이나 水를 활용하여 庚金의 단단한 성향을 완화하는 것이 중요하다.

2) 庚金이 약한 경우

반면, 庚金이 약하면 결단력이 부족하고, 쉽게 타인의 영향을 받는 경향을 보인다. 이러한 경우, 火를 활용하여 庚金을 단련시키거나, 土를 통해 庚金을 보호하는 방법이 필요하다. 특히, 庚金이 지나치게 약한 경우에는 자신의 의견을 명확히 표출하기 어려우며, 소극적인 태도를 보일 가능성이 크다.

3) 운세에서의 庚金 배치 분석

庚金이 적절하게 배치된 명조는 강한 추진력과 유연함을 동시에 가질 수 있다. 지나치게 강한 경우에는 균형을 맞추기 위한 조절이 필요하며, 지나치게 약한 경우에는 庚金의 강도를 보강할 필요가 있다. 따라서 개인의 운세를 해석할 때, 庚金이 어떻게 배치되어 있는지를 분석하는 것이 매우 중요하다.

이처럼 庚金은 운세 해석에서 중요한 요소이며, 그 강약과 조합에 따라 사람의 성격과 행동 양식이 달라질 수 있다. 이를 바탕으로 개인의 운세를 보다 정확하게 분석할 수 있다.

7. 庚金의 현대적 해석과 적용

庚金의 속성은 현대 사회에서도 다양한 방식으로 해석될 수 있으며, 특히 변화와 개혁을 중시하는 현대적 삶에서 庚金의 특성은 더욱 중요하게 작용한다.

1) 庚金의 현대적 의미

庚金은 변화와 개혁을 주도하는 성향을 지니고 있으며, 이는 현대 사회에서의 혁신적인 사고방식과 연결될 수 있다. 특히 기술 혁신, 사회 변혁, 조직 개편 등의 과정에서 庚金의 성향이 강하게 작용할 가능성이 크다. 따라서 庚金의 속성을 가진 사람들은 새로운 변화를 주도하고, 기존의 구조를 개편하는 역할을 수행할 가능성이 높다.

2) 庚金과 리더십

庚金의 강한 추진력과 결단력은 현대 사회에서 리더십의 중요한 요소로 작용할 수 있다. 특히 기업 경영, 정치, 군사 등과 같은 분야에서 庚金의 특성이 강한 사람들이 중요한 역할을 수행할 가능성이 크다. 그러나 지나치게 강한 庚金은 독선적이거나 강압적인 태도를 보일 수 있으므로, 이를 조절하는 것이 필요하다.

3) 庚金과 직업적 성향

庚金의 성향을 고려하면, 금속 가공, 기술 산업, 공학, 금융, 법률 등의 분야에서 성공할 가능성이 높다. 또한, 庚金은 단련과 변화를 거쳐야 완전한 가치를 발휘하므로, 지속적인 자기 계발과 개선이 중요한 요소가 된다.

4) 庚金과 개인적 성장

庚金의 속성을 이해하고 이를 적절하게 활용하면, 개인의 성장과 발전에 큰 도움이 될 수 있다. 특히 庚金이 너무 강하거나 약할 경우, 이를 조절하는 방법을 모색하여 균형을 맞추는 것이 중요하다. 이를 통해 개인은 보다 안정적이고 효과적인 방식으로 자신의 역량을 발휘할 수 있다.

庚金은 단순한 명리학적 개념을 넘어, 현대 사회에서도 중요한 의미를 지닌다. 변화와 혁신을 주도하는 庚金의 특성을 적절히 활용하면, 개인과 조직의 발전에 큰 도움이 될 수 있다. 따라서 庚金은 이러한 오행과의 조화를 통해 본연의 가치를 극대화할 수 있으며, 이를 바탕으로 운세 해석에서도 중요한 판단 기준이 된다. 庚金의 본질을 깊이 탐구하는 것은 명리학적 해석의 정밀성을 높이는 데 필수적이다.

■論辛金

1. 辛金과 庚金의 본질적 차이: 형체와 기운의 상호작용

辛金은 庚金과 같은 金의 속성을 공유하지만, 그 본질적인 작용 방식과 기능에서 큰 차이를 보인다. 庚金은 단단하고 강인한 특성을 지닌 원석과 같은 존재로, 명리학적으로 숙살(肅殺)의 기운을 나타낸다. 즉, 庚金은 변화와 쇠퇴를 주도하며, 계절의 순환 속에서 여름의 뜨거운 열기를 제거하고 가을의 차가운 질서를 확립하는 역할을 수행한다. 그러나 이러한 변화가 구체화되는 과정에서 중요한 역할을 하는 것이 바로 辛金이다.

辛金은 庚金의 실체적 구현이라 할 수 있다. 예를 들어, 가을의 서늘한 기운이 庚

金의 영향이라면, 이를 실제로 실현하는 것은 辛金의 작용이다. 辛金은 서리[霜]와 찬 이슬[寒露]로 나타나며, 나뭇잎을 떨어뜨리고 만물을 수축시키는 역할을 수행한다. 이는 『적천수』에서 "辛金은 하늘에서는 달과 서리가 되고, 땅에서는 가공된 금속이 된다."(辛金在天爲月霜, 在地爲成器之金.)라고 설명한 바와 일치한다.

또한, 辛金은 인체에서 폐(肺)와 깊은 관련이 있다. 폐는 기운을 조절하고 체내 수분을 균형 있게 유지하는 역할을 하며, 庚金과 더불어 대장(大腸)과 연결되어 있다. 庚金이 넓은 도로와 같은 역할을 한다면, 辛金은 그 도로를 정밀하게 다듬는 도구의 역할을 한다. 따라서 辛金과 庚金은 상호 보완적인 관계를 이루며, 결코 분리할 수 없는 존재이다.

辛金의 본질적 속성을 이해하려면, 자연 속에서 그것이 어떻게 작용하는지를 분석해야 한다. 금속은 불순물이 많을수록 제 기능을 상실하며, 이는 인간 사회에서도 적용될 수 있다. 辛金이 올바르게 작용하기 위해서는 잡다한 요소가 제거된 순수한 상태를 유지해야 하며, 이는 개인의 정신적 수양이나 환경적 요소와도 밀접하게 연관된다. 따라서 명리학에서는 辛金이 혼탁한 기운과 만나면 그 기능이 약화된다고 본다.

2. 辛金의 속성과 조화: 투명함을 유지하는 원리

辛金은 보석과 옥(玉)처럼 정제되고 세련된 성질을 지니며, 순수함과 투명함을 유지하는 것이 필수적이다. 명리학에서 "金이 희고 물이 맑아야 한다[金白水清]."는 개념이 있는데, 이는 辛金이 본연의 가치를 유지하기 위해서는 오염되지 않아야 한다는 의미이다. 특히, 火와 土는 辛金에게 불리한 요소가 될 수 있다. 火는 金을 녹여 그 형체를 변화시키며, 土는 金을 덮어 가치를 감추게 만든다. 그러나 土도 그 속성에 따라 다르게 작용할 수 있다. 습기가 있는 것은 흙[濕土]은 金을 보호하는 역할을 하며, 이는 마치 '사금 채취(沙金淘洗)' 과정과 유사하다. 금이 모래 속에서 걸러지는 것처럼, 辛金은 깨끗한 환경에서만 제 역할을 수행할 수 있다.

辛金은 또한 직관과 정신적 능력을 상징한다. 철학적 탐구 능력이 뛰어나며, 섬세한 사고와 통찰력을 지닌다. 실제로 많은 학자나 철학자들이 辛金의 영향을 강하게 받는 사주 구조를 가지고 있으며, 이들은 깊이 있는 사고력과 명확한 분석력을 보인다. 이는 辛金이 단순한 금속이 아니라, 정밀한 사고와 분석을 담당하는 기운임을 보여준다.

辛金이 제 기능을 하려면 적절한 환경이 필요하다. 과도한 불순물이 섞이면 辛金 본연의 특성이 훼손되므로, 명리학에서는 辛金이 필요할 때 그것을 丁火하는 기운이 반드시 존재해야 한다고 본다. 이때 水는 辛金을 보호하고 정제하는 중요한 역할을 하며, 그 중에서도 壬水의 영향이 크다.

3. 辛金의 강약에 따른 역할 변화: 지도력과 보호력

『적천수』에서는 "辛金은 부드럽고 따뜻하며 맑다. 지나치게 많은 흙을 두려워하고, 풍부한 물을 좋아한다."(辛金軟弱, 溫潤而淸, 畏土之疊, 樂水之盈.)라고 설명한다. 이는 辛金이 연약하지만 동시에 강한 내면을 지닌 속성을 가지고 있음을 의미한다.

辛金이 강하면 국가와 사회를 보좌하는 역할을 수행한다. 이는 보석이나 금속이 단단하게 정제될 경우 귀중한 도구가 되어 국가를 이끄는 지도자적 역할을 할 수 있음을 뜻한다. 역사적으로 辛金의 영향을 받은 인물들은 국가 운영에서 중요한 역할을 하거나, 사회 질서를 유지하는 데 기여하는 경우가 많았다.

반대로 辛金이 약하면 인간을 보호하고 치유하는 역할을 한다. 이는 辛金이 물[水]과의 상호작용을 통해 부드러워지고, 수분을 흡수하면서 치유적 속성을 가지게 되기 때문이다. 辛金이 약한 경우, 물[水]을 보강하여 균형을 맞추는 것이 중요하다.

명리학적으로 보면, 辛金이 충분한 水를 갖추지 못하면 건조하고 메마른 기운이 강해져 원활한 기능을 수행하기 어렵다.

4. 辛金의 계절별 작용: 기세와 기수의 변화

辛金의 속성은 태어난 월[月令]에 따라 크게 달라진다. 이는 자연의 변화 속에서 辛金이 다른 기운과 어떻게 상호작용하는지를 보여준다.

정월[1월] 辛金: 겨울이 끝나고 봄이 시작되는 시점으로, 壬水가 필수적이다. 己土의 유무가 辛金의 운명을 결정짓는데, 己土가 지나치게 많으면 辛金이 매몰되어 기능을 상실할 수 있다.

이월(2월) 辛金: 봄의 양기가 점차 강해지는 시기로, 甲木이 필수적이다. 甲木은 辛金의 형체를 유지하는 역할을 하며, 壬水는 辛金을 보호하는 보조적인 역할을 한다.

삼월(3월) 辛金: 土의 기운이 강해지는 시기로, 지나치면 辛金을 억압할 수 있다. 이때는 壬水가 필수적으로 필요하며, 水의 작용이 辛金의 생명력을 유지하는 핵심 요소가 된다.

사월(4월) 辛金: 庚金이 장생하는 시기로, 辛金 역시 강한 금속적 기운을 갖는다. 그러나 이 시기의 辛金은 기세가 강하지만 지나치면 지나친 냉각 작용을 유발할 수 있으므로, 壬水와 甲木이 적절한 조화를 이루어야 한다.

이를 통해 辛金이 계절별로 어떤 방식으로 작용하는지를 이해할 수 있으며, 이를 명리학적으로 해석하면 개인의 운세에서 辛金의 역할을 보다 정밀하게 분석할 수 있다.

■ 壬水篇

1. 壬水는 물이면서도 물이 아니다. 흐름이 본질이다

壬水는 단순한 물이 아니라, 본질적으로 끊임없는 흐름과 변화를 의미한다. 이는 명리학적으로도 매우 중요한 개념이다. 일반적으로 우리는 '물'을 단순한 액체로 생각하지만, 명리학에서의 壬水는 단순한 물질이 아니라, 우주의 흐름, 순환하는 힘, 그리고 생명력을 품고 있는 근원적 존재이다.

壬水는 인체에서 방광(膀胱)을 의미한다. 방광의 주요 기능은 수분을 저장하고 배출하는 것이며, 이 과정은 '기화(氣化)'라고 불린다. 기화 과정이 원활해야 체내의 수분 대사가 정상적으로 이루어지며, 그렇지 않으면 배뇨 장애와 같은 문제가 발생한다. 이는 명리학에서 壬水가 끊임없이 순환하고 유동해야 하는 특성을 지니고 있음을 의미한다.

또한, 명리학적으로 己土는 모든 오행을 포함하는 성질을 가지지만, 특히 운화(運化)의 중심역할을 한다. 己土는 하늘에서 '구름'을 뜻하며, 구름 속에는 수분이 풍부하다. 현대 기상학에서도 구름은 바닷물의 증발로 인해 형성된다고 설명한다. 따라서 己土 내부에도 壬水의 성질이 포함될 수 있다.

이와 같이, 壬水는 단순한 물이 아니라, 丁火와 순환을 담당하는 우주의 흐름 그 자체이다. 壬水가 부족하면 유동성이 사라지고 정체된 상태가 되며, 반대로 壬水가 과하면 범람하여 질서를 무너뜨릴 수도 있다.

壬水는 천상에서는 은하수(銀河水)에 비유되며, 지상에서는 습지와 늪으로 표현된다. 이는 곧 넓고 깊은 사고, 자유로운 흐름, 유연한 사고방식을 의미한다. 壬水의 상징과 본질은 다음과 같이 정리할 수 있다.

1) 壬水와 정결성

壬水는 깨끗함을 유지하려는 속성을 가진다. 壬水를 일간으로 가진 사람들은 청결에 신경을 많이 쓰고 정돈된 환경을 선호하는 경향이 있다. 이는 壬水가 본래 세상을 丁火하는 역할을 맡고 있기 때문이다.

2) 壬水와 주도권

壬水 일간이 강한 사람들은 대체로 가정에서 주도적인 역할을 맡는 경우가 많다. 이는 壬水가 강할수록 흐름을 만들고 조절하려는 성향이 강하기 때문이다. 따라서 집안의 맏이나 조직의 리더로서 활동하는 경우가 많다.

3) 壬水와 유동성

壬水는 끊임없이 흐르는 속성이 있기 때문에, 변화와 이동이 많다. 삶에서 한곳에 머무르는 것보다 다양한 환경을 경험하며 변화를 수용하는 것이 중요하다.

2. 강물처럼 넓고 깊은 壬水: 유동성과 순응성

壬水는 넓은 바다와 같으며, 다양한 지류를 받아들여 하나의 흐름을 만든다. 이는 곧 포용력과 유연성을 의미한다. 강물이 계속해서 흐르는 것처럼, 壬水는 항상 움직이며 환경과 조화를 이루려고 한다. 壬水의 핵심 특성은 다음과 같다.

1) 포용력과 유연성

壬水는 수많은 지류를 받아들여 하나의 흐름을 형성한다. 이는 곧 사람들과의 관계에서도 포용력이 크며, 다양한 환경에 적응할 수 있는 능력이 강함을 의미한다. 壬水를 일간으로 가진 사람들은 다양한 분야에 관심을 가지며, 폭넓은 인간관계를 형성하는 경우가 많다.

2) 순응성과 조화

壬水는 자신의 본성을 유지하면서도 주변 환경에 맞게 흐름을 조절할 줄 안다. 특히 木의 도움을 받아야 원활하게 흐를 수 있다. 예를 들어, 壬水가 丁火하려면 丁火가 필요하다. 丁火는 별빛과 같은 존재로, 壬水와 丁火가 만나면 조화로운 에너지가 형성된다.

3) 壬水의 위험 요소

그러나 壬水가 너무 강하면 통제되지 않는 범람 상태가 될 수 있다. 이를 방지하기 위해 戊土의 도움이 필요하다. 戊土는 강물의 둑과 같은 역할을 하며, 흐름을 적절히 조절하는 기능을 한다.

4) 壬水의 성격적 특성

대담하고 직설적이며 솔직한 성격을 가질 가능성이 높다. 세부적인 면에서는 다소 대충 넘어가는 경향이 있다. 壬水 일간이 강한 여성들은 일반적으로 남성적인 기질을 지니며, 독립적인 성향을 보인다. 대표적인 예로 홍콩 영화감독 허안화(許鞍華)나 정치인 덩롄루(鄧蓮如) 등이 있다.

3. 壬水의 기세(氣勢)와 기수(氣數): 흐름을 따를 것인가, 중심을 유지할 것인가

壬水는 강한 흐름과 순환의 원리를 지니며, 환경의 영향을 많이 받는다. 하지만 흐름을 유지할 것인지, 특정한 힘을 중심으로 안정성을 찾을 것인지는 매우 중요한 문제이다. 이를 기세(氣勢)와 기수(氣數)라는 두 가지 개념을 통해 분석할 수 있다.

① 기세는 壬水가 얼마나 강한 흐름을 유지하고 있는지를 나타낸다. 즉, 외부 환경과의 상호작용 속에서 壬水가 지속적으로 힘을 발휘하는 상태를 의미한다. 기세가 강한 壬水는 바다처럼 깊고 강력한 힘을 가지며, 끊임없이 새로운 에너지를 받아

들이면서도 자체적인 방향성을 유지한다. 이러한 壬水는 외부 환경과 독립적으로 존재하면서도, 타인을 압도하는 기운을 가질 가능성이 크다.

② 반면, 기수는 壬水가 외부 환경과 조화를 이루며 주어진 조건 속에서 최대한의 효과를 발휘하는 것을 의미한다. 기세가 흐름의 크기와 힘을 나타낸다면, 기수는 흐름의 균형과 지속 가능성을 조절하는 요소이다. 기수가 강한 壬水는 주변 환경과 융합하여 조화를 이루는 것에 능하다. 즉, 필요할 때는 빠르게 움직이고, 필요 없을 때는 천천히 흐르며 적절한 타이밍을 조절하는 능력이 뛰어나다.

③ 기세와 기수의 균형이 중요한 이유는, 壬水는 기세가 너무 강하면 제어되지 않는 범람 상태가 되어 조직과 구조를 파괴할 수 있으며, 반대로 기수가 너무 강하면 자신의 방향성과 개성을 잃고 주변 환경에 쉽게 휘둘리는 경향을 보이기 때문이다. 따라서 壬水를 가진 사람은 기세와 기수의 균형을 유지하는 것이 가장 중요하다. 이러한 균형을 맞추기 위해서는 土의 조절 역할이 필수적이다. 예를 들어, 기세가 너무 강한 경우에는 戊土가 필요하다. 강한 물의 흐름을 막고 통제하는 역할을 하며, 방향성을 조절해 준다. 반면, 기수가 너무 강한 경우에는 己土가 필요하다. 壬水가 필요할 때는 흐르게 하고, 필요하지 않을 때는 보존하는 역할을 한다. 이처럼 壬水의 운명은 기세와 기수를 어떻게 균형 있게 조절하는지에 따라 달라지며, 이를 위해서는 土의 조절이 핵심 요소가 된다.

4. 계절별 壬水의 변화와 조절법

壬水는 계절의 변화에 따라 크게 영향을 받는다. 각각의 계절에서 壬水의 성질이 어떻게 달라지는지 살펴보고, 이에 맞춰 어떤 균형을 맞춰야 하는지 분석해 보자.

1) 봄[春]: 木의 기운이 강한 계절

봄은 木이 가장 왕성한 시기이며, 이는 壬水에게 중요한 의미를 가진다. 木은 水의 도움을 받아 성장하며, 壬水가 이때 강하게 흐르면 생명력과 창의성이 극대화된다. 하지만 壬水가 너무 많으면 홍수처럼 넘쳐서 木을 뿌리째 뽑아버리는 문제가 발생할 수 있다. 따라서 土로 壬水의 흐름을 조절하는 것이 필요하다.

2) 여름[夏]: 火의 기운이 강한 계절

여름에는 火가 강해지며, 壬水는 증발의 위기를 맞이한다. 이 시기에는 木을 통해 火와의 균형을 맞추는 것이 중요하다. 즉, 壬水가 빠르게 소멸되지 않도록 보호하는 장치가 필요하며, 이는 木의 생장 에너지를 활용하는 것이 가장 효과적이다.

3) 가을[秋]: 金의 기운이 강한 계절

가을은 金이 왕성한 계절로, 金은 水를 생하는 특성을 갖고 있다. 이때 壬水는 강하게 생조를 받으며, 흐름이 점점 더 커지는 경향을 보인다. 하지만 과도한 생조는 통제가 어렵기 때문에, 적절한 火의 개입이 필요하다.

4) 겨울[冬]: 水의 기운이 강한 계절

겨울은 壬水가 가장 왕성한 계절로, 본래의 성질이 극대화된다. 하지만 水가 과하면 모든 것을 얼어붙게 만들어 정체 상태가 될 수 있다. 이를 방지하기 위해서는 土와 火의 조절이 필수적이다. 결국, 계절에 따라 壬水는 변화하며, 그에 맞는 조절법을 찾는 것이 중요하다. 봄과 가을에는 土로 조절하고, 여름과 겨울에는 木과 火로 균형을 맞추는 것이 핵심 전략이다.

5. 壬水와 火의 결합 원리

壬水는 火와 상반되는 성질을 가지지만, 동시에 이 둘의 결합이 가져오는 효과는 매우 중요하다.

1) 壬水와 火의 상생 관계

壬水는 차가운 성질을 가지며, 火는 뜨거운 성질을 가진다. 하지만 이 둘이 조화를 이루면 '수화기제(水火旣濟)'의 원리에 따라 최상의 균형 상태를 이룬다. 즉, 壬水는 火의 지나친 열기를 식혀주며, 火는 壬水가 얼어붙지 않도록 해준다.

2) 壬水와 火의 충돌 위험

하지만 壬水가 지나치게 많으면 火를 꺼버리고, 火가 너무 강하면 壬水를 증발시켜 버리는 문제가 발생할 수 있다. 이를 방지하기 위해서는 木의 조절이 필수적이다. 木은 壬水가 너무 많을 때 흡수하고, 火가 너무 강할 때 완충 역할을 한다. 결국, 壬水와 火는 상반되는 성질을 가졌지만, 서로를 조절하는 원리를 이해하면 최고의 조합을 이룰 수 있다.

■ 癸水篇

1. 하늘에서는 봄비가 되고, 땅에서는 샘물이 된다

癸水는 자연 속에서 다양한 형태로 존재하며, 하늘에서는 봄비[春霖]로 나타나고, 땅에서는 샘물[泉水]로 형성된다. 이는 癸水가 가진 본질적인 특성이 유동적이며, 생명을 부양하는 역할을 한다는 것을 의미한다. 이러한 속성은 인체에서도 마찬가지로 적용되며, 癸水는 신장(腎臟)과 직접적인 관련이 있다.

신장은 인체의 기본적인 생명 에너지를 저장하는 기관이며, 명리학적으로도 癸水는 인간의 생명력과 긴밀한 관계를 가진다. 신장은 인체의 수기(水氣)를 조절하고, 이를 통해 생명 유지에 필수적인 역할을 수행한다. 특히, 신장은 정(精)을 저장하는 기능을 하며, 이는 인간의 생식 능력과도 직결된다. 동양의학에서는 "신장이 물을 주관한다(腎臟主水)"라고 하여, 신장이 체내의 수분과 기의 순환을 조절한다고 본다. 따라서 癸水가 신장과 연관된다는 것은 단순한 비유가 아니라, 실제 생리학적 원리를 반영하는 것이다.

또한, 癸水는 인체의 골수(骨髓) 생성과도 관련이 있으며, 머리카락의 윤기, 귀와 이음[二陰, 생식기]과도 밀접한 연관이 있다. 이처럼 癸水는 인체의 기본적인 생명 에너지를 관장하는 중요한 요소이며, 이를 통해 인간의 건강과 생명력이 유지된다. 명리학에서는 이러한 癸水의 특성을 활용하여, 개인의 체질과 건강 상태를 예측하는 데 사용한다.

명리학적으로 癸水는 비교적 정적인 물의 형태를 띠지만, 특정한 환경에서는 흐름이 바뀌어 보다 강한 유동성을 띠게 된다. 예를 들어, 명조에서 癸水가 강한 사람은 부드럽고 온화한 성격을 가지며, 인간관계에서 융통성이 뛰어난 편이다. 이는 癸水가 자연 속에서 조용히 스며들어가는 성질을 가지고 있기 때문이다. 그러나 癸水가 과도하게 많아지면 그 성질이 변하여, 안정된 형태를 유지하지 못하고 불안정한 성향을 띠게 된다. 즉, 癸水가 壬水로 변화하여 보다 거칠고 거센 성질을 가지게 될 수 있다. 사례를 통해 이를 이해할 수 있다. 예를 들어, 癸水가 강한 명조를 가진 사람이 술을 자주 마시면, 원래의 온화한 성격이 변하고 감정 조절이 어려워질 가능성이 크다. 이는 癸水가 지나치게 많아질 경우, 본래의 형태를 유지하지 못하고 과도하게 흐르게 되는 현상을 보여준다. 따라서 癸水는 적절한 균형을 유지하는 것이 가장 중요하다. 癸水가 적절하게 조절될 때, 그것은 생명을 유지하는 중요한 요소로 작용하지만, 과하거나 부족하면 건강과 운명에 부정적인 영향을 미칠 수 있다.

2. 체상론: 변화의 속성

癸水는 담긴 그릇에 따라 형태가 바뀌는 속성을 가진다. 이는 癸水의 본질적인 특성으로, 상황에 따라 다양한 변화를 만들어낼 수 있는 유연성을 의미한다. 명리학적으로 이러한 癸水의 속성은 인간의 성격과 운명에 반영되며, 癸水가 강한 사람은 상황에 따라 쉽게 적응하고 변화하는 능력을 갖춘 경우가 많다.

癸水는 특정한 형체를 가지지 않기 때문에, 그것이 어떤 환경에 놓이느냐에 따라 전혀 다른 성질을 나타낼 수 있다. 예를 들어, 癸水가 강한 명조를 가진 사람은 외적으로는 부드럽고 유순한 성격을 띠지만, 내적으로는 매우 강한 의지를 가지고 있는 경우가 많다. 이는 癸水가 보이는 외형적 특성과 내재적 성질이 다를 수 있다는 점을 시사한다.

명리학적으로 癸水의 성질을 이해하기 위해서는 癸水가 주변의 오행과 어떤 관계를 맺고 있는지를 살펴봐야 한다. 癸水가 金과 함께 있을 때는 매우 깨끗하고 맑은 성질을 가지며, 이는 학문적 탐구나 정신적인 깊이와 연결된다. 반면, 癸水가 木과 함께 있을 때는 창조적이고 확장적인 성질을 띠게 되며, 예술적 재능이 뛰어난 경우가 많다. 癸水가 火와 만나면 증발하여 기화(氣化)하는 성질을 가지게 되며, 이는 인간의 정신적 성장과 깊은 관련이 있다.

이처럼 癸水는 그 자체로 독립적인 성질을 가지기보다는 주변 환경에 따라 크게 영향을 받는다. 따라서 癸水를 해석할 때는 단순히 '물'이라는 개념만으로 접근해서는 안 되며, 癸水가 놓인 환경과의 관계를 종합적으로 고려해야 한다.

사례 분석을 통해 이를 보다 구체적으로 이해할 수 있다. 예를 들어, 癸水가 강한 명조를 가진 사람이 물[水]이 많은 환경에서 생활하면, 그의 성격은 더욱 부드러워지고 감정적으로 풍부해질 가능성이 높다. 반면, 같은 사람이 火의 영향을 많이 받는 환경에 놓이면, 내면적으로 보다 강하고 적극적인 성향을 띠게 될 수 있다. 이는 癸水가 본질적으로 외부 환경에 따라 성질이 달라질 수 있음을 보여주는 중요한 사례이다.

이와 같이, 癸水의 성질을 정확히 이해하고 분석하는 것은 단순한 명리학적 해석을 넘어서, 인간 존재의 본질적인 변화를 탐구하는 작업과 연결된다. 癸水는 단순한 물이 아니라, 그것이 놓인 환경에 따라 완전히 다른 의미를 가지게 되며, 이를 어떻게 조절하고 활용하느냐에 따라 개인의 운명과 성격이 달라질 수 있다. 따라서 癸水의 본질을 이해하는 것은 단순한 이론적 탐구를 넘어, 실질적인 삶의 지혜를 얻는 과정이 될 수 있다.

3. 명리학적 해석과 운명의 흐름

癸水는 운명의 전개 과정에서 중요한 역할을 하며, 이는 개인의 성격적 특성과 함께 사회적 환경과의 조화를 통해 분석될 수 있다. 癸水의 성질은 외부 요인에 따라 다르게 나타나므로, 이를 명확히 이해하는 것은 인간의 삶과 행동 양식을 파악하는 데 중요한 단서를 제공한다.

『적천수』에서는 "癸水는 약한 듯하나 환경과 조화를 이루면 높은 경지에 도달할 수 있다."(癸水至弱, 達於天津, 得龍而運, 功化斯成.)라 하여, 癸水가 약한 듯 보이나 환경과 조화를 이루면 높은 경지에 도달할 수 있음을 시사한다. 癸水는 약해 보이지만 유동성과 변화의 가능성을 내포하고 있으며, 적절한 기운과 결합하면 강력한 힘을 발휘할 수 있다. 이는 개인의 삶에서도 마찬가지로 적용되며, 운명적 흐름 속에서 癸水의 역할을 정확히 이해하는 것이 중요하다.

역사적으로도 癸水의 성질을 지닌 인물들은 유연성과 적응력을 바탕으로 중요한 업적을 이루어냈다. 문학, 예술, 철학 등 다양한 분야에서 활동한 인물들은 癸水의 흐름을 통해 삶의 방향을 결정하였으며, 그들의 운명 속에서 癸水의 특성이 어떻게 작용했는지를 연구하는 것은 매우 의미 있는 작업이다.

예를 들어, 소동파(蘇東坡)는 명리학적으로 癸水의 전형적인 인물로 평가된다. 그의 문장은 자연스럽고 유려하며, 변화무쌍한 운명과도 깊이 연관되어 있다. "소동파의 시와 문장은 그 근원이 깊고 흐름이 끊임없이 이어져, 참으로 〈은은하고 부드러우면서도 지속적으로 흐르는 성질인〉 癸水(癸水)의 성질과 같다."(東坡詩文, 源遠流長, 誠癸水之性.)라는 표현은 그의 문학적 재능이 癸水의 본질을 반영하고 있음을 보여준다. 이는 癸水가 갖는 지혜와 순수성, 그리고 변화에 대한 높은 적응력을 설명하는 좋은 사례이다.

한편, 현대적으로는 홍콩의 영화배우 성룡(成龍) 역시 전형적인 癸水의 운명을 지닌 인물로 볼 수 있다. 그의 생애는 마치 황태자처럼 여러 기회를 얻으며 화려한 명성을 쌓았지만, 동시에 많은 우여곡절을 겪었다. 이는 癸水가 가지는 변동성과 잠재력을 동시에 보여주는 사례로 볼 수 있다.

이처럼 癸水는 단순한 물이 아니라 정수(精水)로서 생명의 근본이며, 변화를 주도하는 원리로 작용한다. 따라서 癸水의 본질을 이해하는 것은 단순한 명리학적 해석을 넘어서, 인간 존재의 본질적인 의미를 탐구하는 중요한 작업과 연결된다.

4. 癸水의 기화(氣化) 과정

癸水의 기화(氣化) 과정은 단순한 물리적 변화가 아닌, 깊은 상징적 의미를 지니며 정신적 및 창조적 성장을 나타낸다. 癸水는 본래 차갑고 부드러운 성질을 지닌 물로, 다른 기운과 결합하여 변화하는 과정은 인간의 성장과 발전, 창조적 에너지를 표현한다.

특히, 癸水는 火(화)와 결합하여 변할 때, 본래의 특성을 넘어 새로운 차원의 성질로 변화하며, 이는 인간의 정신적 성숙과 창의성을 촉진하는 중요한 전환점을 나타낸다. 『자평진전(子平眞詮)』에서도 "癸水가 火의 영향을 받으면 정신적 성장과 창조성이 촉진된다."(癸化火, 火明而溫, 成其德也.)고 하여, 癸水가 火의 작용을 받을 때 정신적 성장과 창조성이 촉진된다고 언급하고 있다. 이는 癸水가 단순한 물의 성질을 넘어, 火의 기운과 상호작용하면서 더욱 강력한 에너지로 변모하는 과정을 설명한다.

癸水의 기화 과정에서 가장 중요한 역할을 하는 요소는 火(화)이다. 火는 癸水를 변화시키는 원동력으로, 물이 불에 의해 기화되면 단순한 물이 아닌 생명력을 창조하고 발산하는 에너지로 전환된다. 火는 癸水에게 변화를 일으키는 힘을 제공하며, 그 결과는 단순히 물의 성질을 넘어 창조적이고 발전적인 성질을 발산하는 것이다. 명리학적으로, 癸水는 火와 결합하여 에너지를 발산하며, 이는 인간의 내면적 성장과 외부 세계와의 상호작용에서 중요한 역할을 한다.

癸水가 기화되면, 이는 인간의 창조적 능력과 높은 학문적 성취, 사회적 성공으로 이어질 수 있다. 예술가, 철학자, 연구자와 같은 창의적 직업에 종사하는 이들은 癸水의 기화 과정을 통해 더욱 큰 성취를 이룰 가능성이 크다. 이들은 癸水가 가진 변화의 잠재력을 통해 새로운 아이디어와 사고 방식을 창출하고, 사회와 문화를 변화시키는 중요한 기여를 할 수 있다.

그러나 癸水가 과도하게 많고 기화되지 않는 경우, 이는 정체된 에너지로 작용할 수 있다. 기화되지 않은 癸水는 물리적, 정신적으로 침체된 상태를 나타내며, 이는 무기력함, 우울함, 자기 불만족 등의 부정적인 결과를 초래할 수 있다. 지나치게 많은 癸水는 에너지의 흐름을 방해하고, 변화를 일으킬 수 있는 촉매 역할을 하지 못하게 된다.

따라서, 癸水의 기화는 단순한 물리적 변화가 아닌, 인간 존재의 근본적인 성장과 발전을 상징하는 중요한 개념으로 이해될 수 있다. 癸水는 그 자체로 변화의 잠재력을 지닌 요소로, 火로 기화될 때 인간의 정신적 성장, 창조성, 그리고 사회적 기여를 이끌어낸다. 명리학적으로 癸水를 분석할 때, 그 본질적인 특성과 기화 과정에 대한 이해가 필수적이며, 이를 통해 개별 사주에서의 변화를 예측하고 적절히 조정할 수 있는 통찰력을 제공한다.

5. 癸水의 본질과 활용

癸水는 명리학에서 인간의 정신적·물질적 발전과 깊은 연관성을 지니며, 단순한 물리적 존재를 넘어 생명의 근원적 에너지로 간주된다. 그 본질은 차갑고 부드러운 성질을 지니며, 이러한 특성은 인간 내면의 안정성과 유연성을 상징한다. 그러나 이러한 특성이 과도하게 발현되거나 균형을 잃을 경우, 불안정성과 변덕스러움이 나타날 수 있다.

명리학적으로 癸水는 변화와 조화의 상징으로, 기화 과정을 통해 인간 존재의 근본적인 성장과 발전을 나타낸다. 특히, 癸水가 火와 결합하여 기화될 때, 이는 단순한 물리적 변화를 넘어 정신적 성숙과 창의성의 촉진을 의미한다. 이러한 기화 과정은 인간의 창조적 능력과 높은 학문적 성취, 사회적 성공으로 이어질 수 있다.

현대적 관점에서 癸水의 본질은 창의성과 직결되며, 학문 연구, 예술 창작, 철학적 사고 등 다양한 분야에서 그 중요성이 강조된다. 예술가, 연구자, 사상가 등은 癸水의 기화 과정을 통해 새로운 아이디어와 사고 방식을 창출하며, 사회와 문화의 발전에 기여한다.

그러나 癸水의 특성이 과도하게 발현되어 기화되지 않을 경우, 이는 정체된 에너지로 작용하여 무기력함, 우울함, 자기 불만족 등의 부정적인 결과를 초래할 수 있다. 따라서 癸水의 균형과 조화를 유지하는 것이 중요하며, 이를 통해 개인의 운명과 발전 가능성을 긍정적으로 이끌어갈 수 있다.

【부록 ④】 고전 명리학의 체계화 과정과 중세 명리학의 발전

명리학은 음양오행과 천문학적 관찰을 바탕으로 발전해 왔으며, 오대(五代) 시대에서 송(宋)나라 시대를 거치며 체계화되었다. 특히, 서자평(徐子平)의 자평명리학(子平命理學)은 기존 고법사주에서 벗어나 일간을 중심으로 분석하는 방법을 확립하여 현대 명리학의 기틀을 마련했다. 이를 통해 신강(身强)·신약(身弱)의 개념이 정립되었으며, 억부법(抑扶法)과 용신법(用神法)이 등장하였다. 송대 이후 『옥조신응진경(玉照神應眞經)』, 『연해자평(淵海子平)』, 『명리정종(命理正宗)』 등의 저술을 통해 명리학의 이론이 더욱 정교해졌다. 이러한 발전을 통해 명리학은 단순한 길흉 예측을 넘어 성향, 직업, 건강, 대인관계 등 다양한 영역에서 활용되는 실용적 학문으로 자리 잡았다.

1. 고전 명리학의 체계화 과정

서자평(徐子平)은 곽박(郭璞)의 저서로 전해지는 『옥조신응진경(玉照神應眞經)』에 주석을 달아 『옥조신응진경주(玉照神應眞經註)』를 저술함으로써 자평명리학(子平命理學)의 이론적 기틀을 확립하였다.[64] 『옥조신응진경주』는 자평학의 핵심 개념을 체계적으로 정리한 저술로, 이후 자평사주의 발전에 중요한 역할을 하였다. 기존의 고법사주(古法四柱)가 출생년을 중심으로 명리를 해석했던 것과 달리, 서자평은 출생일의 천간인 일간(日干)을 중심으로 분석하는 방법을 확립하였다. 이를 통해 보다 정밀한 개인 운명 해석이 가능해졌으며, 현대 명리학의 근간을 이루게 되었다.

『옥조신응진경주』에서는 신강(身强)과 신약(身弱)의 개념을 정립하여, 이를 통해 사주의 균형을 평가하는 기준을 제시하였다. 신강은 일간이 강한 경우를 의미하며, 주변 오행의 생조(生助)를 많이 받는 명조에서 나타난다. 반면 신약은 일간이 약한 경우를 가리키며, 억부(抑扶)의 원리에 따라 이를 보완하는 용신(用神)을 설정하는 방식이 발전하였다. 예를 들어, 甲木 일간이 신약한 경우 水[木을 생조하는 기운]가 용신이 되며, 반대로 신강한 경우 土[木을 극하는 기운]가 억제의 역할을 하게 된다. 이는 이후 억부법(抑扶法)과 용신법(用神法)의 기초가 되었다.

또한, 『옥조신응진경주』에서는 오행의 태과(太過)와 불급(不及)에 대한 해석을 통해, 특정 오행이 지나치게 강하거나 부족한 경우 운명에 미치는 영향을 분석하였다. 예를 들어, 火가 태과하면 지나친 성급함과 충동성이 문제로 작용할 수 있으며, 土가 불급하면 안정성과 신뢰성이 부족하여 재물운이 불안정해질 수 있다. 이러한 개념은 이후 중화(中和)의 이론으로 발전하여, 사주 해석에서 오행의 균형을 유지하는 것이 중요하다는 점을 강조하게 되었다.

천간(天干)과 지지(地支)의 상호작용을 통해 다양한 삶의 변화를 해석하는 이론도 포함되어 있다. 예를 들어, 庚金 일간이 亥水 지지를 만나면, 亥水가 庚金을 생조하여 창의성과 추진력이 발현되는 반면, 午火 지지를 만나면 화극금(火克金)의 원리에 의해 도전과 갈등이 증가할 수 있다. 이러한 해석은 단순한 오행 생극 관계를 넘어서, 각 천간과 지지가 조합될 때 발생하는 구체적인 운명의 흐름을 설명하는 데 중요한 역할을 하였다.

부귀빈천(富貴貧賤)의 판단 원리도 체계적으로 정리되었다. 예를 들어, 재성이 강하고 관성이 안정적인 명조는 부귀를 누릴 가능성이 높으며, 재성이 약하거나 상관(傷官)이 과도하면 재물 운이 불안정해진다. 또한, 직업 적성 분석에서는 일간과 재성, 관성, 인성의 관계를 통해 개인이 적합한 직업군을 판별하는 방법이 제시되었다. 길흉화복(吉凶禍福)의 예측에서는 대운(大運)과 세운(歲運)의 흐름을 고려하여 특정 시기에 발생할 가능성이 높은 사건을 예측하는 방식이 정립되었다.

이 밖에도, 『옥조신응진경주』에서는 질병을 예측하는 원리를 제시하였다. 예를 들어, 水가 과다하면 신장과 방광 계통의 질환이 발생할 가능성이 높으며, 火가 부족하면 혈액순환 문제가 생길 수 있다는 해석이 가능하다. 또한, 요수(夭壽)의 판단에서는 사주 내에서 인성과 관성이 적절한 균형을 이루는지 여부를 통해 장수와 단명의 가능성을 분석하였다. 품성 분석에서는 일간과 신강·신약, 오행의 균형을 통해 개인의 성격적 특성을 파악하는 방법이 포함되었다. 가족관계 해석에서는 일간과 재성(부모), 비견·겁재(형제), 관성(자녀) 등의 관계를 통해 가족 내 역할과 관계성을 분석하였다(이명재 2013: 383 및 윤정리 2005: 71).

이러한 내용들은 자평사주 체계의 기초를 이루며, 현대 명리학의 실무적 적용에도 중요한 영향을 미쳤다. 특히, 일간 중심의 해석, 신강·신약에 따른 용신 선정, 오행의 균형 유지, 천간과 지지의 상호작용을 고려한 통변법(通變法) 등은 이후 명리학적 연구의 핵심 원리로 자리 잡게 되었다. 『옥조신응진경주』의 이론적 토대는 이후 『삼명통회(三命通會)』, 『적천수(滴天髓)』 등의 명리서에서도 계승 및 발전되었으며, 현대 명리학에서도 여전히 중요한 연구 대상으로 평가받고 있다.

2. 중세 명리학의 발전[65)]

『연해자평(淵海子平)』은 명리학의 핵심 서적으로, 서대승(徐大升)이 남송(南宋) 시대에 저술한 『연해(淵海)』를 기반으로 한다. 이 책은 서자평(徐子平)의 명리학 이론을 계승하고 체계화한 것으로, 당시 여러 갈래로 나뉘어 있던 사주명리 이론을 집대성하였다. 특히 서자평이 강조한 일간(日干) 중심의 사주 해석 체계를 확립한 점에서 큰 의미를 가진다.

그러나 『연해자평』의 상당 부분은 서대승의 직접적인 저술이 아니라, 후대의 학자들이 사주 실례(實例)를 더하고 기존의 자평명리 이론을 수집·정리한 것이다. 명(明)나라 시대인 1634년, 당금지(唐謹之)가 『연해』에 후대 학자들의 문집인 『연원(淵源)』과 다양한 '구결(口訣, 입으로 전해지는 비결)'을 덧붙여 정리하면서 『연해자평』이 정식으로 편찬되었다. 이 책은 이후 조선에도 전해져, 1732년(영조 8) 관상감(觀象監)의 관원 이세징(李世澄)이 청(淸)나라에서 『연해자평』을 구입해 왔다는 기록이 『영조실록』에 남아 있다.

『연해자평』은 5권 2책으로 구성되었으며, 신법사주(新法四柱)라 불리는 자평명리에 대한 개론, 문집, 시결(詩訣) 등으로 이루어져 있다. 권1에서는 사주명리의 개괄적인 내용을 다루고, 권2에서는 십신(十神)과 격국(格局)을 설명하며, 권3에서는 육친(六親), 여명(女命), 소아(小兒), 성정(性情), 질병 등 오행의 변통에 대한 내용을 포함하고 있다. 권4와 권5는 심오한 명리 이론을 시결(詩訣) 형식으로 정리하여 설명하고 있다.

『연해자평』은 명리학의 체계를 정립하고 후대에 전파하는 데 중요한 역할을 하였으며, 특히 조선시대에는 음양과(陰陽科) 명과학(命課學)의 본업서이자 시취서로 채택되면서 약 400년 동안 사주명리학의 표준 교재로 활용되었다.

『연해자평』은 명리학에서 십신(十神) 개념을 체계적으로 정립하는 중요한 전환점을 마련한 저서이다. 명리학의 초기 이론은 주로 음양오행과 십이지의 작용을 중심으로 운세를 해석하였으나, 『연해자평』을 통해 십신 개념이 도입되면서 사주 해석의 체계가 더욱 정교해졌다.

십신은 사주에서 태어난 날의 천간, 즉 일간(日干)을 기준으로 나머지 천간과의 오행 생극 관계와 음양 배합을 고려하여 도출된 열 개의 상징적 개념이다. 이는 비견(比肩)·겁재(劫財)·식신(食神)·상관(傷官)·편재(偏財)·정재(正財)·편관(偏官)·정관(正官)·편인(偏印)·정인(正印)으로 구성되며, 각각의 명칭은 日干과의 관계를 설명하는 상징성을 내포한다. 십신 개념의 도입은 사주 해석을 보다 구체화하고 인간의 성향과 운세의 흐름을 보다 정밀하게 분석할 수 있는 이론적 기초를 마련하였다.

『연해자평』 이후 명리학의 발전 과정에서 십신 개념은 지속적으로 계승 및 발전되었다. 명리학 이론의 집대성이라 평가되는 『삼명통회』에서는 십신을 활용한 사주 해석의 이론적 틀을 더욱 정교하게 정리하였으며, 『적천수천미(滴天髓闡微)』에서는 십신과 명리학의 제반 원리 간의 상호작용을 심화하여 분석하였다. 이러한 과정에서 십신은 단순한 개념적 구분을 넘어, 인간의 성격, 재물운, 직업운, 대인관계 등 다양한 영역에서 활용되는 핵심 기제로 자리 잡게 되었다.

십신의 도입은 명리학사에서 중요한 패러다임의 변화를 의미한다. 초기 명리학이 사주의 음양과 오행의 균형을 중점적으로 분석했다면, 십신 개념이 도입된 이후에는 개인의 성향과 환경적 요인을 보다 세밀하게 분석하는 방향으로 발전하였다. 이는 명리학의 통변 체계를 정립하고 사주 해석을 보다 체계화하는 데 기여한 핵심 요소로 평가된다.

앞에서 살펴보았듯이, 서자평(徐子平)은 오대(五代[66], 907-960) 시대의 명리학자로, 사주팔자를 활용한 운명 분석법을 체계화하고 발전시킨 중요한 인물이다. 그는 자평명리학(子平命理學)의 창시자로 널리 알려져 있으며, 이 이론은 사주명리학에서 중요한 기초를 마련한 것으로 평가된다. 서자평의 명리학적 접근은 천간과 지지의 상호작용을 중심으로 한 분석 방법으로, 이를 통해 개인의 운명, 성격, 길흉화복 등을 해석할 수 있는 이론적 체계를 확립하였다. 그의 자평명리학은 음양오행의 변화 원리와 천간과 지지간의 관계를 바탕으로 각 개인의 운명과 삶의 흐름을 분석하며, 이 상호작용을 통해 길흉을 예측하고 성격을 해석하는 데 집중하였다. 서자평의 이론은 후대 명리학자들에게 큰 영향을 미쳤고, 서승(徐升)에 의해 『연해자평(淵海子平)』으로 정리되어 자평학의 이론적 기초가 확립되었다. 이로 인해 자평명리학은 단순한 예언적 기능을 넘어, 인간의 성향, 직업적 특성, 삶의 흐름을 분석하는 중요한 도구로 발전하였다. 결론적으로, 서자평은 사주명리학의 발전에 중요한 영향을 미친 인물로, 그가 창시한 자평명리학은 오늘날 명리학 연구와 실천에서 핵심적인 이론으로 여겨지며, 사주팔자학의 기초를 확립하는 데 기여하였다.

좀 더 구체적으로 말해, 자평명리학은 음양오행과 천간지지의 상호작용을 통해 사람의 운명과 성격을 분석하는 이론이다. 이를 통해 사주팔자의 각 구성 요소가 어떻게 상호작용하며, 개인의 운세와 성격에 어떤 영향을 미치는지 체계적으로 해석할 수 있다.

첫째, 음양오행의 변화 원리는 우주 만물을 이루는 기본적인 원리로, 木, 火, 土, 金, 水의 오행이 서로 상호작용한다고 본다. 이 오행의 변화는 사주팔자에 중요한 영향을 미치기 때문에 특정 오행이 강하거나 약할 경우에 개인의 성격이나 운명에 변화가 일어난다. 예를 들어, 사주에서 木의 기운이 지나치게 강하면 활동적이고 외향적인 성격을 가질 가능성이 높고, 반대로 水의 기운이 강하면 내향적이고 차분한 성향이 나타날 수 있다. 오행 간의 균형을 분석함으로써 개인의 성격과 운명을 예측할 수 있다.

둘째, 음양오행의 상호작용은 사주팔자를 구성하는 두 중요한 요소인 천간과 지지 간의 관계를 분석하는 방법이다. 천간은 하늘의 기운, 지지는 땅의 기운으로 비유되며, 두 기운의 상호작용이 사람의 운명에 영향을 미친다. 예를 들어, 일간이 乙木일 때, 월지가 辰土라면, 木이 土를 제어하는[木克土] 관계이므로, 사람을 신뢰하고 중시하는 경향이 있을 수 있다. 이는 성격에서 나타나는 특성으로, 성실하고 근면한 성격을 의미할 수 있다. 또 다른 예를 들어, 일간이 丙火이고 월지가 寅木이라면, 丙火는 寅木에 의해 도움을 받는 구조로, 丙火는 木을 태워서 에너지를 발생시키는 성격을 가지며, 이 사람은 강하고 도전적이며 행동력이 뛰어난 경향이 있다. 반대로, 일간이 己土이고 월지에 子水가 있으면, 己土는 子水의 영향을 받아 물에 젖은 土로 약해져 내향적이고 차분한 성향이 나타날 수 있다. 이러한 분석을 통해 자평명리학은 사람의 성격과 운명을 예측하고, 오행과 천간지지 간의 상호작용을 바탕으로 길흉화복을 분석하는 체계적인 방법을 제시한다.

셋째, 십신과 십성에 따른 길흉화복의 예측은 자평명리학에서 중요한 요소로, 천간과 지지 간의 관계를 통해 사람의 길흉화복을 예측할 수 있다. 예를 들어, 사주에서 비견(比肩)이 많으면 자신감 있고 독립적인 성향을 보일 수 있고, 반대로 겁재(劫財)가 많으면 갈등이나 자금 문제 등의 어려운 상황이 예고될 수 있다.

한편, 편재(偏財)가 강한 경우 활동적이고 모험적인 성향을 가지며, 빠른 재물의 흐름과 기회를 잡을 가능성이 크지만, 재물을 잃을 위험도 상대적으로 높아질 수 있다. 반면, 정재(正財)가 강하면 안정적이고 꾸준한 재물 운을 가지며, 신뢰와 성실함을 바탕으로 재산을 축적하는 경향이 나타난다.

또한, 편관(偏官)이 강하면 도전적인 성향과 강한 리더십을 가지며, 예측 불가능한 환경에서도 명성을 얻을 가능성이 크지만, 때로는 강압적인 성격이 문제를 일으킬 수 있다. 반대로, 정관(正官)이 강하면 공정함과 원칙을 중시하며, 사회적 지위나 명예를 얻을 가능성이 커지는 등 안정적인 직업적 성공을 기대할 수 있다.

명나라[明朝] 시대 장남(張楠)의 『명리정종(命理正宗)』은 사주를 통해 길흉화복을 판단하는 방법을 체계적으로 기록한 최초의 명리학 이론서로 평가된다. 이 책은 음양오행의 원리를 기반으로 실전 사례를 분석하며, 일간(日干)과 오행의 관계, 대운(大運)과 세운(歲運)의 흐름을 분석하고, 이러한 분석을 통해 명리학 이론이 실제 운세 판단에 어떻게 적용될 수 있는지를 실증적으로 검토하였다. 장남은 대운 변화에 따른 길흉화복의 변화를 예측하는 사례를 제시하며, 명리학 이론이 현실에서 활용될 수 있음을 강조하였다.[67] 이러한 접근은 명리학 이론의 신뢰성을 높이는 데 기여하였으며, 후학들에게 사주 해석의 구체적인 방법론을 제시하는 중요한 참고 자료로 자리 잡았다.

또한, 『명리정종』은 명조의 사주를 기반으로 길흉화복을 판단하는 방법을 상세히 설명하였다. 명조의 사주는 그의 생년·월·일·시를 바탕으로 일간(日干), 십신(十神), 지장간(支藏干) 등을 분석하며, 각 요소의 상호작용을 통해 운세를 예측하는 방식으로 구성되었다. 예를 들어, 명조의 일간이 丙火이며 정관과 식신이 상호작용하는 구조는 그의 성격과 운세 변화를 설명하는 중요한 요소로 작용한다. 특히, 사주에서 나타나는 오행 간의 상극 관계는 특정 시기에 충(沖)이나 해(害)의 작용을 일으켜 인생의 전환점을 예측하는 중요한 근거가 된다.

이처럼 『명리정종』은 단순한 이론적 서술을 넘어 실제 사례를 통한 검증을 수행하며, 이론과 실전 간명의 통합적 적용 가능성을 제시하였다. 명조의 사주 분석을 통해 음양오행 원리가 어떻게 길흉화복을 판단하는 데 활용될 수 있는지를 입증한 점에서, 『명리정종』은 명리학 연구에서 학술적 가치를 지닌 중요한 저술로 평가된다.

명(明)나라 시대 장남의 『명리정종』이 사주를 통해 길흉화복을 판단하는 체계적인 방법을 최초로 정립한 이후, 명리학은 더욱 심화된 분석을 통해 발전하였다. 이러한 흐름 속에서 청(淸)나라 시대에 편찬된 『자평진전(子平眞詮)』[68]은 명리학 이론을 보다 정교하게 체계화한 저술로 평가된다. 『자평진전』은 사주 해석을 보다 정밀하고 실용적으로 활용하기 위한 다양한 분석 방법을 포함하고 있으며, 이를 통해 명리학의 실제 적용 가능성을 대폭 확장하였다.

『자평진전』은 명리학의 격국 체계를 체계적으로 정립하고 심화한 저술로, 기존 명리학에서 사용되던 격국 이론을 더욱 정교하게 분석하여 운세 해석의 신뢰성을 높이는 데 기여했다. 특히, 월령(月令)의 중요성을 강조하며, 이를 기반으로 용신(用神)의 설정과 육친(六親)의 작용을 보다 체계적으로 정리하였다. 격국 체계의 근간은 월령의 힘에 두고 있으며, 이는 단순한 오행의 생극 관계를 고려하는 것을 넘어 월령을 기준으로 용신을 찾는 방식을 체계적으로 정리한 점에서 큰 의의를 가진다.

이를 통해 사주의 본질적인 성향을 명확히 하고 보다 정교한 해석을 가능하게 한다. 월령이 강한 경우 격국이 확고해지고 운세의 흐름이 보다 안정적으로 유지되는 반면, 월령이 약한 경우 대운과 세운의 영향을 크게 받아 특정한 시기에 운세의 변동이 두드러지게 나타난다. 이러한 분석을 바탕으로 정관격, 재격, 인수격 등 주요 격국을 비교 분석하여 명조 간의 차이를 보다 정밀하게 파악할 수 있도록 하였다.

이러한 방식에서 중요한 요소는 월령과 용신의 관계이다. 월령을 중심으로 사주의 구조를 해석하는 방식을 통해 사주의 본질적인 성향을 결정하고, 이를 바탕으로 용신을 선택한다. 또한 월령이 사주 내에서 차지하는 위치에 따라 용신과 희신의 작용이 달라진다. 예를 들어, 월령이 정관을 포함하면 사회적 신분과 직업적 안정성이 강하게 작용하는 반면, 편관이 포함되면 경쟁과 도전의 요소가 강조된다. 이러한 접근법은 기존 명리학에서 용신을 선택하는 기준이 다소 모호했던 점을 보완하며 보다 체계적인 해석을 가능하게 만든다.

사주 해석에서 중요한 또 다른 요소는 십신(十神)의 작용과 육친(六親)의 관계이다. 정관이 강한 명조는 안정적인 삶을 유지하는 경향이 있으며, 관직이나 조직 내에서 인정받기 쉽다. 반면, 편관이 강한 경우 도전적이며 변화에 능한 특징을 가지며 특정 시기에는 급격한 변동이 나타날 수 있다. 재성이 강한 명조는 물질적 가치에 대한 관심이 크며 현실적인 측면에서 강한 동기 부여를 받는 반면, 인성이 강한 명조는 학문적 성향이 강하며 안정적인 기반을 선호하는 경향을 보인다. 이와 같은 분석을 통해 『자평진전』은 십신 간의 관계를 보다 구체적으로 파악하는 데 도움을 주고 있다.

이와 함께, 천간과 지지의 작용을 종합적으로 고려하여 특정 시기에 발생하는 합(合), 충(沖), 형(刑), 해(害) 등의 작용이 운세에 미치는 영향을 정리하였다. 예를 들어, 인성과 재성이 합을 이루면 학업과 경제적 성취가 긍정적으로 작용할 가능성이 높으며, 재성과 편관이 충을 이루는 경우 재정적 변화와 사회적 도전이 발생할 가능성이 크다. 특정 대운과 세운에서 형과 해가 작용하면 예상치 못한 사건이 발생할 확률이 증가하며 이에 대한 대비가 필요하다. 이러한 요소들을 종합적으로 고려하여 사주의 변화를 예측하는 방법론을 제시함으로써, 『자평진전』은 단순한 이론서가 아닌 실전적 명리학 연구에 유용한 자료로 기능하게 되면서 오늘날까지도 명리학 연구에서 중요한 저술로 평가되고 있다.

【부록 ⑤】 명리학으로 살펴보는 운명의 주요 요소들

명리학은 사주(四柱)를 통해 성격, 인간관계, 건강, 직업, 재물운, 삶의 흐름을 분석하며, 음양오행(陰陽五行)과 간지(干支)의 상호작용을 통해 개인의 기질과 운명의 변화를 해석한다. 음양과 오행의 조화는 성격과 대인관계에 영향을 주며, 건강 상태와 직업 적성도 특정 오행의 강약에 따라 달라진다. 재물운은 돈의 흐름을, 경제적 역량은 재물 관리 능력을 의미하며, 삶의 흐름은 개인의 운이 시간에 따라 변화하는 양상을 보여준다.

이러한 명리학은 단순한 운명 예측이 아니라, 자신의 특성을 이해하고 이를 조화롭게 활용하는 방향을 제시하는 도구가 된다.

명리학은 개인의 삶을 분석하고 이해하는 데 있어 매우 유용한 도구로 기능한다. 인간의 성격, 인간관계, 건강, 직업, 재물운, 그리고 삶의 흐름 등은 타고난 기질과 환경적 요소의 영향을 받으며, 이는 음양오행과 간지의 체계를 통해 심층적으로 분석할 수 있다.

명리학에서 음양(陰陽)은 개인의 성향과 삶의 방식 전반에 영향을 미치는 근본적인 원리이며, 오행(五行)은 각기 다른 성격적 요소와 직업적 적성, 건강 상태, 인간관계 및 재물운을 형성하는 핵심적인 요인으로 작용한다. 또한 천간(天干)과 지지(地支)의 상호작용은 삶의 흐름과 변화의 주기를 설명하는 중요한 단서를 제공한다. 이를 종합적으로 분석함으로써, 명리학은 인간의 삶을 보다 체계적이고 깊이 있게 이해할 수 있도록 돕는다.

여기서는 이러한 명리학의 주요 개념을 기반으로 사주 분석의 주요 목적이 ① 개인의 성격, ② 인간관계, ③ 개인의 건강, ④ 취업과 직업 적성, ⑤ 재물운과 경제적 역량, ⑥ 삶의 흐름 등을 분석하는 것에 있다고 간주하여, 개인의 삶 전반을 명리학적 관점에서 조망하고자 한다. 이를 통해 인간의 운명이 단순한 결정론에 의해 좌우되는 것이 아니라, 환경과 선택, 그리고 스스로의 노력에 따라 변화하고 조정될 수 있는 동적인 과정임을 고찰할 것이다.

이제, 명리학이 제공하는 깊이 있는 통찰을 바탕으로 각 항목을 자세히 살펴보자.

【① 개인의 성격】

명리학에서 음양오행과 간지 체계는 개인의 성격을 깊이 있고 체계적으로 분석하는 데 필수적인 도구이다. 음양(陰陽)은 우주의 모든 현상과 존재를 두 가지 상반된 에너지로 설명하는 개념으로, 陽은 적극성, 활력, 진취성, 외향성 등을 상징하며, 陰은 내향성, 신중성, 차분함, 섬세함 등을 상징한다. 이러한 음양의 균형 여부는 개인의 기본적인 성격 특성과 정서적 경향성에 직접적인 영향을 미친다. 예를 들어, 陽의 기운이 적절히 균형을 이루면 활기차고 추진력이 강하며 자신감이 있는 성격을 가지게 된다. 그러나 陽의 기운이 과도하면 과도한 경쟁의식과 성급함, 충동적이고 공격적인 성향을 보이며, 이는 대인관계에서 갈등을 야기할 수 있다. 반대로 陰의 기운이 균형 있게 조화되면 차분하고 신중하며 깊은 사고력을 지닌 성격을 가지지만, 陰의 기운이 과도하게 강하면 지나치게 소극적이거나 내성적이며 우울하고 위축된 성향이 나타날 수 있다.

오행(五行)은 木, 火, 土, 金, 水의 다섯 가지 근본적인 요소로 구성되며, 각 요소는 고유한 특성을 가지고 상호작용하면서 개인의 성격 형성에 구체적이고 다층적인 영향을 미친다.

木은 성장과 발전을 상징하는 오행으로, 木의 기운이 적절히 발달한 사람은 창의력이 뛰어나고 도전적이며 변화와 새로운 환경에 잘 적응하는 성격을 보인다. 그러나 木이 과도하면 자기주장이 지나치게 강하고 고집이 세며 타인과의 협력보다는 자신의 주장을 앞세우는 독단적 성향이 강하게 나타날 수 있다. 반면 木이 부족하면 자존감이 낮아지고 창의성이 떨어지며 결단력과 추진력이 부족한 성향으로 이어질 수 있다.

火는 열정과 활력, 사교성을 상징하는 요소로, 火의 기운이 적절하면 외향적이며 친화력이 높고 리더십과 사교적 매력이 강한 성격을 지닌다. 그러나 火가 과도하면 충동적이고 과장된 표현을 자주 하게 되며, 감정 기복이 심하고 쉽게 분노하거나 스트레스에 취약한 성격이 나타날 수 있다. 반면 火가 부족하면 의욕과 에너지가 부족하고 소극적이며 타인과의 교류에서 폐쇄적인 성격이 나타날 가능성이 높다.

土는 안정성과 조화, 현실감각을 상징하는 요소로, 土의 기운이 균형 잡히면 성실하고 책임감이 강하며 현실적인 판단과 인내력이 뛰어난 성격을 갖추게 된다. 하지만 土가 지나치게 강하면 보수적이고 변화를 꺼리며 유연성이 부족한 완고한 성향이 나타날 수 있다. 반대로 土가 부족하면 현실 감각과 안정감이 부족하여 심리적으로 불안정하며 결정이 쉽게 흔들리고 의존적인 성향을 보일 수 있다.

金은 결단력과 규율성, 절제력을 상징하는 요소로, 金의 기운이 균형 있게 발달한 사람은 조직적이고 논리적이며 강한 결단력과 자기 통제력을 지닌 성격을 보인다. 그러나 金이 과도하면 지나치게 냉정하거나 권위적이고 완고한 성향이 나타날 수 있으며, 타인과의 관계에서 융통성 부족과 갈등을 초래할 가능성이 있다. 반대로 金이 부족하면 우유부단하고 판단력이 떨어지며 쉽게 흔들리는 성향이 나타날 수 있다.

水는 지혜와 유연성, 적응력을 상징하는 요소로, 水의 기운이 균형 잡힌 사람은 상황 판단력이 뛰어나고 융통성이 있으며 대인관계에서의 소통 능력이 우수한 성격을 나타낸다. 그러나 水가 과도하면 우유부단하며 쉽게 결정을 내리지 못하고 불안과 우울감을 자주 느낄 수 있으며, 水가 부족하면 사고가 경직되고 고집스러우며 변화에 대한 적응력이 떨어지는 성격을 보일 수 있다.

이러한 오행 간의 생극제화(生剋制化)의 상호작용은 사주 내에서 개인 성격의 다양한 특성을 형성하는 데 중요한 영향을 미친다. 따라서 명리학에서는 음양오행의 균형과 상호작용을 세밀하게 분석하여 개인의 강점과 약점, 내면적 특성을 깊이 있게 이해하고, 이를 통해 개인의 삶의 방향성을 설정하는 구체적인 방안을 제시할 수 있다

【② 인간관계】

명리학에서 인간관계를 분석할 때 음양오행과 간지 체계는 개인의 성향, 대인관계 특성, 사회적 상호작용을 명확하게 파악하는 데 필수적인 이론적 도구이다.

먼저, 음양의 균형은 개인이 타인과 관계를 맺는 방식에 근본적인 영향을 준다. 陽의 기운이 강한 사람은 인간관계에서 적극적이고 외향적이며 타인과의 소통에 자신감을 가지고 능동적으로 접근한다. 하지만 양의 기운이 과도하면 타인의 감정이나 의견을 무시하거나 지나친 자기주장으로 갈등을 유발하여 원만한 관계 형성에 어려움을 겪을 수 있다. 반면 陰(음)의 기운이 강한 사람은 섬세하고 신중한 태도를 보여 타인의 마음을 깊이 이해하고 배려할 수 있는 장점이 있다. 그러나 음의 기운이 과도할 경우 인간관계에서 지나친 소극성과 수동성, 또는 폐쇄적인 태도를 보여 상대방과의 소통이나 관계 확장에 어려움을 경험할 수 있다. 따라서 음양의 균형 잡힌 조화는 원활한 인간관계를 유지하는 데 필수적이다.

다음으로 오행의 특성은 개인의 사회적 상호작용과 인간관계에 더욱 구체적으로 작용한다. 각 오행별로 나타나는 인간관계의 특성은 다음과 같다.

木의 기운이 강하면 대인관계에서 열정적이고 진취적인 태도를 보이기 쉬우며, 강한 리더십과 타인을 이끄는 매력을 지니게 된다. 그러나 木이 지나치게 강하면 고집이 세고 타인을 압박하거나 지나친 경쟁심으로 인해 인간관계에서 갈등이 생길 수 있다. 반대로 木이 부족하면 자신감 부족으로 인해 인간관계에서 주도권을 잃고 소외되거나 의존적인 성향이 나타날 수 있다.

火의 기운이 강한 사람은 활발하고 친화력이 뛰어나 쉽게 친구를 사귀며 폭넓은

인맥을 형성할 수 있다. 하지만 火가 과도하면 감정의 기복이 심해지고 충동적이며 과장된 행동으로 인해 주변 사람들과의 관계에서 신뢰를 잃을 수 있다. 반면 火가 부족하면 정서적으로 위축되고 대인관계에서 냉담하거나 소통이 어려워 친밀한 관계를 형성하는 데 어려움을 겪을 수 있다.

土의 기운이 강한 사람은 안정적이고 믿음직스러운 성격으로 타인에게 신뢰감을 주고 주변 사람들과 장기적인 우호 관계를 유지하기에 적합하다. 하지만 土가 지나치게 강하면 지나친 집착과 통제적 성향으로 인해 인간관계에서 유연성이 떨어지고 독단적이 되어 타인과의 갈등을 겪기 쉽다. 반면 土가 부족하면 관계 형성에서 일관성이 떨어지고 신뢰감을 얻기 어렵게 되어, 사회적 기반을 구축하는 데 한계를 경험할 수 있다.

金의 기운이 강하면 책임감 있고 원칙적이며 합리적인 성향으로 인해 주변 사람들에게 신뢰받고 존중받을 가능성이 크다. 그러나 金이 과도하면 인간관계에서 지나치게 엄격하고 냉정하여 타인과 거리감을 형성하거나 갈등을 야기할 수 있다. 반면 金이 부족하면 결정력 부족과 우유부단함으로 인해 주변 사람들의 신뢰를 얻지 못하고 대인관계에서 주도권을 상실할 수 있다.

水의 기운이 강하면 뛰어난 유연성과 적응력, 공감능력으로 다양한 사람들과 원활한 소통이 가능하며, 인간관계에서 조화롭게 적응할 수 있다. 그러나 水가 과도하면 감정이 지나치게 예민하고 불안정하여 관계에서 지나친 의존성이나 불안정한 태도로 인해 신뢰받기 어렵고 관계의 지속성이 떨어질 수 있다. 반면 水가 부족하면 감정 표현의 어려움과 공감 능력 부족으로 인해 타인과 깊은 정서적 교류를 이루기 어렵다.

또한, 명리학에서 천간과 지지의 상호작용을 통해 나타나는 십신(十神)은 더욱 구체적으로 인간관계의 특성을 분석하는 데 유용하다. 예컨대, 比肩(비견)과 劫財(겁재)가 발달하면 독립적이고 경쟁적인 성향으로 인간관계에서 긴장과 갈등이 빈번할 수 있으며, 食神(식신)과 傷官(상관)이 발달하면 표현력이 뛰어나 다양한 사람들과의 관계를 형성하지만 말이나 행동이 과격해 관계가 단절될 수 있다. 正財(정재)와 偏財(편재)는 사람들에게 호감을 얻고 인간관계에서 조화롭지만 지나친 관용으로 인해 스트레스를 받을 수 있으며, 正官(정관)과 偏官(편관)이 발달하면 권위적이지만 책임감 있고 통솔력이 뛰어나 조직이나 집단 내에서 지도력을 발휘할 수 있다. 그러나 관성이 과도하면 지나친 권위의식과 완고함으로 인해 관계에서 갈등이 일어날 수 있다. 印綬(인수)와 偏印(편인)은 내향적이고 깊은 사고력을 바탕으로 진지하고 신뢰받는 관계를 형성하지만, 과도하면 소극적이고 폐쇄적이 되어 타인과의 관계에서 단절감을 느낄 수 있다.

음양오행과 간지 체계는 개인의 성격과 성향뿐 아니라 인간관계를 학술적으로 깊이 있게 분석하고 이해하는 데 매우 중요한 이론적 틀이다. 사주를 통해 음양의 균형과 오행의 조화를 파악하고 조정함으로써 개인은 더욱 조화롭고 원만한 인간관계를 유지할 수 있다.

【③ 개인의 건강】

명리학에서 개인의 건강 문제는 음양오행과 간지 체계를 통해 깊이 있고 체계적으로 분석할 수 있다.

음양의 균형은 개인의 체질과 건강상태에 직접적인 영향을 준다. 陽(양)은 신체에서 활성화와 발산 작용을 주관하여 체내 에너지 순환을 촉진하며, 陰(음)은 수렴과 저장을 주관하여 체력을 보존하고 회복력을 유지한다. 사주에서 陽의 기운이 지나치게 강하면 신체의 흥분성과 과열이 나타나 심장박동 이상, 고혈압, 두통, 염증성 질환 등 활동 과다로 인한 건강 문제가 생기기 쉽다. 반대로 陰의 기운이 과도하면 신진대사 저하, 혈액순환 장애, 소화불량, 만성 피로, 우울감 등과 같이 활동 저하에 따른 질병이 나타날 수 있다. 그러므로 음양의 균형 유지가 건강 관리에 필수적인 요소이다.

오행(木, 火, 土, 金, 水)은 각기 특정 장부 및 신체 부위와 밀접하게 연관되어 있어 오행 간의 균형과 상호작용을 통해 개인의 건강상태를 세밀히 진단할 수 있다.

木은 간(肝)과 담(膽)을 주관하며, 木의 기운이 과도하면 간기울결(肝氣鬱結)로 인한 스트레스, 신경성 질환, 두통, 안구 건조증, 시력 저하 등의 간 관련 문제가 생길 수 있다. 반면 木이 부족하면 간 기능 저하로 피로 누적, 면역력 저하, 근육 경직 등이 나타날 수 있다. 이때는 木을 보충하는 水의 기운을 활용하거나, 火를 이용하여 木의 기운을 원활하게 소통시키는 조치가 필요하다.

火는 심장(心臟)과 소장(小腸), 그리고 혈액순환과 신경계를 담당한다. 火가 과도하면 심장박동 이상, 심혈관계 질환, 고혈압, 수면 장애, 불안 장애, 감정 조절 어려움 등이 나타날 수 있다. 반면 火가 부족하면 저혈압, 냉증, 우울감, 심장 기능 저하, 무기력증과 같은 문제가 나타날 수 있다. 이 경우에는 木을 활용하여 火의 생성을 촉진하거나, 火의 균형을 맞추기 위한 식이요법이 권장된다.

土는 위장(胃腸)과 비장(脾臟)을 주관하며, 소화흡수 기능 및 신체 에너지 대사를 담당한다. 土가 과도하면 소화불량, 복부 팽만감, 비만, 대사성 질환과 같은 문제가 발생할 수 있다. 반면 土가 부족하면 영양 흡수 장애, 위장 약화, 만성 설사, 식욕 부진, 허약 체질 등의 증상이 나타난다. 土의 균형을 위해 火의 기운을 활용하여 위장 기능을 활성화하거나, 식생활에서 온화한 성질의 음식을 섭취하여 비위 기능을 강화하는 것이 중요하다.

金은 폐(肺)와 대장(大腸), 피부 및 호흡기를 담당하며, 金의 기운이 과도하면 기관지염, 천식, 피부 건조, 알레르기, 면역 과민반응 등이 나타날 수 있다. 반대로 金이 부족하면 폐 기능 약화로 감기, 호흡기 감염, 피부 면역 저하 및 변비 등의 증상이 생길 수 있다. 이때는 土를 이용하여 金의 생성과 균형을 유지하거나, 호흡 운동이나 폐 기능을 강화하는 요법을 활용한다.

水는 신장(腎臟)과 방광(膀胱)을 주관하며, 수분 대사 및 호르몬 균형과 밀접한 관련이 있다. 水가 과도하면 신장 및 방광에 과부하가 걸려 수분 정체, 부종, 요로계 질환, 냉증, 호르몬 불균형 등이 발생할 수 있다. 반면 水가 부족하면 신장 기능 저하로 인한 만성 피로, 허리 통증, 골다공증, 청력 감소, 탈모 등의 문제가 발생할 수 있다. 이 경우에는 金의 기운을 활용하여 水의 기운을 보충하거나, 수분 섭취와 적절한 휴식을 통해 신장 기능을 보완하는 것이 필요하다.

또한, 천간과 지지의 생극제화 관계는 개인의 건강 취약성을 파악하는 중요한 지표가 된다. 예를 들어, 사주에서 木이 金의 극을 강하게 받을 경우 폐 기능이나 호흡기 계통의 문제가 반복적으로 나타날 가능성이 있으며, 火가 水에 의해 강한 제어를 받을 경우 심장 및 혈관 질환 위험이 증가할 수 있다.

결국 음양오행과 간지 체계는 개인의 건강상태를 종합적으로 분석하고, 질병 예방과 건강 증진을 위한 맞춤형 처방을 가능하게 하는 중요한 학술적 분석 도구이다. 이를 바탕으로 개인은 자신의 선천적 체질과 후천적 생활 습관의 조화를 통해 최적의 건강상태를 유지할 수 있다.

【④ 취업과 직업 적성】

명리학에서 음양오행과 간지(天干地支) 체계는 개인의 직업 적성과 취업운을 깊이 있고 체계적으로 분석하는 데 필수적인 도구이다. 음양(陰陽)은 개인의 직업적 성향과 일하는 방식에 중요한 영향을 미치며, 그 균형 여부는 직업 선택과 업무 수행 방식에 직접적인 영향을 미친다.

陰의 기운이 강한 사람은 신중하고 계획적인 성향을 보이며, 분석적 사고와 차분한 태도를 요구하는 직업[연구, 교육, 기획, 문학, 철학 등]에 적합하다. 하지만 陰의 기운이 과도하면 지나치게 소극적이거나 현실적인 도전에 대한 대응력이 부족할 수 있다. 반대로 陽의 기운이 강한 사람은 활력이 넘치고 추진력이 강하며, 영업, 리더십이 필요한 직업, 창의적이면서 도전적인 직종[경영, 마케팅, 스포츠, 정치 등]에 적합하다. 하지만 陽의 기운이 과도하면 성급하고 감정 기복이 심해지며, 조직 내에서 조화를 이루기 어려울 수 있다. 따라서 음양의 균형을 적절히 유지하는 것이 직업 성공의 중요한 요인이 된다.

오행(五行)은 木, 火, 土, 金, 水의 다섯 가지 요소로 구성되며, 각 요소는 직업 적성과 취업운을 결정하는 중요한 기준이 된다.

木은 창의성과 확장을 상징하는 오행으로, 木의 기운이 적절한 사람은 진취적이고 도전적인 태도를 보이며, 교육, 예술, 기술개발, 기획 등의 분야에서 두각을 나타낸다. 그러나 木이 과도하면 과도한 경쟁심과 욕심으로 인해 무리한 확장을 시도할 수 있으며, 반대로 木이 부족하면 발전 의지가 약해지고 새로운 기회를 포착하는 능력이 저하될 수 있다.

火는 열정과 추진력을 상징하는 요소로, 火의 기운이 적절하면 외향적이며 강한 리더십과 사교성을 발휘할 수 있는 성격을 가지게 된다. 이에 따라 홍보, 이벤트, 정치, 대중예술 등의 분야에서 성공할 가능성이 크다. 그러나 火가 과도하면 감정 기복이 심해지고 충동적인 행동을 하게 되며, 반대로 火가 부족하면 소극적이고 추진력이 부족하여 직업적 성취가 더디게 나타날 수 있다.

土는 안정성과 신뢰, 현실 감각을 상징하는 요소로, 土의 기운이 적절하면 책임감이 강하고 실용적인 사고방식을 가지며, 금융, 법률, 부동산, 행정 등의 직업에서 능력을 발휘할 가능성이 크다. 하지만 土가 과도하면 지나치게 보수적이고 변화에 둔감해지며, 반대로 土가 부족하면 현실 감각이 부족하고 불안정한 직업적 경로를 걷게 될 가능성이 높다.

金은 결단력과 조직력을 상징하는 요소로, 金의 기운이 적절하면 분석적 사고와 강한 자기 통제력을 발휘하며, 경영, 컨설팅, 금융, IT 등의 분야에서 두각을 나타낼 수 있다. 그러나 金이 과도하면 지나치게 규율을 강조하거나 인색한 성향이 나타날 수 있으며, 반대로 金이 부족하면 결정력이 약하고 우유부단하여 직업적 성취에 어려움을 겪을 수 있다.

水는 유연성과 직관, 적응력을 상징하는 요소로, 水의 기운이 적절하면 창의적이고 직관적인 사고를 바탕으로 연구, 심리학, 예술, 철학, 국제 업무 등의 분야에서 성공할 가능성이 크다. 하지만 水가 과도하면 지나치게 변덕스럽거나 불안정한 직업 경로를 가질 수 있으며, 반대로 水가 부족하면 사고가 경직되고 새로운 환경에 대한 적응력이 떨어질 수 있다.

이러한 오행 간의 상호작용은 개인의 직업 적성과 취업운을 결정하는 데 중요한 영향을 미친다. 천간(天干)은 개인이 외부적으로 발휘하는 직업적 특성과 재능을 나타내며, 지지(地支)는 직업의 지속성과 내면적인 만족도를 결정한다. 예를 들어, 천간에서 식상(食傷)이 강한 사람은 창의적이고 표현력이 뛰어나 예술이나 교육 분야에서 강점을 보일 가능성이 높으며, 천간에서 관성(官星)이 강한 사람은 공무원, 법률, 행정과 같은 안정적인 직업에서 성공할 가능성이 크다. 반대로 지지에서 재고(財庫)가 튼튼하면 장기적으로 재정적 안정이 따르지만, 지지에서 형(刑)이나 충(沖)이 많으면 직업의 변동성이 크고 안정된 직업을 유지하기 어려울 수 있다.

따라서 명리학에서는 개인의 직업 적성과 취업운을 분석하여, 음양오행의 균형과 간지의 조화를 바탕으로 최적의 직업 환경을 설정하고, 부족한 기운을 보완할 수 있는 실질적인 방향을 제시할 수 있다. 이를 통해 개인은 자신의 강점을 극대화하고 약점을 보완하며, 보다 안정적이고 만족스러운 직업적 성취를 이룰 수 있다.

【⑤ 재물운과 경제적 역량】

명리학에서 개인의 재물운(財物運)은 음양오행과 간지 체계를 통해 심도 있게 분석할 수 있다. 먼저, 음양의 균형은 개인의 재물운 형성에 직접적인 영향을 미친다. 陽의 기운이 적절하게 강하면 추진력과 도전정신이 왕성하여 사업이나 투자에서 적극성을 보이고 재물을 적극적으로 추구할 수 있다. 그러나 陽의 기운이 지나치게 강하면 무모한 투기나 충동적인 지출로 인해 재물이 들어오더라도 금방 흩어질 수 있다. 반대로 陰의 기운이 강하면 계획적이고 안정적인 성향을 지녀 꾸준한 저축과 장기적인 재물 축적에 유리하다. 하지만 陰의 기운이 과도하면 기회를 놓치거나 지나치게 소극적이 되어 경제적 성장이 제한될 수 있다. 따라서 사주에서 음양의 조화가 재물운의 지속성과 안정성을 결정하는 중요한 요인이다.

오행의 균형 또한 재물운을 분석하는 중요한 기준이 된다. 특히 오행 중 木, 火, 土, 金, 水는 각각 재물운과 밀접하게 연결된 특성을 가지고 있다.

木이 과도하면 재물을 얻는 과정에서 과도한 욕심과 무리한 확장으로 인해 손실이 발생할 수 있다. 반면, 木이 부족하면 발전의지가 약해져 경제적 기회를 포착하지 못하고 소극적인 태도를 보일 수 있다. 이 경우에는 木의 생성을 촉진하는 水의 기운을 보충하여 활력을 높일 필요가 있다.

火가 과도하면 재물 관리에서 충동적인 지출과 즉흥적인 투자가 늘어나 경제적 손실을 겪을 수 있다. 반대로 火가 부족하면 추진력이 약하고 재물운의 흐름이 원활하지 않아 경제 활동이 위축될 수 있다. 이때는 火를 돕는 木의 기운을 강화하여 적극적인 자세로 재물을 획득할 필요가 있다.

土가 과도하면 재물에 대한 집착과 보수적 성향으로 인해 재물 운용의 유연성이 떨어져 돈이 흐르지 않고 정체될 수 있다. 반대로 土가 부족하면 경제적 기반과 안정감이 약해져 재물이 쉽게 빠져나갈 수 있다. 이때는 土를 보충해줄 수 있는 火를 활용하여 재물의 축적과 관리 능력을 높여야 한다.

金이 과도하면 재물 운용에서 지나친 엄격함과 인색함으로 인해 인적 네트워크가 축소되거나 재물을 얻을 기회를 놓칠 수 있다. 반면에 金이 부족하면 돈의 관리 능력이 약해지고 충동적인 소비가 늘어 재정적으로 불안정해질 수 있다. 이러한 경우에는 金을 생조해줄 土의 기운을 증가시켜 재물 관리 능력을 향상시키는 것이 중요하다.

水가 과도하면 지나친 유동성과 변동성으로 인해 재물이 쉽게 들어오지만 안정적으로 축적되지 않고 빠져나가게 된다. 반대로 水가 부족하면 신장 기능이 약해지는 것은 물론이고, 경제적 유동성이 부족하여 갑작스러운 경제적 위기에 대응하기 어렵게 된다. 따라서 水가 부족한 경우 金의 기운을 보충하여 재물운의 흐름을 원활히 하고 위기 관리 능력을 키워야 한다.

더 나아가 천간(天干)과 지지(地支)의 상호작용 또한 개인의 재물운에 중요한 단서를 제공한다. 천간은 외적인 경제활동과 재물을 획득하는 능력을 나타내며, 지지는 재물의 안정적인 보유와 축적을 의미한다. 예컨대, 천간에서 財星(재성)이 왕성하면 경제활동 능력이 뛰어나 적극적인 재물 추구가 가능하지만, 지지의 財庫(재고)가 약하면 재물이 오래 머물지 못하고 쉽게 흩어질 수 있다. 반대로 지지에 財庫가 튼튼히 자리 잡고 있으면 재물을 안정적으로 축적하고 관리할 수 있는 능력이 뛰어나며, 장기적인 재정적 안정을 누릴 수 있다.

이처럼 명리학에서 음양오행과 간지의 균형적 분석은 개인의 재물운을 학술적이고 실질적으로 해석할 수 있게 하는 필수적인 방법론이다. 따라서 개인의 사주를 통해 음양과 오행의 상태를 정확히 진단하고, 이를 보완하거나 조절하는 명리학적 조치를 통해 재물운을 개선하고 최적화할 수 있다.

덧붙여 말하면, 재물운과 경제적 역량은 서로 밀접한 관련이 있지만, 명리학적으로 구분하여 이해할 필요가 있다. 먼저, 재물운은 개인이 재물을 획득할 가능성과 그 흐름을 의미하며, 이는 사주에서 재성(財星)의 작용을 통해 분석할 수 있다. 재성은 다시 정재(正財)와 편재(偏財)로 나뉘며, 정재는 성실한 노력과 정당한 방식으로 축적되는 재물을 의미하고, 편재는 빠르게 들어오는 돈이나 일확천금의 기회를 상징한다. 따라서 대운과 세운의 흐름에 따라 개인의 재물운이 강해지는 시기와 약해지는 시기를 판단할 수 있으며, 쉽게 말해 돈이 잘 들어오는 시기인지 아닌지를 의미한다. 그러나 재운이 강하다고 해서 반드시 부자가 되는 것은 아니며, 이를 효과적으로 활용할 수 있는 능력이 중요하다.

반면, 경제적 역량은 단순한 재물의 유입을 넘어, 개인이 돈을 다루고 운용하는 능력을 의미한다. 이는 사주에서 관성(官星), 식상(食傷), 재성의 조화를 통해 판단할 수 있다. 관성은 책임감과 체계적인 관리 능력을 나타내며, 식상은 창의적인 사고와 수익 창출 능력을 의미한다. 그리고 재성은 실제 돈을 벌고 유지하는 능력과 직접적으로 관련된다. 따라서 경제적 역량이 뛰어난 사람은 재운이 약하더라도 재물을 효과적으로 관리하고 축적할 수 있으며, 반대로 재운이 강하더라도 경제적 역량이 부족하면 쉽게 재물을 잃거나 제대로 활용하지 못할 가능성이 크다. 따라서 재물운과 경제적 역량을 종합적으로 분석함으로써, 개인의 경제적 성공 가능성을 보다 정교하게 예측할 수 있다. 단순히 돈이 들어오는 시기를 아는 것에서 나아가, 자신의 경제적 강점과 약점을 파악하고 이를 보완하는 전략을 세우는 것이 중요하다. 이를 통해 개인은 보다 안정적이고 지속적인 경제적 기반을 마련할 수 있으며, 장기적인 재정적 성취를 이룰 수 있다.

【⑥ 삶의 흐름】

명리학에서 개인의 삶의 흐름은 음양오행과 간지 체계를 통해 깊이 있고 체계적으로 분석할 수 있다. 간지 체계는 이러한 음양오행의 관계를 통일적으로 파악하고자 한 체계로 볼 수 있으며, 음양오행의 생극제화 관계를 십성(十星)으로 함축하여 설명하는 방식이라고 할 수 있다. 따라서 삶의 흐름을 분석할 때, 단순히 오행의 균형뿐만 아니라 십성을 통해 구체적인 작용을 분석하는 것이 더욱 정밀한 해석을 가능하게 한다.

음양의 균형은 개인의 삶의 방향성과 변화의 속도에 직접적인 영향을 미친다. 陽(양)은 외향성과 추진력을 주관하며, 陰(음)은 내향성과 안정성을 주관한다. 사주에서 陽의 기운이 지나치게 강하면 변화와 도전이 많아 빠르게 목표를 향해 나아가지만, 성급한 결정과 무리한 확장으로 인해 삶의 흐름이 불안정해질 수 있다. 반대로 陰의 기운이 과도하면 보수적이고 신중한 태도로 안정적인 삶을 유지할 수 있으나, 지나치게 소극적이면 기회를 놓치거나 삶이 정체될 가능성이 크다. 따라서 삶의 흐름이 원활하려면 음양의 균형을 유지하는 것이 필수적이다.

오행은 삶의 특정 요소들과 밀접하게 연관되어 있으며, 오행 간의 균형과 상호작용을 통해 개인의 인생 흐름을 세밀히 분석할 수 있다.

木은 성장과 발전을 주관하며, 배움과 새로운 시작을 의미한다. 木의 기운이 과도하면 변덕스럽고 불안정한 삶을 살 가능성이 있으며, 부족하면 창의력과 추진력이 저하되어 새로운 기회를 찾기 어려울 수 있다. 木의 균형을 유지하려면 水의 기운을 활용하여 木을 보강하거나, 火를 통해 木의 흐름을 조절하는 것이 필요하다.

火는 열정과 목표 지향성을 의미하며, 도전과 성취를 주관한다. 火의 기운이 과도하면 감정 기복이 심해지고 충동적인 선택을 하여 삶이 불안정해질 수 있다. 반면 火가 부족하면 무기력하고 의욕이 떨어져 목표를 성취하는 데 어려움을 겪는다. 火의 균형을 위해 木을 활용하여 火를 생조하거나, 土를 활용하여 과도한 火를 조절해야 한다.

土는 안정과 조화를 의미하며, 현실적인 삶의 기반을 다지는 역할을 한다. 土의 기운이 과도하면 지나치게 보수적이거나 고집스러워 변화에 적응하기 어렵다. 반대로 土가 부족하면 삶에서 안정감이 결여되고 방황할 가능성이 크다. 土의 균형을 위해 火의 기운을 활용하여 활력을 높이거나, 金의 기운을 활용하여 조직력을 강화하는 것이 필요하다.

金은 통제와 결단력을 의미하며, 목표 달성과 체계를 구축하는 데 중요한 역할을 한다. 金이 과도하면 지나치게 엄격하고 융통성이 부족하여 삶의 흐름이 경직될 수 있다. 반대로 金이 부족하면 실행력과 결단력이 부족하여 기회를 놓치거나 성취도가 낮아질 수 있다. 金의 균형을 위해 土를 활용하여 金을 보강하거나, 水를 활용하여 금의 유연성을 높일 수 있다.

水는 지혜와 적응력을 의미하며, 변화와 유동성을 주관한다. 水가 과도하면 감정적이고 불안정한 흐름이 나타나며, 현실적인 삶의 기틀이 약해질 수 있다. 반대로 水가 부족하면 사고의 유연성이 떨어지고, 변화에 대한 적응력이 약해져 환경 변화에 대응하기 어려워질 수 있다. 水의 균형을 위해 金을 활용하여 水의 생성을 촉진하거나, 土를 활용하여 과도한 水의 흐름을 조절해야 한다.

간지 체계에서 십성(十星)은 오행 간의 생극제화 관계를 바탕으로 개인의 삶에서 발현되는 역할과 성격을 구체화하는 역할을 한다. 예를 들어, 편재(偏財)와 정재(正財)는 개인의 재물운과 경제적 흐름을 나타내며, 정관(正官)과 편관(偏官)은 사회적 지위와 직업적인 경로를 나타낸다. 또한 비견(比肩)과 겁재(劫財)는 개인의 경쟁력과 협력 관계를 분석하는 데 활용된다. 삶의 흐름을 이해하기 위해서는 단순한 오행의 작용만이 아니라, 십성을 통해 개인의 운세 흐름을 보다 구체적으로 분석하는 것이 필요하다.

또한, 천간과 지지의 생극제화 관계는 개인의 삶의 흐름을 결정짓는 중요한 요소이다. 예를 들어, 특정한 대운(大運)이나 세운(歲運)에 火의 기운이 강하면 도전과 변화의 시기가 도래할 가능성이 크며, 水의 기운이 강하면 내면적 탐구와 학문적 발전의 시기가 될 수 있다.

특정한 충(沖)이나 합(合)의 관계는 삶의 흐름에 변화를 초래할 수 있다. 예를 들어, 지지에서 子午冲(자오충)이 발생하면 삶에서 급격한 변화가 일어나며, 새로운 환경에 적응해야 하는 도전적인 시기가 될 수 있다. 반면, 辰戌冲(진술충)이 강하게 작용하면 삶에서 고정관념이 깨지고 새로운 패러다임이 형성되는 경험을 하게 된다.

음양오행과 간지 체계는 개인의 삶의 흐름을 종합적으로 분석하고, 보다 원활한 인생 경로를 설계하는 데 중요한 도구로 작용한다. 특히 간지 체계가 음양오행의 관계를 통합하여 십성이라는 개념으로 구체화하였다는 점에서, 삶의 흐름을 분석할 때 단순한 오행적 해석을 넘어 십성의 작용을 고려하는 것이 더욱 정밀한 해석을 가능하게 한다. 따라서 사주 분석의 목적은 개인이 자신의 선천적 운세와 후천적 환경을 고려하여 최적의 삶을 설계할 수 있도록 하는 데 있어야 한다.

【참고문헌】

〈고전〉

동양학 고전 및 명리학 고전은 본문에 기입되어 있으며, 별도로 밝히지 않는다.

〈단행본〉

마르셀 그라네(유병태 역), 『중국사유』, 한길사, 2011.

蔡昔琼, 『十干精粹』, 西藏人民出版社, 2012.

이강대, 『주자학의 인간학적 이해』, 예문서원, 2000.

〈논문〉

김성애, 「오행의 관점에서 본 『三命通會』와 『窮通寶鑑』의 비교연구」, 공주대 석사청구논문, 2013.

김인순, 「명리학의 궁합론 비교연구」, 국제뇌교육종합대학원대 박사청구논문, 2014.

김학목, 「命理學, 미신인가 학문인가?」, 『退溪學論叢』제25집」, 퇴계학부산연구원 2015.

민영현, 「도교의 지평에서 본 '명리의 學과 術'」, 『도교문화연구』제38집, 한국도교문화학회, 2013.

신경수, 「당·송대 명리적 삼재론과 주체관점 연구」, 원광대 석사청구논문, 2003.

윤찬원, 「도가-도교의 의미에 대한 철학적 고찰」, 『도교문화연구』제16집, 한국도교문화학회, 2002.

이석명, 「《노자》42장에 대한 漢代道家의 이해」, 『태동고전연구』제14집, 한림대 태동고전연구소, 1997

이수동, 「명리학 격국용신론의 근원적 고찰」, 『도교문화연구』제55집, 한국도교문화학회, 2020.

이수동, 「명리학 육친론의 이론체계 고찰」, 『문화와 융합』제42집, 인문사회융합학회, 2020.

이창일, 「동아시아 우주론의 해체와 통합」, 『동양고전연구』제44집, 동양고전학회, 2011.

張其成 2015

張書豪, 「楚簡〈太一生水〉的自然觀」, 『東吳中文研究』 第十一輯, 臺灣東吳大學中國文學會, 2004.

정우진, 「동양과학의 논리」, 『도교문화연구』제42집, 한국도교문화학회, 2015.

최왕규, 「지장간이론의 연원에 관한 연구」, 공주대 석사청구논문, 2011.

한상인, 「명리학 십성의 심리학적 특성에 관한 연구」, 공주대 박사청구논문, 2022.

【주석】

《【부록 ①】 명리학의 구조적 본질과 논명 체계 정립》

[1] 【육친 개념의 발생과 분류 기준】

1. 육친 개념의 발생과 전개

육친(六親)의 개념은 인간의 혈연관계를 기반으로 명리학에서 오행(五行)의 상생상극(相生相剋) 관계를 통해 설정된 체계이다. 육친은 부모(父母, 印星), 형제(兄弟, 比劫), 배우자(妻財, 財星), 자식(子孫, 食傷), 직업 및 사회적 권위(官鬼, 官星)로 구분되며, 단순한 가족관계를 넘어 개인의 운명을 분석하는 중요한 해석의 기준으로 발전하였다. 육친 이론은 한대(漢代)의 경방(京房, 기원전 77-기원전 37)이 괘기역학(卦氣易學)을 체계화하는 과정에서 처음 등장하였고, 당시 『회남자(淮南子)』의 「천문훈(天文訓)」에서도 오행의 상생상극을 인간관계에 적용한 논의가 존재했으나, 이는 인간의 운명과 관련된 구체적 분석으로는 이어지지 않았다. 경방은 팔괘(八卦)의 체계를 통해 '귀(鬼)'를 계요(系爻), '재(財)'를 제요(制爻), '천지(天地)'를 의요(義爻), '복덕(福德)'을 보요(寶爻), '동기(同氣)'를 전요(專爻)로 정의함으로써 육친 관계론을 체계화하였다. 이후 육친은 십신론과 결합하면서, 혈연 중심의 관계에서 사회적 관계와 인생의 변화 요소까지 포함한 정교한 운명 해석의 도구로 발전하게 되었다. 육친 개념은 운세 분석에 필수적인 요소로 정착하였는데, 부모운·결혼운·자녀운 등의 분석뿐 아니라, 특정 육친 간의 균형과 조화를 판단하거나 부족한 육친을 보완하는 오행을 설정하는 방식으로 활용되었다.

육친의 관념을 정하고 육친용어를 최초로 사용한 것은 당(唐)나라 시기의 『연해자평(淵海子平)』이다. 『연해자평』에서는 "나를 생하는 것은 부모이고, 내가 생하는 것은 자손이고, 나를 극하는 것은 관귀이고, 내가 극하는 것은 처재이며, 나와 나란하게 화하는 자는 형제가 된다"(生我者爲父母. 我生者爲子孫, 克我者爲官鬼, 我克者爲妻財, 比和者爲兄弟.)고 하였는데, 이 육친 개념은 송(宋)나라 시기의 격국(格局)·용신(用神) 체계, 명·청(明·清)나라 시기의 사회적 관계 및 직업적 요소 분석과 결합되고 발전하게 됨에 따라 명리학 내에서 더욱 정밀하게 다듬어지게 되었다. 이러한 과정을 거쳐 경방이 정립한 육친 개념은 현대 명리학의 운명 분석을 위한 핵심적이고 필수적인 이론적 틀로 자리 잡게 되었다(정하용, 2013, pp.168-173).

2. 육친의 분류 기준

명리학에서 오행을 통해 인간의 다양한 관계를 분석하면서 이를 육친으로 분류하는 기준은 다음과 같다.

① 我生者(아생자) - 자손(子孫)

'나'인 일간(日干)이 생해주는 오행으로, 이는 식상(食傷)에 해당하며 자녀를 나타낸다. 예를 들어, 일간이 木이라면 木生火로 火가 식상에 해당한다.

② 我剋者(아극자) - 처재(妻財)

'나'인 일간이 극하는 오행으로, 이는 재성(財星)에 해당하며 아내나 재물을 나타낸다. 예를 들어, 일간이 木이라면 木剋土로 土가 재성에 해당한다.

③ 剋我者(극아자) - 관귀(官鬼)

'나'인 일간을 극하는 오행으로, 이는 관성(官星)에 해당하며 관직이나 상사를 나타낸다. 예를 들어, 일간이 木이라면 金剋木으로 金이 관성에 해당한다.

④ 生我者(생아자) - 부모(父母)

'나'인 일간을 생해주는 오행으로, 이는 인성(印星)에 해당하며 부모를 나타낸다. 예를 들어, 일간이 木이라면 水生木으로 水가 인성에 해당한다.

⑤ 比和者(비화자) - 형제(兄弟)

'나'인 일간과 같은 오행으로, 이는 비겁(比劫)에 해당하며 형제나 동료를 나타낸다. 예를 들어, 일간이 木이라면 같은 木이 비겁에 해당한다.

이러한 분류는 사주명리학에서 개인의 사주를 분석할 때, 각 오행이 어떤 육친에 해당하는지를 파악하여 개인의 삶에서 해당 육친과의 관계나 영향을 해석하는 데 활용된다.

[2] 단어(斷語)는 명리학에서 특정한 명조나 조합에 대해 간결하게 단정적으로 해석하는 문구를 의미한다. 이는 오랜 경험과 사례에서 도출된 짧은 문장 형태의 해석 방식으로, 주로 특정한 사주 구조, 격국, 오행 조합, 십신의 배치 등에 따라 운명이나 성격을 단정적으로 기술하는 표현이다.

【단어(斷語)의 예시】

① "상관견관, 패가망신(傷官見官, 破家亡身)"

상관(傷官)이 관성(官星)을 만나면 직업적·사회적 파탄을 초래할 가능성이 크다는 뜻이다.

② "비겁중다, 고독지명(比劫重多, 孤獨之命)"

비겁[比肩·劫財]이 지나치게 많으면 〈경쟁이 심하고〉 인연이 박한 운명일 수 있다는 해석이다.

③ "재다신약, 백사불성(財多身弱, 百事不成)"

재성(財星)이 많고 신약(身弱)하면 〈재물을 감당하기 어렵고,〉 여러 일을 시도해도 성과를 내기 어렵다는 의미이다.

이처럼 단어(斷語)는 사주 해석에서 일종의 경험 법칙으로 사용되며, 직관적이고 간단한 문구로 운명을 해석하는 데 도움을 준다. 그러나 지나치게 단정적인 해석은 오해를 불러일으킬 수 있으며, 전체적인 사주 구조와 조화롭게 해석하는 것이 중요하다.

[3] 태원(胎元)은 개인의 명조에서 태아 시기의 기운을 반영하는 요소로, 선천적인 본성과 타고난 기질을 분석하는 데 활용된다. 이는 출생 이전의 기운을 의미하며, 보통 월간(月干)과 일지(日支)를 조합하여 산출한다. 명리학에서는 태원을 통해 개인의 근본적인 성향, 건강, 성장 과정에서의 기본적인 운세 흐름을 해석할 수 있다고 본다. 특히, 태원이 강하면 부모의 보호를 잘 받으며 성장할 가능성이 높고, 태원이 약하면 선천적으로 체질이 약하거나 유년기에 어려움을 겪을 수 있다는 해석이 가능하다.

【입태월(入胎月)의 산출 방법】

입태월은 태아가 모체에 잉태된 시점을 추정하는 개념으로, 일반적으로 출생월에서 9개월을 역산하여 결정한다. 이를 위해 월간(月干)과 월지(月支)를 각각 특정 규칙에 따라 이동시킨다.

- ■ 월간(月干)의 이동: 출생월의 월간에서 한 단계 전진한다. 예를 들어, 출생월이 丙子월이라면, 월간 丙에서 한 단계 전진하여 丁이 된다.
- ■ 월지(月支)의 이동: 출생월의 월지에서 세 단계 전진한다. 예를 들어, 출생월이 丙子월이라면, 월지 子에서 세 단계 전진하여 卯가 된다. 따라서, 계산상 입태월은 丁卯월이 된다.
- ■ 최종 입태월의 확인: 계산된 입태월[月干支]에서 입태일주[胎元日柱]가 존재하는지를 만세력을 통해 확인한다. 만약 입태일주가 해당 월에 존재하면, 해당 월이 최종 입태월이 된다. 만약 존재하지 않는다면, 한 달 이전으로 이동하여 해당 월에서 입태일주가 있는지를 확인한다. 예를 들어, 만세

력에서 처음 정한 입태일주가 己卯이며, 丁卯월에 존재하면 최종 입태월은 丁卯월로 확정된다. 그러나 丁卯월에 존재하지 않는다면, 한 달 전인 丙寅월을 최종 입태월로 결정한다. 이러한 방식으로 입태월을 산출하면, 태아가 모체에 잉태된 시점을 보다 정확하게 추정할 수 있으며, 이를 통해 개인의 선천적 기질과 운세를 분석하는 데 활용할 수 있다. 덧붙여 말하면, 태아가 모체에 잉태된 시점과 관련된 개념에는 태원(胎元), 태월(胎月), 입태월(入胎月)이 있지만, 각각의 의미와 쓰임새에 차이가 있다. 따라서 임의로 혼용하기보다는 개념적 구분을 명확히 이해하고 상황에 맞게 사용하는 것이 바람직하다.

① 태원(胎元)

■ 의미: 출생 시점의 선천적 기운을 분석하는 개념으로, 입태월과 관련이 깊다.

■ 활용: 태원이 개인의 타고난 운명적 기반을 형성한다고 보며, 출생 후의 성장 과정과 운명에 영향을 미친다고 해석한다.

■ 특징: 명리학뿐만 아니라 불교, 도교 등의 전통적인 철학에서도 사용되며, 태아의 근본적인 기운을 해석하는 데 활용된다.

② 입태월(入胎月)

■ 의미: 태아가 잉태된 월[달]을 의미하며, 일반적으로 출생월에서 9개월을 역산하여 계산한다.

■ 활용: 명리학에서 입태월을 통해 태아가 모체에서 형성된 시기의 기운을 분석하며, 이는 개인의 선천적 기질 및 운세를 해석하는 데 참고된다.

■ 특징: 특정한 계산법[월간 1단계 전진, 월지 3단계 전진]을 통해 산출한다.

③ 태월(胎月)

- 의미: 태아가 모체에서 성장하기 시작한 달을 의미하며, 입태월과 개념적으로 유사하다.
- 활용: 태아가 모체에서 영향을 받는 시점의 기운을 분석하는 데 활용한다.
- 특징: 입태월과 혼용되기도 하지만, 태월은 보다 일반적인 용어로 쓰이며, 임신 기간 중 특정한 달을 의미하는 경우도 있다.

이와 같이, 입태월과 태월은 의미가 거의 동일하므로 혼용이 가능하지만, 입태월은 보다 명리학적인 용어로 쓰이며, 태월은 일반적으로도 사용되는 개념이다. 반면, 태원은 입태월 및 태월과 개념적으로 연관되어 있으나 완전히 동일한 개념은 아니다. 태원은 입태월의 영향을 받지만, 보다 포괄적인 선천적 기운을 분석하는 개념으로 사용된다.

[4] [···오행(五行)과 십신(十神)은 음양의 조화를 설명하는 중요한 도구들이다.]

오행과 십신이 음양의 조화에서 차지하는 역할은 다음과 같다.

오행은 자연적 속성을 나타내는 것으로, 음양의 흐름과 변화를 이해하는 데 중요한 역할을 한다. 오행은 각각 木, 火, 土, 金, 水의 다섯 가지 요소로 구성되며, 이들 간의 상생(相生)과 상극(相克)의 관계를 통해 우주의 에너지 흐름과 변화가 이루어짐을 설명한다. 오행은 음양의 변화, 즉 陰과 陽의 상대적인 상태를 표현하는 데 기여하는 자연적 속성이다.

십신은 사회적 속성을 나타내며, 각 개인의 성격, 사회적 관계, 직업적 역할 등 외적 요소를 해석하는 데 중요한 역할을 한다. 십신은 일간(日干)을 중심으로 그 사람의 운명적인 특성과 외적 관계를 해석하는 데 사용된다. 십신은 각각 비견, 겁재, 식신, 상관, 편재, 정재, 편관, 정관, 편인, 정인 등 10가지로 나뉘며, 이들 각각은 음양의 기운을 흡수하거나 방출하는 역할을 한다.

따라서, 오행과 십신은 음양의 근본적인 속성인 상호작용과 변화를 이해하는 데 중요한 도구가 되며, 이들을 결합하여 해석함으로써 사람의 운명과 성향을 보다 정확하게 분석할 수 있다.

예를 들자면, 일간(日干)이 甲(木)이고, 년주(年柱)가 壬(水), 월주(月柱)가 甲(木), 시주(時柱)가 丙(火)인 경우의 사주팔자를 보면 다음과 같이 분석될 수 있다.

① 오행 분석

- 일간은 甲木으로, 이는 木의 성질을 지닌 사람이다.
- 년주는 壬水로, 水의 성질을 나타낸다.
- 월주는 甲木으로, 다시 木의 성질을 나타낸다.
- 시주는 丙火로, 火의 성질을 나타낸다.

이 오행은 음양의 흐름과 관련이 있으며, 木은 양(陽)의 성질을 가지고 있으며, 水는 음(陰)의 성질을 지닌다. 火역시 양(陽)의 성질을 가지며, 각각의 오행이 상생(상호 도와주는 관계)과 상극(서로 다투는 관계)을 통해 에너지의 흐름을 규명할 수 있다.

② 십신 분석

갑(木)일간을 기준으로 식신(食神)이 생겨나며, 이 일간은 목의 기운이 강하므로 식신(食神)이 성격적 특징으로 나타날 수 있다. 식신은 사회적 속성을 나타내는 십신 중 하나로, 개인이 외부와의 관계에서 창의적이고 활동적인 성향을 가질 수 있음을 암시한다. 또한, 병(火)은 상관(傷官)으로 해석되며, 이는 외부의 영향을 강하게 받으며 사회적 반응을 일으키는 성향을 나타낼 수 있다.

이와 같은 분석을 통해, 오행은 개인의 내면적 본질과 자연적 속성을 나타내고, 십신은 그 사람의 사회적 성향과 외부와의 상호작용을 나타낸다는 점에서 음양의 상호작용이 어떻게 운명에 영향을 미치는지 해석할 수 있다.

[5] 사주명리학에서 '궁위론(宮位論)'과 '십성론(十星論)'은 개인의 사주팔자를 해석하는 데 중요한 역할을 하는 두 가지 이론 체계이다.

궁위론(宮位論)은 사주의 네 기둥인 연주(年柱), 월주(月柱), 일주(日柱), 시주(時柱)에 각각 조상, 부모, 형제, 자식과 같은 육친(六親)을 배속하는 방법론이다. 이를 통해 각 기둥이 상징하는 삶의 영역과 해당 육친과의 관계를 파악할 수 있다.

- 연주(年柱): 조상 및 초기 환경을 나타낸다.
- 월주(月柱): 부모와 성장 과정을 상징한다.
- 일주(日柱): 자신과 배우자를 의미한다.
- 시주(時柱): 자식과 노년기를 나타낸다.

십성론(十星論)은 사주에서 일간(日干)을 기준으로 다른 천간(天干)과 지지(地支)의 관계를 분석하여 편관, 정관, 편인, 정인, 비견, 겁재, 식신, 상관, 편재, 정재 등의 십성을 도출하고, 이를 통해 육친을 배속하는 방법론이다. 각 십성은 특정한 육친 관계나 성향을 나타낸다.

- 정인(正印): 어머니
- 편인(偏印): 계모 또는 지식
- 비견(比肩): 형제나 동료
- 겁재(劫財): 경쟁자
- 식신(食神): 자식
- 상관(傷官): 재능이나 표현력
- 정재(正財): 아내
- 편재(偏財): 정부나 부
- 정관(正官): 직업이나 남편
- 편관(偏官): 권력이나 위험

이러한 궁위론과 십성론은 동진(東晉) 시대 곽박(郭璞)의 『옥조정진경(玉照定眞經)』에서 비롯되었으며, 오대말에서 송초에 이르는 서자평(徐子平)의 『명통부(命通賦)』, 남송대 서대승(徐大升)의 『자평삼명통변연원(子平三命通變淵源)』, 명대 당금지(唐金芝)의 『연해자평(淵海子平)』을 거쳐 청대 심효첨(沈孝瞻)의 『자평진전(子平眞詮)』에서 체계화되었다. 특히 『자평진전』에서는 궁위론과 십성론이 종합되어, 격국(格局)과 용신(用神)의 희신(喜神)과 기신(忌神)을 통해 육친과의 화목과 불화를 예측하는 이론이 제시되었다. 예를 들어, 부모궁에 희신이 위치하면 부모와의 관계가 화목하고, 기신이 위치하면 불화할 수 있다는 해석이 가능하다. 이처럼 궁위론과 십성론은 사주명리학에서 개인의 삶과 인간관계를 심층적으로 이해하는 데 필수적인 도구로 활용된다(이수동 2020: 778).

[6] 【사회환경과 십신(十神)】

사회환경은 명리학에서 십신(十神)으로 나타나며, 이는 개인과 타인의 관계, 사회적 역할, 그리고 삶의 다양한 측면을 구체화한다. 십신은 인간이 속한 사회적 환경에서 자신의 역할을 어떻게 수행하고, 타인과 어떤 관계를 맺는지에 대한 지표로 작용한다. 명리학에서 십신(十神)은 개인의 성향, 사회적 역할, 대인 관계 등을 분석하는 중요한 요소로 작용한다. 각 십신은 다음과 같은 의미를 지닌다.

① 비견(比肩): 자신과 유사한 성향을 지닌 사람들을 의미하며, 동료나 친구와 같은 관계를 상징한다.

② 겁재(劫財): 재물이나 자원을 공유하는 사람들을 나타내며, 경쟁자나 동업자를 의미한다.

③ 식신(食神): 창의력과 표현력을 상징하며, 예술적 재능이나 자녀를 나타낸다.

④ 상관(傷官): 개인의 독립성과 자존심을 나타내며, 비판적이거나 도전적인 성향을 의미한다.

⑤ 편재(偏財): 비정상적인 방법으로 재물을 얻는 것을 상징하며, 투자나 모험적 사업을 의미한다.

⑥ 정재(正財): 정직하고 안정적인 재정 상태를 나타내며, 안정적인 직업이나 수입원을 의미한다.

⑦ 편관(偏官): 권력이나 지배력을 상징하며, 비정규직 공무원이나 지도자를 나타낸다.

⑧ 정관(正官): 규율과 책임감을 나타내며, 정규직 공무원이나 법적 지위를 의미한다.

⑨ 편인(偏印): 창의성과 직관력을 상징하며, 예술가나 연구자를 나타낸다.

⑩ 정인(正印): 학문적 지원과 보호를 나타내며, 스승이나 멘토를 의미한다.

이러한 십신의 상호작용과 균형을 분석함으로써, 개인의 사회적 역할, 대인 관계, 직업적 성향 등을 파악할 수 있다. 따라서, 사주명리학에서는 십신의 조합과 위치를 통해 개인의 삶의 방향성과 특성을 이해하려 한다.

[7] 【십신은 관계와 역할을 설명하는 데 필수적인 분석 도구】

십신에 관해 좀 더 명확히 이해하기 위해, 사주에서 자신[日干, 日主, 본인]을 중심으로 다음과 같이 정리할 수 있다.

■ 인성(印星, 偏印·正印) → 생(生)하는 관계

- 나를 생하는 존재 → 부모(특히 어머니)

■ 식상(食傷, 食神·傷官) → 내가 생(生)하는 관계

- 내가 만들어 내는 것 → 자녀, 창작, 표현

■ 비겁(比劫, 比肩・劫財) → 나와 같은 존재

- 형제, 동료, 경쟁자

■ 관성(官星, 偏官·正官) → 나를 극(剋)하는 관계

- 여성에게는 남편, 남성에게는 사회적 지위(상사, 법률, 권력자)

■ 재성(財星, 偏財·正財) → 내가 극(剋)하는 관계

- 재물, 부하, 소유물, 남자의 배우자

이와 같이, 십신은 사회적 관계 속에서 개별적인 위치와 역할을 규정하는 개념이며, 이를 통해 인간과 사물의 사회적 속성을 분석하는 도구가 된다.

《제1장 제1절》

[8] 【명리학(命理學, Four Pillars of Destiny)】

넓은 의미에서 인간의 운명과 관련된 원리를 탐구하는 모든 학문을 명리학이라 할 수 있으나, 본서에서는 태어난 년·월·일·시를 60갑자로 표현하여 개인의 운명을 해석하는 '사주팔자'를 중심으로 하는 학문으로 한정하여 다루고자 한다. 또한 본서에서는 맥락에 따라 '명리학', '사주명리학', '자평학', '자평명리학', '사주팔자' 등의 용어를 혼용하며 사용한다. 여기서 '명리학'은 사주의 원리를 포함하여 인간의 삶과 성격, 운명에 대한 종합적 해석을 목표로 하는 학문을 포괄적으로 가리키며, '자평학'과 '자평명리학'은 특히 사주팔자의 기초 이론과 응용을 기반으로 개인의 운세를 분석하는 전통적 접근을 강조하는 용어이다.

[9] 【사주팔자(四柱八字)란 무엇인가?】

사주팔자(四柱八字)는 개인의 출생 시각과 장소를 기반으로, 태어난 시점의 천체 배열을 분석하여 운명과 성격을 파악하는 전통적인 동양의 운명학 체계이다. 이는 음양오행의 원리를 바탕으로, 천간(天干) 10개와 지지(地支) 12개를 조합한 간지(干支)를 사용하여, 총 60개의 조합인 육십갑자(六十甲子)를 형성한다. 사주팔자는 네 개의 기둥인 년주(年柱), 월주(月柱), 일주(日柱), 시주(時柱)로 구성되며, 각 기둥은 두 글자의 천간과 지지로 이루어진다. 이를 통해 개인의 성격, 운명, 건강, 재물 등을 예측하고 분석하는 데 활용된다.

[10] 『적천수(滴天髓)』의 판본은 총 네 가지 종류로 구분되며, 각 판본은 명리학적 이론의 전승과 변형 과정을 반영하는 중요한 문헌 자료이다. 첫째, 『적천수』라는 명칭은 『명사(明史)』의 「예문지(藝文志)」에 최초로 등재된 기록을 통해 확인되며, 유백온의 『삼명기담적천수(三命奇談滴天髓)』 한 권에서 그 명칭이 언급된 바 있어, 이 문헌이 초기 명리학 연구에 있어 중요한 위치를 차지하고 있음을 시사하는 것이다. 둘째, 청나라 초기에 유행했던 판본은 두 가지 종류로 나타나는데, 하나는 청나라 초 순치 15년(1658년) 중춘에 진소암(陳素菴)이 편집한 『적천수집요(滴天髓輯要)』이며, 다른 하나는 강희 시기에 황우직의 「천경당(千頃堂)」 목각본 『명리수지적천수(命理須知滴天髓)』이다. 이 두 판본은 청나라 초기의 명리학적 유행과 편집 경향을 보여주는 대표적인 자료이다. 셋째, 청나라 중기 도광 4년(1824년)에 정지운이 교정한 판본은 『백이한경재사종총간(百二漢鏡齋四種叢刊)』 중 경도찬(京圖撰), 류기주(劉基註) 『비수명리수지적천수(祕授命理須知滴天髓), 上·下卷』으로 분류되며, 네 번째 판본에 해당하는 것으로 평가된다. 넷째, 이러한 다양한 판본들은 시대적 흐름에 따라 내용의 정제와 문맥의 연결성이 향상되는 과정을 거쳤음을 보여주며, 후대

의 교정본이 초기 판본에 비해 더욱 세련되고 업그레이드된 형태를 띠고 있음을 확인할 수 있다. 진소암은 『적천수』의 저술이 간지(干支)의 정서를 깊이 탐구하고, 음양의 변화 원리를 통해 운명을 인식·감정하는 과정에서 격국(格局)에 얽매이지 않고 신살(神煞)을 사용하지 않으며, 오직 명리학의 추구에 따라 내용이 미묘하게 발전해 나갔다고 밝히고 있다. 이와 같이 『적천수』의 판본들은 명리학의 기본 원리와 이론 체계를 반영하고 발전시키는 데 기여한 문헌으로서, 각 판본 간의 미세한 차이와 개선된 편집 방식은 고대부터 현대에 이르기까지 명리학 연구의 깊이를 더하는 중요한 학술적 자산임을 보여준다.

[11] 【고법명리학의 난점】

고법명리학(古法命理學)을 연구하는 데에는 여러 가지 어려움이 존재한다. 그 주요 원인은 다음과 같다.

① 원시 자료의 부족: 당대(唐代)와 송대(宋代)의 명리학 서적 중 상당수가 현재 전해지지 않거나, 『예문지(藝文志)』 등의 서목(書目)에만 소개되어 실제로는 현존하지 않는다. 이러한 원시 자료의 결핍은 해당 시기의 명리학을 깊이 있게 연구하는 데 큰 장애물이 된다.

② 고대 용어와 개념의 난해함: 1000여 년 전의 명리서에는 현재 사용되지 않는 철학적 용어나 개념이 다수 포함되어 있다. 이러한 용어와 개념은 현대의 자평명리학(子平命理學) 이론과 공통점이 적어 이해하기가 어렵다.

③ 선행 연구의 부족: 명대(明代) 이후로 당송대 명리학을 연구하는 이가 거의 없었으며, 고법명리학을 주제로 한 연구서도 부족하다. 이로 인해 기존 연구를 참고하여 새로운 연구를 진행하는 데 한계가 있다.

④ 이론 체계의 변화: 명리학은 시대에 따라 그 이론 체계가 변화해 왔다. 특히, 당송대의 명리학 이론은 현대의 자평명리학과는 다른 점이 많아, 두 체계를 비교하고 이해하는 데 추가적인 노력이 필요하다.

이러한 이유들로 인해 고법명리학을 연구하는 것은 상당한 어려움이 따른다.(신경수 2003: 112)

[12] 『이허중명서』는 당(唐)나라 학자 이허중(762-813?)이 저술한 명리학 고전으로, 사주팔자 이론의 기초를 체계적으로 정리한 중요한 문헌이다. 책은 상(上), 중(中), 하(下) 3권으로 구성되어 있으며, 각 사주 네 기둥[년·월·일·시]의 역할과 천간-지지의 조합을 통해 운명을 예측하는 방법을 설명한다. 이 책의 특징은 사주를 통해 인간의 운명과 성격을 분석하고, 대운과 세운을 통해 운세 변화를 예측하는 이론을 제시한 점이다. 또한, 사회적 관계에 비유해 사주의 역할을 설명하며, 후대 명리학 발전에 중요한 영향을 끼쳤다.

[13] [자평사주는 출생일[日干]을 중심으로 분석하는 체계를 수립…]

신법 명리학에서 핵심이 되는 요소는 출생 일주의 일간(日干)이며, 이는 개인의 '본질적 자아[자신, 주체]'를 나타내는 중심축으로 작용한다. 일간은 사주의 분석에서 기준점이 되며, 이를 중심으로 나머지 천간(天干) 및 지지(地支)와의 관계를 해석하여 개인의 성격적 특성, 대인관계, 운세의 흐름을 도출한다. 특히, 일간과 타 요소 간의 상호작용을 통해 십신(十神)이 도출되는데, 이는 개인이 외부 세계와 맺는 관계의 양상을 체계적으로 분석하는 중요한 개념이다. 십신은 비견(比肩), 겁재(劫財), 식신(食神), 상관(傷官), 편재(偏財), 정재(正財), 편관(偏官), 정관(正官), 편인(偏印), 정인(正印)의 열 가지 유형으로 분류되며, 이를 통해 개인의 성격적 기질, 사회적 역할, 경제적 활동 및 인간관계를 보다 정밀하게 해석할 수 있다. 따라서 명리학에서 일간은 단순한 출생 간지의 요소를 넘어, 개인의 운명 구조를 해석하는 데 있어 중심축 역할을 하며, 이를 기준으로 한 십신 분석은 사주의 정밀한 통변에 필수적인 요소로 작용한다.

[14] 『명통부(命通賦)』[命理通考 또는 命理通賦로도 불림]의 저자는 서자평으로 전해지나, 실제로 서자평이 직접 저술한 것은 아니다. 『명통부』는 후대 명리학자들이 서자평의 이론을 집대성하여 정리한 책으로, 정확한 저자와 출간 연대는 불분명하다. 현재 전해지는 『명통부』는 명(明)나라 중기[16세기경]에 정리된 것으로 추정된다. 다만, 그 내용은 북송(北宋) 이후 여러 명리학 저작을 종합한 결과물로, 원래의 저작 연대는 더 이를 가능성이 있다.

[15] **【일원(日元)과 일간(日干)】**

일원(日元)과 일간(日干)은 일반적인 사주명리 해석에서 동일한 의미로 쓰이는 경우가 많아, 여기서도 일간으로 번역하였다. 일원은 출생일의 천간을 가리키며 개인의 본질적 성격과 기질을 나타내는 반면, 일간은 일주의 천간으로서 사주팔자의 핵심 분석 요소이자 명조 해석의 중심 개념이다. 『적천수(滴天髓)』에서는 일간이 주로 사용되며, 일원이라는 표현은 상대적으로 드물다. 『삼명통회(三命通會)』에서도 개념적으로는 일원을 언급하지만, 실제 사주 분석에서는 일간을 중심으로 설명한다.

[16] **【세운(歲運)이란 무엇인가?】**

세운(歲運)은 명리학에서 1년 단위로 변화하는 운세의 흐름을 나타내는 개념이다. 이는 해[歲]의 천간과 지지에 의해 형성되며, 특정 연도의 기운이 개인의 사주와 어떻게 상호작용하는지를 분석하는 방법론이다. 세운은 그 해의 기운이 개인의 사주에 미치는 영향을 예측하고, 이를 통해 해당 년도의 운세 변화를 분석하는 중요한 요소로 작용한다. 세운은 유운(流運)의 개념과 밀접하게 연결되며, 유운이 매년의 기운을 분석하는 방법론이라면, 세운은 그 기운에 따른 실제 운세의 흐름을 의미한다. 세운의 분석을 통해 개인은 특정 년도의 운세를 정확히 예측할 수 있으며, 이를 통해 더 큰 대운과 유운의 흐름 속에서 세밀한 운세 해석을 가능하게 한다. 즉, 세운은 하위 시간 단위인 1년 단위에서 흐르는 운세를 다루며, 이를 통해 한 해 동안의 기운이 개인의 사주와 상호작용하는 방식을 구체적으로 파악할 수 있다.

[17] 【유운(流運)이란 무엇인가?】

유운(流運)'은 명리학에서 매년 변화하는 운의 흐름을 분석하는 중요한 방법론으로, 개인의 사주와 해당 년도의 천간과 지지가 어떻게 상호작용하는지를 통해 그 해의 운세를 예측한다. 구체적으로 살펴보면, 유운은 매년 변화하는 기운이 개인의 사주와 결합하여 그 해의 운세에 미치는 영향을 분석하는 방식이다. 다음은 유운을 사주명리학적 측면에서 일례로 설명한 것이다.

① 甲木 일간의 유운: 이 사람의 대운이 戊土로 시작했다고 가정한다면, 해당 년도의 유운이 己土[마른 흙]일 때, 土가 木을 극하는 관계가 된다. 이 경우, 土가 甲木을 억제하는 흐름이므로, 유운의 기운은 그 해에 甲木의 힘을 약화시킬 수 있다. 결과적으로, 해당 년도는 일간의 약화, 업무적인 어려움이나 건강의 저하와 같은 부정적인 영향이 있을 수 있음을 예측할 수 있다.

② 丙火 일간의 유운: 이 사람의 대운이 庚金으로 시작했다고 가정한다면, 해당 년도의 유운이 庚金[강한 금속]일 때, 金이 火를 극하는 관계가 된다. 이 경우, 金이 丙火를 억제하는 흐름이므로, 유운의 기운은 그 해에 丙火의 힘을 약화시킬 수 있다. 결과적으로, 해당 년도는 자기주도성 부족, 대인관계의 갈등, 소극적인 태도와 같은 부정적인 영향을 초래할 가능성이 있다. 이러한 경우, 火의 기운을 보강하여 金의 영향을 조절하는 노력이 필요하다.

③ 戊土 일간의 유운: 이 사람의 대운이 乙木으로 시작했다고 가정한다면, 해당 년도의 유운이 乙木[작은 나무]일 때, 木이 土를 극하는 관계가 된다. 이 경우, 乙木이 戊土의 기운을 약화시키는 흐름이므로, 유운의 기운은 그 해에 戊土의 힘을 감소시킬 수 있다. 결과적으로, 해당 년도는 환경적 변화에 대한 적응이 필요하며, 불안정한 상황이 발생할 가능성이 높다. 그러나 木이 土를 극하는 과정에서 새로운 기회가 생길 수도 있으므로, 창의력을 발휘하여 긍정적인 방향으로 전환하는 전략이 요구된다.

④ 壬水 일간의 유운: 이 사람의 대운이 辛金으로 시작했다고 가정한다면, 해당 년도의 유운이 辛金[단단한 금속]일 때, 金이 水를 생조하는 관계가 된다. 이 경우, 辛金이 壬水의 기운을 보강하는 흐름이므로, 유운의 기운은 그 해에 壬水의 힘을 강화할 수 있다. 결과적으로, 해당 년도는 개인적인 성장, 진로의 전환, 금융적인 기회의 증가와 같은 긍정적인 변화가 나타날 가능성이 높다. 이를 적극적으로 활용하여 실질적인 성과로 연결하는 것이 중요하다.

[18] 【天行健, 君子以自強不息.】

이 구절은 『주역』「건괘(乾卦)」에서 유래한 문장으로, 자연의 원리가 끊임없이 운동하고 변화하는 것처럼, 군자 또한 끊임없는 자기 발전과 노력을 통해 강건한 삶을 살아야 한다는 의미를 내포한다. 이는 유가(儒家)의 핵심 사상 중 하나로, 인간이 운명에 순응하기보다는 능동적으로 자신의 삶을 개척해야 함을 강조하는 철학적 원리이다. 여기에서 '천행건(天行健)'은 천도(天道)가 끊임없이 운동하고 변화함을 의미하며, '군자이자강불식(君子以自強不息)'은 이에 부응하여 군자가 스스로 노력하여 쉬지 않고 정진해야 함을 강조한다. 이는 명운론(命運論)과 결합하여 인간이 자신의 운명을 주체적으로 개척할 수 있음을 시사하며, 단순한 운명 결정론적 관점을 넘어선 보다 적극적인 실천 윤리를 내포한다. 따라서, 명(命)과 운(運)의 관계는 '운명론적 결정론(deterministic fate theory)'과 '능동적 운명 개척론(proactive fate-cultivation theory)'의 양면성을 포함하고 있으며, 이는 동아시아 전통 사상에서 인간의 자율성과 도덕적 실천을 강조하는 핵심 요소로 작용한다.

[19] 【"남이 나를 알아주지 못함을 걱정하지 말고, 자신의 능하지 못함을 걱정해야 한다."】

이 구절은 자유의지론적 관점에서 인간의 자율성과 자기개발에 대한 중요한 통찰을 제공한다. 덕을 가진 사람은 외부 환경이나 타인의 평가에 의존하지 않고, 자신의 내면적 성장과 능력 개발에 집중한다. 이는 자유의지론(libertarianism)이 주장하는 바와 일맥상통하는데, 인간이 외부의 강제적 요인이나 본능적 충동에 의해 결정되지 않고, 자신의 의지와 선택을 통해 삶의 방향을 설정하고 스스로를 발전시킬 수 있다는 입장이다. 이 관점에서 덕을 쌓는 과정은 단순히 타고난 자질이나 외부 환경에 의한 영향을 받는 것이 아니라, 자기 자신의 선택과 노력을 통해 이루어지는 자기 완성의 과정이다. 즉, 인간은 자유의지를 통해 도덕적 품성과 능력을 형성하고, 그에 따라 자신을 지속적으로 발전시킬 수 있음을 나타낸다.

[20] **【不患人之不己知, 患其不能也.】**

하늘을 원망하고 타인을 탓하는 사람은 자기 자신의 본질을 이해하지 못하며, 이는 많은 사람들이 자주 범하는 일반적인 오류이다. 공자는 이러한 태도를 경계하며, 가장 우려해야 할 점은 자신의 무능과 불능에 대한 직시라고 강조한다. 그는 또한 자신이 타인에게 인정받기를 애쓰되, 타인의 인정보다 중요한 것은 자기 자신을 충실히 살펴보는 일임을 반복하여 훈계한다. 특히 『논어』 「헌문(憲問)」편에서는 "옛날의 학자는 자기 자신을 위한 공부를 했으나, 오늘날의 학자는 남의 인정을 받기 위한 공부를 한다."(古之學者爲己, 今之學者爲人.)라고 말한다. 여기서 '위기(爲己)'는 자기 자신의 수양과 내면적 충실함을 의미하며, '위인(爲人)'은 타인에게 보여지기 위한 외적 성취를 지칭한다. 따라서 공부는 타인을 위한 것이 아니라 자기 자신을 위한 것이며, 이는 '구저기(求諸己)'의 철학적 태도를 나타낸다. 또한 '구저기'의 다른 중요한 측면은 타인에 대한 관대함을 보여주는 것이다. 「위령공(衛靈公)」편에 나타나는 "자기 자신을 엄격하게 다스리고 타인에게는 관대함을 베풀라."(躬自厚而薄責於人, 則遠怨矣.)는 말은 이러한 태도를 단적으로 표현한다. 이는 자기 자신에 대한 엄격한 요구와 타인에 대한 너그러운 대우를 통해, 인간관계에서의 자기 책임과 도덕적 성장을 강조하는 것이다. 『맹자(孟子)』 「공손추(公孫丑)」편에는 다음과 같은 구절이 있다. "어진 자는 활을 쏘는 사람과 같다. 활을 쏘는 사람은 먼저 자신의 자세를 바르게 한 뒤 활을 당기며, 만약 쏘아서 적중하지 못하면 '자신을 이긴 자를 원망하지 않고 오히려 자신의 내면에서 원인을 찾는다.'"(不怨勝己者 反求諸己而已)" 이 구절에서 '반구저기(反求諸己)'는 '되돌아보아 자신에게서 원인을 찾는다'는 뜻으로, 일이 잘못되었을 때 타인을 탓하기보다는 자신을 성찰하는 자세를 의미한다(錢遜 2009: 96).

[21] 【不患無位, 患所以立. 不患莫己知, 求爲可知也.】

이 구절은 자유의지론적 관점에서 인간의 자기주도성과 내적 자율성을 강조하는 의미를 지닌다. 덕을 갖춘 사람은 외부의 인정이나 평가에 의존하지 않으며, 자신의 내적인 가치와 도덕적 기준에 따라 삶을 살아간다. 이는 자유의지론에서 주장하는 바와 일치한다. 자유의지론은 인간이 자신의 선택과 결단을 통해 자율적으로 삶의 방향을 설정하며, 외부의 강제적 영향을 받지 않고 자신의 내적 기준에 따라 행동한다고 본다. 덕 있는 사람은 자신의 내적 품성을 중시하고, 이를 외부에 과시하거나 드러내려는 의도가 없다. 그에게 중요한 것은 자기 자신의 도덕적 완성이며, 외부의 평가나 인정을 추구하는 것이 아니라 자기 자신에게 충실한 삶을 살아가는 것이다. 즉, 덕을 쌓는 과정은 타인의 시선에 의존하지 않으며, 오직 자기 자신의 선택과 의지에 의해 이루어진다.

[22] 【不患人之不己知】

이 구절은 자유의지론적 관점에서 인간의 자기주도성과 자기 책임을 강조하는 논리로 해석될 수 있다. 자유의지론에 따르면, 인간은 자신의 삶의 방향과 선택에 대해 자율적으로 책임을 지며, 외부 환경이나 타인의 탓을 하지 않는다. 여기서 공자는 인간이 외부 환경이나 타인에게 원망을 품는 것보다는, 자신을 내적 기준에 따라 돌아보는 것이 중요함을 강조한다. 이는 자신의 자기 수양과 자기 개선에 대한 자율적인 책임을 강조하는 자유의지론적 태도와 일치한다. 공자는 사람들이 자기 자신의 무능이나 불능을 직시하고, 타인의 평가를 넘어 자신의 내적 충실성을 기르는 것이 중요하다고 강조한다. 즉, 인간은 외부의 인정에 의존하기보다는 내적 성장에 초점을 맞추어야 한다. 이는 자기 주도적 학습의 핵심으로, 인간이 진정으로 자기 자신을 발전시키는 길은 타인의 인정이나 평가를 위한 노력이 아니라, 자기 자신에게 충실히 살아가는 것임을 말한다. 자유의지론적 관점에서는, 인간은 자기 선택과 책임을 통해 자기 삶의 의미와 가치를 만들어가며, 외부의 기준이 아닌 자기 기준에 따라 삶을 살아간다고 주장한다.

[23] 이는 전통적으로 주역의 64괘(卦)와 384효(爻)에 대한 해석[『주역』의 문언과 괘사, 효사를 정리하는 과정]이 문왕에 의해 이루어졌다는 관점을 반영한 것이다.

[24] 이는 전통적으로 공자가 주(周)나라 역사 기록을 바탕으로 노(魯)나라의 연대기적 역사서인 『춘추』를 정리하였다고 전해지는 것을 반영한 표현이다. 『춘추』는 단순한 역사서가 아니라 공자의 도덕적 가치관과 정치적 이상을 반영한 경서로 여겨진다.

[25] 『이소(離騷)』는 중국 전국시대 초(楚)나라의 시인 굴원이 지은 대표적인 작품으로, 그의 충성과 애국심, 그리고 유배 생활 속에서 느낀 비탄과 고뇌를 담고 있다.

[26] 『국어(國語)』는 중국 고대 역사서로, 춘추시대 여러 나라[周, 魯, 齊, 晉, 楚 등]의 정치와 역사적 사건을 기록한 책이다.

[27] 「설난(說難)」과 「고분(孤憤)」은 『한비자(韓非子)』의 두 편을 가리키며, 한비가 자신의 정치철학을 펼치지 못하고 억울하게 옥사한 처지를 반영한 작품들이라는 의미이다.

[28] 『음부경』은 도가와 병가의 중요한 경전 중 하나로, 우주의 자연법칙과 인간 사회의 운영 원리를 탐구하는 철학적, 실천적 사상을 담고 있다. 본서는 짧은 문장 속에 깊은 의미를 함축하고 있으며, 고대 중국에서 신비로운 경전으로 평가받아 왔다. 『음부경』의 저작 연대와 저자는 명확하게 기록되지 않았으며, 역사적으로 다양한 추정이 존재한다.

① 전국 시대(戰國, 기원전 475-221) 저작설: 일부 학자들은 본서가 전국 시대 말기에 작성되었으며, 병가(兵家)와 도가(道家)의 영향을 강하게 반영한다고 본다. 당시 병가의 대표적 사상가인 손빈(孫臏) 또는 도가의 도사(道士)들이 편찬하였을 가능성이 제기된다.

② 당(唐)대 이후의 저작설: 당나라(618-907) 이후부터 본격적으로 유통되었다는 점에서, 후대에 위작(僞作)되었을 가능성을 주장하는 견해도 존재한다. 특히 도교(道教) 사상과 연관하여 태상노군(太上老君)과 같은 신격화된 인물의 저작으로 간주되기도 한다.

결과적으로, 『음부경』의 정확한 저작 시기와 저자는 확정하기 어렵지만, 대체로 전국 시대 이후 도가 사상의 발전과 함께 성립되었을 가능성이 크다. 한편, 『음부경』은 상편(上篇), 중편(中篇), 하편(下篇)으로 구성되어 있으며, 주로 다음과 같은 사상을 담고 있다.

① 자연 법칙과 인간의 조화: 인간은 자연의 법칙[天道]을 이해하고 이에 순응해야 한다. "하늘의 도를 관찰하고, 하늘의 법칙을 실천하면, 모든 것이 완성된다."(觀天之道, 執天之行, 盡矣.)라는 구절은 이를 잘 나타낸다.

② 권력과 통치의 원리: 인간 사회의 운영 원리도 자연의 법칙과 일치해야 한다.

군주나 장군 같은 리더는 천도(天道)를 터득하고, 이를 정치 및 군사 전략에 적용해야 한다.

③ 병법(兵法) 및 실천적 지혜: 『음부경』은 단순한 철학서가 아니라 현실적 전략과 전술을 다룬 병가(兵家)의 책으로도 해석된다. 세상을 다스리는 방법, 전쟁을 수행하는 방식 등을 자연의 원리에서 도출해야 한다고 설명한다.

④ 음양과 변화의 원리: 모든 사물은 음양의 변화를 따르며, 변화 속에서 기회를 포착해야 한다. 자연과 인간, 사회와 정치, 개인과 조직 등의 변화와 흐름을 파악하고 활용하는 것이 중요하다.

[29] 【사주팔자 원국(元局)】

'원국'의 한자 표기는 '元局'이다. 여기서 '元'은 '근원'이나 '처음, 본질'을 뜻하며, 사주팔자의 기본 구조와 운명의 근본을 나타낸다. 한편, '局'은 '판국' 또는 '국면'을 의미하여, 개인의 타고난 사주 구성과 그에 따른 운명의 틀을 지칭한다. 따라서 '원국(元局)'은 개인의 선천적인 운명의 틀을 나타내는 용어로 사용된다.

[30] [⋯개인의 삶에서 발생할 주요한 사건이나 흐름을 분석하는 근거가 된다.]

음양오행과 천간, 지지 등의 글자들은 사주명리학의 핵심 개념이다. 이들의 상징적 의미를 분석하고 사주명리학에 적용되는 원리를 이해하기 위해서는 『설문해자(說文解字)』, 『오행대의(五行大義)』, 『연해자평(淵海子平)』, 『삼명통회(三命通會)』와 같은 저작들을 참고할 필요가 있다. 이러한 저작들은 음양오행과 천간, 지지가 지닌 개별적 의미와 상호작용 방식을 체계적으로 설명하며, 이를 통해 사주명리학의 해석 방법을 깊이 이해할 수 있다. 음양오행(陰陽五行)은 각각 고유한 상징적 의미를 지닌다. 陰은 어둠과 수렴, 내향성을 나타내며, 陽은 밝음과 확산, 외향성을 상징한다. 오행(五行)은 나무[木], 불[火], 흙[土], 금속[金], 물[水]을 나타내며, 각 요소는 자연 현상과 인간의 삶에 대한 다양한 해석을 가능하게 한다. 천간(天干)과 지지(地支)는 각각 열 가지와 열두 가지 글자로 이루어져 있으며, 이를 조합하여 육십갑자(六十甲子)를 형성한다. 천간은 하늘의 기운과 연결되어 있고, 지지는 땅의 기운 및 계절 변화를 반영한다. 각 글자는 고유의 상징성과 자연적, 철학적 의미를 담고 있으며, 이들의 조합은 사람의 운명과 삶의 흐름을 해석하는 데 중요한 도구로 사용된다.

[31] 【십이운성】

십이운성(十二運星)이란 특정한 천간이 지지와 관계될 때 지지로부터 받는 기(氣)의 왕쇠(旺衰) 상태를 분석하는 간지 이론이다. 이는 천간을 인간의 생애에 비유하여 기운의 영고성쇠(榮枯盛衰)를 인생의 생로병사(生老病死) 과정과 연계하여 파악하는 특징을 지닌 것이다. 또한 십이운성은 단순히 인간 삶의 흐름을 설명하는 것에 그치지 않고, 우주론적 원리를 기반으로 생성과 소멸의 순환과정을 나타내는 간지의 생멸궤도(生滅軌道)와 깊이 연관되는 것이다. 우주적 차원에서 십이운성은 기의 확산과 수렴, 음양의 전환 과정 속에서 오행의 순환이 작용하는 방식을 설명하는 개념이다. 즉, 오행의 기가 생성되어 성장하고 극대화된 후 쇠퇴하며 소멸하는 과정을 열두 단계로 나누어 자연계의 변화와 생명력의 순환 원리를 구조적으로 분석하는 역할을 하는 것이다. 명리학적 관점에서 십이운성은 인간의 삶을 구성하는 동적 요소를 분석하는 도구로 활용되는 것이다. 오행이 특정한 지지를 만날 때 그 기운이 어떻게 변화하는지를 관찰하여 개인의 운세를 보다 정밀하게 해석할 수 있는 것이다. 또한 특정 시기의 운세 변화를 예측하는 데 응용될 수 있으며, 대운(大運)과 세운(歲運)의 흐름을 이해하는 기초적 기준을 제공하는 것이다. 이와 같이 십이운성은 인간 삶의 패턴을 자연의 법칙과 연계하여 해석하는 명리학의 핵심 요소로 자리 잡는 것이다.

십이운성은 장생(長生), 목욕(沐浴), 관대(冠帶), 건록(建祿)[임관(臨官)], 제왕(帝旺), 쇠(衰), 병(病), 사(死), 묘(墓), 절(絶)[포(胞)], 태(胎), 양(養)의 열두 단계로 구성되는 것이다. 각 단계의 의미는 다음과 같다.

① 장생의 단계

장생의 단계는 생명이 발아하는 단계이며, 인간이 세상에 태어나는 과정과 유사한 의미를 지니는 것이다. 이 단계는 희망찬 성장과 평화를 상징하는 길성(吉星)이 작용하여 명조가 유리할 경우 성공과 번영의 기운을 동반하는 것이다.

② 목욕의 단계

목욕의 단계는 출생 직후 보호막 없이 외부 환경에 노출되는 상태를 의미하는 것이다. 이 시기는 불안정한 운세를 반영하며 관계의 변화 등을 포함하는 것이며, 명조가 불리할 경우 부모연(緣)이 박약하고 중혼(重婚)이나 삼혼(三婚)의 가능성이 존재하는 것이다.

③ 관대의 단계

관대의 단계는 성년이 되어 관(冠)을 쓰고 허리띠를 매어 사회적 인정을 받기 시작하는 단계인 것이다. 이 시기는 개인이 독립적인 존재로 성장하는 과정이며, 명조가 유리할 경우 안정적이고 행복한 삶을 영위하는 것이다.

④ 건록의 단계

건록의 단계는 벼슬을 받아 식록(食祿)을 얻으며 사회적·경제적으로 가장 왕성한 활동이 이루어지는 단계인 것이다. 명조가 유리할 경우 부귀영화를 누릴 수 있는 중요한 변곡점이 되는 것이다.

⑤ 제왕의 단계

제왕의 단계는 가장 왕성한 기운이 발휘되어 사회적 성공과 최고의 성취를 이루는 시기인 것이다. 다만, 이 시기는 기운이 극에 달한 상태로 이후 쇠퇴할 가능성이 있으므로 지속적인 운세 관리가 필요한 것이다.

⑥ 쇠의 단계

쇠의 단계는 제왕의 왕성한 기운이 점차 쇠퇴하는 과정이며, 운세가 점진적으로 하락하는 초기 신호를 나타내는 시기인 것이다. 따라서 변화의 조짐을 감지하고 운의 흐름을 조정할 필요가 있는 것이다.

⑦ 병의 단계

병의 단계는 신체적 쇠약과 질병의 기운이 강해져 활동성이 현저히 감소하는 시기인 것이다. 명조가 불리할 경우 건강상의 어려움이 지속될 수 있으므로 특별한 주의가 요구되는 것이다.

⑧ 사의 단계

사의 단계는 운기가 완전히 소멸하여 정지된 상태를 의미하는 것이다. 이 시기는 활동성이 극히 저하되며, 명조가 불리할 경우 일생 동안 불운과 시련이 많을 가능성이 있는 것이다.

⑨ 묘의 단계

묘의 단계는 기운이 내적으로 축적되어 외부 활동보다는 내면적 성찰이 요구되는 시기인 것이다. 명조가 유리할 경우 부귀를 이루기도 하나, 불리할 경우 운세가 정체되는 것이다.

⑩ 절의 단계

절의 단계는 기존의 기운이 완전히 단절되어 새로운 변화의 전환점을 이루는 상태인 것이다. 극한의 陰 상태에 도달하면 陽으로 반전될 가능성이 열리며, 운세의 변화를 예측하는 데 중요한 기준이 되는 것이다.

⑪ 태의 단계

태의 단계는 모태에서 생명의 기운이 형성되는 시기로 아직 운세는 미약하나 점진적 성장을 준비하는 단계인 것이다. 명조에 길성(吉星)의 생조(生助)가 작용할 경우 긍정적인 발전이 가능한 것이다.

⑫ 양의 단계

양의 단계는 태아가 점차 성장하여 새로운 삶을 준비하는 과정이 이루어지는 단계인 것이다. 이 시기는 생명의 발현을 위한 에너지가 축적되며, 태 단계와 유사하나 보다 구체적인 생명력의 확장이 이루어지는 것이다.

이와 같이 십이운성은 오행의 생명력을 열두 단계로 구분하여 인간의 생로병사와 삶의 주기적 변화를 분석하는 체계적인 이론인 것이다. 이를 통해 개인의 명조를 해석하고 운세의 흐름을 조망하며 보다 나은 방향으로 삶을 설계하는 데 활용되는 것이다. 각 운성은 단순한 길흉의 판단을 넘어 변화하는 기운 속에서 적절한 대응 전략을 수립하는 데 중요한 통찰을 제공하는 것이다.

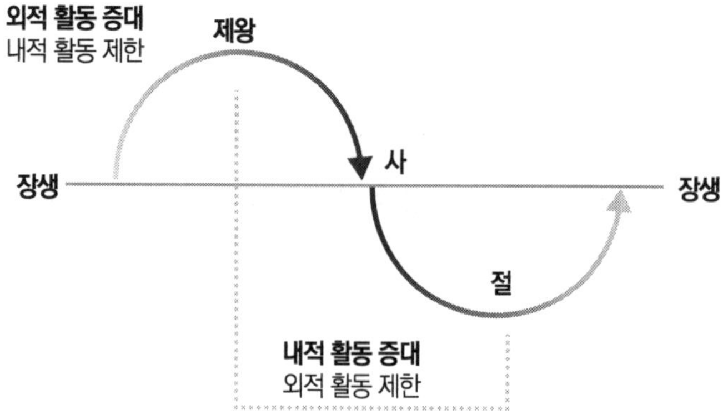

[32] 【신살(神殺)】

신살(神煞)은 명리학에서 특정한 천간과 지지의 조합에 따라 형성되는 길흉(吉凶)의 기운을 나타내는 개념이다. 이는 사주의 해석을 더욱 세밀하게 하기 위해 사용되며, 주로 개인의 운세, 성격, 사건 발생 가능성을 분석하는 보조적 기법으로 활용된다.

〔신살의 특징〕

① 길신(吉神)과 흉살(凶煞)로 구분

- 길신(吉神): 좋은 기운을 부여하는 신살로, 예를 들어 천덕귀인(天德貴人), 월덕귀인(月德貴人), 문창귀인(文昌貴人)등이 있다. 이는 지혜, 귀인운, 명예 등의 긍정적인 영향을 준다고 본다.
- 흉살(凶煞): 부정적인 영향을 주는 신살로, 백호대살(白虎大煞), 재살(災煞), 도화살(桃花煞) 등이 있으며, 사고, 손재(損財), 이성 문제 등의 위험 요소로 해석된다.

② 고전적 분석법과 현대적 해석

- 전통적으로 신살은 특정한 규칙에 따라 정해지는 부가적 요소로 간주되며, 사주의 전체적인 흐름을 보완하는 역할을 한다.
- 현대 명리학에서는 신살을 지나치게 강조하기보다는, 전체적인 사주의 구조 속에서 보조적인 해석 자료로 활용하는 경향이 강하다.

③ 주요 신살의 예시

- 천을귀인(天乙貴人): 귀인의 도움을 받는 좋은 신살
- 겁살(劫煞): 재물을 빼앗기거나 손실을 입을 가능성을 암시하는 신살
- 홍염살(紅艷煞): 이성과 관련된 강한 매력과 유혹을 의미하는 신살
- 고신살(孤神煞): 고독한 성향이 강하며 인간관계에서 거리감이 있을 수 있는 신살

이처럼 신살은 사주 해석에 있어서 보조적인 도구로 활용되며, 사주 원국(命局)의 큰 흐름과 조화를 이루는 방식으로 해석해야 한다. 신살에 지나치게 의존하는 것은 체계적인 논리보다는 경험적 해석에 치우칠 위험이 있어, 학문적인 명리학 연구에서는 신살을 참고 요소로만 활용하는 것이 일반적이다.

[33] **【오행의 의미: 다섯 가지 요소(Five Phases)】**

오행(五行)은 다섯 가지 근본적인 존재 방식 또는 운행 원리를 의미한다. 오행을 설명할 때 가장 널리 쓰이는 표현은 서양의 4원소설(four elements: earth, water, fire, air)에 친숙한 개념과 유사성을 강조할 때 주로 사용하는 '다섯 가지 원소(Five Elements)'라고 표현이다. 그러나 이런 서양적 개념보다는 '다섯 가지 요소(Five Phases)' 또는 '다섯 가지 기본 원리(Five Fundamental Principles)' 같은 표현이 더 적절하다. '요소(要素, Phases)'는 어떤 체계를 구성하는 중요한 부분을 의미하며, 오행이 자연과 우주의 근본 원리로 작용하는 점에서 잘 어울린다. 오행에서 행(行)이라는 글자가 포함된 이유는 오행이 단순한 정적인 물질적 개념이 아니라 상호 작용하고 순환·변화하는 동적인 원리[역동적 요소]를 뜻하기 때문이다. '다섯 가지 본질(本質)', '다섯 가지 원리(原理)' 등의 표현도 가능하지만, 오행이 개별적 개념이 아니라 상호작용하는 개념이라는 점을 강조하려면 '요소(Phases)'가 가장 적절하다.

[34] **【천문력과 명리학】**

한대(漢代)에는 전국(戰國) 중기부터 발달한 천문력이 명리학과 음양오행론의 체계화에 중요한 역할을 하였다. 특히 오성(五星)과 오행(五行)의 관계가 정립되면서, 오행이 단순한 자연 요소를 넘어 천체와 연결된 보다 포괄적인 개념으로 확장되었다. 이러한 변화는 『회남자(淮南子)』「천문훈(天文訓)」에서 명확하게 드러난다.

「천문훈」에서는 "오성이란 무엇인가? 동쪽은 木이다. 그 황제는 태호(太皞)이며, 그 보좌는 구망(句芒)이다. 그림쇠를 잡고 봄을 다스린다. 그 신(神)은 세성(歲星, 목성)이며, 그 동물은 창룡(蒼龍)이고, 그 음률은 각(角)이며, 그 날짜는 甲과 乙이다."(何謂五星, 東方木也. 其帝太皞, 其佐句芒, 執規而治春. 其神爲歲星. 其獸蒼龍, 其音角, 其日甲乙.)라고 언급하고 있다. 이처럼 「천문훈」에서는 오성을 목성(木星), 화성(火星), 토성(土星), 금성(金星), 수성(水星)과 연결하여 설명하고 있으며, 이들은 단순한 행성이 아니라 특정한 방향[方位], 황제(皇帝), 신(神), 동물(動物), 음률(音律), 간지(干支)와 대응되는 것으로 간주되었다. 예를 들어, 목성(木星)은 동방(東方)과 대응하며, 이는 오행에서 木이 봄과 생명의 기운을 상징하는 것과 일맥상통한다. 또한, 동방의 황제(帝)는 태호(太皞)로 설정되며, 목성을 주관하는 신(神)은 '세성(歲星)'으로 불렸다. 이는 오행론이 단순한 자연철학적 개념을 넘어, 정치적 질서와 종교적 신앙, 천문학적 지식과 결합되었음을 의미한다.

명리학적 측면에서 이러한 사상은 사주팔자의 해석 방식과도 밀접한 관계를 가진다. 사주에서 오행이 단순한 음양적 속성이 아니라 시간과 공간, 천체의 운동과 연결된 원리로 해석되는 이유는 바로 이러한 고대 천문사상의 영향을 받았기 때문이다. 예를 들어, 甲木과 乙木은 오행에서 木에 해당하며, 이는 목성(木星)의 기운과 연결되어 봄철의 생장(生長)과 개척의 의미를 가진다. 이는 명리학에서 木이 창조적이고 발전적인 성향을 나타낸다고 보는 해석의 근거가 된다.

또한, 『회남자』에서 오성과 오행을 대응시키는 방식은 명리학에서 천간과 지지의 배속 원리와 유사한 구조를 가진다. 예를 들어, 甲木과 乙木이 동방(東方)과 연결되고, 지지에서 寅, 卯와 연관되는 방식은 『회남자』에서 오행과 천체를 연결하는 논리와 같은 맥락이다. 이는 명리학에서 특정한 간지 조합이 시간적 흐름과 계절의 변화, 우주적 기운과 밀접한 관계를 가진다는 점을 설명하는 데 중요한 이론적 배경이 된다.

이와 같이, 한대의 천문력 발달과 『회남자』에서의 오성-오행 대응 체계는 명리학에서 오행을 해석하는 방식에 중요한 영향을 미쳤다. 이는 오행이 단순한 자연 속성이나 기질적 특성을 넘어, 천체의 운동과 우주의 질서를 반영하는 개념으로 확장되었음을 보여준다. 명리학에서 사주의 분석이 단순한 인간 개인의 운명 해석을 넘어, 천체의 원리와 자연의 변화 속에서 인간과 우주의 조화를 탐구하는 학문으로 발전한 배경이 여기에 있다.

《제1장 제2절》

[35] 【도, 도교, 도가와 명리학】

1. 도, 도교, 도가의 정의

① 도의 정의

도(道)는 동아시아 철학에서 우주의 근본 원리로 간주되며, 만물의 생성과 변화의 본질을 설명하는 개념이다. 『도덕경(道德經)』에서는 도를 형이상학적 실체이자 자연의 법칙으로 정의하며, 모든 존재와 현상이 이에 따라 움직인다고 본다. 도는 무형(無形)이며, 특정한 형태나 실체를 갖지 않으며, 우주의 근본적인 조화와 균형을 유지하는 원리로 작용한다. 장자(莊子) 역시 도를 만물의 본성적 흐름으로 보았으며, 인간이 이를 따를 때 진정한 자유와 자연스러운 삶을 영위할 수 있다고 설명하였다.

② 도교의 정의

도교(道教)는 도의 개념을 종교적 체계로 확장한 것으로, 도의 원리를 실천하고 신격화하며 신선술(神仙術)과 연단술(鍊丹術) 등의 수행법을 포함하는 신앙 체계이다. 도교는 도가(道家)의 철학적 사유에서 비롯되었지만, 이후 민간신앙, 주술적 요소, 의례적 전통과 융합되면서 독자적인 종교로 발전하였다. 도교는 신선(神仙)과 불로장생(不老長生)의 개념을 중심으로 하며, 인간이 도를 깨닫고 내재된 기(氣)를 수련하여 궁극적으로 신선의 경지에 도달할 수 있다고 본다. 대표적인 도교 경전으로는 『태평경(太平經)』, 『포박자(抱朴子)』 등이 있으며, 정일교(正一道)와 전진교(全眞道)와 같은 종파가 형성되었다.

③ 도가의 정의

도가(道家)는 철학적 측면에서의 도와 도교의 관계를 포괄적으로 설명하는 개념이다. 이는 고대 중국에서 발전한 철학적 전통으로, 자연과 인간의 조화를 강조하는 사상적 체계이다. 도가는 도교적 신앙 요소를 완전히 포함하지 않는 독립적 철학사조로 간주된다(윤찬원 2002: 11-24).

도, 도교, 도가의 정의를 비교해서 표로 정리해 보면 다음과 같다.

【도, 도교, 도가의 비교】

구분	도(道)	도교(道敎)	도가(道家)
본질	우주의 근본 원리 자연의 법칙	신앙 체계 (도를 중심으로)	철학적 사유 자연주의적 세계관
주요 경전	『도덕경』『장자』	『태평경』『포박자』	『장자』『회남자』
핵심 개념	무위자연(無爲自然) 조화, 균형	신선(神仙), 연단술, 기공(氣功)	인간과 자연의 조화 심신수양
세계관	도의 흐름을 따르는 것 (이상적 삶)	구원 추구 (신격 숭배와 의례)	개인의 내면 수양, 자연적 삶
실천 방식	명상, 심신 수양, 자연과 조화	기도, 의례, 연단술 수행	철학적 사유, 내적 성장

2. 도교와 명리학의 관계

① 명리학의 정의

명리학은 인간의 운명과 성격을 분석하는 학문으로, 동양 철학과 천문학, 기(氣)의 개념을 바탕으로 운명의 흐름을 해석하는 체계이다. 명리학은 사주(四柱)와 팔자(八字)를 분석하여 개인의 운명을 추론하며, 이는 도교의 연단술(鍊丹術) 및 천인합일(天人合一)의 사상과 밀접한 관계를 가진다.

② 도교와 명리학의 관계

도교는 신비주의적 요소와 양생(養生) 철학을 포함하고 있으며, 명리학은 이를 실용적으로 적용하는 역할을 한다. 도교에서는 인간의 운명 역시 자연법칙과 우주의 기운에 의해 결정된다고 보며, 명리학은 이를 분석하고 조절하는 방법을 제공한다. 특히, 도교에서 강조하는 기(氣)의 흐름과 명리학에서 해석하는 오행의 균형은 인간 삶의 방향성을 이해하는 중요한 요소로 작용한다.

이와 같이, 도, 도교, 도가는 서로 밀접하게 연결된 개념이지만, 각각 독립적인 철학적, 종교적, 실천적 특징을 가진다. 또한 도교와 명리학은 운명과 인간 삶을 해석하는 방식에서 서로 연관되며, 도교적 수행법이 명리학적 분석과 조화를 이루어 활용된다. 도교와 명리학의 융합은 현대적으로도 연구할 가치가 있는 주제이며, 이를 종합적으로 이해하는 것이 동아시아 사상의 깊이를 파악하는 데 필수적이다(민영현 2013: 266-281).

[36] 【정기(精氣)란 무엇인가?】

『회남자』에서 언급되는 '정기(精氣)'는 동양철학에서 우주와 인간을 구성하는 근본적인 에너지 또는 물질을 의미한다. 여기서 '정(精)'은 순수하고 미세한 에너지나 물질을, '기(氣)'는 기운이나 에너지의 흐름을 나타낸다. 이러한 개념은 우주의 생성과 변화, 그리고 만물의 존재와 작용을 설명하는 핵심 요소로 작용한다. 이 구절은 우주의 기가 어떻게 하늘과 땅, 음양, 사시[春·夏·秋·冬], 만물로 변화하는지를 서술하고 있다. 우주의 기가 생성되어 맑고 가벼운 것은 하늘이 되고, 무겁고 탁한 것은 땅이 된다는 설명은 우주 만물의 기운이 어떻게 분화되고 조직되는지를 보여준다. 하늘과 땅의 정기가 음양을 이루고, 음양의 정기가 사시를 이루며, 사시의 정기가 만물을 이룬다는 과정은 우주의 에너지 흐름과 변화의 원리를 나타낸다. 이러한 '정기'의 개념은 명리학에서도 중요한 역할을 한다. 명리학은 개인의 출생 시 하늘과 지구의 에너지 배치를 분석하여 그 사람의 성향과 운명을 해석하는 학문이다. 사주에서의 천간과 지지는 각각 하늘과 땅의 에너지 상태를 나타내며, 이들의 상호작용을 통해 개인의 운세와 성격을 분석한다. 예를 들어, 사주에서 丁火와 癸水의 조합은 불[火]과 물[水]의 상호작용을 나타내며, 이는 개인의 성격과 운명에 영향을 미친다. 또한, 오행의 균형과 상생·상극의 관계를 통해 개인의 운세를 해석하며, 이는 우주의 '정기' 흐름과 깊은 연관이 있다. 따라서, 『회남자』에서 언급되는 '정기'는 동양철학과 명리학에서 우주와 인간의 근본적인 에너지 흐름을 이해하는 핵심 개념으로, 만물의 생성과 변화를 설명하는 중요한 역할을 한다.

[37] [… 亘古亘今, 往來不窮]

이 구절은 우주와 시간의 무한성을 강조하며, 인간의 인식으로는 그 크기와 범위를 완전히 이해할 수 없음을 표현한다. 여기서 장원(長遠)은 시간의 무한함을, 긍고긍금(亘古亘今)은 시간의 연속성을, 왕래불궁(往來不窮)은 시간의 끝없는 흐름을 나타낸다.

[38] 【동양철학의 근본적 사유 범주인 기(氣)】

기(氣)는 우주와 생명의 근원이자 그 운동 원리로 작용하는 본질적 힘이다. 낮과 밤의 교대, 사계절의 순환, 한서(寒暑)의 변동과 같은 자연적 변화는 기의 음양적 교류에 의해 발생하는 현상이다. 이는 천지(天地) 내의 만물이 반드시 따르는 질서로서, 동양 철학에서 도(道)로 규정된다. 기의 개념은 세계를 구성하는 본질적 요소로서 이해되며, 현대 학자들은 이를 질료(質料) 또는 물질적 요소로 해석하기도 한다. 반면, 도는 자연의 운행 원리이자 보편적 법칙으로 간주되며, 기의 작용을 관통하는 근본적 이치로 설명된다. 이러한 해석을 통해 기는 단순한 물리적 존재가 아니라, 자연과 인간의 삶을 관통하는 동적인 에너지로서의 위상을 지닌다.

명리학에서 기는 오행으로 구체화되며, 인간의 운명과 성격, 그리고 삶의 흐름을 결정짓는 중요한 요소로 작용한다. 오행의 상생과 상극은 기의 작용이 조화를 이루거나 충돌하는 방식을 설명하며, 이를 통해 개인의 삶에서 나타나는 주요 흐름을 분석할 수 있다. 예를 들어, 사주에서 일간(日干)이 丙인 경우 이는 태양의 기운을 의미하며, 뜨겁고 밝은 에너지를 가진다. 그러나 만약 사주 전체가 火 기운으로 과다하게 편중되어 있다면 이는 태과(太過)한 상태로 해석되며, 지나친 열기로 인해 균형이 깨질 수 있다. 이때, 조화를 이루기 위해 습윤한 水의 기운을 보완하는 것이 필요하다. 반대로, 火 기운이 부족한 경우에는 木의 생조를 통해 火 기운을 강화하여 균형을 맞추게 된다. 또한, 계절적 기운 역시 사주 해석에서 중요한 요소이다. 예를 들어, 겨울철[冬月]에 태어난 壬水 일간는 강한 水 기운을 지니지만, 이때 火 기운이 부족하여 따뜻한 에너지가 결여될 수 있다. 따라서 이러한 경우 丙火나 丁火와 같은 요소를 보완하여 기의 균형을 맞추는 것이 중요하다. 이처럼 명리학에서는 기의 작용을 분석하여 개인의 삶에서 나타나는 조화와 불균형을 이해하고, 필요한 기운을 보완하는 방식으로 운명을 해석하고 개선하는 방향을 제시한다. 이는 기의 원리를 실천적으로 적용하는 대표적인 예라 할 수 있다.

[39] **【노자(老子)의 『도덕경(道德經)』】**

『노자』라는 명칭은 이 책의 저자로 전해지는 인물인 노자(老子)의 이름을 따서 붙인 것이며, 책의 정식 명칭인 『도덕경(道德經)』은 도(道)와 덕(德)이라는 두 핵심 주제를 다룬다는 의미를 담고 있다. 도는 우주의 근본 원리이자 만물의 근원을 뜻하고, 덕은 그 원리를 구현하여 실천하는 방법과 덕목을 의미한다. 이 책은 전체 81장으로 구성되어 있으며 「도경(道經)」과 「덕경(德經)」으로 구분되다. 「도경」은 제1장부터 제37장까지인데 도의 철학적 개념과 우주의 원리를 논의하고 있으며, 「덕경」은 제38장부터 제81장까지인데 덕과 인간의 삶, 사회적 윤리, 그리고 도를 삶 속에서 실천하는 방식을 다룬다. 이와 같은 구성은 노자가 직접 체계적으로 나눈 것이라기보다는 후대의 편집 과정을 통해 정리된 것으로 전해진다.

[40] [道生一, 一生二, 二生三]

여기서 말하는 '한 일(一)'은 태초의 혼돈상태이고, '두 이(二)'는 천지(天·地), 즉 하늘과 땅을 가리키며, '석 삼(三)'은 천지인(天·地·人), 즉 하늘과 땅 사이에 사람이 있다는 의미이다. '한 일에 대해 『설문해자(說文解字』의 「일부(一部)」에는 "오직 처음에 태극이 있었고, 도는 하나[一]에서 확립되며, 천지를 형성하여 구분하고, 변화하여 만물을 만드는 것이다."(惟初太極, 道立於一, 造分天地, 化成萬物.)라고 기술하고 있다.

[41] **【충기(沖氣)란 무엇인가?】**

충기(沖氣)는 음(陰)과 양(陽)의 상호작용을 통해 생성된 기운으로, 음과 양의 상반된 특성을 조화롭게 만드는 중간자적 성격을 지닌다. 음과 양이 각각 대립되는 극성을 지니는 반면, 충기는 특정한 극성을 갖지 않는 중립적인 기운으로 이해될 수 있다. 이러한 충기의 특성은 음과 양의 상호작용을 통해 만물이 생성되는 과정에서 조화와 균형을 이루는 데 중요한 역할을 한다. 따라서 충기는 유(有)와 무(無)의 상호작용을 상징적으로 나타내는 개념으로, 노자 철학에서 도(道)의 복합적 성격을 이해하는 데 핵심적인 요소로 작용한다(이용수 2012: 14-17).

[42] [… 이는 음양의 상호작용 속에서 조화를 이루며 운행된다]

하늘과 땅의 운행은 일정한 주기에 따라 반복되며, 생장과 소멸의 흐름을 이루고 있다. 이러한 자연의 주기적 변화를 木·火·土·金·水라는 다섯 가지 상징적 개념으로 체계화한 것이 오행이다. 오행은 단순한 물질적 개념이 아니라, 자연계에서 발생하는 운동과 변화의 원리를 반영한 것이다. 하늘의 변화는 기(氣)의 흐름으로 나타나며, 땅의 변화는 질(質)의 흐름으로 나타난다. 이처럼 '기'와 '질'의 변화는 陽과 陰의 상호작용 속에서 이루어지며, 이를 보다 구체적으로 구분한 것이 십천간과 십이지지이다. 천간은 하늘의 '기'의 흐름을 표현한 것으로, 비교적 단순한 변화를 보인다. 이는 오행을 陽과 陰으로 나누어 甲木과 乙木, 丙火과 丁火, 戊土와 己土, 庚金과 辛金, 壬水와 癸水로 구분한 것이다. 즉, 천간은 각 오행의 기를 陽과 陰으로 양분하여 10개가 형성된다. 예를 들어, 甲木은 陽木으로 생명력이 강하게 뻗어 나가는 성질을 가지며, 乙木은 陰木으로 유연하고 내적으로 성장하는 성질을 가진다. 이러한 원리에 따라 다른 오행도 각각 陽과 陰의 특성을 반영하여 천간이 이루어진다.

반면, 지지는 땅의 '질'의 흐름을 나타내며, 보다 복잡한 변화를 반영한다. 질은 무겁고 응집된 특성을 가지므로, 각 오행의 변화 과정에서 중개 역할이 필요하다. 지지는 木·火·金·水의 陽과 陰이 각각 두 개씩 배치되며, 계절간 변화를 원활하게 연결하기 위해 土가 추가적으로 배치된다. 예를 들어, 木은 寅과 卯로 표현되며, 木의 기운에서 火의 기운으로 전환되는 과정에서 辰이 개입하여 이를 중계한다. 火는 巳와

午로, 金은 申과 酉로, 水는 亥와 子로 구성되며, 마찬가지로 계절의 흐름을 조절하기 위해 土가 未, 戌, 丑의 형태로 배치된다. 이러한 과정으로 인해 지지는 총 12개가 형성된다.

천간이 10개이고 지지가 12개인 이유는 기와 질의 특성이 다르기 때문이다. 기는 가볍고 유동적이므로, 陽과 陰으로 단순히 양분하여 변화시킬 수 있다. 따라서 오행이 陽과 陰으로 나누어져 10개의 천간이 형성된다. 반면, 질은 변화가 어렵고 무거운 성질을 가지므로, 각 계절간의 흐름을 원활하게 전환하기 위해 土가 추가적으로 개입해야 한다. 즉, 기의 변화는 木과 火의 陽운동에서 金과 水의 陰운동으로 전환될 때 한 번만 土의 역할이 필요하지만, 질의 변화는 계절별로 매번 전환이 필요하므로 土가 주기적으로 개입하여 12개의 지지가 형성되는 것이다.

이처럼, 천간은 기의 흐름을 나타내며 변화가 비교적 단순하여 陽과 陰으로 나누어 10개가 형성되지만, 지지는 질의 흐름을 조절하며 계절 사이의 변화를 중재해야 하므로 12개가 형성된다. 이러한 구조는 자연의 주기적 변화 원리를 반영하며, 명리학에서 인간의 운명을 분석하는 핵심적인 체계로 작용한다(김학목 2015: 216).

[43] [간지(干支)라는 용어가 … 기록을 통해 확인되지는 않는다]

【천간과 지지의 신화적·역사적 기원과 발전】

천간지지의 기원은 크게 신화적 기원과 역사적 기원으로 나누어 해석할 수 있다. 신화적 기원은 주로 고대 중국 및 동아시아 지역의 신화와 전설에서 유래하며, 천간과 지지 각각의 상징적 의미는 자연 현상과 신성한 존재에 대한 해석에서 비롯된다. 고대 중국에서 천간과 지지는 하늘과 땅의 질서를 나타내는 중요한 우주적 개념으로 여겨졌으며, 이는 동양 철학의 중심인 음양오행 이론과 밀접하게 연결된다. 천간은 하늘의 성질인 '양(陽)'을 대표하며, 지지는 땅의 성질인 '음(陰)'을 상징한다. 이러한 상징적 의미는 자연의 순환과 변화, 생명력과 평온함을 표현하는 것으로, 천간과 지지의 결합을 통해 우주와 인간의 조화를 설명하려는 철학적 기초를 제공하였다. 예를 들어, 甲은 하늘에서 나무가 자라는 陽의 성질을 의미하고, 乙은 그 나무가 땅에서 자라며 陰의 성질을 띤다는 해석이 따른다. 이는 하늘과 땅의 상호작용, 즉 陰陽의 변화를 반영하는 상징으로서, 천간지지는 그 자체로 우주적 질서의 체계적 표현이라고 할 수 있다.

역사적 기원은 사주명리학이 발전하면서 천간과 지지의 기능이 실용적이고 체계적인 방법으로 정립된 과정을 나타낸다. 천간과 지지의 상호작용은 주로 인간의 운명을 분석하는 도구로 발전하였으며, 이는 주로 인간의 성격, 운세, 건강, 직업 등 다양한 삶의 측면을 예측하는 데 사용된다. 역사적으로 천간지지는 점차적으로 예언적 도구로 기능하며, 그 이론적 기초는 사주명리학의 발전과 함께 정립되었다. 예를 들어, '일간[출생일의 천간]'을 중심으로 하는 사주 분석에서, 각 천간과 지지의 상호작용은 개인의 운세와 특성을 해석하는 중요한 요소로 자리잡게 되었다. 일간은 출생 시각에 해당하는 개인의 주체적 에너지를 나타내며, 이를 기준으로 다른 간지와의 상호작용을 통해 그 사람의 성향, 사회적 위치, 직업적 운명 등을 추론할 수 있다.

이러한 분석 과정은 음양오행 이론을 바탕으로 하며, 각 천간과 지지가 갖는 오행적 속성[木·火·土·金·水]을 통해 인생의 흐름을 예측한다. 예를 들어, 일간이 '甲'인 경우, 나무의 성질을 갖는 '木'이 중심이 되어 그 사람의 삶의 방향성이나 성격이 정의될 수 있다. 또한, 이와 같은 분석은 각 천간지지가 갖는 상호작용, 즉 간지의 조화와 불균형을 통해 인생의 다양한 사건들과의 연결을 설명하는 데 중요한 역할을 한다. 이를 통해 천간지지는 단순히 우주적 질서의 상징이 아니라, 실제로 인간의 삶에 영향을 미치는 중요한 분석 도구로 자리잡게 되었다.

따라서 천간지지의 기원은 신화적 배경에서 시작하여, 역사적 발전을 거쳐 실용적인 운명 해석의 도구로서 체계적인 이론을 확립하였다. 이는 음양오행 이론과 결합하여, 명리학의 이론적 기초를 마련하며, 인간의 운명과 성격을 분석하는 핵심적인 방법으로 발전해 왔다.

[44] 【전국(戰國)시대: 음양오행과 간지(干支)의 결합 시기】

음양오행과 간지(干支)가 결합되기 시작한 시기는 전국(戰國)시대로 알려져 있다. 이 시기는 기원전 476년[또는 403년]에서 기원전 221년까지의 기간을 포함하며, 여러 철학적 사상이 발전하고, 국가 간의 경쟁이 치열했던 시대였다. 음양오행은 자연의 원리를 설명하는 기본 개념이며, 간지는 이러한 원리를 시간의 흐름과 결합하여 개인의 운세를 해석하는 데 사용된다. 전국시대에 음양과 오행의 융합이 이루어지면서, 간지 체계가 이를 바탕으로 개인의 성격과 운세를 분석하는 데 적용되기 시작했다. 예를 들어, 각 천간과 지지는 오행의 특성과 연결되어 있어, 특정 간지의 조합이 특정 기운을 나타내는 방식으로 운세를 해석할 수 있게 되었다.

[45] 【『회남자』와 천인감응론】

『회남자』는 도가사상을 기반으로 하여 우주론과 천문학, 지리학, 기후학, 의학 등 다양한 분야를 논의하며, 천인감응론(天人感應論)과 기화우주론(氣化宇宙論)의 개념을 통해 인간과 자연의 관계를 설명한다(이석명 1997: 28). 이는 명리학에서 인간의 사주팔자가 우주적 원리에 따라 결정되며, 자연의 흐름과 조화를 이루어야 한다는 기본 사상과 맞닿아 있다. 특히, 『회남자』에서 다루는 음양오행론은 명리학의 핵심 원리와 일치한다. 음양은 명리학에서 천간과 지지의 속성을 구분하는 기본 개념이며, 오행은 일간과 사주 내의 다른 요소들 간의 생극제화(生剋制化) 관계를 통해 개인의 성격과 운명을 분석하는 기준이 된다. 즉, 『회남자』에서 언급하는 우주론적 사유와 자연 질서의 원리는 명리학의 운명 해석 체계에서 필수적인 요소로 작용한다. 또한, 『회남자』의 천인감응론은 명리학의 기저에 있는 사상적 기반과 연결된다. 천인감응론은 하늘과 인간이 서로 영향을 주고받는다는 개념으로, 이는 명리학에서 개인의 운세가 단순한 개인적 요소뿐만 아니라 시대적 흐름과 환경적 요인에 따라 변할 수 있다는 점과 유사하다. 명리학은 단순히 개인의 운명을 고정된 것으로 보지 않고, 시대적 변화와 자연의 흐름에 따라 운명의 방향이 달라질 수 있음을 강조하는 학문이다.

[46] 【天以生覆而依乎地, … 天地謂也.】

"하늘은 만물을 낳아 덮으며 땅에 의존하고, 땅은 그 형태를 지니고 적재되어 하늘에 부속한다. 이와 같이 이치[理]가 있으면 기(氣)가 존재하고, 이것을 음양이라 한다. 기가 있으면 형태가 존재하는데, 이것을 천지(天地)라 한다."(天以生覆而依乎地, 地以形載而附乎天, 有理斯有氣, 陰陽之謂也, 有氣斯有形, 天地謂也.) 여기서 첫 구절은 하늘[天]과 땅[地]의 상호 의존 관계를 나타내며, 하늘은 만물을 창조[生]하여 덮고[覆] 땅에 의지[依]함을, 땅은 형태를 담아내고[形載] 하늘에 부속[附]함을 설명한다. 두 번째 구절은 우주의 이치[理]가 있으면 기(氣)가 존재하며, 그 기를 음양(陰陽)이라 칭하는 것을 말한다. 마지막 구절은 기가 있으면 그로 인해 형태가 생기고, 이 형태가 바로 천지(天地)를 이룬다는 의미이다. 이 내용에 근거하여 양력 2024년 5월 10일 오후 11시에 출생한 남자의 명조, 즉 甲辰년 己巳월 甲戌일 庚午시의 명조에 대해 다음과 같이 기술해 볼 수 있다.

천간과 지지는 우주의 이치와 인간 운세의 기본 틀을 구현하는 요소이다. 이 명조에서는 하늘의 기운을 상징하는 천간, 즉 甲[年干], 己[月干], 甲[日干], 庚[時干]이 각각 창조적이며 통솔하는 에너지를 나타낸다. 특히 甲이 두 번 등장하여 강한 木의 기운을 드러내며, 이는 그의 창조력과 적극성이 두드러짐을 의미한다. 반면, 땅의 구체적 형태를 상징하는 지지, 즉 辰[年支], 巳[月支], 戌[日支], 午[時支]는 안정성과 보완의 역할을 수행한다. 이 명조는 甲의 木 기운이 상승하여 창조적 에너지를 발휘하고, 己의 土 기운이 이를 보완하여 안정성을 제공하며, 庚의 金 기운이 木을 제어하여 균형을 맞추는 구조이다. 또한, 辰, 巳, 戌, 午의 지지들이 서로 적재되어 땅의 형태를 이루므로 전체 사주의 기운은 하늘의 창조적 기운과 땅의 구체적 형태가 조화를 이루어, 그의 인생 운세와 성격이 창조적이면서도 안정된 구조를 갖추고 있음을 보여준다.

[47] **【『삼명통회』에서 정의한 오행】**

여기서는 '五行質具於地(오행질구어지)'에 쓰인 '質'을 '물질적 속성'으로 표현하여 오행의 물질적 측면이 땅에 존재함을 나타내었고, '氣行於天(기행어천)'에서 '行'을 '흐른다'라고 번역하지 않고 '운행한다'로 번역한 이유는 '기가 하늘에서 순환하며 역동적으로 움직이는 것'을 강조하기 위해서였다. 다시 말해, '質'을 '물질적 속성'으로 번역한 것은 오행의 물질적 측면이 땅에 존재함을 나타내려는 의도이다. 그러나 '質'은 본질(本質, essence)이나 실체(實體, substance)를 의미하기도 하므로, '물질적 속성' 대신 '본질'이나 '실체'로 번역할 수 있다. 또한, '行'을 '운행한다'로 번역한 것은 기의 역동적인 움직임을 강조하려는 의도이다. 그러나 '行'은 '흐른다'로도 번역할 수 있으며, 이는 기의 자연스러운 흐름을 강조하는 표현이다. 이처럼 번역자는 의도에 따라 '行'을 '운행한다' 또는 '흐른다'로 선택할 수 있다.

[48] **【蓋太極者, 本然之妙也, 動靜者, 所乘之機也, 陰陽者, 所生之本也.】**

"무릇 태극이란 본래 그러한 오묘함이다. 움직임[動]과 고요함[靜]은 태극이 타는 기틀이다. 음양은 만물이 생겨나는 근본이다."(蓋太極者, 本然之妙也, 動靜者, 所乘之機也, 陰陽者, 所生之本也.) 이 문장은 우주 생성과 변화의 원리를 설명한다. '태극'은 본래 그러한 오묘한 상태이며, '동정'은 그에 따라 작용하는 계기이고, '음양'은 만물을 생성하는 근본이다. 이는 무극에서 태극이 생기고, 태극의 움직임과 고요함이 음양을 낳으며, 음양의 상호작용이 만물을 생성한다는 우주론적 관점을 나타낸다. 여기서 '개(蓋)'는 문장의 시작을 알리는 접속사로, '대개' 또는 '무릇'으로 번역된다. '태극자(太極者)'는 '태극은'을 의미하며, '본연지묘야(本然之妙也)'는 '본연의 오묘함이다'로 해석된다. 즉, 태극은 우주의 근본적인 오묘함을 나타낸다. '동정자(動靜者)'는 '동정은'을 의미하며, '소승지기야(所乘之機也)'는 '그것이 타는 기틀이다' 또는 '그에 따르는 기틀이다'로 해석된다. 이는 우주 만물의 운동과 정지가 태극의 작용에 따른 기틀임을 나타낸다. '음양자(陰陽者)'는 '음양은'을 의미하며, '소생지본야(所生之本也)'는 '생성의 근본이다'로 해석된다. 이는 음양이 만물 생성의 근본 원리임을 나타낸다. 따라서, 이 문장은 태극이 우주의 근본적인 오묘함을 지니고 있으며, 동정은 그에 따른 작용의 기틀이고, 음양은 만물 생성의 근본임을 설명한다.

[49] 【동아시아 우주론의 상관적 사고 구조와 한계】

동아시아 우주론은 한자 문화권의 상관적 논리에 기반하여 독특한 분류 방식과 체계를 형성하며, 특히 음양의 이원성은 상호 배타적인 관계가 아닌 역동적으로 상호 작용하는 관계로 기능한다. 이러한 상관적 세계관은 서구 사상의 이분법적 대립 구도와는 달리 상호 의존적이며 비위계적인 이원성을 특징으로 하며, 이는 언어학적으로 현실을 개념화하고 표현하는 방식에서 근본적인 차이를 나타낸다.

서구 사상이 이분법적 구도를 통해 위계를 형성하는 경향이 있는 반면, 동아시아의 음양 체계는 균형을 유지하려는 성격을 갖지만, 이러한 균형 기반 체계는 안정성을 보장하는 동시에 개념적 경직성을 초래하여 새로운 인식론적 전환을 어렵게 만들 수 있다. 동아시아 상관적 모델은 모든 현상을 일정한 관계 속에 분류하여 체계적 안정성을 제공하지만, 이는 새로운 경험을 수용하는 데 제한을 가할 수 있으며, 기존 체계에 포섭되지 않는 새로운 인식이나 경험은 배제될 위험이 존재한다.

이러한 현상을 '완벽한 도식적 오류(perfect schematic error)'라고 명명할 수 있으며, 체계의 완전성이 오히려 지적 혁신과 적응을 저해하는 결과를 초래할 수 있다. 또한 동아시아 상관적 사고의 언어 구조는 사실과 가치의 구분을 통합하는 특징을 가지며, 이는 역사적으로 안정적인 세계관을 제공해 왔지만, 지나친 체계적 분류는 새로운 존재론적 사고의 발전을 저해할 가능성을 내포한다.

동아시아 우주론은 현대 과학적 패러다임과의 양립 가능성 문제를 제기하며, 서구에서 과학혁명이 지식의 분화와 재통합을 통해 발전한 반면, 동아시아 사상은 체계적 완전성을 강조하면서 실험적이고 반증 가능한 탐구 방식을 발전시키는 데 한계를 보였다. 그러나 현대 물리학, 특히 양자역학과 복잡계 이론은 기존의 뉴턴적 모델을 도전하며, 동아시아 상관적 체계와 유사한 측면을 보이면서 전통적인 동아시아 사고방식과 현대 과학 패러다임 간의 접점을 모색할 가능성을 시사한다.

동아시아 우주론은 한계에도 불구하고 지식 체계와 인간 경험 간의 관계를 탐색하는 데 중요한 통찰을 제공하며, 특히 전체적 연관성을 중시하는 사고방식은 현대 인식론의 단절적 특성을 보완하는 대안적 모델이 될 수 있다. 이러한 재평가는 단순히 전근대적 우주론으로 회귀하는 것이 아니라, 동아시아 상관적 사고의 요소들이 현대 인식론적 문제를 해결하는 데 어떻게 기여할 수 있는지를 모색하는 방향으로 이루어져야 한다. 특히, 총체적 경험의 복원은 현대적 인식론의 분열 문제를 해결하는 데 중요한 역할을 할 수 있다.

이처럼, 동아시아 우주론은 우주론의 언어적·구조적 분석을 통해 그 강점과 한계를 명확히 할 수 있다. 상관적 사고방식은 안정성과 총체적 사고를 제공하지만, 개념적 경직성을 초래할 가능성이 존재한다. 따라서 현대 철학과 과학에서의 과제는 이러한 사고방식을 비판적으로 수용하여, 현대적 인식론의 딜레마를 해결하는 데 기여하도록 활용하는 것이며, 상관적 사고와 현대 과학 패러다임의 융합은 보다 통합적인 현실 이해를 가능하게 하는 하나의 대안이 될 수 있다.(이창일 2011: 257-259)

[50] **【음양의 상호 변증법적 관계】**

"하늘은 陽의 움직임이며, 과연 언제 그 움직임이 극에 달하여 고요하게 되는가? 땅은 陰의 고요함이며, 과연 언제 그 고요함이 극에 달하여 움직임으로 전환되는가?"(天陽之動者也, 果何時動極而靜乎? 地陰之靜者也, 果何時靜極而動乎?) 이 문장은 하늘[天]의 양기(陽氣)가 움직이는 현상과 땅[地]의 음기(陰氣)가 정지하는 상태가 극에 달할 때, 그 상태가 반전되어 서로 전환되는 원리를 질문하는 것이다. 즉, 하늘의 陽 기운이 아무리 움직여도 결국 그 극한(極限)에서는 정지로 변하며, 땅의 陰 기운이 아무리 정적이어도 그 극한에서는 움직임으로 전환된다는 점을 강조한다. 이는 음양의 상호 변증법적 관계, 즉 한 극이 도달하면 반대 극으로 전환되는 우주의 기본 원리를 설명하는 것이다.

《제1장 제3절》

[51] **【십신 분석】**

① 비견(比肩)은 일간과 동일한 오행으로, 동질성[同類] 및 형제자매·동료와 같은

관계를 의미한다. 이는 협력과 자립을 상징하며, 개인의 자아의식과 주체성을 강화하는 역할을 한다. 비견이 강하면 자립심이 강하고 독립적인 성향을 보이지만, 지나치면 고집이 강해지고 타인과의 협력이 어려워질 수 있다.

② 겁재(劫財)는 비견과 동일한 오행이지만 음양이 반대되며, 이질성(異質性) 및 경쟁[競爭]과 갈등의 요소를 내포한다. 이는 공동체 내에서 자원 분배와 경쟁 구도를 형성하며, 위기 시 협력과 갈등의 이중적 역할을 수행한다. 또한 겁재는 강한 추진력과 돌파력을 가지며, 도전적인 환경에서 능력을 발휘한다. 하지만 과하면 무모한 경쟁심으로 인해 불필요한 손실을 초래할 수 있다.

③ 식신(食神)은 일간의 기운을 순수하게 발산(發散)하는 역할을 하며, 창조성과 생산성을 의미한다. 이는 자기 표현과 자율성을 나타내며, 건강과 장수의 의미도 포함한다. 식신이 강하면 풍요로운 삶을 살 가능성이 크지만, 지나치면 나태해지고 현실 안주적인 태도를 보일 수 있다.

④ 상관(傷官)은 식신과 유사하게 발산(發散)의 기운을 가지지만, 일간의 기운을 보다 적극적으로 도기(盜氣)하고 응용하여 소진하면서 독창성과 자유로운 사고를 강조한다. 이는 사회적 규범에 대한 도전과 개성의 발현을 상징하며, 예술적 감각과 창의성이 뛰어나다. 하지만 상관이 지나치면 체제와 규범을 무시하는 반항적 성향이 강해지고, 조직 생활에서 마찰이 생길 수 있다.

⑤ 편재(偏財)는 일간이 다스리고 지배하는 외부적 자산을 의미하며, 변동성(變動性)과 활동성이 강한 재물의 성격을 지닌다. 이는 사업과 투자, 대인관계를 통해 형성되는 자산적 요소를 포함한다. 편재가 강하면 활발한 사회 활동과 유연한 대인관계를 형성하지만, 과하면 변덕스럽고 안정성이 부족할 수 있다.

⑥ 정재(正財)는 편재와 달리 축적(蓄積)된 안정적 자산을 의미하며, 가정과 신뢰

를 기반으로 형성되는 재물의 성격을 강조한다. 이는 성실한 노력과 장기적 계획을 통한 경제적 안정성을 상징한다. 정재가 강하면 신뢰받는 성품을 가지지만, 지나치면 지나치게 원칙적이고 융통성이 부족할 수 있다.

⑦ 편관(偏官)은 일간이 강한 통제[壓制]를 받는 구조를 의미하며, 외부적 억압과 규율(規律)의 영향을 나타낸다. 이는 권위적 환경 속에서의 사회적 역할과 책임을 강조하며, 강한 카리스마와 통제력을 나타낸다. 또한 편관은 도전적인 환경에서 능력을 발휘하는 특성이 있으며, 위기 상황에서 리더십을 발휘할 수 있다. 하지만 과하면 과도한 스트레스와 강압적 태도로 인해 갈등을 초래할 수 있다.

⑧ 정관(正官)은 편관과 유사하지만, 합리적이고 조화로운 방식으로 일간이 통제를 받는 구조를 의미한다. 이는 사회적 규범(規範)과 명예, 도덕적 책임을 상징하며, 사회적 신뢰를 구축하는 기반이 된다. 정관이 강하면 신뢰받는 지도자가 될 가능성이 크지만, 지나치면 지나치게 형식적이고 유연성이 부족할 수 있다.

⑨ 편인(偏印)은 일간이 치우친 방식으로 수용하는 특정한 지식을 의미하며, 비주류적 학문과 전문적 연구, 창의적 사고와 관련이 깊다. 이는 직관과 영감(靈感), 예술적 재능을 포함하며, 학문적 탐구에 있어서 독창성을 강조한다. 또한 편인은 형이상학적 사고와 신비주의적 경향이 강하며, 예술과 종교, 철학 등의 분야에서 두각을 나타낼 수 있다. 하지만 과하면 현실과 유리된 사고로 인해 실용성이 떨어질 수 있다.

⑩ 정인(正印)은 편인과 대조적으로 일반적인 학문과 안정된 보호(保護)를 상징하며, 전통적인 교육과 지원체계를 기반으로 한 성장과 발전을 의미한다. 이는

가정과 교육, 정신적 안정성을 제공하는 역할을 한다. 정인이 강하면 안정적이고 신뢰받는 인물이 될 가능성이 크지만, 과하면 지나치게 보호받으려는 경향이 생기고 자립심이 부족할 수 있다.

[52] 【명리학과 심리학의 융합과 적용 가능성】

1. 명리학과 심리학의 융합

명리학은 인간의 성향과 운명을 분석하는 체계로, 천간과 지지의 조합을 통해 개인의 성격을 해석하고 삶의 흐름을 예측하는 정성적[質的] 분석 도구이다. 반면, 현대 심리학은 경험적 연구와 통계적 검증을 통해 성격을 객관적으로 측정하고, 성격 특성을 정량적[量的]으로 분석하는 방법론을 발전시켜 왔다. 두 학문은 분석 방식과 철학적 기반에서 차이를 보이지만, 인간의 성향을 유형화하고 체계적으로 설명하려는 공통된 목표를 지니고 있다. 따라서, 명리학과 심리학은 서로 상반되는 개념이라기보다는 각기 다른 시각에서 인간의 성격과 행동을 해석하는 상보적 관계에 있다고 볼 수 있다.

두 체계는 각각 서구 심리학과 동양 전통 사상의 맥락에서 발전해 왔지만, 인간의 성향을 유형화하고 체계적으로 분석하려 한다는 점에서 중요한 공통점을 가진다. 특히, 빅파이브(Big5) 성격 이론의 외향성(Extraversion)과 명리학의 특정 천간 및 지지[甲, 丙, 午 등]는 활발하고 개방적인 성향을 반영하며, 성실성(Conscientiousness)은 신중하고 계획적인 성향을 강조하는 戊·己·酉 등의 기운과 상응하는 면이 있다. 또한, 우호성(Agreeableness)은 대인관계에서 협력적이고 조화를 중시하는 성향을 의미하며, 이는 명리학에서 乙·卯·未 등의 요소와 관련이 있다. 이러한 비교를 통해, 빅파이브 성격 이론과 명리학은 각각의 방식으로 인간의 기질과 행동 패턴을 설명하는 데 기여하고 있음을 알 수 있다.

그러나 심리학적 성격 분석은 주로 성격 특성을 수치화하여 비교적 고정된 성향을 평가하는 데 초점을 맞춘다. 빅파이브(Big Five) 성격 이론은 인간의 성격에 대해, 사회적 활동성을 높게 유지하고 에너지가 넘치는 성향인 외향성(Extraversion), 타인과의 협력을 중시하고 신뢰와 배려를 기반으로 관계를 맺는 성향인 우호성(Agreeableness), 계획적이며 체계적으로 목표를 성취하려는 성향인 성실성(Conscientiousness), 감정적 불안정성과 스트레스 반응을 높게 나타내는 성향인 신경성(Neuroticism), 새로운 경험을 추구하고 창의적 사고를 중시하는 성향인 개방성(Openness)의 다섯 가지 요인으로 구분하여 설명한다. 이러한 방식은 정량적 분석이 가능하다는 점에서 신뢰성과 객관성을 확보할 수 있다. 하지만 이러한 분석은 성격의 변화 가능성이나 환경적 맥락을 반영하는 데 한계를 가진다. 성격이 비교적 고정된 특성으로 유지된다는 전제를 바탕으로 한 심리학적 접근법은 개별적 특성의 분류에는 강점을 보이지만, 개인이 처한 환경과 상황에 따라 성격이 어떻게 변할 수 있는지를 설명하는 데는 한계를 가진다.

반면, 명리학적 해석은 성격이 고정된 것이 아니라, 환경과 시기에 따라 변화하는 흐름 속에서 발현되는 것으로 본다. 사주의 일간은 개인의 본질적인 기질을 대표하는 요소로서 십간의 기운에 따라 성향이 달라지며, 지지는 환경적 요소와 행동 양식을 결정하는 요소로 해석되며 12지지의 특성에 따라 개인의 성향이 세분화된다. 또한 천간과 지지의 조합에 따른 해석은 개별적인 성격 분석뿐만 아니라 두 요소의 상호작용을 통해 보다 정교한 해석이 가능하다. 여기에 더하여, 개인의 타고난 기질뿐만 아니라, 대운(大運)과 세운(歲運)의 흐름에 따라 특정한 시기에 외향적이거나 내향적인 성향이 강화될 가능성을 분석한다. 이는 심리학적 접근이 강조하는 개인의 고정적 성향 분석을 보완할 수 있는 중요한 요소이다. 예를 들어, 甲 일간이 일반적으로 독립적이고 진취적인 성향을 가진다고 해석할 수 있지만, 이는 주변의 지지나 대운의 영향을 받아 다르게 표현될 수 있다. 심리학적 성격 검사를 통해 甲 일간의 사람이 빅파이브 성격 요인 중 외향성이 높은지 낮은지를 분석한 후, 명리학적 해석을 결합하면 이러한 성향이 언제, 어떤 상황에서 강화되거나 약화될 가능성이 있는지를 보다 정교하게 예측할 수 있다.

또한, 명리학은 개인의 성향이 특정한 환경에서 어떻게 변화할지를 분석하는 데 강점을 가진다. 특정 시기에 창의적이고 독창적인 사고를 발휘할 가능성이 높은지, 아니면 현실적이고 안정적인 성향이 강화될지를 해석할 수 있으며, 이는 심리학적 성격 검사에서 제공하지 못하는 시간적 변화를 반영하는 성격 연구로 확장될 수 있다. 이처럼 명리학은 개인의 성향을 정적인 특성이 아니라 변화하는 흐름 속에서 파악하고자 한다는 점에서 심리학적 연구와 상호 보완적인 관계를 형성할 수 있다.

이러한 상호 보완적 관계의 적용을 위해, 명리학은 기존의 전통적 해석 방식을 심리학적 연구 방법과 결합할 필요가 있다. 특히, 심리 상담, 자기 계발, 조직 관리, 교육 분야에서 명리학적 해석 방식을 보다 체계적으로 활용할 수 있는 방법을 모색해야 한다. 현대 심리 상담에서는 정량적 분석[예: 심리 검사, 설문 조사]을 활용하여 상담자의 성향을 분석하지만, 명리학을 적용하면 성향이 환경적 요인과 시기에 따라 어떻게 변화할지를 보다 구체적으로 분석할 수 있다. 예를 들어, 우울증이나 불안장애와 같은 심리적 문제를 해결하는 과정에서 명리학을 활용하여 현재 심리적으로 어려운 시기가 대운·세운의 흐름에 따라 어떤 영향을 받았는지 분석하고, 이를 극복하는 방향을 제시할 수 있다. 또한, 상담 과정에서 심리학적 성격 분석과 명리학적 해석을 결합하여, 개인이 자신의 기질을 보다 깊이 이해하고, 장기적인 심리적 균형을 유지할 수 있도록 돕는 맞춤형 상담 모델을 개발할 수 있다.

자기 계발과 목표 설정 과정에서도 명리학은 효과적인 도구로 활용될 수 있다. 현대 심리학에서는 개인의 성향을 분석하여 자기 계발 방향을 설정하지만, 명리학은 향후 몇 년 동안 창의성이 발휘될 가능성이 높은지, 안정적인 성향이 강화될 가능성이 있는지를 분석하여 보다 구체적인 조언을 제공할 수 있다. 특정한 시기에 창의적인 활동이 유리한지, 현실적이고 체계적인 업무가 적합한지를 분석할 수 있으며, 이를 통해 단순한 성격 분석을 넘어, 개인의 성장 과정에서 맞춤형 전략을 제시하는 역할을 수행할 수 있다.

기업과 조직 관리에서도 명리학적 성향 분석을 활용할 수 있다. 조직 내에서 리더십 유형을 분석하거나, 팀원 간의 조화를 이루는 방안을 모색할 때, 명리학을 적용하면 보다 장기적인 관점에서 팀워크와 인적 자원 관리를 수행할 수 있다. 특정한 시기에 조직 내에서 갈등이 발생할 가능성이 높은지, 특정 리더의 성향이 변화할 가능성이 있는지를 예측하여 보다 전략적인 인사 관리가 가능할 것이다. 또한, 조직 내에서 서로 다른 성향을 가진 사람들이 어떻게 조화를 이루고, 협력할 수 있을지를 분석하는 도구로 활용할 수 있다(김대환 2023: 120-144).

이처럼 명리학은 현대 심리학이 다루지 못하는 성격의 변화 가능성, 환경적 맥락 반영, 대인관계 및 직업적 적성 분석, 심리 상담에서의 응용 가능성 등을 제공할 수 있다. 따라서, 명리학이 현대적으로 발전하기 위해서는 실증적 연구를 통한 정량적 분석 기법과의 융합, 심리 상담에서의 응용, 데이터 기반 연구를 통한 과학적 접근 방식 도입이 필요하다. 이를 통해, 명리학은 보다 체계적이고 신뢰할 수 있는 성격 분석 도구로 자리 잡을 것이며, 동서양의 학문적 융합을 통해 보다 심층적인 인간 이해를 제공하는 새로운 가능성을 제시할 수 있을 것이다(황금옥 2017: 498-504).

명리학에서 일간은 개인의 기질을 대표하는 중요한 요소로, 특정한 성향과 행동 양식을 형성하는 기초적인 역할을 한다. 다음은 각 일간의 주요 특징과 빅파이브 성격 요인과의 관계를 비교한 내용이다.

2. 빅파이브 성격 이론에 따른 천간지지의 성격 분석

1) 개인의 본질적인 기질을 대표하는 천간

① 甲

성장과 개척의 기운을 지닌 陽木으로, 자율적이며 진취적인 성향을 보인다. 도전적이고 자기주장이 강한 면이 있어 외향성과 관련될 가능성이 크다. 그러나 성격적 차이가 다양하게 존재하므로 단순한 외향성으로 국한하기보다, 리더십과 추진력 측면에서 분석하는 것이 적절하다.

② 乙

부드러운 陰木의 기운을 지니며, 조화와 균형을 중요시한다. 대체로 우호성이 높은 성향을 보이며, 타인과 협력하고 배려하는 태도가 강하다. 그러나 지나치게 조심스럽거나 신경을 많이 쓰는 경향도 존재할 수 있다.

③ 丙

밝고 강렬한 陽火의 기운으로, 열정적이고 활동적인 성향을 지닌다. 이는 빅파이브의 외향성과 높은 상관관계를 가질 수 있으며, 리더십과 개방적인 태도를 나타낼 가능성이 크다.

④ 丁

섬세하고 신중한 陰火의 기운으로, 내면적으로 깊이 사고하며 감정을 조절하는 성향을 보인다. 이는 신경성 및 성실성과 연관될 가능성이 크며, 철저한 계획과 세부 사항을 중시하는 태도로 나타날 수 있다.

⑤ 戊

강한 대지[陽土]의 기운을 지니며, 현실적이고 안정적인 태도를 보인다. 이는 성실성과 연관될 가능성이 있으며, 신뢰할 수 있는 성향이 강조된다.

⑥ 己

유연하면서도 세밀한 땅[陰土]의 기운을 지니며, 분석적이고 계획적인 태도를 보인다. 이는 신경성과 성실성과 연결될 수 있다.

⑦ 庚

강인한 陽金의 기운으로, 결단력과 추진력이 강하다. 이는 성실성과 외향성의 혼합적 요소를 보이며, 목표를 향해 추진하는 성향이 두드러진다.

⑧ 辛

정교하고 섬세한 陰金의 기운으로, 체계적이고 치밀한 사고를 중시한다. 이는 성실성과 신경성과 연관될 가능성이 높다.

⑨ 壬

유동적이고 창의적인 陽水의 기운을 가지며, 자유롭고 개방적인 태도를 보인다. 이는 개방성과 연결될 수 있다.

⑩ 癸

차분하고 사색적인 陰水의 기운으로, 내성적이고 조용한 성향을 보인다. 이는 신경성과 관련될 가능성이 있다.

2) 개인의 행동 양식을 대표하는 지지

① 子

子는 水의 기운을 대표하며, 유동적이고 창의적이며 직관적인 사고를 지닌다. 이는 빅파이브 성격 이론의 개방성(Openness)과 관련될 가능성이 높으며, 특히 새로운 경험을 추구하고 사고의 유연성이 뛰어난 성향을 보인다. 또한, 子의 성향은 내면적 성찰이 깊고 감각적 사고가 우수하며, 환경의 변화에 민감하게 반응하는 특징이 있다. 이는 개방성과 신경성이 혼재된 성격 유형과 유사할 수 있다.

② 丑

丑은 土의 기운이 강하며, 현실적이고 신중한 태도를 보인다. 이는 빅파이브 성격 이론의 성실성(Conscientiousness) 및 신경성(Neuroticism)과 관련될 가능성이 있다. 丑의 성향은 책임감이 강하고 실용적인 판단을 중요시하며, 조급하지 않고 차분하게 결정을 내리는 성향이 있다. 다만, 신경성의 요소가 강하게 작용할 경우, 지나치게 조심스럽거나 보수적인 태도를 보일 가능성도 존재한다.

③ 寅

寅은 木의 기운을 지니며, 강한 추진력과 도전 정신을 특징으로 한다. 이는 빅파이브 성격 이론의 외향성(Extraversion) 및 개방성(Openness)과 연관될 가능성이 높다. 寅의 기운은 목표 지향적이며 활동적인 태도를 유도하며, 강한 리더십과 결단력을 나타낸다. 그러나 이러한 특성이 과도하게 발현될 경우, 타인의 의견을 무시하거나 경쟁적 태도가 강해질 수도 있다.

④ 卯

卯은 木의 기운이지만, 온화하고 섬세한 특성을 가진다. 이는 빅파이브 성격 이론의 우호성(Agreeableness) 및 개방성(Openness)과 밀접한 관계가 있다. 卯의 성향은 대인관계에서 조화와 균형을 중시하며, 타인을 배려하는 성향이 강하다. 감수성이 풍부하고 협력적인 태도를 보이며, 이는 빅파이브의 우호성 요인과 깊은 관련이 있다.

⑤ 辰

辰은 土의 기운을 포함하면서도 일부 水의 속성을 지니며, 카리스마와 자기 표현력이 강한 성향을 보인다. 이는 빅파이브 성격 이론의 외향성(Extraversion) 및 개방성(Openness)과 연결될 가능성이 있다. 辰의 성향은 강한 자기 확신과 목표 지향성을 반영하며, 창의적이고 적극적인 태도를 가진다. 그러나 이러한 특성이 지나치면 자기중심적이거나 독단적인 성향을 보일 수도 있다.

⑥ 巳

巳는 火의 기운을 가지고 있으며, 내면적 통찰력과 논리적 사고를 강조하는 특징이 있다. 이는 빅파이브 성격 이론의 개방성(Openness) 및 신경성(Neuroticism)과 관련될 가능성이 높다. 巳의 성향은 철저한 분석과 세밀한 사고를 기반으로 하며, 감정적 기복이 크고 때로는 비밀스러운 태도를 유지하기도 한다.

⑦ 午

午는 火의 기운이 강하며, 활동적이고 에너지가 넘치는 성향을 지닌다. 이는 빅파이브 성격 이론의 외향성(Extraversion) 및 개방성(Openness)과 밀접한 관계가 있다. 午의 기운은 사교적이고 즉흥적인 태도를 강화하며, 순간적인 열정과 충동성이 특징적이다.

⑧ 未

未는 土의 기운을 가지고 있으며, 감수성이 풍부하고 예술적 감각이 뛰어난 성향을 보인다. 이는 빅파이브 성격 이론의 우호성(Agreeableness) 및 신경성(Neuroticism)과 관련될 가능성이 있다. 未의 성향은 감정적 공감 능력이 뛰어나고, 조화로운 관계를 유지하는 데 초점을 둔다.

⑨ 申

申은 金의 기운을 가지며, 영리하고 기민한 사고를 보인다. 이는 빅파이브 성격 이론의 개방성(Openness) 및 외향성(Extraversion)과 연결될 가능성이 있다. 申의 성향은 유연하며 변화에 빠르게 적응하고, 타인과의 소통 능력이 뛰어나며 전략적 사고를 잘하는 특징이 있다.

⑩ 酉

酉는 金의 기운이 강하며, 체계적이고 조직적인 성향을 가진다. 이는 빅파이브 성격 이론의 성실성(Conscientiousness)과 높은 관련성을 보인다. 酉의 성향은 꼼꼼하고 정확한 판단을 내리며, 목표 달성을 위한 철저한 계획을 수립하는 특징이 있다.

⑪ 戌

戌은 土의 기운을 가지며, 신뢰와 정직성을 중요시하는 성향을 보인다. 이는 빅파이브 성격 이론의 우호성(Agreeableness) 및 성실성(Conscientiousness)과 관련될 가능성이 높다. 戌의 성향은 사회적 책임감이 강하며, 타인과의 신뢰 관계를 중시하는 특징이 있다.

⑫ 亥

亥는 水의 기운을 가지며, 포용력과 직관력이 뛰어난 성향을 보인다. 이는 빅파이브 성격 이론의 우호성(Agreeableness) 및 개방성(Openness)과 관련될 가능성이 있다. 亥의 성향은 감정적 안정성이 높고, 창의적 사고를 기반으로 한 문제 해결 능력이 뛰어나며, 내면의 통찰력이 깊다.

[53] 【명리학에서 일간이 외부적 환경 요인으로부터 '독립적 기운'을 형성하는 경우】

명리학에서 "일간이 월지와 시지로부터 생조(生助)나 제어(制御)를 받지 않고 독립된 구조를 이룬다"는 표현은, 사주팔자의 구조적 해석에서 일간이 외부적 환경 요인으로부터 직접적인 기운의 공급이나 제약을 받지 않는 상태를 의미한다. 여기서 말하는 '외부적 환경 요인'은 주로 월지와 시지를 지칭한다.

월지는 사주의 구성에서 계절적 환경과 기반을 상징하며, 일간의 강약(強弱)과 세력(勢力)을 평가하는 중심적 지표로 기능한다. 이는 단순한 지지의 한 요소를 넘어 명리학적 구조에서 핵심적인 축으로 간주된다. 반면 시지는 개인의 말년운, 내면적 삶의 경향, 잠재된 감성적 요소 등을 드러내는 지점으로 작용한다. 이러한 두 지지가 일간과 직접적인 관계를 맺지 않고 각각 독립적인 오행적 속성과 구조를 유지하는 경우, 이를 명리학에서 '독립적 기운'으로 정의할 수 있다.

일간과 월지·시지 간에 생, 극, 합, 충 등 강한 상호작용이 존재하지 않거나, 일간과 두 지지가 속한 오행적 기운이 상호 조화를 이루지 않고 분리되어 있을 때, 이러한 지지는 일간으로부터 자립적인 상태로 해석된다. 이러한 구조는 타인이나 환경의 지원 없이 스스로의 능력과 결단으로 삶을 개척해나가려는 자립적 경향성과 연결된다.

이를 사례로 들면, 양력 1990년 7월 31일 22시에 출생한 남성의 사주, 즉 庚午년 癸未월 丁酉일 辛亥시주를 분석할 경우 다음과 같다.

【일간의 역할 예시】

<table>
<tr><td>시</td><td>일</td><td>월</td><td>년</td><td rowspan="5">남명</td><td rowspan="2">1990년 7월 31일 오후 10시 (양력)
丁火 일간의 식신이 왕한 명조</td></tr>
<tr><td>辛</td><td>丁</td><td>癸</td><td>庚</td></tr>
<tr><td>편재</td><td>일간</td><td>편관</td><td>정재</td><td rowspan="3">83 73 63 53 43 33 23 13 03
壬 辛 庚 己 戊 丁 丙 乙 甲
辰 卯 寅 丑 子 亥 戌 酉 申</td></tr>
<tr><td>亥</td><td>酉</td><td>未</td><td>午</td></tr>
<tr><td>정관</td><td>편재</td><td>식신</td><td>비견</td></tr>
</table>

일간 丁火는 따뜻하고 부드러우며 섬세하고 감성적인 불의 기운을 지닌다. 丁火는 개인의 중심 자아와 본질을 상징하며, 주위 환경이나 기운의 변화에 민감하게 반응하는 성질을 나타내는 것이다.

월지 未土는 주로 土의 기운을 지니며, 그 안에 숨은 기운으로 인해 내포된 에너지의 다양성이 존재할 수 있다. 그러나 未土의 주된 성격은 안정과 양육의 土 성질을 기반으로 하며, 丁火와는 일정 부분 상생 또는 보조적인 관계를 형성할 가능성이 있다.

시지 亥水는 강한 물의 기운을 발산하여, 丁火와 전통적으로 상극 관계를 이루는 특징을 보인다. 亥水는 丁火의 불기운을 제어하는 역할을 수행할 수 있으므로, 전체 사주에서 丁火의 에너지 발현에 영향을 미치는 중요한 요인이 된다.

이와 같이, 각 지지는 독자적인 오행의 성질과 흐름을 유지하면서도, 일간 丁火와는 상생·제어의 관계를 통해 전체 사주의 균형을 이루는 역할을 담당한다. 특히 亥水의 강한 물의 기운은 丁火의 성질에 제약을 가할 수 있으므로, 사주 해석 시 丁火의 본질적 에너지와 외부 지지들의 상호작용을 면밀히 고려해야 함을 시사한다.

이처럼 월지(月支)와 시지(時支)가 일간(日干)과 긴밀하게 얽히지 않고 독립적인 기운과 역할을 유지하는 구조는 외부적 영향에 좌우되지 않는 자율성과 주체적 삶의 태도를 함양할 가능성을 시사한다. 이러한 구조는 명리학적 관점에서 개인의 자립성과 자기 주도적 인생 설계의 잠재성을 평가하는 중요한 단서로 간주된다.

《제2장 제1절》

[54] 【고대 중국인의 음양적 사고방식】

고대 중국인의 사유 방식은 복잡한 사물과 현상을 단순화하여 본질적인 원리에 도달하는 데 중점을 두었다. 이는 자연과 인간을 포함한 모든 존재가 일정한 법칙과 조화 속에서 운행된다는 관점에서 비롯된 것이다. 이러한 사유 방식의 핵심에는 음양이라는 기본 개념이 자리하고 있으며, 음양은 대립과 통일, 모순과 조화, 상반성과 상호 보완이라는 특성을 지닌 개념으로서 우주 만물의 작동 원리를 설명하는 기초적인 틀을 제공한다.

음양론은 중국 철학에서 사물의 본질을 이해하는 근본적인 패러다임으로 작용하며, 이를 통해 복잡한 사물과 현상을 단순한 원리로 귀결시키는 방식이 정립되었다.

음양의 관계는 단순한 이분법적 구분이 아니라, 끊임없이 변화하며 상호작용하는 동태적 관계로 이해된다. 이러한 陰陽의 원리는 다양한 분야에서 적용되었으며, 특히 중의학(中醫學)에서 인체를 분석하는 주요한 방법론으로 활용되었다.

중의학에서는 인간의 신체를 陰과 陽으로 구분하여 이해하였다. 상반신과 하반신, 신체의 앞면과 뒷면, 좌반신과 우반신 등은 각각 陰과 陽의 속성에 따라 구별되며, 인체의 장부(臟腑) 또한 음양의 원리에 따라 분류되었다. 오장(五臟)은 陰에 해당하며, 육부(六腑)는 陽에 해당하는데, 이는 장부의 기능적 특성과 생리적 작용을 고려한 구분이다. 또한, 눈의 경우 왼쪽 눈을 태양(太陽)에, 오른쪽 눈을 달(太陰)에 대응시키는 사고방식은 천체의 운행 원리와 인간 신체를 연결시키려는 전통적인 중국적 사고의 특징을 반영하고 있다(張其成 2015: 224).

이러한 음양적 사고방식은 단순한 신체 구조의 구분을 넘어, 우주와 인간이 조화를 이루는 자연법칙 속에서 운행된다는 사상을 내포하고 있다. 중국 철학에서는 인간과 자연이 분리된 개념이 아니라, 상호 연관되어 영향을 주고받는 존재로 인식된다. 따라서 음양의 조화는 단순한 구분이 아니라, 생명 활동을 유지하고 균형을 이루는 핵심 원리로 기능한다. 이러한 사고방식은 중의학뿐만 아니라 예술, 정치, 사회조직 등 다양한 분야에서도 적용되며, 중국 사유의 특질로서 중요한 위치를 차지한다.

[55] 【음양의 균형과 조화】

음양의 균형은 우주의 본질적인 조화 원리이며, 이 균형이 제대로 유지되지 않으면 자연과 인간의 운명에 혼란이 발생하는 것이다. 陰陽은 서로 대립하면서도 상호 보완적인 관계를 이루며, 만물이 생성·소멸하는 과정에서 필연적으로 작용하는 원리이다. 만약 陰과 陽의 기운이 극단적으로 치우치거나 조화를 이루지 못하면, 자연계에서는 기후의 불균형이 초래되고, 인간의 삶에서는 건강·성격·운세 등의 부조화가 발생하는 것이다. 金과 水의 조화는 이러한 음양 균형을 유지하는 중요한 요소이다. 金은 水를 생하는 기운으로, 응축·절제·단련을 의미하며, 水는 金의 기운을 받아 생장하고 유동성을 가지며 생명을 유지하는 역할을 한다. 금의 기운이 적절하게 작용하지 않으면 水는 방향을 잃고 넘쳐서 혼란을 초래하며, 반대로 水의 기운이 부족하면 金의 응축된 기운이 지나치게 강해져 냉혹함과 단절을 초래할 수 있다. 따라서 金과 水가 조화를 이루는 것은 단순한 오행의 조합이 아니라, 자연과 인간 삶의 균형을 유지하는 중요한 원리가 되는 것이다. 특히, 명리학에서 金과 水의 조화는 운명의 안정과 발전에 직접적인 영향을 미친다. 金의 기운이 과하면 지나친 절제와 단절이 나타나고, 水의 기운이 과하면 감정적 불안정과 방향성의 상실이 나타나는 것이다. 이와 같이 음양의 조화를 맞추는 과정에서 金과 水의 적절한 조화가 이루어질 때, 인생의 흐름이 안정되고 원활하게 전개되는 것이다.

결국, 음양이 조화를 이루지 못하면 생과 사의 원리가 혼란해지고, 인간의 운명 또한 불안정해지는 것이다. 따라서 金과 水의 균형을 맞추어 음양이 조화를 이루도록 조정하는 것이 중요하며, 이를 통해 보다 안정된 삶과 운명을 형성할 수 있는 것이다. 명리학은 이러한 원리를 연구하여 개인의 사주에서 음양과 오행의 균형을 분석하고, 최적의 조화를 찾아내는 학문적 체계를 갖춘 것이다(김학목 2015: 216).

[56] 【기와 음양의 결합】

현재까지 축적된 문헌적 고찰과 고고학적 자료를 종합할 때, 기(氣)라는 개념이 일반 명사에서 철학적 개념으로 격상된 결정적 계기는 아마도 『국어(國語)』에서 찾아야 할 것이다. 주(周) 유왕(幽王) 2년(기원전 780년), 수도인 호경(鎬京) 일대에서 지진이 발생하자, 당시의 태사(太師) 백양보(伯陽父)는 이를 다음과 같이 설명하였다. "무릇 천지의 기는 그 고유한 질서를 잃지 않는다. 만약 그 질서가 무너진다면, 이는 인간의 혼란스러운 행위 때문이다. 陽氣가 억눌려 밖으로 발현되지 못하고, 陰氣가 압박되어 위로 상승하지 못하는 까닭에 지진이 발생하는 것이다."("夫天地之氣, 不失其序; 若過其序, 民亂之也. 陽伏而不能出, 陰迫而不能烝, 於是有地震." 『國語』「周語上」) 여기에서 백양보는 음양을 자연현상 속에 내재한 두 가지 힘이나 작용으로 규정하고, 지진과 같은 자연 현상을 합리적이고 내재적인 방식으로 설명하려는 시도를 보여준다. 이는 기존의 원시 종교적 관점과 명확히 구별되는 혁신적인 접근법으로서, 천재(天宰)나 신(神)적 존재의 분노와 경고라는 초월적 설명을 거부하고, 자연현상에 내재된 물리적 원리를 통해 이해하고자 했다. 이 기록은 중국 철학사에서 陰陽과 氣가 최초로 결합된 중요한 전환점을 나타낸다. 백양보는 음양 간의 교감(交感)과 상호작용을 우주 만물의 생성과 변화의 근원적 원리로 규정함으로써, 음양을 단순한 개념에서 기의 구체적 작용과 결합한 철학적 범주로 승격시켰다. 이로 인해 기의 개념은 더욱 복합적이고 심층적인 함의를 가지게 되었으며, 그 철학적 사변성(思辨性) 또한 본격적으로 확장되기 시작하였다(曾振宇, 2001: 27-28).

[57] 【음양의 균형과 조화를 통한 명리학의 해석 구조】

음양(陰陽)은 우주 만물의 생성, 변화, 소멸을 설명하는 동양 철학의 근본 원리이며, 사주명리학에서 개인의 운명과 특성을 해석하는 핵심적인 요소이다. 陰과 陽의 상호작용과 균형은 만물의 조화와 질서를 유지하는 근본적인 힘으로 인식되며, 사주팔자 내에서의 음양 조화 상태를 면밀히 분석하는 것은 성격, 건강, 사회적 관계 등 다층적인 측면을 이해하는 데 필수적이다. 음양의 균형을 학술적으로 식별하고 해석하는 방법은 다음과 같이 구체화될 수 있다.

① 사주팔자 내 음양 분포의 정량적 분석

사주팔자는 출생 연월일시를 기반으로 도출되는 년주(年柱), 월주(月柱), 일주(日柱), 시주(時柱)의 네 기둥으로 구성되며, 각 기둥은 천간(天干)과 지지(地支)로 이루어져 총 여덟 글자(八字)를 형성한다. 이 여덟 글자 각각의 음양 속성을 파악하여 사주 전체의 음양 분포를 정량적으로 분석하는 것이 음양 균형 판단의 첫 단계이다.

일반적으로 천간은 양간(甲, 丙, 戊, 庚, 壬)과 음간(乙, 丁, 己, 辛, 癸)으로, 지지는 양지(子, 寅, 辰, 午, 申, 戌)와 음지(丑, 卯, 巳, 未, 酉, 亥)로 구분된다. 사주의 여덟 글자 중 陰과 陽의 개수를 계산하여 그 비율을 파악한다. 이상적인 음양 균형은 4:4의 비율, 즉 陰과 陽이 동등하게 분포된 상태를 의미하며, 이는 기운의 흐름이 원활하고 전반적으로 안정적인 삶을 영위할 가능성이 높다고 해석된다. 반면, 3:1(6:2) 이상의 편차를 보이는 경우를 '불균형(不均衡)' 상태로 판단한다. 이는 특정 기운의 과도한 집중 또는 현저한 결핍을 나타내며, 개인의 성격적 특성, 건강 문제, 특정 운기에서의 부조화 등 삶의 다양한 영역에서 도전이나 어려움이 발생할 수 있음을 시사한다.

② 계절[월령]에 따른 음양 강약의 보완적 분석

사주팔자 분석에서 월주(月柱)의 지지, 즉 월령(月令)은 해당 사주가 태어난 계절의 기운을 가장 강력하게 반영하므로, 음양 강약 판단의 핵심적인 지표로 작용한다. 월령이 나타내는 계절성을 고려하여 사주 전체에서 陰 또는 陽의 기운이 지나치게 강하거나 약한 부분을 파악하고, 이에 대한 보완적 필요성을 검토한다.

계절별 음양 및 오행 특성으로 보면, 봄(寅, 卯, 辰)은 陽의 기운이 상승하며 木 기운이 왕성하고, 여름(巳, 午, 未)은 陽의 기운이 극대화되며 火 기운이 주도적이다. 가을(申, 酉, 戌)은 陰의 기운이 증가하며 金 기운이 강해지고, 겨울(亥, 子, 丑)은 陰의 기운이 가장 왕성하며 水 기운이 지배적이다. 음양 보완의 원리를 예를 들자면, 추운 겨울(子, 丑)에 태어난 명주(命主)의 사주에 陰氣와 水 기운이 강하게 편중되어 있다고 본다. 이는 사주의 '한난조습(寒暖燥濕)' 불균형을 초래할 수 있으며, 이 경우 陽의 기운, 특히 火 기운의 보완이 필요하다고 판단된다. 이는 사주 전체의 기운 흐름을 원활하게 하고, 명주의 건강과 활력에 긍정적인 영향을 미치기 위함이다. 반대로 뜨거운 여름에 태어나 火氣가 과다한 사주에는 水 기운이나 金 기운의 보완을 통해 중화(中和)를 꾀할 수 있다.

③ 십신(十神) 및 용신(用神)을 통한 음양 조화의 실천적 적용

일간(日干)을 중심으로 다른 천간, 지지와의 관계를 통해 도출되는 십신(十神)의 음양 성격을 확인하고, 사주 전체의 음양 균형을 맞추기 위해 용신(用神)을 활용하는 것은 음양 조화 이론의 실천적 적용 방안이다. 용신은 사주 내에서 부족하거나 과도한 기운을 조절하여 전체적인 균형을 이루게 하는 가장 중요한 오행 또는 십신을 의미한다.

십신의 음양 속성에 따르면, 십신은 비견(比肩), 겁재(劫財), 식신(食神), 상관(傷官), 편재(偏財), 정재(正財), 편관(偏官), 정관(正官), 편인(偏印), 정인(正印)으로 나뉘며, 각각은 고유한 음양 속성을 지닌다. 일간과의 음양 관계에 따라 그 특성이 더욱 세분화된다. 이러한 십신의 음양 성격을 분석함으로써 사주의 전반적인 음양 편중 여부를 보다 세밀하게 진단할 수 있다.

용신 선정과 음양 보완의 측면에서 볼 때, 陰 또는 陽의 기운이 특정 방향으로 심하게 편향된 명식에서는, 부족하거나 과도한 기운을 조절하여 균형을 이루게 하는 오행을 용신으로 선정한다. 예를 들어, 陰 기운이 과다하여 사주가 지나치게 차갑고 침체되어 있다면, 陽의 기운을 대표하는 십신인 식신(食神), 재성(正財), 관성(正官) 중에서 사주의 구조에 가장 적합한 것을 용신으로 삼아 음양의 조화를 꾀한다. 이러한 용신을 통해 개인의 약점을 보완하고 잠재력을 최대한 발휘하며, 삶의 어려움을 극복할 수 있도록 돕는 것이 음양 조화 이론의 실질적인 응용이다.

음양의 균형과 조화를 분석하는 것은 사주명리학에서 개인의 특성과 운세를 심도 있게 이해하고, 나아가 보다 조화롭고 풍요로운 삶의 방향을 모색하는 데 학술적으로 중요한 통찰을 제공한다.

[58] 【부록 ③】은 蔡昔琼의 『十干精粹』(西藏人民出版社, 2012)를 요약 및 재정리하여 한 것임을 밝힌다.

[59] 체상(體象)은 사주명리학에서 인간의 형체와 외형적 특징을 분석하는 개념으로, 오행의 속성과 천간 및 지지의 조합에 따라 형성되는 신체적, 성격적, 운세적 특질을 의미한다. 체(體)는 근본적인 본질과 구조를 나타내며, 상(象)은 그 본질이 외적으로 드러나는 형상을 가리킨다. 따라서 체상은 명조(命造) 속에서 나타나는 인간의 신체적 특징, 기질, 성격, 그리고 운명의 흐름을 포괄적으로 분석하는 중요한 이론적 틀이다.

체상은 오행의 강약과 균형에 따라 구체적으로 규정되며, 각 오행은 특정한 신체 부위와 기질적 특성을 반영한다. 예를 들어, 木은 신체에서 머리와 간(肝)을 담당하며, 木이 왕성하면 신장이 크고 곧으며, 성격은 강직하고 인내력이 강한 특징을 가진다. 火는 심장과 혈관을 담당하며, 火가 강하면 열정적이고 활발한 성향을 띠며, 외적으로는 얼굴이 붉고 표정이 풍부한 특징이 있다. 土는 비장(脾臟)과 위장(胃臟)을 의미하며, 土가 왕성하면 체격이 균형 잡히고 안정적인 성품을 가지며, 대체로 둥근 얼굴형을 갖는다. 金은 폐[肺]와 피부를 담당하며, 金이 강하면 뼈대가 단단하고 피부가 희며, 결단력이 강한 성격을 나타낸다. 水는 신장(腎臟)과 방광(膀胱)을 의미하며, 水가 왕하면 유연하고 신체가 부드러우며, 총명하고 직관력이 뛰어난 기질을 형성한다.

천간과 지지의 조합은 체상의 구체적인 발현을 결정하는 핵심 요소이다. 예를 들어, 甲木이 왕성한 경우 신체적으로 키가 크고 곧은 형상을 가지며, 성격적으로는 정직하고 강한 추진력을 지닌다. 반면, 乙木은 유연한 성질을 가지며, 신체적으로는 날씬하고 부드러운 곡선을 이루며, 성격적으로는 적응력이 뛰어나고 타인과의 조화를 중시한다. 火의 경우, 丙火는 태양과 같아 외향적이고 활발한 기질을 가지며, 외적으로는 광채가 나는 얼굴과 강한 존재감을 나타낸다. 丁火는 촛불과 같아 섬세하고 감성적인 성향을 가지며, 외적으로는 부드러운 이미지와 예민한 감각을 보인다.

체상은 또한 명조 내의 생조(生助)와 극제(剋制) 관계에 의해 변화할 수 있다. 예를 들어, 甲木이 강하더라도 庚金이 강하게 작용하면 甲木이 절제되고 다듬어진 형태로 나타난다. 이는 "甲木이 庚金을 만나면 외모가 꽃처럼 뚜렷해진다."(甲遇庚克貌如花.)는 명리학적 원리로 설명할 수 있다. 또한 乙木이 유근(有根) 상태에서 적절한 水의 지원을 받으면 건강한 성장과 균형 잡힌 체상을 이루지만, 무근(無根) 상태에서는 환경적 요인에 쉽게 영향을 받아 약한 형상을 가지게 된다.

체상은 단순한 신체적 외형 분석을 넘어, 개인의 성격과 운명적 흐름을 해석하는 데 중요한 역할을 한다. 특정한 체상을 가진 사람은 그에 상응하는 운세적 특성을 가지며, 이를 통해 개인의 삶의 방향성과 적합한 직업, 대운의 흐름 등을 예측할 수 있다. 따라서 체상 이론은 사주명리학에서 개인의 운명을 종합적으로 분석하는 핵심 요소로 작용하며, 오행의 조화를 고려하여 보다 정밀한 해석을 가능하게 한다.

[60] 이는 명리학에서 庚金이 강해지려면 적절한 환경[지지의 배경]을 갖추어야 한다는 원리를 나타낸다. 보통 庚金은 申酉와 같은 金의 왕지를 만나거나, 인성[土]을 충분히 얻어야 강한 기운을 유지할 수 있다. 이러한 맥락에서 '득지(得地)'란 庚金이 힘을 제대로 발휘할 수 있는 지지를 만나는 것을 의미하며, 그렇게 되어야만 비

로소 '장(壯)' 즉, 강건하고 튼튼한 상태로 논할 수 있다는 뜻이다.

[61] 명리학적으로 해석하면, 甲木은 큰 나무[참나무, 소나무 등]로 비유된다. 庚金은 〈도끼나 칼같은〉 강한 금속으로, 甲木을 다듬고 깎아 형태를 갖추게 만든다. 즉, 거칠게 자란 나무[甲木]가 庚金[금속 도구]에 의해 다듬어지면, 꽃처럼 아름다운 형태를 이루게 된다는 뜻이다. 이 구절은 명리학뿐만 아니라 전반적인 음양 조화의 원리를 설명하는 데도 활용될 수 있다. 강한 힘[庚金]의 작용이 없으면 甲木은 거칠고 제멋대로 자라지만, 적절한 극을 받으면 단정하고 보기 좋은 형태가 된다는 점에서, 극(剋)이 반드시 나쁜 것이 아니라 조화를 이루는 과정의 일부라는 원리를 내포하고 있다.

[62] 이는 丙火가 태양의 불을 상징하며, 그 강렬한 에너지를 조절하고 균형을 이루기 위해 壬水의 도움이 필요함을 나타낸다. 壬水는 물의 성질로서 丙火의 과도한 발산을 완화시키고 조화롭게 만들어, 丙火의 생명력을 강화하는 역할을 한다. 따라서 丙火는 사계절 내내 壬水와 결합할 때 최상의 조화를 이룬다고 해석된다.

[63] 이 격언은 명리학에서 특정한 오행의 조합이 다른 오행의 특성을 약화시키거나 영향을 미칠 수 있음을 나타낸다. '기토혼임(己土混壬)'에서 己土는 오행 중 흙[土]을 의미하며, 己는 陰의 속성을 지닌다. 壬은 오행 중 물[水]을 의미하며, 壬水는 陽의 속성을 지닌다. 혼(混)은 '섞이다' 또는 '혼합되다'를 의미한다. 따라서, '己土混壬'은 '陰의 흙[己土]이 陽의 물[壬水]과 섞이다'를 의미한다. '사병화실색(使丙火失色)'에서 '使'는 '…하게 하다'를 의미한다. 丙火는 오행 중 불[火]을 의미하며, 丙은 陽의 속성을 지닌다. '失色'은 '빛을 잃다' 또는 '색을 잃다'를 의미한다. 따라서, '使丙火

失色'은 '陽의 불[丙火]이 빛을 잃게 하다'를 의미한다.

[64] 서자평(徐子平)은 『옥조신응진경(玉照神應眞經)』에 대한 주석을 남긴 것으로 알려져 있으나, 『옥조신응진경주(玉照神應眞經註)』가 서자평의 저술이라는 명확한 사료적 근거는 부족하다. 다만, 『옥조신응진경』이 송대 이후 자평명리학(子平命理學) 체계의 발전에 영향을 미쳤다는 점은 여러 명리서에서 확인된다.

[65] 중세 명리학의 시기는 대략 7세기-13세기로 볼 수 있다. 이 시기는 명리학이 보다 체계적으로 정리되고 학문으로서의 기틀을 확립한 시기이다. 이 시기의 전반적 시대적 배경을 살펴보면, 동아시아에서는 당(唐)과 송(宋) 대에 이르러 유교적 질서가 재확립되었으며, 과거제(科擧制)의 정착과 함께 학문적 연구가 활발하게 이루어졌다. 명리학 역시 이러한 학문적 분위기 속에서 보다 정밀한 분석 체계를 갖추게 되었다. 이 시기 명리학의 주요 발전은 다음과 같이 요약할 수 있다.

① 사주팔자(四柱八字) 해석의 정형화: 개인의 사주를 년·월·일·시(年·月·日·時)로 구분하는 사주팔자 체계가 완성되었다. 이를 통해 인간의 운명을 분석하는 방법론이 구체화 되었다.

② 오행(五行)의 상생(相生)·상극(相剋) 관계 정립: 오행의 상호작용을 분석하는 방식이 보다 세밀하게 연구되었다. 이를 바탕으로 명리학에서 오행의 조화를 통한 운세 해석이 체계적으로 이루어졌다.

③ 십신(十神) 이론의 구체화: 개인의 사주에서 각 천간과 지지가 가지는 역할을 분석하는 십신[정관, 편관, 정인, 편인 등] 체계가 정립되었다. 이를 통해 사주의 성격 및 대인관계를 분석하는 이론적 근거가 마련되었다.

④ 천문학 및 역학(易學)과의 결합: 천문 관측 기술과 역학 사상이 발전하면서 명리학과의 연계성이 강화되었다. 이를 통해 명리학이 단순한 운명 해석이 아니라, 자연의 변화와 인간의 삶을 연결하는 체계적 학문으로 발전하였다.

⑤ 사주 분석 기법의 발전: 용신법(用神法)과 억부법(抑扶法)과 같은 사주 분석 기법이 등장하면서, 명리학의 실용성이 증대되었다. 이를 통해 특정한 운세를 해석하고 조정하는 방법론이 정립되었다.

이와 같이, 중세 명리학은 이후 근대로 넘어가면서 더욱 실용적이고 구체적인 연구로 발전하였으며, 학문으로서의 위상을 강화하는 계기가 되었다.

[66] 오대(五代) 시대는 중국 역사에서 후량(後梁, 907-923), 후당(後唐, 923-936), 후진(後晉, 936-947), 후한(後漢, 947-950), 후주(後周, 951-960) 등 5개의 왕조가 차례로 번갈아 존재한 시기를 의미한다. 이 시기는 후삼국 시대로도 불리며, 서진(西晉)의 붕괴 이후 발생한 정치적 혼란과 군웅할거의 시기로 특징지어진다. 오대는 당나라[唐朝]가 멸망한 후, 송나라[宋朝]가 건국되기 전까지 약 50년간 지속되었으며, 여러 왕조가 짧은 기간 동안 권력을 잡고 주도권을 행사하였으나 지속적인 정치적 불안정과 변화로 인해 왕조의 수명이 짧았다. 이 시기의 특징은 정치적 혼란, 왕조 간의 교체, 군웅들의 분열과 경쟁에 의한 불안정한 상황이 지배적이었다. 결국, 960년 송나라가 건국됨으로써 오대 시대는 종결되고, 송나라가 중국을 통일하게 되었다.

[67] 예를 들어, 『명리정종』 「(상관십론)傷官十論」의 명조를 보면 다음과 같다.

〈여명〉 귀녀명(貴女命), 작진상관용인격(作眞傷官用印格)

〈년주〉戊寅 〈월주〉 己未 〈일주〉 丙戌 〈시주〉 乙未

남왈, 火일주가 未戌 가색(稼穡)을 만나 설기(泄氣)를 당하나, 좋은 것은 주중의 인수와 친한 것이다. 인수가 쇠약하니 가장 필요한 것은 무거운 인수를 만나는 것이다. 이 사람은 두 나라의 포봉(褒封)이 되었으니 貴女명이다.

보주, 丙火 일간이 未월에 태어나 사주에 土 기운이 중중하다. 丙火의 기운이 설기(泄氣)가 많이 되어 쇠약하다. 화토상관격(火土傷官格)인데 신약(身弱)하니 인수[印]를 용해야 하는데 원명의 인수가 쇠약하다. 그러나 대운이 인왕운(印旺運)으로 흘러 남편과 자식이 모두 등과하여 귀부인이 되었으나, 丑운을 만나자 丑 중 辛金이 용신 乙木을 파(破)하여 숨을 거두었다.("戊寅 己未 丙戌 乙未 貴女命作真傷官用印格. 楠曰, 火逢稼穡泄精神, 更喜柱中印綬親, 衰印 最宜重見印, 褒封兩國豈常人. 補註, 丙火生未, 四柱土氣重重, 泄弱丙火之氣, 正作火土 傷官, 身弱則自親印綬也, 原印星衰弱, 運行印旺之鄉, 受夫子兩朝封贈, 大運入丑, 辛金 破乙死矣.")

[68] 『자평진전(子平真詮)』은 명리학의 역사에서 중요한 위치를 차지하는 저서로, 사주 해석의 체계를 확립하는 데 기여한 이론서로 평가된다. 이 책은 격국(格局)과 월령(月令)의 중요성을 강조하며, 용신(用神) 설정과 육친(六親) 해석을 체계화하였다. 그러나 『자평진전』이 독립적인 서적으로 존재하는가에 대한 논란이 있으며, 후대 주석서나 인용문을 통해 그 개념이 전승된 측면이 크다.

『자평진전』의 저자로 알려진 심효첨(沈孝瞻)은 명나라 후기에서 청나라 초기에 활동한 것으로 추정되며, 특히 격국의 성립 원리를 정리하고 월령의 역할을 강조하는 명리학 이론을 정립하였다. 그는 기존의 단순한 오행 생극제화(生剋制化) 관계를 넘어 월령을 중심으로 사주의 구조를 해석하는 방법을 체계화하였으며, 십신과 육친의 작용을 보다 정밀하게 분석하였다. 이러한 연구는 후대 명리학에 지대한 영향을 미쳤다. 『자평진전』이라는 독립적인 원본이 현재까지 발견되지 않았기 때문에, 이는 하나의 이론 체계로서 후대 명리학자들에 의해 발전되었을 가능성이 크다. 서자평의 학설이 오대(五代) 말에서 송(宋)나라 초기에 걸쳐 전해졌다는 점을 고려할 때, 『자평진전』은 후대 학자들이 그의 이론을 정리하고 보완한 결과물일 가능성이 크다. 특히 명대 이후 자평 명리학이 더욱 체계적으로 정리되면서, 다양한 명리학 서적에서 『자평진전』의 내용이 인용되거나 참고된 것으로 보인다. 다만, 이 책이 단일한 저자로부터 독립적으로 저술된 것인지, 아니면 여러 명리학적 논의를 집대성한 형태인지는 보다 면밀한 연구가 필요한 부분이다. 이렇게 볼 때, 『자평진전』은 단순히 특정한 시대의 한 저자가 집필한 책이라기보다는, 자평 명리학의 발전 과정에서 학자들이 지속적으로 연구하고 다듬어 온 사유의 축적물로 이해될 수 있다. 명리학의 전통 속에서 중요한 위치를 차지하는 서적으로 평가되며, 오늘날에도 연구 대상이 되는 이유가 여기에 있다.

후대의 연구자 중 서락오(徐樂吾, 1886-1948)는 『자평진전』의 내용을 주석하고 분석한 『자평진전평주(子平眞詮評註)』를 저술하여 명리학의 실전 적용 가능성을 높이는 데 기여하였는데, 특히 격국의 해석에서 월령이 갖는 중요성을 강조하며, 용신의 선택과 대운(大運) 및 세운(歲運)의 흐름을 분석하는 방법론을 제시하였다. 이러한 연구는 현대 명리학에서도 중요한 참고 자료로 활용되고 있으며, 『자평진전』의 학문적 가치를 더욱 부각시키는 역할을 하였다. 《【부록 ①】 명리학의 구조적 본질과 논명 체계 정립》

명리학 이론의 구조 이해

초판 발행 2025년 9월 10일

지은이 최봉근, 이강대

펴낸이 변창훈

펴낸곳 대구한의대학교 출판부

주소 38610 경상북도 경산시 한의대로 1

전화 053-819-1577, 1578

등록 1987년 11월 21일

ISBN 979-11-86788-56-1(03150)

정가 **25,000**원